L'Orient d'Ismaÿl Urbain d'Égypte en Algérie

Couverture

Évocation d'Urbain à Ménilmontant pendant l'été 1832 selon son portrait dessiné par Joseph Machereau en 1833-1835, conservé à la Bibliothèque de l'Arsenal, Paris, Fonds Enfantin. © Roland Laffitte.

4e de couverture

Vue de Damiette lors du séjour d'Urbain en 1835, selon une gravure d'époque. © Roland Laffitte.

16, RUE DE LA GRANDE CHAUMIÈRE - 75006 PARIS

ISBN : 978-2-7053-4028-5

Composition de la couverture
Chloé Heinis

Roland Laffitte
& Naïma Lefkir-Laffitte

L'Orient d'Ismaÿl Urbain
d'Égypte en Algérie

Geuthner

Des mêmes auteurs

LIVRES

Roland Laffitte & Naïma Lefkir-Laffitte, *L'Irak sous le déluge*, Paris : Éditions Hermé, 1992.

Roland Laffitte & Naïma Lefkir-Laffitte, *L'Irak, test pour l'Empire* [Cahiers de l'Orient n° 71 (4e trimestre 2003)].

Roland Laffitte, *États-Unis : La tentation de l'Empire global*, Paris : Éditions des Cahiers de l'Orient, 2005.

Roland Laffitte, *La Ronde des libérateurs, de Bonaparte à Hollande*, Paris : AlfAbarre, 2013.

Roland Laffitte (*sous la direction de*), 1962-2012 : *Où en sommes-nous de l'Empire ?* Actes de la Journée d'Études à Paris les 23-24 juin 2012, Paris : AlfAbarre, 2014.

Roland Laffitte, *Voyage au pays de l'islamophobie*, Paris : Gnôsis / Éditions de France, 2018.

Roland Laffitte, *Antisionisme, judéophobie, islamophobie : quelques mises au point*, Strasbourg : Scribest, 2019.

Roland Laffitte, *De l'arabe dans le français décoincé*, Paris : Geuthner, *à paraître* fin 2019 / début 2020.

FILMS DOCUMENTAIRES

Naïma Lefkir-Laffitte, *L'Irak, l'Autre guerre*, Paris : Institut du Monde Arabe / Monte vidéo, 1992.

Naïma Lefkir-Laffitte, *Ceux de la Casbah*, Alger : Imagic Vidéo Productions / ENTV, 1993.

Naïma Lefkir-Laffitte, *Anonymes*, Paris : Les Productions de la Lanterne / Images plus, 1998.

Naïma Lefkir-Laffitte, *Opération Télécité*, Paris : France 3 / Alizé Productions, 2000-2003.

Naïma Lefkir-Laffitte, *À l'École de l'astrolabe*, Paris : Alif Productions / RFO / CNRS images, 2011.

« Après tant de funestes exemples que nous présentent les colonies des Européens dans les trois derniers siècles, le choix que la nation française est sur le point de faire entre la carrière des bienfaits et celle des crimes fait frissonner ».

Jean Léonard Sismonde de Sismondi,

à propos de l'Algérie, 1837.

HOMMAGES

« De nos montagnes s'élève la voix des hommes libres... ». Tu l'entends, Asma Yamina Remmache, notre tante, et prends le chemin du maquis de la Wilaya III, puis celui de la citadelle de Sétif où tu sera la dernière femme incarcérée. Tu en sors en 1962, l'année de l'aube cristalline, vite brouillée par la cohorte des fossoyeurs. Nous te dédions ce livre, ainsi qu'à toi, Khadidja Remmache, notre mère. De 1962, la mémoire collective a gardé les images du peuple algérien en liesse, occultant la famille révolutionnaire enfermée chez elle, pleurant morts et disparus, comme toi, qui as perdu ton mari, Lakhdar Lefkir et ton jeune frère, Abderrahim Remmache. Jeune veuve de guerre, tu as assumé avec abnégation le rôle de Mère/Père.

Autour de la plantation d'un arbre de vie accompagnant la présentation de nos livres respectifs à Gretz-Armainvilliers un jour de 2003, Michel Levallois fait entrer Ismaÿl Urbain dans notre univers, nourrissant notre réflexion des ouvrages qu'il lui a consacrés. Nos affectueuses pensées à celui qui nous a chaudement encouragés tout au long de notre travail qu'il n'a hélas pu voir terminé.

REMERCIEMENTS

Claudine Balta-Rulleau a séjourné en Algérie et activement œuvré, par l'écriture et l'engagement pratique, pour des rapports fructueux Orient/ Occident. Philippe Régnier a publié le *Voyage d'Orient* d'Urbain, pour nous une source irremplaçable. Nous les remercions tous les deux pour le concours précieux qu'ils nous ont apporté par leurs remarques et leurs conseils bienveillants.

Nous n'oublions pas l'aide inappréciable que nous avons reçue des conservateurs et du personnel de la bibliothèque de l'Arsenal, lieu de travail paisible chargé de la mémoire du Saint-Simonisme, qui ont tout fait pour faciliter notre tâche, ainsi que de notre ami Stéphane Julisson, toujours présent à chaque fois que s'est posé un délicat problème dans un domaine qui nous reste étranger, l'informatique.

Sommaire

ANNEXES

OUTILS DE LECTURE

1. Transcription des caractères arabes

Nous donnons dans le tableau ci-dessous pour chaque caractère arabe indiqué en colonne (1) et nommé en (2) : sa translittération, à savoir sa mise en correspondance lettre à lettre en (3), sa transcription commune en Algérie en (4) ainsi que la prononciation usuelle correspondante en (5).

1	2	3	4	5
ء	hamza	ʼ	-	attaque vocalique supprimant toute liaison.
ا	alif	**a**	**a**	/a/ long.
ب	bā'	**b**	**b**	/b/ de « bon ».
ت	tā'.	**t**	**t**	/t/ de « temps ».
ث	ṯ ā'	**ṯ**	**th**	/th/ anglais dur de « think ».
ج	ğīm	**ī**	**dj**	en général en Algérie /j/ de « John » mais parfois /j/ de
ح	ḥā'	**ḥ**	**h**	« Jean ».
خ	ḥā'	**ḫ**	**h**	/h/ très fortement aspiré
د	dāl	**d**	**d**	la « jota » espagnole ou le /ch/ allemand.
ذ	ḏāl	**ḏ**	**dh**	/d/ de « dent ».
ر	rā'	**r**	**r**	le /th/ anglais de « the ».
ز	zā'	**z**	**z**	/r/ roulé.
س	sīn.	**s**	**s**	/z/ de « zeste » ou /s/ de « rose ».
ش	šīn	**š**	**sh**	/s/ dur de « basse ».
ص	ṣād	**ṣ**	**s**	/ch/ de « chat ».
ض	ḍād	**ḍ**	**d**	/s/ emphatique.
ط	ṭ ā'	**ṭ**	**t**	/d/ emphatique.
ظ	ẓ ā'	**ẓ**	**zh**	/d/ interdental sonore emphatique.
ع	ᶜayn	ᶜ	**a/'**	prononcé au larynx comme un /h/ sonore.
غ	ġayn	**ġ**	**gh**	/r/ non roulé mais fortement grasseyé de « rang ».
ف	fā'	**f**	**f**	/f/ de « four ».
ق	qāf	**q**	**q/k**	/k/ prononcé avec la langue sur le palais.
ڨ	gāf	**g**	**g**	caractère maghrébin : /g/ dur comme dans « garage ».
ك	kāf	**k**	**k**	/k/ de « kaki ».
ل	lām	**l**	**l**	/l/ de « lent ».
م	mīm	**m**	**m**	/m/ de « même ».
ن	nūn	**n**	**n**	/n/ de « non ».
ه	hā'	**h**	**h**	/h/ aspiré anglais de « his, her ».
و	wāw	**w, ū**	**wa et ou**	/w/ de « ouate » et /ou/ de « bout».
ي	yā'	**y, ī**	**i/y**	/y/ de « yacht » ou /i/ long de l'anglais « beef ».

2. Abréviations

ap. : après
ap. J.-C. : après Jésus-Christ
ar. : arabe
aram. : araméen
arr. : arrondissement
auj. : aujourd'hui
autr. : autrefois
av. J.-C. : avant Jésus-Christ
b. : *Ibn*
bb. : berbère
ca : *circa*
c.-à-d. : c'est-à-dire
cat. : catalan
cf. : confer
coll. : collectif
dim. : diminutif
dpt. : département
esp. : espagnol
fr : franc
fr. : français
hb. : hébreu
fém : féminin
gr. : grec
hg. : hongrois
i.e : *id est*
it. : italien
J.-C. : Jésus-Christ
km : kilomètre
litt. : littéralement
masc. : masculin.
Mines : ingénieur de l'école des Mines
nbp : note de bas de page
N.D.A. : Note des auteurs
néer. : néerlandais
not. : notamment
op. cit. : ouvrage cité.
OC : *Œuvres complètes.*
OSSE : *Œuvres de Saint-Simon et Enfantin* (Paris : Dentu, 1865-1873)
ott. : turc ottoman
p. : page(s)
ph. : phénicien
plur. : pluriel
Ponts : ingénieur de l'École des ponts et chaussées
prob. : probablement
prov. : provençal
s. : siècle
ss : pages suivantes
sg. : singulier
St : Saint
st-sim. : saint-simonien(s), -enne(s) (adj.)
St-Sim. : Saint-Simonien(s), -enne(s) (subst.)
St-Simonisme : Saint-Simonisme
syn. : synonyme
t. mod. : turc moderne
t. ott. : turc ottoman
v. : vers
X : polytechinicien

2. Conventions orthographiques

* Dans la forme, la langue française a quelque peu évolué depuis celle des documents des XVIIIe et XIXe siècles utilisés dans cet ouvrage. La manière d'écrire certains mots a changé, et l'usage de la ponctuation présente des différences notables. Le parti pris est de transcrire les textes dans une écriture modernisée, sauf lorsque la graphie originelle présente une signification particulière, ce qui vaut pour les manuscrits comme pour les textes édités. Bien des mots s'entendent par ailleurs aujourd'hui de façon différente qu'hier : dans ce cas, la modification est explicitée dans le texte lui-même ou en note de bas de page.

* L'usage actuel veut que les noms de peuples et de nationalités soient affectés d'une majuscule, à la différence des noms de religions, courants politiques et philosophiques, qui le sont d'une minuscule. Cette pratique, qui commence au temps de la Révolution française, ne s'impose dans la pratique que progressivement au cours de la première moitié du XIXe siècle. Nombre des citations que nous faisons appartiennent à cette période d'hésitation entre les deux usages. Nous avons convenu d'affecter indistinctement tous ces noms d'une majuscule, y compris dans les citations d'auteurs. C'est d'ailleurs une licence que se permettent de nombreux auteurs, notamment pour souligner leur sympathie pour un courant particulier.

Sachant en outre que l'usage de la majuscule est valorisante à côté d'un nom affecté d'une minuscule, nous étendons cette pratique au nom *Indigènes,* qu'Urbain écrira ainsi à partir des années 1860. Il perd de la sorte son caractère péjoratif et permet d'établir avec le nom *Français* une symétrie qui donne aux uns et aux autres une égale dignité.

* Pour éviter toute équivoque en ce qui concerne les noms communs, nous donnons, lorsque cela paraît nécessaire, dans le texte ou en note de bas de page, la translittération des mots arabes, selon la norme donnée par la revue *Arabica,* en accompagnant entre crochets la forme en vigueur dans l'arabe dialectal. Ainsi : le français *marabout* est l'arabe classique *murābit,* en dialectal maghrébin [*mrābet*], selon une transcription composite, intermédiaire entre la translittération et une écriture phonétique que nous retenons.

* Pour ce qui concerne les noms propres, qu'il s'agisse des noms de personnes, de lieux ou de tribus, dont l'écriture est souvent incertaine dans les années 1830, et qui a profondément varié par la suite, la transcription est autrement ardue. Il a bien fallu en retenir un mode présentant un minimum de cohérence.

De nombreux toponymes ont changé, parfois à plusieurs reprises, par exemple *Philippeville*, créée par les Français, Skikda pour les Algériens, terme formé sur le nom latin des ruines romaines proches, *Rusicada*. Lorsque ces localités portent un nom français, nous leur adjoignons ainsi à la première occurrence le nom actuel. Lorsque ces noms sont repris par le Monde arabe contemporain, notamment dans les pays du Maghreb, nous donnons en général d'entrée les transcriptions françaises officiellement en vigueur.

Le prénom d'Urbain se présente pour lui comme pour ses amis de plusieurs manières. Il l'écrit lui-même *Ismayl* au moment de sa conversion, et devient sous sa plume *Ismaÿl* après son retour d'Égypte. C'est cette dernière qu'a reprise son biographe, Michel Levallois, et que nous retenons.

Notons que tous les noms propres sont indiqués dans un index qui, pour les noms autochtones, indique la transcription en arabe classique et éventuellement en dialectal, et s'il le faut, en berbère et en turc.

Disons pour finir que pour éviter la multiplication des graphies, nous avons pris le parti de généraliser l'orthographe retenue aux citations, sauf pour des exceptions ayant une valeur significative.

NB : Du fait que les références bibliographiques complètes figurent dans l'ANNEXE « Sources bibliographiques », Liv. II, 329-360, nous avons choisi de n'indiquer dans les notes, celles de bas de page comme celles de fin de volume, que les titres en résumé, de plus sans le nom de la ville et celui de l'éditeur.

Prologue

Ismaÿl Urbain, d'hier à aujourd'hui

Juillet 1830. Les Français entrent à Alger en proclamant ceci : « Nous, les Français, vos amis [...], allons en chasser les Turcs, vos tyrans, qui vous persécutent, qui vous volent tous vos biens et les produits de vos terres, et qui ne cessent de menacer vos vies. *Nous ne conquérons pas la ville pour en demeurer les maîtres.* Nous vous le jurons par notre sang[1]. » Après la chute des Bourbons quelques jours plus tard, l'armée d'occupation troque le drapeau blanc pour le tricolore, brandi par *La liberté guidant le peuple* du tableau de Delacroix. Le mensonge se double du parjure. Dès lors, s'organise un système de domination, de refoulement et d'oppression des populations qui sera couronné, après cinquante années de guerre de conquête, par le Code de l'indigénat promulgué le 28 juin 1881 : au même moment où s'inscrit au frontispice de tous les bâtiments publics la devise *Liberté, Égalité, Fraternité*, est gravée dans le marbre de la loi la discrimination entre deux types de Français : d'un côté des citoyens libres, de l'autre des sujets sans droits, soumis à un régime civil et répressif d'exception.

Les années 1820-1830 sont l'époque où, portés par un vent qui souffle depuis un bon siècle avec *Les Mille et une nuits*, les esprits se tournent vers l'Orient. Ils sont sollicités par une floraison littéraire de première qualité, avec Byron et Chateaubriand, puis Goethe, Hugo et Lamartine, la peinture romantique n'étant pas en reste. L'Orient est, par les sensations qu'il suscite, l'envers d'un Occident vécu comme mutilé par sa pensée et comme une impasse pour les sens. D'évidence, s'ouvre en Algérie un abîme entre une telle espérance d'exotisme et la prise de possession du pays, marquée par la cupidité et la rapine économique d'un côté, la soumission politique brutale et le viol social, religieux et culturel de l'autre. Tous les courants politiques et intellectuels de la société française sont brutalement confrontés à ce développement historique, que ce soit pour le favoriser, ou pour y résister.

Notre intérêt se porte sur un mouvement tout particulièrement engagé dans les rapports Orient/Occident, le mouvement saint-simonien. À l'heure de la révolution de Juillet, il jouit d'une profonde influence sur la jeunesse intellectuelle, rayonnant même au-delà des frontières de la France dans tous les champs de l'activité humaine, dans les domaines de la pensée et des arts comme dans ceux de l'économie et de l'industrie. Ce mouvement, avec qui bien des personnages illustres de l'époque ont été en contact, proclame à la suite de son père spirituel, Henri-Claude Saint-Simon , mort en 1825, qu'au-delà de la question des libertés publiques et des droits politiques, « toutes les institutions sociales doivent avoir pour but l'amélioration morale, intellectuelle et physique de la classe la plus pauvre et la plus nombreuse », et considère que la classe ouvrière, qui a servi de troupe à la chute des Bourbons, a été dépossédée de son combat. Refus des guerres, remplacement des armées combattantes par l'armée pacifique des travailleurs, et surtout, comme clé du futur, réorganisation de la société humaine par l'*association*.

Ce projet a illuminé les décennies suivantes, au-delà des formes religieuses jugées extravagantes de leur programme, et de l'excentricité de leur rituel inédit dans le mode de propagation de leurs idées, ce pourqoi le Saint-Simonisme a pu être désigné par Friedrich Engels comme « socialisme utopique » à l'instar des courants de Charles Fourier en France et de Robert Owen en Angleterre. Aujourd'hui, on met plus volontiers l'accent sur sa contribution au développement industriel du XIXe siècle, de son système de crédit et de ses chemins de fer. Mais on laisse dans l'ombre certains de ses côtés radieux, celui d'inspirateur du mouvement ouvrier, ou celui de sa conception de l'association Occident/Orient et de la mise en pratique qu'il en fit.

Dans le fil des idées du XVIIIe siècle, l'Orient est perçu comme irrévocablement despotique sous la chape de plomb d'un Islam, tant comme religion, civilisation et société, rétif à toute réforme. Or, Prosper Enfantin, un des fondateurs de l'Église saint-simonienne, et ses disciples, lisent dans l'évolution de la Porte ottomane, et surtout de l'Égypte de Mohammed Ali, le démenti formel de ces préjugés. En butte à la répression politique et à l'interdiction de leur parti en France où leurs idées les font considérer comme une menace subversive, ils déplacent leur action en Orient. Voici donc qu'une quarantaine de jeunes gens brillants, médecins, artistes et le plus souvent ingénieurs, polytechniciens surtout, parmi lesquels des jeunes femmes, se précipitent en Égypte pour contribuer à la modernisation de ce pays avec, au cœur de leur projet, le percement de l'isthme de Suez. Ils rejoignent un groupe de quelques dizaines de Français déjà engagés dans le développement de cette contrée dans le sillage de l'expédition de Bonaparte, comme le médecin Antoine Clot, devenu Clot Bey, ou l'officier Joseph Sève, alias Soliman Pacha. Cette politique est formalisée dans une lettre-bilan de l'expérience égyptienne adressée à Louis-Philippe où, étendant la vieille idée de Saint-Simon du refus des conquêtes envisagé à l'échelle de l'Europe, Enfantin prône l'expansion de la civilisation par l'association de tous les peuples de la terre « sans conquête et sans colonies ». Quelle hardiesse : dépassement des conflits pour le partage de l'Orient qui se dessinent par l'association Orient/Occident !

Dès lors se pose une question centrale. Comment se fait-il que, quelques années seulement après avoir cherché à vivre en Égypte le rêve, insensé pour l'époque, d'une paix universelle en rupture avec l'atmosphère guerrière dominante et ses exacerbations bellicistes, les Saint-Simoniens en viennent à participer, en Algérie, à une des aventures militaires les plus controversées, qui reste un véritable gâchis historique ? Comment se fait-il que, quelques années plus tard seulement après sa courageuse lettre au Roi, ce même Enfantin prenne, avec son livre *Colonisation de l'Algérie*, une position diamétralement opposée ? Il ne se contente pas d'œuvrer dans le cadre de la conquête militaire du pays, il propose un programme de « gouvernement des Arabes », de peuplement européen du pays, de sa mise en valeur, et d'organisation sociale qui serve de terrain d'essai à une « nouvelle France ». Dans les conditions réelles de l'époque, cela ne peut signifier qu'un apartheid avant la lettre.

Dans notre ouvrage, nous sommes au coeur de cette interrogation avec un des disciples d'Enfantin qui, ayant vécu l'expérience égyptienne, débarque à Alger en 1837, le jeune Thomas Ismaÿl Urbain. Il ne sait rien de cet Orient algérien où le mènent ses rêveries romantiques. Là, dans son Afrique ancestrale, le fils de l'esclave va se forger un destin. Il pense que le monde s'ouvre à lui, qu'il peut agir sur lui de façon significative. Il déchantera.

Il est notre fil conducteur pour vivre le passage de la mystique enthousiaste et généreuse de la constitution pacifique de la famille universelle aux réalités prosaïques et violentes de la domination d'un peuple par un autre. Par sa complexité, Ismaÿl Urbain concentre plusieurs axes sur lesquels portent nos questionnements : celui du Saint-Simonisme comme courant révolutionnaire, celui de l'esclavage et celui de la conquête en marche de l'Algérie, terre d'Afrique et d'Orient de culture islamique.

Venu au monde à Cayenne le 31 décembre 1812 d'une mère née esclave, Gabrielle Apolline, et d'un père blanc, négociant de La Ciotat, Jean-Baptiste Brue, les lois de l'époque concernant les libres de couleur le condamnent au statut d'enfant naturel, de bâtard. C'est dans l'Église saint-simonienne qu'il trouve une véritable famille au sein de laquelle s'efface cette « tache originelle ». C'est là qu'il rencontre de véritables pères et frères. Notre ouvrage s'intéresse aussi particulièrement à ses rapports avec ses mentors, le père de l'église saint-simonienne, Prosper Enfantin, et Gustave d'Eichthal, issu d'une famille de banquiers juifs convertie au Catholicisme pour échapper aux discriminations administratives frappant ses coreligionnaires et à la sucpicion sociale à leur égard. « Deux proscrits, le Juif et le Noir » vont traverser le siècle en épousant ses débats, qui restent bien souvent actuels, et leur cortège de passions : rapports Noirs/Blancs et Orient/Occident, Judaïsme/Islam et colonisation s'entrecroisent chez eux de façon féconde.

De l'épopée saint-simonienne au Moyen-Orient, le fils de l'esclave est revenu musulman et arabophone. Il se distingue en cela de tous ses compagnons saint-simoniens, et le restera toute sa vie. Il est à lui seul une aile des Saint-Simoniens. Un destin hors du commun. Dans ses écrits et dans sa vie, il sera pour ses amis le lien concret avec l'Algérie. S'étant forgé une vision qui lui est propre dans le rapport à établir entre Orient et Occident en Algérie, il deviendra en quelque sorte le « spécialiste », dirait-on aujourd'hui, celui à qui on demande dans la presse d'expliquer les Arabes et l'Islam, celui auprès de qui la famille royale puis Napoléon III, les responsables politiques, les militaires s'enquerront de ses conseils, cherchant à l'utiliser à leurs propres fins.

Avec ses qualités et ses faiblesses, il est l'homme de la controverse, tant en France qu'en Algérie. Poète, écrivain, journaliste et commentateur politique, mais également militaire contraint d'exécuter des ordres contraires à sa pensée. Dans un entre-deux perpétuel, un chassé-croisé entre Blanc et Noir, Chrétien et Musulman, défenseur des principes politiques de la Révolution française et de l'association universelle défendue par l'École saint-simonienne,, assumant dans le cadre colonial imposé par les Français vainqueurs, le rôle périlleux de défenseur des Algériens vaincus.

- I -

LA « TACHE ORIGINELLE »

La tourmente provoquée en Guyane et dans les Antilles par la Révolution française, dont l'épicentre est Saint-Domingue, n'est pas encore apaisée. Aux bouleversements de l'ordre social provoqués par l'abolition de l'esclavage décidée par la Convention en 1794, succèdent les manœuvres des grandes puissances concurrentes, Espagne et Angleterre mais aussi Portugal et États-Unis, lorgnant sur « la Perle des Antilles » et jouant tour à tour sur l'opposition des colons à la Révolution et sur les soulèvements d'esclaves contre eux. C'est ensuite le rétablissement de l'esclavage par le Consulat en 1802 et la proclamation, la même année, de la Constitution d'Haïti par Toussaint Louverture. Sur cette toile de fond politique, se font écho, tout au long de cette période tumultueuse, révoltes noires et massacres de Blancs et de Mulâtres d'un côté, répressions féroces et massacres de Noirs de l'autre.

En Guyane, le proconsul Victor Hugues, lui qui avait appliqué en 1794 le décret d'abolition de l'esclavage à la Guadeloupe, reprise aux Anglais en s'appuyant sur un soulèvement populaire, remet immédiatement, après cette décision révolutionnaire, les anciens esclaves au travail forcé. Il durcit encore le statut de tout ce qui n'est pas blanc « pur-sang ». Ainsi, l'ordonnance coloniale du 1er Vendémiaire an XIV (23 septembre 1805) prévoit, à titre de modifications du *Code civil* : Livre 1er, Titre 5, Art. 6 : « Les mariages ne pourront être contractés que de Blancs à Blancs, et de gens de couleur à gens de couleur. » Titre 7, Ch. III, Section 2, Art. 7 : « La reconnaissance des enfants naturels ne pourra être faite que d'un père ou d'une mère blancs en la personne d'un enfant blanc, ou d'un père ou d'une mère de couleur, en faveur d'un enfant de couleur. » Et, au Titre 8, Ch.1er, Section 1ère, Art. 9 : « Il en sera de même pour la tutelle officieuse qui, sans attribuer aucun des effets de l'adoption, en est cependant l'auxiliaire.[2] »

Une enfance paisible dans un univers tourmenté

C'est sous ce régime de discrimination relégitimée que vient au monde, dans la nuit du 31 décembre 1812 au 1er janvier 1813, le futur Ismaÿl Urbain. Le père, Jean-Baptiste Honoré Urbain Brue, est issu d'un milieu d'armateurs et de capitaines au long cours de La Ciotat, enrichis par le négoce et la traite des esclaves. Ayant déjà une famille dans sa ville d'origine, il s'est installé à Cayenne pour ses affaires. La mère, Gabrielle Apolline, est née esclave, mais affranchie à l'âge de six mois en même temps que sa propre mère, Louise Séverin. Dans l'impossibilité légale d'une reconnaissance officielle par un père blanc de ses enfants nés d'une femme de couleur, l'enfant reçoit le nom de sa mère, Apolline, et les deux prénoms Thomas et Urbain, qui est un de ceux que porte son père, lequel est mentionné comme témoin de sa naissance. De ce couple de circonstance, naîtront douze enfants dont six survivront : Alexandre, Almaïde, Louise, Urbain, Ovide et Lise.

Au moment de la naissance d'Urbain, la Guyane est occupée depuis 1809 par les Portugais, épaulés par les Anglais dans le contexte de la guerre contre Napoléon qui vient d'instaurer le blocus continental. Ceux-ci s'appuient sur les Mulâtres, repoussés par le général de Rochambeau, déjà chargé par Bonaparte de reconquérir l'île de Saint-Domingue en 1801 et d'y restaurer l'esclavage. Il s'y illustre par la brutalité de ses méthodes et sa cruauté envers les Noirs, et plus encore les Mulâtres. Le pays n'est restitué à la France qu'en 1817, mais les troubles perdurent.

Craignant pour ses affaires dans une région que ces bouleversements fragilisent, Jean-Baptiste Brue renonce en 1820 à poursuivre sa vie en Guyane. Il rentre en France, laissant ses affaires aux soins d'un neveu de La Ciotat, M. Candolle, et emmène avec lui Urbain qui n'a pas encore huit ans. Almaïde et Louise y ont été envoyées deux ans auparavant et, placées à la campagne, y apprennent le métier de modiste. Quatre ans plus tard, Brue a la surprise de voir arriver Ovide qu'Apolline lui envoie sans le prévenir, dans l'idée de lui faire acquérir une instruction primaire et d'apprendre un métier.

Dès l'arrivée en France, les rapports instaurés par le père avec ses enfants sont ambigus : il leur manifeste de l'intérêt mais reste distant. Tandis qu'il s'installe auprès de sa fille Antoinette dont la mère est morte et de sa famille à La Ciotat, Brue met Urbain en pension à Marseille et le confie aux bons soins d'une personne de confiance de ses amis, un certain M. Blanc, fabricant de pipes. Ce brave homme, qu'Urbain considère comme un « second père », sera jusqu'à sa mort l'intermédiaire dévoué et le protecteur des enfants auprès de Brue, ainsi que cela ressort des lettres de ce dernier à son fils : « Absorbé moi-même par la douleur que m'a causé la mort du digne et respectable M. Blanc, avoue-t-il en février 1828, je n'ai pu jusqu'à ce jour m'occuper que du vide que la perte de cet ami a laissé dans mon cœur et de celui qu'il laisse pour vous tous. Tu es louable, mon cher Urbain, de sentir, comme tu l'exprimes, la perte irréparable de ce bienfaiteur, de ce second père. Qui pourra le remplacer pour vous et pour moi ? Je ne me flatte pas d'y réussir.[3] » Deux plus tard, il revient sur cette absence : « Je n'ai pas été longtemps à m'apercevoir, après la mort de M. Blanc, que nous avions perdu un ami, qu'aucun des siens ne pouvait remplacer. J'ai compris le vide que cette perte me laissait. Par rapport à vous tous qui alliez rester isolés. Sans intermédiaire entre vous et moi.[4] »

Brue donne à M. Blanc une grande liberté pour l'éducation de ses enfants. Il le considère comme son représentant et ne veut quant à lui apparaître que comme leur tuteur, pourvoyeur d'argent et contrôleur de loin de leur éducation. Il ne lésine pas sur les moyens financiers mis à leur disposition, dépensant pour chacun d'eux, en frais de pension et d'études, la somme de 1 000 francs annuels, ce qui correspond à l'époque au traitement annuel d'un commis de justice assermenté, c'est-à-dire un employé de haut rang. C'est tout juste un peu moins que celui d'un sous-lieutenant ou d'un jeune curé, mais bien plus qu'un ouvrier, qui gagne entre 300 et 700 fr. Il érige en même temps une barrière entre lui et ses enfants : interdiction leur est faite de mentionner leur filiation et d'avoir le moindre contact avec la famille Brue.

Dans cette présence-absence, une correspondance est entretenue entre ce père, si près mais inaccessible, et le fils, reclus dans sa pension. Il ne reste aucune trace des lettres d'Urbain adressées à son père. En revanche, le fils a gardé précieusement les lettres de son père, seule preuve matérielle, palpable, de sa véritable identité. Il les confiera à son beau-frère Daubriac, le mari d'Almaïde, lors de son départ en Égypte et les récupérera à son retour. Pieusement conservées après la mort de Brue, Urbain les lèguera à son fils.

S'il n'avait tenu qu'à Louise Lauras, sa seconde épouse, ces lettres auraient disparu : « Je ne sais, écrit-elle à d'Eichthal*, si je dois faire connaître les détails pénibles qu'elles renferment[5]. » Connaissant l'intention de d'Eichthal de rédiger une biographie d'Urbain, elle les lui confie avec cette recommandation : « C'est donc à l'ami de mon mari que je livre ces papiers confidentiels en le priant de les anéantir aussitôt après les avoir lu. J'interroge sérieusement ma conscience et je me demande si j'accomplis mon devoir d'épouse fidèle en faisant connaître les détails les plus intimes sur la vie de mon mari. Je crois que si le pauvre ami me voyait, il ne me blâmerait pas d'abandonner ces papiers à l'ami qui avait reçu ses confidences et qui me promet d'en faire un usage très discret[6]. »

Fort heureusement, conscient de l'importance de ces lettres, Gustave d'Eichthal nous les a conservées. Elles sont en fait la seule source dont nous disposons pour appréhender l'adolescence et la jeunesse d'Urbain, et mesurer, à travers leur teneur, les rapports entre un père blanc et ses enfants mulâtres à une époque de ségrégation institutionnelle. Derrière le ton convenu d'un échange qui va rarement au-delà des bons vœux et demandes d'autorisation de quelques dépenses d'un côté, de conseils de bonne conduite et de réponses à des questions très matérielles, on devine le drame d'un père qui refoule son affection et s'en cache derrière un rôle paternaliste de bienfaiteur, ainsi que cela ressort d'une lettre à Urbain : « Je ne désire rien tant que de vous voir tous en acheminés chacun dans son état, alors je croirai ma tâche remplie, et attendrai en paix la fin d'une carrière que j'aurai remplie en faisant du bien[7]. »

Refus de reconnaissance paternelle

En pension à Marseille, l'enfant souffre d'un double exil : exil spatial qui l'a arraché dès ses huit ans à un lieu familier et exil affectif, lui-même multiple. Absence de l'affection maternelle, comme cela ressort d'un poème écrit plus tard, en 1833 :

> Eh bien ! moi, je n'ai pas de MÈRE !
> Cherche, cherche sur mon visage,

---

* Gustave d'Eichthal (1804-1886) et Urbain se rencontreront à Ménilmontant en 1832 et poursuivront jusqu'à la fin de leur vie une relation très étroite.

sur mon front, sur mes joues,
cherche la trace d'un baiser de mère !
Touche cette chevelure épaisse,
Si rude, si âpre,
Reconnais-tu qu'elle ait jamais été
lissée et caressée
par une main de mère
par une main de femme ?[8]

Fratrie éclatée : Alexandre est aux États-Unis, Lise restée à Cayenne ainsi qu'Ovide, au moins dans un premier temps, les deux sœurs Almaïde et Louise pourtant dans la région marseillaise, rarement rencontrées. Cela renforcé par le rejet du père qu'il ne comprend pas et dont on devine qu'il réclame la présence. L'éloignement de Brue dresse un mur entre ses enfants de couleur et sa famille blanche, leur demi-sœur Antoinette, qui lui sert souvent de courrier et qui est désignée sous le titre de « Mademoiselle Antoinette », affichant une absence de parenté entre elle et les quatre enfants de la famille guyanaise.

Il est significatif que la première lettre d'une série de cinquante-neuf conservées par Urbain date du 4 février 1826, alors qu'il est à Marseille depuis plus de cinq ans. C'est la réponse aux vœux de nouvel an qu'il a adressés comme de coutume à son père, et dans laquelle il engage l'année avec une importante résolution : celle de se conduire désormais comme un homme et plus comme un enfant, ce qui réjouit Brue. C'est par cette lettre, qui contient un épisode dramatique, qu'Urbain ouvre le récit de sa vie. Lors d'une promenade, Urbain et Ovide rencontrent de façon fortuite leur cousin, Blaise, le fils de leur oncle paternel, Augustin, auxquels ils se présentent comme les fils de Brue, ce qui parvient aux oreilles de celui-ci. Furieux il les tance : « Il n'y avait aucune nécessité pour vous à faire cette connaissance, à avancer un fait que vous ne pouvez pas prouver. Vous devez être très circonspects sur ce point et ne pas jeter à la tête du premier venu qui vous êtes ni qui vous n'êtes pas. » Il assène : « Votre nom de famille est Urbain. Et vous ne devez pas en prendre d'autre. Je suis votre tuteur et vous ne devez pas me donner d'autre titre. »

Allant encore plus loin dans sa brutalité et son intransigeance, il prévient : « Mon frère doit conduire au lycée deux de ses fils Michel et

Jacques. Je te recommande bien particulièrement de ne pas aller te jeter à leur tête pour te faire connaitre et les appeler cousins. » Le message est froid, dur et sans appel :

> Tu n'es pas BRUE, tu es Urbain, il n'y a pas parenté entre les deux noms. Tu es Créole* de Cayenne comme eux. Et vous êtes ici aux soins d'un tuteur qui est moi.

Et, sans aucun état d'âme, Brue charge Urbain d'assumer son déni et de le transmettre : « Cet avis est pour vous deux, je te le donne à toi comme l'aîné pour que tu le communiques à ton frère, et le dirige dans les circonstances où il en sera besoin. Fais comme je te le dis et tu t'en trouveras bien. Je t'en dirai davantage lorsque j'irai te voir. En attendant sois prudent, discret, laborieux. Adieu, je t'embrasse, Ton tuteur[9]. »

Quels sentiments peuvent traverser un jeune garçon de treize ans qui, désorienté dans les images que lui renvoie le miroir de son enfance, assiste à la faillite de son être, marqué au front par le sceau de la réprobation et la négation de sa filiation ? Élément clé : la mutilation provoquée par ce rejet officiel livre le fil rouge du drame de sa vie. Derrière des lignes d'allure banale mais combien violentes, se résume sa détresse.

Il est loin le temps où tout le monde vivait dans la maison paternelle, quand le ménage, « quoi qu'irrégulier », ne formait pas moins « une famille » que le père avouait publiquement, où Urbain, ses frères et sœurs étaient reconnus par les marins du pays comme « les enfants de M. Urbain Brue »[10].

Le père semble bien avoir tenté de régulariser la situation à Cayenne. Il aurait proposé à sa mère de la conduire en Guyane anglaise où il projetait de l'épouser. Celle-ci aurait refusé. Le fait paraît d'autant plus probable à Urbain qu'une tante maternelle, Clarence, est allée à Démérara** épouser un nommé Power, mariage qui fut plus tard enregistré par un jugement du tribunal civil de Paris. Cela fit du bruit sous la Restauration, note Urbain.

---

* Le terme *créole* présente plusieurs acceptions. On l'employait, aux premiers temps, pour toute personne née aux colonies d'ascendance européenne, qu'elle soit blanche ou mulâtre, aussi dite métisse. C'est en général dans ce sens que l'utilisent Urbain et d'Eichthal. Mais dès leur époque, ce terme tendait, notamment aux Antilles françaises, à être accaparé par les seuls Européens nés dans les colonies, voir BOISTE, éd. 1828, 423.

** Démérara est alors la colonie néerlandaise, aujourd'hui devenue Surinam.

Les enfants Power ont été ainsi légitimés[11]. Urbain n'a pas donné d'explication sur les raisons du refus d'Apolline, sa mère.

Le réel est têtu. Inscrit à la pension de Marseille sous le nom de famille Urbain, c'est sous celui de Thomas qu'il figure sur le registre du collège et qu'il est connu de ses camarades qui l'ont suivi depuis l'école primaire. Position difficilement tenable pour l'adolescent dont la personnalité est en train de se construire et qui souffre de cette identité floue et mouvante. Comme ses camarades de classe s'étonnent de l'imprécision de son état-civil, il se plaint à son père d'une remarque désobligeante de l'un d'entre eux. Réponse de ce dernier : « Je suis fâché de ce qui t'est arrivé chez ton ami. Cela n'aurait pas eu lieu si tu avais été plus circonspect dans les termes. » Urbain a peut-être avancé qu'il était le fils de Brue, ou alors a-t-il été encouragé par son ami à revendiquer encore une fois sa filiation ? Égal à lui-même, le père réitère son refus de reconnaître sa paternité et se réfugie, cette fois, dans le faux semblant d'une identité fabriquée :

> Tu as un acte de naissance qui te fait fils de M. Jean-Baptiste Urbain habitant de Cayenne. Ton père est donc à Cayenne et moi je suis ici ton tuteur. Ton père de Cayenne peut être mort depuis et par habitude tu appelles ton tuteur ton père. Voilà ce qu'il faut dire et soutenir comme vérité. Sans chercher à discuter davantage sur ce point. Ton ami ne doit pas se fâcher pour cela avec toi, tu es le fils d'un habitant de Cayenne et je suis ton tuteur que tu considères comme un père[12].

Ce jour-là, le jeune adolescent, qui se targuait auprès de ses camarades d'avoir, comme eux, un père, qui avançait un nom de famille connu dans la région, ce jour-là, il réalise qu'il n'est qu'un bâtard.

Profitant des troubles provoqués par l'occupation de la Guyane par les Portugais et de sa fonction de conseiller à la Cour d'appel de Cayenne[13], Brue avait fait établir, avec la complicité d'un ami officier de l'état-civil, de faux extraits de naissance qui permettaient à ses enfants de sortir de la situation d'infériorité où les place la loi coloniale. Dans ces papiers, qui peuvent se révéler utiles en métropole mais dont il n'est pas possible de se prévaloir sans danger à Cayenne, Urbain apparaît comme fils d'un Homme de couleur, charpentier de métier, Jean-Baptiste Urbain, et d'une grand-mère d'origine indienne, veuve Lhomond. En agissant ainsi, Brue ne se rend pas compte qu'il empêtre ses enfants dans un piège administratif inextricable, les enfermant dans un mensonge qu'ils doivent porter à vie… Les refusant comme Blancs. Figés dans leur couleur, punis par le hasard qui les a fait naître d'une mère mulâtre et d'un père blanc, et dégradés dans leur statut social. Une écharde plantée au cœur.

Quelques années plus tard, alors qu'Urbain est de retour de Cayenne et que le père reçoit de lui une lettre décachetée – on suppose qu'elle a été ouverte par un autre Brue nommé Urbain –, il lui fait savoir qu'il n'est pas très heureux que ses affaires soient connues de ceux qui n'ont rien à y voir et, pour éviter pareille méprise à l'avenir, lui demande de mentionner sur l'enveloppe, à côté de son nom, le titre de chevalier de la Légion d'honneur[14]. Urbain n'abdiquera jamais son droit à sa légitimité : en toutes occasions, il essaiera de convaincre son père de la nécessité de le reconnaître lui-même pour être reconnu par les autres.

Un adolescent tiré à hue et à dia

Urbain est un collégien brillant. Convaincu que son fils a des capacités intellectuelles qui lui permettent d'envisager des études longues et, encouragé par M. Blanc, il lui imagine un avenir dans la médecine. À la rentrée 1828, il lui conseille d'assister le jeudi à la dissection des cadavres à l'hôpital en attendant de pouvoir suivre les cours de médecine. Urbain s'intéresse aussi au monde qui l'entoure, à un moment où la France participe à l'expédition de Morée*, et il demande à son père l'autorisation de prendre des cours de grec moderne, ce à quoi celui-ci répond en l'approuvant : « Je ne regretterai point la dépense des livres que cette nouvelle étude nécessitera pourvu que tu en tireras quelqu'avantage[15]. »

Peu après, en janvier 1829, alors qu'il vient d'avoir seize ans, il informe Brue de son désir de s'abonner à l'Athénée de Marseille. Il s'agit d'une sorte d'université libre animée par les libéraux où l'on peut suivre des cours dans diverses disciplines scientifiques ainsi que des conférences sur les sujets les plus variés et où s'expriment, dans les limites permises par la censure, les idées les plus nouvelles. Brue, qui est d'esprit libéral – on sait qu'il lit

* On nomme ainsi à l'époque le Péloponnèse. La France intervient en 1828 avec un corps expéditionnaire de 40 000 hommes, formé sur le modèle de celui de l'expédition d'Égypte de 1798, avec l'objectif de forcer la Porte à accorder l'indépendance aux Grecs.

régulièrement le journal libéral *Le Sémaphore* – lui donne le feu vert : « J'apprends avec plaisir qu'on a formé à Marseille un Athénée où il y aura plusieurs chaires, j'approuve le désir que tu as de suivre ceux de philosophie et chimie, sciences très importantes pour la médecine, je t'autorise donc à prendre un abonnement et prie Madame Blanc de vouloir bien t'en compter le montant[16]. »

C'est notamment à ce sujet qu'après la mort de M. Blanc, vont se manifester les problèmes jusqu'ici passés sous silence. Brue a demandé à l'épouse de ce dernier de poursuivre les engagements du défunt, quitte à se faire seconder par son gendre Bayol, lui aussi négociant à Marseille, quand est exigée une autorité masculine. Les choses se gâtent très tôt. À la différence de M. Blanc, sa famille va intriguer, moucharder, contrarier les aspirations des enfants, et visiblement utiliser à leur profit une partie de l'argent qui leur est destinée. Outre cela, la famille Blanc, à laquelle s'est joint M. Olive, l'autre gendre de Mme Blanc, ne voit pas d'un bon œil l'implication du jeune homme à l'Athénée. Cela pousse Urbain à s'en plaindre à Brue, lequel se fait son complice et, reprenant ainsi sa responsabilité de père, l'engage à poursuivre cette activité en cachette de ses correspondants. Et de promettre de lui faire parvenir tous les trois mois les 15 fr pour le trimestre de son abonnement, en précisant : « Il est inutile de te recommander de cacher à Madame Blanc ainsi qu'à tous les membres de la famille que tu continues à suivre les cours à l'Athénée. » Ainsi, « tout en ayant l'air de leur complaire, tu peux faire ton train[17]. »

Un autre épisode témoigne du tempérament terriblement conservateur de la famille Blanc : elle brime les élans du jeune homme en lui faisant abandonner l'exercice de ses talents d'écriture dans le journal des élèves de son collège. « Tu as bien fait de renoncer, d'après les observations de Madame Blanc, à la feuille littéraire que doivent mettre à jour des élèves de rhétorique. Je passais légèrement sur cet article de ta lettre et je n'avais pas compris que tu devais en être un collaborateur », lui écrit alors Brue en se méprenant sur le sens de cette activité qui n'est en rien une manière de distraire les élèves des études : « Ce travail ne peut te convenir. Tu ne dois rien entreprendre qui te détourne de ton objet principal, l'étude de la médecine. Tu dois y donner tout ton temps et en faire ton unique préoccupation. Il faut ambitionner un jour de te montrer en public, mais pas dans un journal. C'est en paraissant avec avantage à la tête d'un hôpital, ou dans une chaire de professeur, qu'il sera glorieux pour toi de t'occuper[18]. »

Ce n'est pas le seul problème qui surgit pour Brue avec la disparition de M. Blanc. Son épouse et ses gendres, ses filles à l'occasion, ne lui rendent plus compte de la manière dont les uns et les autres sont suivis. Même son ami Rey, le directeur de la pension où séjourne Urbain, y met son grain de sel. Coincé derrière le mur qu'il a mis entre sa famille française et sa famille guyanaise et pratiquement cloué chez lui par la goutte, il perd la main sur le destin de ses enfants. Dès la rentrée scolaire de l'automne 1828, il demande à Urbain de le tenir au courant de la conduite de sa fratrie : « Je suis bien aise que tu sois à même de voir souvent tes sœurs, ce qui me fait présumer qu'elles travaillent maintenant chez Madame Besson. Car depuis que nous avons arrêté avec Madame Blanc, qu'elles sortiraient de chez Madame Dessaint pour rentrer chez cette première, j'ignore ce qu'il en a été, si elles y sont, et depuis quelle époque. Ta lettre me fait présumer qu'elles y sont, mais ce n'est pas de cette manière que je dois le savoir. Engage Almaïde à m'écrire pour m'informer de leur situation, et me dire comment elles s'y trouvent, et l'époque à laquelle elles y sont entrées[19]. »

Le fils devient de cette manière confident des difficultés et appréhensions que le père rencontre dans leur éducation, non seulement celle de son jeune frère Ovide que l'atmosphère de la famille Blanc contribue à mettre en échec scolaire, mais aussi celle de ses sœurs aînées, Almaïde et Louise, qui, de toute façon, n'en font qu'à leur tête. Quatre ans plus tard, dans une nuit égyptienne, gagné par la sérénité que procure le silence du désert et sous le regard des étoiles, Urbain se retourne avec calme et lucidité sur cette époque. Il avoue à l'adresse de ses sœurs et de son frère :

> J'ai préféré l'amour de mon père à celui de ma mère, je vous ai imposé comme nom de famille mon nom de cadet, quoique votre titre de bâtard semblât vous assurer l'indépendance. J'ai voulu vous gouverner tous parce que mon père m'avait dit que j'avais du sens et de la sagesse, parce que j'étais orgueilleux de mes longues études. C'est là mon tort. Ma sagesse était folie, ma science, vanité. Je ne connaissais encore de la vie que les douleurs contenues et la patience[20].

Curieuse attitude de Brue, qui associe son jeune fils à ses démêlés avec leur mère dans l'éducation d'Ovide : « J'ai lieu de regretter que sa mère me l'ait envoyé, écrit Brue à son propos. Elle aurait bien pu le garder auprès d'elle, lui faire apprendre l'état de charpentier de maison, elle aurait économisé son temps, et m'aurait évité une dépense considérable, qui va se trouver entièrement inutile par son insouciance, et son peu d'aptitude à rien faire. Renvoyé de chez son maitre tonnelier que va-t-il faire maintenant ? Sa mère me dit de lui faire apprendre l'état de maçon. Tiendras-il là plus que chez le tonnelier ? En attendant le temps se passe, les ans viennent[21]. »

Les soucis concernant ses sœurs à présent : « J'ai reçu depuis samedi dernier une lettre de Madame Blanc qui m'annonce la recherche qui a été faite d'Almaïde en mariage par M. Rey pour M. Achard. De qui on fait beaucoup d'éloge, que tu me confirmes par ta lettre. La qualité et l'état de ce monsieur me paraissent convenables. Il est fâcheux que l'intérêt soit venu à la traverse et que nous n'ayons pas pu être d'accord sur le prix de la dot qu'on a porté au double du prix que j'avais proposé. On doit me laisser à moi le soin de connaitre mes affaires et savoir ce que je peux et ce que je dois. C'est d'ailleurs de très mauvais augure que de voir marchander une demoiselle qu'on veut épouser. Feu M. Blanc a refusé par deux fois un parti qui s'était présenté pour une de ses filles parce qu'on lui avait demandé quelle dot il constituait. Sans vouloir me montrer sur ce point si délicat que M. Blanc, après avoir dit ce que je constituais à Almaïde je ne souffrirai pas d'enchère. Si la dot ne remplit pas la vue du prétendant, j'en suis fâché, il peut y renoncer[22]. » Quelques mois plus tard, il s'alarme du sort de ses filles : « Leur sexe a besoin de plus de surveillance et elles ne peuvent pas être livrées à elles-mêmes comme un garçon et, si je venais à leur manquer avant qu'elles fussent établies, elles pourraient se trouver malheureuses. Se voyant sans appui et sans protecteur dans une grande ville, exposées à la séduction[23]. »

En faisant d'Urbain le dépositaire de ses préoccupations paternelles alors qu'il reste à distance, il l'incite implicitement à prendre des responsabilités dont il se décharge, le plaçant dans une position intenable.

Entraîné vers ces écueils contre lesquels il se sent impuissant, Urbain broie du noir. « Que signifie, mon cher Urbain, ce découragement que m'annonce ta lettre de bonne année, lui écrit Brue au moment où il vient de fêter ses dix-huit ans ? Faut-il ainsi prendre l'épouvante et se livrer au désespoir, parce qu'un hiver plus rigoureux que ceux que tu avais éprouvés jusqu'à présent t'a apporté quelques souffrances de plus qu'à l'ordinaire qui ont pu altérer un peu ton physique, mais qui ne doivent avoir aucune influence sur ton moral ? […] Non, non, rappelle ton courage, sois homme et montre plus de force d'âme, dans la crainte que Dieu ne s'offense de te voir fléchir devant un si petit obstacle […]. Ce n'est pas en appelant Cayenne à ton secours que tu vaincras l'obstacle que te présente le froid en ce moment[24]. »

Ne pouvant s'avouer la cause de ses tourments et voir en face la lourde responsabilité qu'y prend son père, le jeune homme rêve au retour à l'insouciance et à l'innocence de son enfance qu'il identifie à la Guyane. Avec le printemps, les choses ne s'arrangent pas. Pourtant, l'année scolaire se termine bien. Urbain achève avec succès sa rhétorique. « Ta lettre m'a attristé l'âme par la couleur noire dont tu l'as chargée, pourquoi te désespérer comme tu le fais ? Je loue ta sensibilité mais il ne faut pas te laisser trop entrainer par elle. » Le père met ce cafard sur l'atmosphère de la famille Blanc où sa position, reconnait-il, et celle de ses sœurs n'est pas « aussi saine » que ce qu'elle était du vivant de feu M. Blanc. Paternellement, il le réconforte et l'exhorte : « Aie donc un peu plus de courage, garde-toi de t'abandonner aux idées noires que tes réflexions ont pu te suggérer. Songe qu'il te reste à travailler pour atteindre le but auquel tu es destiné. […] Il importe que tu en finisses avec le collège pour pouvoir entrer à l'hôpital, et une fois que tu y seras admis comme élève, tu n'auras plus besoin d'intermédiaire entre toi et moi[25]. »

Quelle contradiction dans la conduite de Brue ! Le voici à présent tançant le jeune homme, l'exhortant à être lui-même et à s'affirmer dans l'adversité : il devient là, pour une fois, non le tuteur, mais le père. Brue n'a pas la même inclinaison pour ses deux filles qu'il ne voit pas rester en France : « Apolline et sa mère me demandent de leur envoyer Almaïde et Louise, lui écrit-il, mais je ne les ferai point partir malgré elles. Tu peux les pressentir sur la demande de leur mère[26]. » Quant à Ovide, si ses sœurs partent, il les accompagnera : « Je prévois que pour ce dernier, il faudra en arriver là. Je ne peux pas continuer à garder ici un paresseux qui ne fait que coûter 1 000 fr par an, qui ne veut rien apprendre pour ne rien faire[27]. »

En grandissant, les filles lui posent des problèmes auxquels, vieux, malade et surtout englué dans ses préjugés, il ne se sent pas capable de faire face. Ovide lui donnait, aux premières années de son séjour, d'évidentes satisfactions : « Je suis content de ton assiduité, et de ton application à tes devoirs. Continue à bien faire cette année comme celle qui vient de s'écouler et tu peux t'assurer d'avance que je serai satisfait de toi, que je t'aimerai toujours bien, parce que tu seras sage », lui écrivait-il en janvier 1826, poursuivant : « Je te recommande toujours la docilité et l'obéissance envers ton maître et de reconnaître par ton amour tout ce que fait pour toi M. Blanc et son inestimable famille. Tu t'acquitteras en le faisant de la majeure partie de ce que tu me dois. Adieu, je t'embrasse de tout cœur, Ton ami Brue[28]. » Quatre ans plus tard, Ovide est devenu un bon à rien, un boulet, une dépense inutile. La dernière lettre qu'il lui adressera de la campagne où il se repose avec sa fille Antoinette, datée de septembre 1830, n'est que reproches : « Je vois avec peine que tu sois tant reculé pour l'écriture. [...] Tu commets encore des fautes trop grossières en ne pas distinguer le masculin du féminin. » Il le met en garde qu'une fois arrivé en Guyane, il aura d'autres choses à faire : « Tu auras alors un état à apprendre et tu ne t'occuperas plus guère de ton instruction[29]. »

Après la disparition de son époux, Madame Blanc dédaigne l'enfant qui en est considérablement perturbé et perd ses moyens : elle « ne me fait pas un éloge flatteur d'Ovide, écrit Brue à Urbain, on me dit qu'on doute qu'il fasse jamais rien, qu'il est insouciant et paresseux[30]. » Rentré à Cayenne où il passera son adolescence, Ovide n'en aura pas moins une situation convenable : il s'engagera dans la marine de commerce où il deviendra capitaine.

Se sentant oppressé dans sa vie personnelle, Urbain éprouve un besoin irrépressible de tourner la page et cherche à s'évader en Guyane. Et cela advient au moment précis où de grands chamboulements politiques pourraient lui donner de l'oxygène. Sauf que leur incidence dans la cité phocéenne s'opère sur le mode mineur, comme cela ressort du témoignage d'Alphonse Dory. Ayant à peine obtenu son diplôme d'avocat, l'homme a vécu à Paris les Trois Glorieuses et, craignant une insurrection dans le Midi, il quitte la capitale afin de mettre sa famille à l'abri. « À mon arrivée dans mon pays natal, raconte-t-il, Marseille me fit l'effet d'un village. Je trouvais qu'il n'y avait ni mouvement, ni bruit. Bientôt je me retirai à la campagne, dans l'espoir de calmer par la solitude les fièvres d'esprit qui me dévoraient. » Quel contraste avec la situation parisienne sur laquelle cet avocat marseillais écrit : « La Révolution de Juillet éclata. C'était une émeute, ce fut une victoire. [...] toutes les doctrines qui fermentaient alors, toutes les sociétés secrètes ou publiques, tout cela grandit d'un seul coup. Cette révolution fut, pour les esprits, comme un volcan qui bouillonne sourdement, gronde, lance vers le ciel des tourbillons de flamme, et arrose ses flancs d'une lave brûlante. C'est ainsi que les idées bonnes et mauvaises sortirent du cratère ouvert par la Révolution de Juillet, Dieu sait avec quel fracas ![31] »

Ce n'est pas la correspondance du père Brue qui peut nous renseigner sur la conduite d'Urbain lors de ces événements. Il est catastrophé par « les nouvelles désastreuses » qui lui viennent de Paris ![32] » Il y a cependant toute raison de supposer que l'enthousiasme républicain du jeune Urbain, pour authentique qu'il soit, est resté alors cantonné à une expression verbale dans le cercle de l'Athénée. En tout cas, les perspectives nouvelles ne suffisent pas à dissiper le cafard qui accable le jeune homme puisque le père Brue se félicite de la décision de retourner à Cayenne prise par son fils qui prépare d'ailleurs activement son voyage pour la fin octobre. Que s'est-il passé pour que la voie depuis longtemps tracée des études de médecine soit barrée, sans que les Trois Glorieuses ne changent la décision prise ? Mystère, un chaînon manque...

Urbain tient lui-même dans ses biographies des propos contradictoires avec le contenu des lettres de Brue. « Au moment où éclate la Révolution de Juillet, j'achevais ma rhétorique. L'intention de mon père était de me faire étudier la médecine », poursuivant : « En jetant un grand désarroi dans les affaires commerciales, la Révolution ne permettait plus à mon père de continuer les lourdes dépenses occasionnées par l'éducation de quatre enfants. Il prit la résolution de nous envoyer tous à notre mère à Cayenne[33]. » Urbain sera plus net quelques années plus tard : « En renonçant pour moi à la profession de médecin, il me poussait dans le commerce[34]. » Un fait est indéniable : la Révolution de Juillet est passée par là. Vieilli et malade – il se qualifie d'infirme –, le père a laissé choir ses espérances libérales, d'autant plus que ses affaires subissent le contrecoup de la situation. Il voit poindre des menaces de guerre – Marseille est aux première loges de l'expédition d'Alger ! –, et se rend certainement compte que « l'argent s'en va », ainsi qu'il le lâchait dans sa lettre précédente où il laissait pourtant encore ouverte pour Urbain la porte pour des études longues[35]. Et il applaudit à la résolution de son fils de retourner à Cayenne[36].

Nous n'avons trace d'aucune lettre dans l'intervalle où Brue aurait laissé entendre à Urbain qu'il préférait le voir abandonner la médecine. Mais elle aurait été dans ce cas écrite avant la Révolution. Ou alors c'est Urbain qui, sentant la gêne de son père, aurait décidé de son propre chef d'abandonner ses ambitions.

Louise a accepté de partir, malgré l'ascendant qu'a sur elle son aînée Almaïde qui, dotée d'un fort caractère, s'entête à vouloir rester. Or quand, au cours de cette belle nuit dans le désert d'Égypte, Urbain se penchera sur ses rapports avec chacun des siens, il s'adressera ainsi à Almaïde :

> Sois la bienvenue et que tes affaires prospèrent ! Tu t'es mariée, selon ton désir, avec un Blanc, ta dot a été forte, sois heureuse [...]. Puisses-tu avoir échappé aussi facilement à la malédiction de notre père qui pèse sur toi ! L'amour d'un père ne s'amasse pas avec l'argent[37].

Non seulement elle refuse de retourner à Cayenne, mais elle veut s'installer à Marseille et demande à son père de lui avancer les fonds pour ouvrir un commerce, en compensation du refus de celui-ci de reconnaître sa paternité. Peut-être faut-il donc penser qu'en cherchant à convaincre sa sœur qu'il était chargé d'inciter à partir, Urbain a voulu se faire plus convaincant en s'engageant lui-même à faire le voyage ? Si tel est le cas, on mesure l'effet de la pression morale exercée par Brue sur son fils pour assumer son propre rôle... Épisode triste et cruel : cloué par la maladie, Brue ne peut se déplacer à Marseille pour faire « son voyage d'adieux ». Almaïde propose d'aller l'embrasser à La Ciotat. Brue, gêné, se confond en palinodies, parle de la crainte que ses forces ne le lâchent « au moment cruel de la séparation ». Il cherche à les convaincre de ne pas faire le déplacement, mais, conclut-il, « si votre voyage ici prévaut par-dessus toute considération, ayez tous attention de ne m'appeler que votre tuteur, en route et à votre arrivée[38]. » Ultime recommandation de Brue avant le départ : « Tu te mettras en devoir de faire des recouvrements des créances que tu remettras à M. Candolle, pendant ce temps tu prendras connaissance du pays et ses affaires. Et ensuite tu jugeras de ce qu'il y aurait à faire et tu te consulteras avec M. Candolle pour établir le plan qui pourra te convenir. Il ne faut pas te cacher que tous les commencements sont pénibles, mais avec de la constance et de l'aptitude au travail on parvient au but qu'on se propose[39]. »

Une nouvelle perspective lui est désormais tracée : se joindre à l'associé de son père, apprendre le métier d'armateur-négociant en le secondant avant de lui succéder comme fondé de pouvoir.

Cayenne devient un enfer personnel

Urbain embarque donc pour Cayenne, avec son frère et ses deux sœurs, sur le brick *Le Mistral* qui quitte Marseille le 3 novembre. La traversée est marquée par un événement douloureux. Une jeune Noire, qui retourne vers ses enfants après avoir servi chez un médecin en métropole comme nourrice, meurt à bord et son corps est jeté dans à la mer. Urbain en est « vivement affecté »[40]. Dans le feuilleton publié en 1836 dans *Le Temps,* il met en scène tous les personnages à bord de ce navire et narre ce drame permis par l'atmosphère confinée où ils sont réduits. Les sentiments s'échauffent et d'emblée, Urbain est projeté dans une ambiance qu'il avait oubliée à Marseille, celle de la hiérarchie raciale des colonies et de ses tourments. C'est le drame de cette jeune femme. Bien plus avenante et belle que les deux Créoles présentes à bord, les sœurs d'Urbain qui, elles, sont courtisées par les membres de l'équipage, la jeune femme est ignorée par ces mêmes hommes.

> Antoinette Lacoste n'était recherchée par personne... Elle était noire. Tout le monde sait que les Européens ne se décident à aimer les femmes noires que quand le soleil de l'équateur allume leurs sens au point de leur faire oublier toutes les convenances. [Mais le brick ayant tout juste dépassé le détroit de Gibraltar] la chaleur n'était pas encore assez brûlante pour qu'Antoinette fut aimée.

Repoussée par un des deux subrécargues* embarqués, un Juif livournais dont elle s'éprend si fort que, dédaignée par lui et moquée par les marins, elle en perd la raison. Attachée au mât de misaine, elle finit par succomber. On la jette par-dessus bord[41]. Du fait qu'il raconte ce triste événement dans

---

* Les subrécargues, embarqués sans faire partie de l'équipage, peuvent représenter à bord le propriétaire des marchandises, l'affréteur ou toute autre personne intéressée à la cargaison.

la presse, Urbain ne peut avouer qu'Almaïde a commencé à filer un parfait amour avec l'autre des deux subrécargues, M. Daubriac, qu'elle épousera d'ailleurs, une fois arrivée à Cayenne. Ce qui ne manque pas de créer quelques étincelles entre lui et ses sœurs que son père avait chargé de surveiller.

Pour Urbain, le retour au pays natal est en même temps retour à l'enfance dont il retrouve les sensations, ainsi qu'il le narrera à ses lecteurs dans ses « feuilletons » du *Temps* nourris d'éléments autobiographiques. C'est d'abord la communion avec la nature qui révèle son être guyanais :

> Avec quel délicieux ravissement je revis ces grandes rivières que j'avais quittées depuis plus de dix ans et dont je n'avais pu encore apprécier la beauté grandiose ! [...] Comment exprimer les pures et suaves émotions dont l'âme se remplit en contemplant une de ces éclatantes nuits de l'équateur ! [...]. Il est des âmes qui ne se réveillent qu'en présence de ces spectacles imposants et doux de la nature : le bonheur vous pénètre alors par tous les sens. Ce que l'on voit, ce que l'on entend, ce que l'on respire, tous les parfums de la nuit, tous les soupirs des choses, la sereine lueur des astres, vous plongent dans une de ces sublimes extases qu'on ne saurait retrouver ni dans l'amour d'une maîtresse ni dans les joies de la gloire et de l'ambition.

C'est aussi l'immersion dans des rapports chaleureux :

> Songez donc que j'étais absent depuis dix ans, et que je brûlais d'impatience d'embrasser ma mère, mes vieux parents, de revoir ces bons esclaves qui ont pris soin de mon enfance, et aussi de juger par moi-même si toutes les jolies petites filles que j'avais connues étaient devenues de belles demoiselles[42].

Il le reconnaîtra plus tard :

> Je m'abandonnai aux douceurs de la vie créole et de famille. C'est une Négresse de ma grand-mère qui m'initia aux premières ivresses de l'amour dans un grand bois. Tout était ravissement pour mon esprit et mon cœur[43].

Ce bonheur est immédiatement contrarié par les relations avec ses sœurs et sa mère, pris en otage de l'antagonisme entre elles et son père. Les problèmes avaient surgi déjà au moment du départ. Almaïde fouille ses affaires et découvre les lettres de Brue à son chargé d'affaires de neveu,

Candolle, qui réservent à Urbain l'avenir d'un métier profitable. Cela fait naître en elle une vive jalousie. Elle se saisit des faux extraits de naissance, indispensables pour l'obtention des passeports en territoire métropolitain mais qui, s'ils sont rendus publics à Cayenne, exposeraient à des sanctions l'officier d'état-civil, l'ami qui les a complaisamment établis. Ce dernier s'en plaint à Brue qui fulmine : « Les insensées ! Vouloir porter mon nom sans y être autorisées par un acte authentique c'est vouloir se couvrir de ridicule et se faire moquer de soi. Sois assez sage pour ne pas te laisser entraîner par leurs conseils perfides. Je dois te dire qu'il existe une ordonnance à Cayenne qui défend aux gens de couleur libres de prendre le nom de leur père lorsqu'ils ne sont pas reconnus légalement. Ainsi donc la police du gouvernement et mon fondé de pouvoir s'y opposeraient si elles osaient le tenter[44]. » En remettant ces documents à Urbain, Brue lui a recommandé de les détruire en arrivant à Cayenne. Mais pour complaire à sa mère et à ses sœurs, il ne s'est pas exécuté.

Avec la complicité de sa mère, Almaïde s'empresse d'utiliser le faux certificat dans le but de se légitimer et de permettre son mariage avec Daubriac. Par chance, le procureur, un ami d'Apolline, se contente de les confisquer. Apprenant cet incident, Brue est furieux : « Je ne peux plus revenir sur tout ce que j'ai fait, écrit-il à son fils, il m'en reste le regret. En étant si mal récompensé. C'était bien la peine de dépenser tant d'argent pour en faire des coquines. » La sentence tombe : « Elles peuvent bien être assurées que je ne contribuerai pas à soutenir le vice, en cessant d'être honnêtes, elles ont rompu avec moi pour toujours. Elles n'ont plus rien à en attendre[45]. »

L'épisode n'est cependant pas clair pour Brue qui y revient en septembre 1832, interrogeant son fils : « Que faut-il que je pense des deux actes supposés de tes sœurs que je t'avais chargé de détruire à ton arrivée dans la colonie, comme ne pouvant leur être d'aucune utilité dans ce pays et pouvant compromettre leur mère ainsi que celui qui les a produits et ceux qui les avaient signés ? Ne m'as-tu pas écrit dès ton arrivée que ces actes avaient été anéantis, qu'ils n'existaient plus ? » Hors de lui : « Si tu m'avais trompé, tu ne serais pas pardonnable[46]. »

Au cours d'une nuit égyptienne dont nous avons déjà parlé, Urbain prendra tous les torts sur lui, s'adressant à ses frères et sœurs :

> Vous avez tous bien fait, peut-être, car votre mère vous aime et ne m'aime pas. C'est donc avec toute loyauté de cœur, en conservant votre indépendance que vous devez écouter ce que je vais vous dire, afin que je ne vous impose plus mon patronage. Prenez chacun votre nom et fondez seul votre famille, si vous ne voulez pas de celle dont je suis la souche et le père ![47]

Par ironie du sort, Urbain ne sera jamais officiellement désigné que par le nom d'esclave de sa mère, Apolline, et n'utilisera celui d'Urbain que comme pseudonyme quand ses frères et sœurs le porteront administrativement comme nom de famille.

Le feuilleton des passeports établis sur de faux certificats a pour toile de fond les changements de la situation provoqués en Guyane par la révolution de Juillet qui a promis un allègement du sort des gens de couleur. De fait, si l'officier d'état civil ami de la famille avait fait à la mère d'Urbain et à ses sœurs un passe-droit en leur accordant des papiers valides, il ne faisait qu'anticiper l'application de la nouvelle règle, contenue dans l'ordonnance royale du 24 février 1831. Celle-ci stipule en effet :

> Art. 1 : Sont et demeurent abrogés, en ce qui concerne les dispositions qui ont restreint à l'égard des personnes de couleur libres, la jouissance des droit civils, les arrêtés coloniaux portant promulgation du code civil à la Martinique, à la Guadeloupe, à la Guyane française et à l'Île Bourbon[48].

Voilà qui supprime, du moins en théorie, car il y a loin des pétitions de principe aux actes*, les dispositions discriminatoires du statut des libres de couleur[49].

Cet épisode dramatique pousse Brue à témoigner à la mère de ses enfants et à ses filles, dont il désapprouve hautement la conduite envers Urbain, toute son indignation et son éloignement pour elles[50]. La lettre de son père contribue encore à élargir le fossé avec elles. Celles-ci le repoussent comme étant la créature de Brue. Comprenant la situation intenable de son fils, ce dernier l'appelle à ne conserver avec sa mère d'autre rapport « que celui qu'exige le respect et les égards qu'un fils doit à sa mère, quelque

* Voir plus loin dans ce chapitre, p. 39.

injuste qu'elle soit envers lui » et, se résolvant à le « rendre indépendant »[51], il lui propose de se mettre en pension en ville[52].

Pris en grippe par les siens, Urbain peut-il au moins attendre quelque secours de l'avenir professionnel que lui avait laissé entrevoir son père ? La perspective est celle de l'association d'Urbain à ses affaires, source potentielle de revenus appréciables. En théorie, il est à la tête d'un capital. Il lui serait possible de se mettre à la tête de la liquidation des affaires de Cayenne où sont encore dus 60 000 fr, et il pense qu'avec le produit des recouvrements, il pourrait faire du commerce pour son compte.[53] Or, sur cet horizon également, le ciel s'assombrit très vite. De profondes déceptions l'attendent là aussi. Selon l'ordonnance coloniale du 1er Vendémiaire an XIV (23 septembre 1805) :

> Art. 12. Toute donation entre vifs ou simple donation, tout legs universel ou particulier, faits par un Blanc à un individu de couleur, sont déclarés nuls et de nul effet[54].

Ne pouvant ni hériter des affaires de son père ni les gérer, Urbain se trouve à la merci de son cousin Candolle. Craignant que le jeune homme ne mette le nez dans ses affaires et ne prenne un jour sa place, ce dernier refuse de le laisser travailler à ses côtés, ce qui le prive de toute possibilité d'apprendre le métier. Et quand il s'enquiert des créances dont le recouvrement devait lui permettre de démarrer dans les affaires, il se rend compte que Candolle, chargé de ses recouvrements, avait encaissé les seules dettes recouvrables et les avait appliquées à ses besoins. Il n'est selon lui, plus de créanciers solvables[55]. C'est ce qu'il prétend, sans que Brue, éloigné et impotent, puisse le vérifier et défendre ses intérêts et ceux de son fils. C'est « un échec complet », « un avortement » des projets de commerce[56]. La situation devient angoissante. Les douces rêveries basculent dans le cauchemar.

Il y a bien les élans de tendresse à son égard de sa sœur Louise : « Je t'ai vu souvent à mes côtés, tandis que je regardais la mer, la nuit, mes sanglots t'attiraient près de moi et tu me caressais » Il l'avoue dans un poème : « Je t'ai trop aimé, car tu sais qu'un jour je voulus t'aimer comme une amante ![57] »

La souffrance des Noirs et des Gens de couleur

Fuir Cayenne, il n'est point d'autre issue pour Urbain qui se réfugie à la plantation de son oncle Power, beau-frère de sa mère*. C'est l'arrivée dans cet établissement qui inspirera l'article intitulé « L'Habitation L'Éléonore », publié en janvier 1837. Tout commence par l'évocation de la beauté de la nature :

> Je voyais, dans les eaux limpides, se balancer les ombres légères des lianes suspendues à chaque branche. Les racines empressées s'étaient avancées bien avant dans la rivière et la terre était entièrement cachée aux yeux. Puis tout à coup, le rideau de feuillage s'entrouvrait, et j'apercevais de vastes plantations de canne à sucre, des coteaux couverts de girofliers, des champs de rocous** qui ressemblaient à des forêts, tant cet arbuste est grand. Et dans quelque coin, entouré de verdure et d'ombrage, la maison du maître, auprès de laquelle se groupaient les cases des noirs. Quelques fois, sur notre passage, la cloche sonnait pour annoncer l'heure du repos, et les esclaves répondaient par des chants de joie à son tintement.

Tandis que nous sommes bercés par cet enchantement, surgit d'un coup la réalité sombre :

> D'autres fois nous entendions le sifflement du fouet des commandeurs et les cris de détresse des victimes : alors nos pagayeurs animaient leur chant, comme si les coups rencontraient en eux un douloureux écho, et nous fendions l'onde avec une rapidité incroyable. Quel sort mystérieux et sombre de ces Nègres qu'on n'a pu jusqu'à ce jour faire travailler qu'en les châtiant sans cesse ![58]

Une situation d'autant plus révoltante qu'existent aujourd'hui des moulins à sucre dont il s'émerveille, actionnés, « par la machine à vapeur, qui affranchit les esclaves d'une des plus dures corvées, celle de tourner les meules, le jour et la nuit[59] ».

---

* Achetée à M. Power, l'habitation L'Éléonore servira à installer le bagne de Saint-Augustin. Ouvert en 1854, il sera abandonné dès 1859 à cause des nombreuses épidémies qui s'y déclareront.

** Le *rocou* ou *roucou,* dont le nom vient du tupi *urucu* (*Bixa orellana* L.) est un arbuste tropical dont la cire qui entoure les graines est employée comme colorant jaune orangé.

Horizon familial saccagé, avenir professionnel détruit, ce n'est donc pas tout : il y a aussi le huis clos tragique où tout ce qui est à un degré ou à un autre mâtiné de noir est esclave pour le Blanc et peut être à son tour maître pour le Noir. La Guyane est un microcosme, comptant seulement 18 000 habitants – dont 4 000 hommes et femmes libres et 14 000 esclaves –, où la vie publique est extrêmement limitée et où la situation des libres de couleur reste pénible. L'atmosphère est lourde, plombée par l'affaire Cyrille Bissette*. En décembre 1823 est arrêté à la Martinique un libre de couleur, accusé sur simple dénonciation, en même temps que deux compagnons, d'être l'auteur d'une brochure fustigeant le statut des libres de couleur. Condamné avec ses deux prétendus complices au bannissement à perpétuité du territoire français, il est, au terme de l'arrêt de la cour d'appel de la Martinique confirmant le jugement en première instance, marqué au fer rouge avec les lettres GAL (pour galères) et exposé sur la place publique, puis incarcéré au fort de Brest. Après renvoi de la Cour de cassation auprès de la cour d'appel de la Guadeloupe, le voilà frappé en 1827 de dix ans de bannissement des colonies françaises. Les Libres de Guyane, dont Urbain fait partie, se sont révélés particulièrement sensibles au sort de Bissette[60].

Que le jeune homme soit meurtri par cette situation et impatient de la fuir ventre à terre ressort des réponses du père. La discussion sur l'abolition de l'esclavage, rétabli par Bonaparte, bat son plein en France, mais il faudra encore une vingtaine d'années pour qu'elle aboutisse. En attendant, la réalité du statut dégradant des Mulâtres dans les colonies, qui leur interdit par exemple de porter des noms de Blancs, de prendre les titres de Monsieur et de Citoyen, et d'exercer nombre de métiers, persiste. Brue met sa conscience à l'abri et console son fils en l'invitant à l'optimisme : « Le nouvel ordre des choses, peut lire Urbain dans une lettre de son père à peine arrivé à Cayenne, améliorera les lois des colonies, les habitants de toutes les classes y jouiront des droits civils des citoyens français et, insensiblement, on arrivera à ne voir d'autre distinction que celle d'homme libre et

---

* Cette brochure est en fait parue sous le nom de LAISNÉ DE VILLÉVÊQUE, Gabriel-Jacques, *De la situation des Gens de couleur libres aux Antilles françaises*, 1823. On trouvera une courte bibliographie de Cyrille Bissette et de ses divergences avec Victor Schœlcher, à qui il reprochera sa trop grande timidité dans les demandes, chez SCHMIDT, Nelly, *Abolitionnistes de l'esclavage et réformateurs des colonies*, 2001, 254-265.

d'esclave, tous les anciens préjugés s'évanouiront. » Sous la plume d'un homme qui a participé à la traite, l'esclavage paraît encore comme aller de soi. Les « anciens préjugés » ne concernent que les Gens de couleur, ce qui est précisément le statut de son fils. Pensant niaisement qu'« on estimera tout ce qui sera estimable et on considérera ce qui deviendra recommandable », il appelle Urbain à « être honnête avec tout le monde, obligeant quand on le peut, modeste, réservé ». Ainsi, « tu mériteras l'estime et l'amitié de tous ceux qui te connaîtront[61]. » Résolument autiste, il tient à Urbain un discours des plus convenus et des plus faux : « Je ne peux pas te dire de revenir en France pour te livrer à la misère. Je m'estime heureux que tu en sois à l'abri à Cayenne malgré tout, tu peux y travailler, il ne s'agit que d'avoir patience et de ne pas perdre courage. Il te reste assez de temps par devers toi pour saisir ta fortune, tu n'as que 18 ans. Le plus grand ennemi que tu aies à Cayenne, celui qui doit être le plus sensible, c'est le préjugé. Mais avec une bonne conduite, tu peux en voir diminué l'effet. [...] Déjà par la loi nouvelle, tous les hommes libres sont admis à jouir de leurs droits civils dans les colonies, et la ligne de démarcation qu'il reste encore sera franchie[62]. »

Il n'y a que lui pour s'accrocher à cet optimisme aveugle. L'un des représentants des Libres de couleur, Fabien-Flavien Leblond, publiera en 1832, invoquant l'égide de Bissette, une adresse à la Chambre des députés où il dénoncera l'état politique des hommes de couleur de la Guyane française, affirmant que l'ordonnance du 24 février 1831, qui aurait dû supprimer les discriminations à leur endroit, n'a encore eu aucun effet : « Vainement, la publication de l'ordonnance royale du 24 février 1831 a eu lieu. À Cayenne l'on pourrait contester avec raison l'existence d'un nouvel ordre politique[63]. » Aussi réclamera-t-il encore l'abolition des articles discriminatoires de l'ordonnance du 1er vendémiaire an XIV (23 septembre 1805), soit les Art. 6, 7, 9 et 12[64].

Cette tragédie humaine est comme une marque au fer rouge. Même après avoir été reconnu dans la facette métisse de sa personnalité, Urbain tentera de l'exorciser[65] :

Les hommes de couleur ne sont pas *Blancs*

Ils ne sont pas noirs,
Ils ne sont pas esclaves,

Ils ne sont pas maîtres,
Ils sont hommes de couleur.
Les Noirs sont très misérables :
Beaucoup de travail,
Peu de fêtes,
Le fouet !

La sensualité et l'amour perdent leur innocence en se heurtant pour l'Homme de couleur à la herse du privilège du Blanc[66] :

Les filles de couleur sont pour les Blancs
Les Négresses aussi.
Ce sont leurs maîtresses,
Le jouet de leurs débauches,
Plus méprisées quand l'âge les a fanées,
Qu'un fruit gâté.

La nature elle-même en est transformée, portant désormais les stigmates de l'horreur[67] :

J'ai été épouvanté par les cris de tes tigres, par le sifflement de tes serpents,
Et les ronces m'ont fermé l'accès des sombres arcades de tes forêts.
Je sais… J'ai vu… !

La Guyane n'est pas le havre des rêveurs. En désespoir de cause, Urbain écrit à son condisciple Auguste Rey qui alerte Brue sur sa situation. Cette fois, le père s'émeut du sort de son fils : « Ta lettre m'a navré le cœur […]. Ce n'est point la lettre que tu m'as écrite qui m'a alarmé sur ton compte, c'est celle de ton ami Rey. Cet ami m'a écrit pour me faire part de ta position désespérée, de tes chagrins, de l'abandon dans lequel tu t'es laissé choir. Il me supplie en grâce de te rappeler de ton exil si je ne veux pas t'y voir succomber. Tu dois juger de l'effet que cette lettre doit avoir produit sur moi. Je te suis trop attaché pour ne pas en avoir été bouleversé[68]. »

Il envisage alors le retour d'Urbain en France : « Cependant si ton antipathie était trop fortement prononcée contre Cayenne, au point que ton moral et ton physique dussent en souffrir, j'ai trop fait pour toi pour t'abandonner et ne pas venir encore à ton secours. Je ne puis plus rien faire d'ici, mais je pourrai te faire donner à Cayenne les moyens que tu croirais nécessaires pour revenir en France tenter la fortune si tu pensais qu'elle te serait plus favorable qu'à Cayenne[69]. »

Brue demande alors à Candolle d'avancer sur ses fonds, pour aider son fils « à entreprendre quelque chose pour l'avenir »[70], la somme de 3 000 fr, ce qui correspond alors au traitement annuel d'un conseiller à la Cour royale, d'un procureur général ou d'un professeur de lettres à l'École polytechnique. Candolle ne le fera pas.

Cette lettre est expédiée le 1er mai alors qu'Urbain, profitant du retour en France du brick *Le Mistral*, s'est déjà s'embarqué depuis quelques jours. Avisé de son retour, Brue écrit alors à son fils : « J'apprends avec plaisir mon cher Urbain ton arrivée à Marseille, elle ne m'a point surpris[71]. » Que cette arrivée n'arrange pas les affaires de Brue, dans une passe financière difficile, cela se conçoit. Il semble bien contrarié mais promet à son fils de subvenir à ses besoins jusqu'à ce qu'il soit casé[72], et il l'accueille avec des paroles aimantes et vraiment paternelles : « Tu trouveras en moi le même amour et la même bienveillance que par le passé[73]. »

Ceci témoigne de la terrible contradiction et de la profonde détresse d'un homme enchaîné par la férocité d'une société raidie dans sa hiérarchie de discriminations : l'amour d'un père s'avère impuissant, pour rejoindre son fils, à sauter la barrière raciale. C'est avec une parfaite sincérité qu'Urbain laisse dans son testament : « J'ai toujours respecté et tendrement aimé mon père et jamais ni mon esprit ni mon cœur n'ont murmuré contre la position irrégulière qu'il nous a faite dans la société. Il a obéi aux préjugés et à la loi peu éclairée de son temps, mais nous avons mille témoignages du souci qu'il a eu de remplir envers nous tous les devoirs de la paternité[74]. » Il ajoute dans ses *Notes autobiographiques* : « La vénération que j'avais pour mon père dictait ma conduite. J'ai conservé toutes les lettres qu'il m'a écrites. J'engage mon fils à les lire avec recueillement. Il y sentira palpiter le cœur d'un bon et tendre père[75]. »

Urbain quitte définitivement son pays natal. Plusieurs fois, il songera à y retourner, mais il n'en fera rien.

- II -

DE LA NON-FAMILLE PATERNELLE À LA FAMILLE SAINT-SIMONIENNE

En quarantaine au lazaret de Marseille en juillet 1831 après un voyage pénible qui le délivre de l'enfer guyanais, Urbain est face à l'inconnu de son destin, proie de questionnements multiples : Quel accueil lui réservera son père ? Leurs lettres se sont croisées. Où habitera-t-il ? Reprendra-t-il ses études ? Devra-t-il travailler ? En somme, quel futur l'attend ? Et pourtant, dans ce brouillard d'incertitudes, des forces mystérieuses semblent tisser une trame aux fils épars de sa vie. Son dévoué ami et unique lien avec l'extérieur, Rey, est encore sa bonne étoile. Le mettant au courant des nouveautés advenues à Marseille, il lui fait découvrir cette nouvelle doctrine qui ambitionne de rénover le monde : la religion saint-simonienne, qui tient alors le devant de la scène intellectuelle et politique. Ce qui fait naître un espoir immense dans l'esprit troublé du jeune homme.

Pour comprendre les sentiments qui enflamment alors Urbain, il suffit de se reporter à l'atmosphère que décrit Heinrich Heine, arrivé en France deux mois seulement avant lui. Son témoignage est d'autant plus significatif que le poète allemand se dit loin d'être lui-même saint-simonien et qu'il lui semble même impossible qu'il puisse jamais le devenir. En effet, écrira-t-il dans l'*Allgemeine Zeitung* après sept mois de séjour à Paris :

> Si le Saint-Simonisme est une illusion, c'est certainement l'illusion la plus sublime, la plus profonde et la plus puissante qui ait jamais apparu encore.

La religion saint-simonienne se présente réellement comme une religion nouvelle, qui promet de réaliser d'une manière stable ce bien-être que l'humanité cherche en vain depuis longtemps. Elle embrasse à la fois le monde intellectuel, représenté par le Christianisme, et le monde sensuel, celui du Paganisme. Elle se propose de les unir et de les harmoniser, ses moyens sont purs et nobles, tout-à-fait étrangers à la violence et à la force brutale. Ces derniers consistent dans l'amour, la science, la conviction. On est stupéfait en contemplant la richesse des idées qui ont découlé de cette source féconde :

> Tout ce qui aux époques antérieures de l'humanité, s'est développé d'une manière isolée et hostile, se transforme ici pour devenir l'un des membres d'un vaste et magnifique organisme, philosophie, pitié, philanthropie, génie d'artiste, sciences exactes, activité industrielle, éducation, tout ici se donne la main et se soutient mutuellement. Ici se trouvent réunis et combinés, toujours avec une immense portée scientifique, souvent avec une harmonie qui frappe d'évidence, tous les éléments du monde moderne, la démonstration spéculative, la science historique, le calcul économique, l'hymne du poète et le langage inspiré du prophète[76].

On conviendra que, venue d'un critique, cette appréciation de la doctrine saint-simonienne ressemble plutôt à un éloge.

Quand Urbain fait cette découverte, le mouvement qui se réclame de Saint-Simon a déjà six ans. Tracer le parcours de Prosper Enfantin, qui en est la figure de proue, permet de comprendre les premières années de l'aventure saint-simonienne sans Saint-Simon, et de dessiner l'ambiance politique et intellectuelle dans laquelle Urbain va s'insérer.

La geste saint-simonienne avant la Révolution de Juillet

Né à Paris en 1796 dans une famille aisée, Enfantin entre à Polytechnique en 1813. Il est parmi les élèves de l'École, en mars 1814, au premier rang de la défense de Paris contre les troupes de la Coalition, puis s'engage pour Napoléon pendant les Cent jours auprès de son cousin, le général baron d'Empire Saint-Cyr Nugues. La faillite de son banquier de père, Barthélemy Blaise, l'obligera à abandonner ses études et à entrer dans les affaires d'un autre cousin Nugues, Louis, négociant en vin dans la Drôme. Ces activités lui permettront de parcourir l'Europe.

En Allemagne, il fait la connaissance de François-Barthélemy Arlès qui va accoler quelques temps après à son nom celui de Dufour, son épouse : cet ami lui restera fidèle au-delà de la tombe. En Suisse, il rencontre un ancien camarade de Polytechnique du nom d'Adrien Pichard, en train de publier un essai sur le système d'Helvétius, et qui l'invite à lire les travaux du juriste

Étienne Dumont, le traducteur de Bentham*. Il entame avec lui une correspondance qui témoigne de son refus de l'athéisme et de sa curiosité philosophique. Il séjourne ensuite pendant une année à Saint-Pétersbourg, au cours de laquelle il quitte le commerce en vins de la maison Nugues pour s'associer à un banquier commissionnaire, et se lie à un groupe de polytechniciens français. Suite à la demande de Nicolas Ier, le polytechnicien et officier du Génie Pierre Dominique (dit Adolphe) Bazaine, a été envoyé en Russie dès 1810 par Napoléon Ier pour préparer la création, sur le modèle français, d'un Institut d'ingénieurs des Ponts et chaussées dont il prendra la direction en 1824. Et se sont joints à lui en 1820, les jeunes polytechniciens Benoît Clapeyron, Gabriel Lamé et Antoine Raucourt de Charleville, lequel nous renseigne sur cette entreprise sur la période 1820-1827[77]. Enfantin tient avec eux des réunions philosophiques hebdomadaires. Le groupe se passionne pour les œuvres de l'encyclopédiste Condorcet et de l'orientaliste Volney, auxquels nous serons amenés à nous intéresser plus loin**. Il discute âprement des travaux d'un courant philosophique très connu à l'époque qui compte dans ses rangs Antoine Destutt de Tracy, qui ambitionne de révolutionner les sciences sociales sous le nom d'« idéologie »***, ainsi qu'un homme s'inscrivant, avec ses *Leçons de philosophie*, 1815-1823, dans le sillage du précédent, Pierre Laromiguière, aujourd'hui oublié mais en qui l'historien positiviste Taine verra un des grands penseurs du XIXe siècle. Le groupe débat de physiologie, d'économie politique, à commencer par les idées de l'école des physiocrates dont les philosophes « idéologues » sont les émules, et s'intéresse à la marche du monde. De retour en France en 1823, Enfantin rédige deux essais restés inédits qui capitalisent cet apport dans les domaines économique et philosophique. Le premier essai, fait-il remarquer dans une note autographe, est un reflet des doctrines d'Adam Smith et surtout de Jean-Baptiste Say, son principal représentant français, tandis que

* Voir notamment de BENTHAM, Jeremy, *Traités de législation civile et pénale*, 1802, la *Théorie des peines et des récompenses*, 1811, et *Tactique des assemblées législatives*, 1816.

** Voir not. Liv. I, Ch. IV, 154-155 et 191, ainsi que Ch. VII, 281.

*** Cette appellation dérive de l'ouvrage d'Antoine-Louis-Claude Destutt de Tracy intitulé *Élémens d'idéologie*, 1803-1815. Il est douteux qu'Enfantin n'ait pas été intéressé par l'*Analyse de l'Origine de tous les cultes par le citoyen Dupuis* publiée par cet auteur en 1804.

le second est inspiré principalement par l'étude de Montesquieu, de Destutt de Tracy, de Lamoriguière et de Henri Storch, disciple russe de Say, dont le *Cours d'économie politique,* tout juste traduit en français, en 1823, intéresse tout particulièrement Enfantin. Quand connaîtra-t-il l'œuvre de Jean de Sismondi, qui a rompu en 1819 avec la tradition libérale dans ses *Nouveaux principes d'économie politique* ? Nous savons seulement qu'il donnera une belle recension de la réédition de ce traité majeur en 1826[78]. Toujours est-il qu'Adolphe Blanqui, le frère aîné du révolutionnaire, écrira que le « cri d'alarme » lancé par Sismondi en faveur des classes « les plus injustement disgraciées » de l'ordre social sera « répété d'une voix solennelle par les Saint-Simoniens »[79]. Ce n'est donc pas par hasard si cet esprit encyclopédique et curieux s'empare des idées de Saint-Simon et souscrit, en décembre de la même année, à la publication du *Catéchisme* des *industriels* du maître, 1823-1824. À l'invitation d'Olinde Rodrigues, qui fut son professeur de mathématiques au lycée Napoléon (aujourd'hui Henri IV), il assiste, début 1825, à une première lecture du tout frais *Nouveau christianisme.* C'est là qu'il rencontre Saint-Simon qui mourra quelques semaines plus tard.

Enfantin est l'un des fondateurs du *Producteur,* projeté du vivant de Saint-Simon lui-même et lancé au moment de sa mort par des disciples groupés autour de Rodrigues et d'Enfantin pour diffuser ses idées. Sous-titré *Journal philosophique des sciences, de l'industrie et des beaux-arts,* il a peu de choses à voir avec ce que nous appelons aujourd'hui « journal ». Édité sous la forme de cahiers hebdomadaires puis mensuels *in-octavo,* il est constitué d'articles que l'on destine plutôt aujourd'hui à une revue[80]. Rodrigues élargit, avec cette publication, le premier cercle saint-simonien, dont faisaient partie le médecin personnel de Saint-Simon, Étienne Bailly, et Léon Haqui avait pris en 1824 la relève d'Auguste Comte comme secrétaire du maître. Il s'entoure ainsi de l'avocat Jean-Baptiste Duvergier et d'anciens carbonari comme Saint-Amand Bazard et le médecin Philippe Buchez*.

* Notons que le premier cercle des disciples de Saint-Simon avait déjà lancé, dès le début de l'année 1825, un ouvrage dont ils disent qu'il « formera l'antécédent d'un *Journal* » ayant pour but « le développement et l'application de leur doctrine », voir SAINT-SIMON & autres, *Opinions littéraires, philosophiques et industrielles,* 1825.

Ayant la forme juridique d'une société en commandite nommée Enfantin, Rodrigues & Cie, dont le principal actionnaire est le banquier Jacques Laffitte. Dirigé par l'avocat libéral Antoine Cerclet, un ami de Comte, *Le Producteur*, qui paraît en 5 volumes en 1825-1826*, est alimenté par les contributions d'intellectuels qui deviendront prestigieux, comme l'économiste Adolphe Blanqui, Auguste Comte ou le journaliste Armand Carrel. Celui-ci amène avec lui l'avocat Paul-Mathieu Laurent, dit Laurent de l'Ardèche, et des élèves de l'École polytechnique, Michel Chevalier, Euryale Cazeaux et Abel Transon.

Dans un pamphlet lancé en 1819, Saint-Simon écrivait :

> Supposons que la France perde en même temps, outre la famille et l'entourage du Roi, tous les grands officiers de la Couronne, tous les ministres d'État (avec ou sans départements), tous les conseillers d'État, tous les maîtres des requêtes, tous ses maréchaux, tous ses cardinaux, archevêques, évêques, grands vicaires et chanoines, tous les préfets et les sous-préfets, tous les employés dans les ministères, tous les juges et, en sus de cela, les dix mille propriétaires les plus riches parmi ceux qui vivent noblement. Cet accident affligerait certainement les Français, parce qu'ils sont bons, parce qu'ils ne sauraient voir avec indifférence la disparition subite d'un aussi grand nombre de leurs compatriotes. Mais cette perte des trente mille individus, réputés les plus importants de l'État, ne leur causerait de chagrin que sous un rapport purement sentimental, car il n'en résulterait aucun mal politique pour l'État. En revanche qu'elle perde d'un coup les hommes « les plus capables dans les sciences, dans les beaux-arts, et dans les arts et métiers, faisant en tout les trois mille premiers savants, artistes et artisans de France », ce serait une perte considérable, et « il faudrait à la France au moins une génération entière pour réparer ce malheur[81]. »

L'affaire lui valut un procès, mais les juges furent assez intelligents pour y voir une facétie qui méritait la relaxe. Pourtant là était bien l'opinion subversive de Saint-Simon. Comment, si l'on est ingénieur, industriel, banquier, artisan ou ouvrier, savant ou artiste, bref, « abeille » et non

* Sur le capital constitué de 34 actions, Jacques Laffitte en a souscrit 10, et le financier Audoin 5, Léon Halévy et le docteur Bailly une. Notons la présence sur la liste de René Holstein, fils de négociant et ami d'enfance d'Enfantin.

« frelon », ne pas sympathiser avec les idées de cet homme ? Tant que *Le Producteur* met l'accent sur la glorification de ces derniers par opposition au cercle social restreint qui tient les rênes de la France de la Restauration, et les innovations technologiques comme le financement de l'industrie par le crédit et les chemins de fer, tout se passe bien. Mais quand il se porte à développer les idées religieuses du maître, qu'il cherche à donner un contenu pratique au *Nouveau christianisme,* il lasse vite les contributeurs étrangers à cette école et se voit abandonné par le gros de ses souscripteurs industriels et banquiers, inquiets des attaques contre l'héritage et la propriété privée. Tant et si bien que la publication cesse à l'automne 1826.

Deux années de « repos », durant lesquelles le groupe initial est réduit à sa taille minimale, vont servir à prendre des contacts et à former de nouveaux disciples. Nombre d'entre eux sont ingénieurs, l'École polytechnique étant pour Enfantin une cible de choix : c'est le cas d'Hippolyte Carnot, chez qui on se réunit souvent comme chez Henri Fournel, Charles Lambert et Jules Lechevalier, quand cela n'est pas au café Demares, rue du Bac. On trouve aussi d'autres brillants jeunes gens comme Eugène Rodrigues, le frère d'Olinde, et ses cousins Émile et Isaac Pereire. « Le noyau se grossit », annonce en septembre 1828 à sa cousine Thérèse, sœur du général Nugues, Enfantin qui s'apprête à aller voir « si une nouvelle vie anime réellement des apôtres éloignés[82] ». Il s'agit d'abord de Jacques Rességuier qui, déplorant la disparition du *Producteur,* s'est rapproché du mouvement dès le printemps 1827 et a fondé à Sorèze, petite localité du Tarn, où il tient une école qui deviendra une ruche de l'Église saint-simonienne du Midi et va irradier dans les régions de Toulouse et de Montpellier. L'un des premiers convertis est, quelques mois plus tard, le professeur de rhétorique Émile Barrault qui montera très vite à Paris pour rejoindre les premiers émules. Parallèlement s'est formé à Lyon un groupe de sympathisants qui a mis à la disposition du mouvement le journal politique *Le Précurseur*[*]. « Nous attendons, poursuit Enfantin, que le germe brise l'enveloppe et s'élève. Cela viendra, il est semé en bonne terre, la nourriture spirituelle ne lui manquera pas. Ce qui lui faudrait, c'est un peu

[*] *Le Précurseur,* sous-titré *Journal de Lyon et du Midi,* prend la suite en 1826 du *Journal de Lyon et du Midi,* créé en 1821. Il paraîtra jusqu'en 1834.

de ce fumier appelé or, parce que les prêcheurs de nos jours n'ont que leurs fidèles pour propriété[83] ».

Dès lors, on passe à une étape supérieure, avec des séances publiques et la préparation d'une publication. C'est dans la chambre d'Enfantin, dans les locaux de la Caisse hypothécaire dirigée par Rodrigues où il travaille, que se tient en décembre 1828, la première séance d'exposition de la doctrine devant un public de cinquante personnes. Un auditoire curieux d'étudiants en droit, en médecine ou d'élèves de l'École polytechnique interpelle les orateurs et les contraints à se définir. Lors de l'une des réunions, qui se tient ensuite dans un appartement de la rue Taranne[**], Rodrigues répond à l'un d'eux : « Vous voulez, Monsieur, savoir qui nous sommes et quel est notre but, je vais vous le dire en deux mots : Nous sommes tout à la fois les héritiers du Catholicisme et les continuateurs de la Révolution. Nous voulons achever de détruire ce qui reste du trône et de l'autel et sur ces débris reconstruire la société et l'autorité[84]. »

Le jeune avocat Édouard Charton raconte comment, intrigué par la clameur des réunions qui se tiennent au-dessus de sa tête, il grimpe les escaliers et entre dans la salle. Il décrit alors l'état d'esprit de l'assistance, l'air singulier de majesté d'Enfantin et son regard caressant sur l'auditoire, l'attrait austère de Bazard, et la scrupuleuse exactitude de ses propos, la manière dont ses leçons sur l'histoire humaine et sur l'avenir des sociétés mettent une note de grave consolation, qui croît et s'étend chaque jour, dans le vide aride qu'ont fait autour de lui un long désenchantement de toutes choses et une paresseuse mélancolie[85].

On assiste depuis la fin 1828 à plusieurs tentatives infructueuses de reprendre *Le Producteur*, jusqu'au jour où, fatigué des lenteurs de la vieille équipe éditoriale à s'y résoudre, Laurent de l'Ardèche lance finalement en août 1829 *L'Organisateur*[86]. C'est un hebdomadaire de format *in-quarto* qui consigne ces séances et rend compte de la vie du mouvement[*][87]. La publication est installée au 6, rue Monsigny, dans l'hôtel de Gesvres, siège du *Globe*, le journal créé en 1824 comme organe libéral par un collectif comptant

[*] La rue Taranne correspond au tronçon du boulevard Saint-Germain situé entre la rue des Saints-Pères et la rue Saint-Benoît.

[**] *L'Organisateur* paraîtra jusqu'en août 1831.

le journaliste Paul-François Dubois et le philosophe Pierre Leroux, et qui rassemble à l'époque des intellectuels de renom comme Prosper Duvergier de Hauranne et Armand Carrel. La doctrine subit alors une première inflexion de la pensée de Saint-Simon.

En dehors de la politique internationale sur laquelle nous reviendrons ultérieurement, il s'agit d'une « mutation profonde » sur trois points majeurs[88]. Le premier est la philosophie de l'histoire, où les héritiers développent les idées du maître. Lisant dans ses écrits ce qu'ils considèrent comme deux sortes d'époques dans l'histoire, les unes « critiques », les autres « organiques », l'humanité passant alternativement des unes aux autres, et deux principes sociaux, l'antagonisme et l'association, l'humanité devant passer de l'un à l'autre, ils affirment : « L'antagonisme domine dans les périodes critiques, l'association dans les périodes organiques[89]. » Sur le plan du programme, les héritiers apportent des précisions là où le maître restait plutôt vague. Se démarquant nettement de l'idée de « communauté des biens », ils demandent que « tous les instruments du travail, les terres et les capitaux, qui forment aujourd'hui le fonds morcelé des propriétés particulières, soient réunis en un fonds social, et que ce fonds soit exploité par association et HIÉRARCHIQUEMENT, de manière à ce que la tâche de chacun soit l'expression de sa capacité, et sa richesse la mesure de ses œuvres[90]. » L'un des fidèles, le musicien instrumentiste Dominique Tajan-Rogé*, condensera plus tard l'un de ces points en une belle formule qui n'apparaît pas dans les textes de l'époque : « Extinction du prolétariat, dernière étape de l'esclavage, par l'association[91]. » Le troisième point tient à la forte allure religieuse que prend le discours et la conduite des héritiers.

Le Nouveau Christianisme ne doit pas être considéré comme un dogmatisme chrétien. Saint-Simon lui-même fait dans son ouvrage une critique radicale du Catholicisme comme du Protestantisme qu'il accuse de s'être liés aux systèmes monarchiques et guerriers condamnés par l'histoire[92]. Si la religion nouvelle peut être qualifiée de Nouveau christianisme, c'est

---

* Né Tajan, l'homme est connu, dans la Famille qu'il a rejoint avec sa femme Clorinde à la rue Monsigny, sous le nom de son épouse, Rogé. Il prendra en 1876, dans son ouvrage intitulé *Mémoires d'un piano*, comme fil conducteur original de sa vie, un piano à cinq octaves, fabriqué à Lyon en 1833 pour la Mission d'Orient, qui sera témoin de la geste saint-simonienne.

parce qu'elle prend comme point de départ le Christianisme, qui est religion dominante, en s'appuyant sur ses aspects socialement utiles, ceux qui permettent un réformisme social véritable – comme le parti pris des pauvres et des miséreux contre les privilégiés –. Il sert de levier pour une doctrine nouvelle qui échappe aux limites des doctrines précédentes et se veut une et universelle. On peut dire que, de ce point de vue, Enfantin et ses amis sont restés au milieu du gué en s'en tenant à la formule de Saint-Simon, celle du Nouveau christianisme. Auguste Comte a, dans un premier temps, rompu avec Saint-Simon en lui reprochant l'idée selon laquelle le développement social exigeait une religion *ad hoc*, c'est-à-dire une doctrine qui l'expliquât et le justifiât, ce qui est encore synthétisé dans *Cours de philosophie positive* élaboré entre 1828 et 1844. Il finira pourtant par enseigner, dans un second temps de son parcours philosophique, la nécessité d'une religion de l'humanité, exprimée dans le *Système de politique positive*, 1854. Voir aussi, à ce sujet, son *Catéchisme positiviste ou Sommaire de la religion universelle*, 1852. L'idée du dépassement des âges métaphysique et théologique ou des gouvernements théocratiques, monarchiques et aristocratiques, par l'âge positif, correspondent en effet avec l'élaboration d'une doctrine positiviste identifiée à la religion universelle dont a besoin la société nouvelle.

Cela dit, que les disciples prennent le terme *religion* à sa racine, avec le sens « ce qui rassemble, ce qui relie », ne fait que reprendre les idées de Saint-Simon. Inaugurant la deuxième année de séances d'exposition de la doctrine, Bazard répondait aux accusations portées contre l'École d'être une secte : « C'est parce que la doctrine de Saint-Simon a la puissance de rallier tous les sentiments, toutes les idées, tous les intérêts aujourd'hui divergents, qu'elle est une doctrine générale, qu'elle est une RELIGION[93]. » La formule peut laisser penser que le terme *religion* est ici pris à sa racine, comme « ce qui relie les hommes entre eux », et que la Religion nouvelle, vue comme la doctrine dont la société moderne a besoin pour faire corps n'implique pas nécessairement une foi, qui relie les hommes avec le divin ou, du moins confère à ce sentiment un intérêt secondaire. Pour Enfantin, la formule de Bazard est insuffisante. À Étienne Bailly qui lui reproche de vouloir « soumettre la science à l'amour », il répond : « Nous voulons faire sentir que ces connaissances », à savoir celles qui viennent de la science, n'ont de valeur que lorsqu'elles apprennent à mieux AIMER, à mieux AIMER l'homme, l'humanité, le globe, l'univers tout entier, DIEU ![94] » Il est donc manifeste que, pour Enfantin, le lien horizontal entre les hommes qu'implique la religion n'est pas concevable sans le lien vertical qui les relie à Dieu*.

Si le maître, Saint-Simon, avait parlé de Nouveau christianisme, il n'avait pas prévu qu'à l'instar de la religion chrétienne, l'École saint-simonienne allait incarner cette religion nouvelle dans une Église, une organisation hiérarchique et dûment structurée. Cela commence avec l'intronisation par Rodrigues du duumvirat Bazard/Enfantin comme héritiers de Saint-Simon sous l'égide d'Olinde Rodrigues en décembre 1829. Cette transformation marque la rupture de Buchez. Refusant ce qu'il nomme le « panthéisme saint-simonien[95] », récusé par Enfantin et ses disciples, et, se présentant lui-même comme continuateur du maître, il se tournera vers le Christianisme social et défendra l'idée des associations ouvrières, inspirant à Louis Blanc la conception de l'organisation de l'économie en « ateliers sociaux », coopératives ouvrières sous l'égide de l'État développée en 1841 dans son *Organisation du travail*.

La constitution de l'Église, pour laquelle Enfantin ambitionne un Centre à la rue Monsigny, se poursuivra par son organisation au printemps 1830. Au sommet, est institué un Collège qui regroupe depuis le début de l'année, à côté des premiers disciples, une vingtaine de nouveaux membres assurant les tâches principales du mouvement, celles des enseignements, des missions et de la presse. En dessous, un « apostolat secondaire », suivi d'un « troisième degré ». À tous les niveaux, les prédicateurs, qui jusque-là s'appelaient encore entre eux frères et sœurs, se nomment désormais pères et fils, mères et filles. Parallèlement, l'extension territoriale du mouvement se poursuit. Écrivant au docteur Bailly, « le seul saint-simonien en Turquie », réticent à la transformation du mouvement, Enfantin ne cache pas sa satisfaction : « Quarante personnes sont constituées hiérarchiquement, à

* L'évolution de la conception d'Enfantin par rapport à Saint-Simon est déjà explicitée dans une lettre à Bailly du 6/07/1827, voir *OSSE*, XXIV, 145-153. Ces points sont développés par Philippe Régnier dans une communication intitulée « Entre politique et mystique, sécularisation et resacralisation : quelques jalons pour une nouvelle approche de la religion saint-simonienne » aux Journées d'études de l'ANR Saint-Simonisme 18-21, tenues à Lyon les 1er-2 février 2018.

Paris. Toulouse, Montpellier, Castres, Sorèze, Lyon, Metz, ont des centres de propagation qui occupent au moins autant d'apôtres de la parole saint-simonienne, s'affichant hautement ses élèves, soumis à notre direction. L'exposition publique de nos idées se fait à cent cinquante personnes au moins à Paris, des femmes se joignent à nous, pleines de chaleur et d'enthousiasme [...]. Les ingénieurs des Mines, des Ponts-et-chaussées, les ingénieurs militaires et artilleurs, enfin tout ce qui se recrute à l'École polytechnique est affecté du poison saint-simonien, et il a circulé rapidement parmi les médecins et même au barreau[96]. » Nous avons là, du point de vue organisationnel, la préfiguration des partis ouvriers qui se développeront vers la fin du XIXe siècle.

L'engagement saint-simonien d'Urbain

Si Urbain, submergé par ses problèmes personnels, ne semble pas s'être signalé en juillet-août 1830 avant son départ pour Cayenne dans un mouvement politique marseillais par ailleurs assez faible, il se plonge en revanche dès son retour dans le tourbillon politique qui s'est désormais emparé de la cité phocéenne. Cela ressort clairement des propos qu'il tiendra en février 1832 à l'Athénée de Marseille :

> Je ne suis pas inconnu à la plupart d'entre vous, Messieurs, j'ai longtemps compté parmi les partisans les plus dévoués de la liberté. Mes acclamations se sont mêlées aux vôtres, lorsque le passé qui luttait encore personnifié dans la famille des Bourbons, contre l'avenir a pris honteusement la route de l'exil et du tombeau. Je saluai avec enthousiasme le drapeau tricolore à qui Mirabeau avait promis l'immortalité ![97]

Au cours des Journées de Juillet 1830 et pendant l'année qui suit, être saint-simonien est encore une manière d'être républicain. L'Église d'Enfantin et Bazard ne se contente toutefois pas à cette occasion, de réclamer les libertés politiques avec l'opposition de gauche : liberté des cultes, de la presse, de l'enseignement, abolition des restrictions au droit de réunion*,

* Les revendications politiques et leur signification dans le programme sont exposées dans la « Lettre aux Saint-Simoniens éloignés de Paris », écrite le 1er août 1830 par Enfantin, *OSSE*, II, 213-215. On les retrouve dans le « Discours de la Couronne », que

et d'un point de vue social, l'abolition de l'esclavage, depuis longtemps au cœur du libéralisme économique. Elle partage les idées du courant radical qui refuse la justice punitive et réclame l'abolition de la peine de mort, des bagnes et de la contrainte par corps*. Cependant, tandis que Libéraux et Républicains s'en tiennent essentiellement à des exigences politiques, les Saint-Simoniens les considèrent comme insuffisantes. Pour eux, les libertés demandées « seront tôt ou tard réclamées, ardemment sollicitées par des hommes qui croiront consciencieusement y voir des moyens d'ordre », tandis que pour eux, elles n'ont d'autre effet que de rendre moins pénible, plus prompte, moins dangereuse, une dissolution inévitable, vers laquelle la société marche avec une vitesse accélérée, qui serait effrayante s'ils n'étaient pas convaincus « que cette dissolution, que ce désordre est la condition obligée de l'ordre social nouveau[98] ».

Ils anticipent ainsi la critique marxienne du caractère formel des « libertés bourgeoises », ce qui les pousse à investir résolument le terrain social. Ils dénoncent la condition de la femme qu'ils jugent « voisine de la servitude[99] ». Ils proclament surtout cette finalité sociale :

> Toutes les institutions sociales doivent avoir pour but l'amélioration MORALE, intellectuelle et physique de la classe la plus pauvre et la plus nombreuse.

Affichée au cœur du *Nouveau Christianisme* de Saint-Simon[100], la formule est rappelée avec force au cours même des Journées de Juillet par Bazard et Enfantin, et figure dès septembre 1830 en sous-titre de *L'Organisateur*[101].

S'adressant aux libéraux dans son discours à l'Athénée de Marseille de février 1832, Urbain exprimera ainsi ce qu'il a saisi du catéchisme saint-simonien sur ce point :

> Vous avez entendu les cris de détresse du prolétaire et vous avez pensé qu'il ne demandait qu'à partager avec vous les droits politiques qu'il vous aida à conquérir, vous lui avez promis sa part dans l'élection universelle. [...] Vous n'avez donc jamais entendu la voix creuse de la faim et du désespoir ? [...] Si vous n'avez rien vu de tout

---

les Saint-Simoniens auraient aimé entendre un an après la Révolution, et qui est paru dans *Le Globe* du 23/07/1831, *cf. OSSE,* IV, 12-13.

* Voir le « Discours de la Couronne », *cf. OSSE,* IV, 15.

cela, arrière ! Faites place aux hommes de l'avenir, ralliez-vous sur leur trace glorieuse car seuls ils savent où va l'humanité[102].

Guettant l'occasion de « la grande régénération sociale »* qu'ils appellent de leurs vœux, les Saint-Simoniens ont tenté de mettre leur marque dans les Trois Glorieuses. Dans les jours qui suivent l'embrasement des rues parisiennes, Bazard est mandaté pour proposer au général Lafayette d'accepter de « concentrer les pouvoirs » entre ses mains « de façon provisoire » dans le but d'appliquer à la société le programme saint-simonien[103]. Enfantin commentera plus tard cette rencontre : « Lafayette le reçut très bien, et lui dit de suite qu'en effet la position était très-difficile. Bazard lui parla au bout de quelques instants de dictature, comme seul moyen de mettre, au moins momentanément, un peu d'ordre dans ce gâchis. Mais l'immuable américain était complètement sourd de cette oreille, et Bazard vit assez promptement, non-seulement dans Lafayette lui-même, mais dans tout son entourage, l'impossibilité de rien faire avec des hommes aussi étrangers à la conduite des masses, à la politique[104]. »

Le terme *dictature* n'a pas encore pris son sens actuel. Nous sommes dans le monde mental des réminiscences romaines. Voici comment en parle Enfantin en décembre 1831, juste après la rupture avec Bazard, mais en accord sur ce point avec lui : « À chaque époque où l'humanité a eu de grandes choses à faire, elle a été entraînée par des hommes, par UN homme surtout qui s'est trouvé à une distance immense de ceux qui l'entouraient. Cet homme, ce fut MOÏSE, ORPHÉE, JÉSUS, MAHOMET, SAINT-SIMON, GRÉGOIRE VII et CHARLEMAGNE, LUTHER et NAPOLÉON. Ils ont exercé sur l'humanité une véritable dictature[105]. » Tant il est vrai que pour Enfantin, la Loi s'incarne dans des législateurs qui, loin d'être soumis à la loi écrite, à des codes, sont la « Loi vivante ». Pour lui, « la LOI VIVANTE, l'autorité du chef est un principe éternel de l'humanité[106] ».

La démarche auprès de Lafayette est un échec. Bien que n'étant pas résolument hostile à la République et ayant quelques moyens de faire valoir ses vues en tant que commandant en chef de la Garde nationale, le général préfère la monarchie constitutionnelle de Louis-Philippe, introduite avec

---

* Enfantin utilise en 1829 cette expression dans une lettre à Pierre-Simon Ballanche, *OSSE*, II, 40.

habileté, fardée d'atours populaires sous les plis du drapeau tricolore, par Jacques Laffitte, secondé par Adolphe Thiers et les dirigeants du *National,* avec la bénédiction de Talleyrand. L'Église saint-simonienne se démarque toutefois du républicanisme populaire ambiant en refusant la violence politique, en appelant les fidèles à ne pas « se laisser entraîner dans cette lutte sanglante », et à se faire « les apôtres du progrès pacifique », pour employer les termes employés par le collectif des éditeurs des *Notices historiques*[107]. Bazard et Enfantin lancent cet appel le 28 juillet 1830 :

> Les désordres qui se passent en ce moment sous vos yeux, sont les excès d'un mal dont vous avez sondé toute la profondeur, le sang a coulé devant vous ! Mais ne saviez-vous pas, hier comme aujourd'hui, combien de larmes, de misères, de crimes, combien de douleurs ignorées affligeaient l'humanité ? Hier vous étiez CALMES, soyez-le encore aujourd'hui, soyez le plus que jamais, car cette haute vertu est plus que jamais nécessaire, entourés comme vous l'êtes d'un monde qui doit recevoir de vous, et qui se déchire. Soyez CALMES, mais pas INACTIFS : redoutez l'ardeur dans cette circonstance douloureuse pour faire sentir aux hommes sur lesquels votre voix a quelque puissance, cette évidente justification de la venue de notre maître[108].

Adolphe Blanqui, qui a côtoyé les Saint-Simoniens en collaborant au *Producteur,* leur reproche, dans son *Histoire de l'économie politique,* d'avoir dégénéré « en une sorte de théocratie mondaine »[109]. Il n'en décrit pas moins de façon pertinente la relation existant alors entre eux et la classe ouvrière :

> Je ne crois pas exagérer l'influence de leurs premiers écrits en affirmant que ce fut sous leur inspiration que les troubles de l'époque prirent ce caractère social dont l'Europe se montra si vivement préoccupée[110].

On comprend que la confiscation de la Révolution par la bourgeoisie libérale, immédiatement regroupée autour de la monarchie louis-philipparde, ait provoqué aussi bien la déception des Saint-Simoniens et des courants politiques radicaux que le désarroi des milieux populaires. Une ouvrière, Suzanne Voilquin, qui rejoint avec son époux les rangs saint-simoniens, rend compte de cette humeur : « Dans les derniers mois de 1830, époque où le peuple, pour se venger des déceptions infligées par la quasi-légitimité, chantait avec son poëte : *Pauvres moutons…*, etc. [*], nous étions […] fatigués des palinodies des ex-Républicains, préconisant de concert avec les bourgeois libéraux, la fâcheuse maxime de : Chacun pour soi, chacun chez soi. Fort tristes de toutes ces lâchetés, surtout après la grande aspiration de juillet, écoutant les bruits du monde, nous attendions, quoi ? Nous n'en savions rien !...[111] »

Quand Urbain est de retour à la pension du père de son ami Rey où il logeait durant ses études, il se jette avec frénésie dans la lecture des publications saint-simoniennes, et il écrira en évoquant cette époque : « À chacun selon sa capacité, à chaque capacité selon ses œuvres ! En fallait-il davantage pour enthousiasmer le déshérité de la société que les privilèges de la naissance avaient stigmatisé ?[112] » S'il l'on comprend dans ces paroles *a posteriori* qu'il fut fortement impressionné par le côté social du Saint-Simonisme, son langage donne toutefois à l'époque un ton assez différent quand il prononce son discours devant l'Athénée. Il ne se contente pas alors de prôner un programme d'instruction libéral dont le but serait ce que l'on appelle aujourd'hui *l'égalité des chances* :

> Vous promettez au prolétaire l'instruction gratuite, mais lui promettez-vous aussi les moyens de développer ses facultés morales, intellectuelles et physiques, les moyens de cultiver heureusement un premier germe déposé dans son esprit ?

Il ne s'arrête pas à proclamer :

> Alors l'éducation morale et professionnelle équitablement distribuée, chassera les crimes de la terre. Chaque homme étant à sa véritable place se développera pour le plus grand bien de tous, et le génie ne s'étiolera plus, ne mourra plus privé d'une main bienfaisante pour aider ses progrès[113].

Surtout il n'enferme pas la liberté et l'égalité dans la célèbre devise : « De chacun selon ses capacité, à chaque capacité selon ses œuvres[**] » Pour lui,

---

[*] Allusion au refrain célèbre des « Moutons » qui traduit bien l'atmosphère de déception de l'époque : « Pauvres moutons, Oh ! vous avez beau faire, Toujours on vous tondra ! », voir LAMARTINE, DELAVIGNE & BÉRANGER, *Le Parnasse français du dix-neuvième Siècle*, 1832, 421-422.

[**] Pour Laurent de l'Ardèche, « l'inégalité dans la répartition de la fortune et des honneurs cesse d'être odieuse, quand elle est la fidèle expression des services rendus »,

un véritable système d'égalité doit « prendre l'homme au berceau, l'élever en commun, lui donner tous les moyens de parvenir, le classer selon sa capacité et le rétribuer suivant ses œuvres[114]. » Il ajoute :

> La liberté ne consiste pas à avoir la faculté de mourir dans la misère, mais à pouvoir vivre dans l'abondance et la joie, que les hommes doivent être unis par un lien plus puissant que le texte mort de la loi, qu'il est urgent de remplacer par une hiérarchie toute d'amour et de dévouement le principe de l'élection et de la responsabilité qui fait de la méfiance le palladium de notre bonheur[115].

Dans ce passage où, en parfaite cohérence avec la doctrine officielle, il critique le système parlementaire, il tire la formule « à chacun selon ses œuvres » hors de son acception saint-simonienne étroite, élitiste et inégalitaire, pour l'entendre dans un sens plus égalitaire. Il ne va toutefois pas jusqu'à la formule « à chacun selon ses besoins », d'origine owennienne, introduite en France dans la discussion sur le système social par Joseph Rey en 1836. Le réformateur de formation saint-simonienne Léon Brothier* écrit en effet, lors d'une recension de l'ouvrage de cet auteur, *Les bases de l'ordre social*, dans la *Revue de Toulouse* qu'il dirige : « M. Rey veut que les produits soient répartis de manière à satisfaire *également* les besoins de *chacun*. Avec Robert Owen, il demande une *égalité-relative*, une distribution proportionnelle aux besoins de chacun des associés »[116]. L'idée fera son chemin, avec pour jalons Louis Blanc en 1839, puis Étienne Cabet en 1845, avant même que la formule ne soit largement popularisée par Karl Marx en 1875[117].

L'atmosphère de Marseille dans l'été 1831, où Urbain découvre la religion nouvelle, est donnée par Alphonse Dory. La doctrine saint-simonienne est entrée en scène dans la métropole provençale à la fin de l'année 1830.

---

voir « Liberté, égalité, ordre public », dans *Religion saint-simonienne. Recueil de prédications*, 1832, I, 331-332. Pour Émile Barrault, la religion nouvelle « satisfait tous les besoins de liberté et d'égalité par la promesse pour tous du classement selon la capacité », voir « Les partis », *ibid.*, II, 39.

* Nous remercions Emmanuel Gleveau pour les précisions qu'il nous a donné sur l'histoire de cette devise fameuse. Ajoutons que, selon lui, Léon Brothier se distinguait, au sein du Saint-Simonisme tardif, par l'originalité de ses travaux et pour avoir, avec Lemonnier et Massol, formé « la transition entre l'École enfantinienne et le socialisme actuel », voir « Léon Brothier, philosophe saint-simonien », dans *La lettre des études saint-simoniennes* n° 28 (février 2017), 5-7.

Intronisé en octobre comme fils d'Édouard Charton, Dory raconte comment il assiste en décembre à « un discours d'exposition, demi-sérieux, demi-ironique », prononcé « à l'Athénée de Marseille, par un jeune homme de cette ville[118] ». Encouragé par cette manifestation, il n'y tient plus, il se déclare publiquement saint-simonien. Il loue une salle dans une maison de la rue des Beaux-Arts, et tient publiquement sa première prédication le 13 décembre 1830[119].

Le vide laissé par la Révolution de Juillet dans le journal *Le Globe* avec l'alignement de l'essentiel de sa vieille équipe libérale au régime louis-philippard, lequel distribue honneurs et prébendes aux ralliés, vient de laisser la place aux idées saint-simoniennes auxquelles il a progressivement montré, grâce à Pierre Leroux*, un intérêt grandissant. Enfantin attendait depuis le printemps 1830 le moment où le journal pourrait finalement passer aux mains de l'Église saint-simonienne. Cela advient le 10 novembre, et la direction en est confiée à Michel Chevalier. Tandis que *L'Organisateur* poursuit sa fonction pour les fidèles du mouvement, le quotidien *Le Globe*, qui passe désormais au format *in-folio*, s'adresse au grand public, en ajoutant à des articles de fond et à la publication des réunions publiques, des nouvelles de France et de l'étranger. Les rédacteurs se font journalistes[120]. On comprend la satisfaction d'Enfantin : « Cette parole quotidienne est une grande conquête. […] Avec nos prédications et *Le Globe*, nous avons la parole et l'écriture[121]. »

En septembre 1831, est prise la décision de diffuser gratuitement le journal à une liste de personnes choisies. Isaac Pereire, qui anime un service des lecteurs, note qu'en deux mois, il a reçu plus de 1 200 lettres de correspondants répartis dans 70 départements, parmi lesquels 240 personnes, qui se sont manifestées spontanément, expriment le désir de correspondre régulièrement avec le centre de Paris, et s'offrent à des tâches de diffusion des brochures et de mise en contact de nouveaux sympathisants[122]. Le noyau de l'Église est constitué par la communauté d'une quarantaine de membres installée à l'hôtel de Gesvres, au 6 de la rue Monsigny. Avec ses rédactions, sa bibliothèque, les appartements où les disciples logent et prennent leurs

* Pierre Leroux explique la conquête du journal qu'il codirigeait depuis 1828 par les idées saint-simoniennes et son passage aux mains de l'Église dans sa « Profession de foi », publiée dans *Le Globe* du 18/01/1831.

repas, où se tiennent des réunions publiques. C'est une véritable ruche politique, le centre du *Parti politique des travailleurs*, insigne que va arborer le journal en 1831. Louis Blanc la décrira comme un brûlant foyer qui avait la double vertu d'attirer et de rayonner :

> La doctrine s'y développait au bruit des fêtes et sous le regard inspirateur des femmes. Abandonnant leurs occupations, leurs rêves de fortune, leurs affections d'enfance, ingénieurs, artistes, médecins, avocats, poètes, étaient accourus pour associer leurs plus généreuses espérances, les uns avaient apporté leurs livres, les autres leurs meubles, les repas avaient lieu en commun, on s'essayait au culte de la fraternité[123].

Les réunions publiques, qui attirent dans la salle de la rue Taitbout des centaines de personnes, sont fréquentées par des grands noms de l'époque, industriels, journalistes, savants et artistes marquants comme Berlioz, Heine, Liszt, Adolphe Nourrit, grand ténor de l'opéra, et des intellectuels comme Sainte-Beuve[124]. Les visées du mouvement sont nettement à l'échelle européenne. Au début 1831, une mission dirigée par Laurent de l'Ardèche est dépêchée en Belgique où *L'Organisateur belge*, revendiquant son obédience saint-simonienne, va paraître de la fin août à la fin novembre 1831 et l'on songe à l'Allemagne où voyage Arlès-Dufour et à l'Angleterre où des contacts sont pris. Les regards se tournent aussi vers l'Italie. Un enseignement est même donné en langue italienne à Paris, à partir du 6 septembre 1831.

Urbain se dégage des rets du milieu paternel

Le père Brue a mis en garde son fils dès la fin de sa quarantaine au lazaret au retour de Cayenne : « Je te recommande sévèrement d'être très circonspect sur ton opinion politique. Tu es dans une ville où les têtes sont chaudes, et les opinions diverses. Évite de te trouver dans aucune affaire de parti, fuis les troubles et fais attention que devant travailler tu as besoin de tout le monde, que tu dois t'établir une réputation qui te rende agréable à tous et ne te fasse repousser de personne. Sois fidèle et soumis aux lois du gouvernement et tiens-t'en là »[125]. Peine perdue. Urbain s'enflamme pour la religion nouvelle en se plongeant dans la lecture du *Globe* auquel son ami Rey est abonné et de toutes les brochures à sa portée, comme l'*Exposition* de la doctrine, qui fait connaître les trente séances publiques de 1828 à 1830[126], ainsi que la réédition d'articles de presse en tirés à part. Marseille ne vibre pas encore au tempo de la religion nouvelle mais à celui du républicanisme populaire dont l'exaltation combattante contraste avec l'attitude des pères de l'Église saint-simonienne.

En même temps qu'il commence à se familiariser avec la nouvelle religion, il participe intensément à la bataille républicaine marseillaise pendant l'été 1831. On le sait par le discours qu'il tiendra quelques mois plus tard à l'Athénée. Parlant de cette époque devant un public qui le connaît bien pour l'avoir côtoyé dans ce combat politique, il raconte sur le ton du mea culpa :

> Je vociférais des imprécations contre les hommes timides qui voulaient arrêter au milieu de la carrière la nation intrépide qui volait vers l'accomplissement de sa destinée. Je piétinais, la rage me couvrait de sa blanche écume. Je me coiffais d'un bonnet phrygien et le bras nu j'appelais la guerre et la vengeance, parce que je croyais que les difficultés ne pouvaient être tranchées que par le glaive[127].

C'est peut-être dans ces circonstances qu'il fait la connaissance de Casimir Cayol, de douze ans son aîné, gaillard haut de six pieds, actif, entreprenant, qui a fait des émeutes à Marseille avant d'être calmé par nous, diront plus tard les anciens de la Famille, marin, mousse, cambusier, commerçant, habile, prêt à tout et bon à tout faire depuis la commission des soieries jusqu'à l'oiseau du maçon[128].

Côté cour, l'enivrement de la lutte politique et des idées nouvelles. Côté jardin, l'apprentissage chez un droguiste en gros puis chez un fabricant de savon. Existe-t-il contraste plus grossier entre le tourbillon social dans lequel il est emporté, et ce quotidien plat et prosaïque, avec pour seule perspective : s'activer en blouse grise derrière le comptoir ou user ses manches de lustrine sur un bureau ? De cette période, Urbain gardera ce sentiment : « Je ne prenais aucun goût aux occupations du commerce tandis qu'au contraire, mon ardeur saint-simonienne augmentait chaque jour[129]. »

Heureux hasard pourtant, c'est chez un de ses patrons qu'il a l'occasion d'assister à la visite de l'abbé de Lamennais, déjà connu pour ses engagements religieux et politiques, en chemin pour s'expliquer avec le pape qui n'apprécie pas les positions de sympathie de son journal, *L'Avenir*, pour le soulèvement en Pologne. Mais cela n'est qu'une fortuite intersection entre les deux mondes qui l'écartèlent. L'euphorie de la délivrance des tristes expériences guyanaises passée, Urbain est de plus en plus conscient de la fausse situation dans laquelle il est engagé.

Tout juste sorti de sa chrysalide d'adolescent, il s'éprend d'une jeune Marseillaise et, pour estomper son humble situation d'apprenti, il s'est peut-être présenté à sa famille comme le fils de l'armateur Brue. Mais cela ne peut durer qu'un petit moment. L'impasse de son identité le fait vite renoncer à son idylle. Renoncement qui le met de plain-pied dans le réel. Et pour la énième fois, le voilà reparti à l'assaut de son père. Brue, constant dans son refus, joue l'évitement et, raisonneur, lui sert : « Je pense que tu fais fort rapport à ton âge de ne pas former d'amourette, à peine entré dans la vie et n'ayant encore aucun état. Tu ne peux en conscience te permettre de te présenter pour ne rien offrir de solide, car en aimant quelqu'un ce doit être pour en faire un jour sa compagne, telle doit être ta pensée, mais les parents de la demoiselle peuvent-ils consentir à attendre tout le temps qu'il faudra pour entrer en ménage, et te laisser courtiser leur fille en attendant ? Cela n'est pas supposable. Ainsi donc tu vois qu'il n'est pas temps encore de songer à rien de sérieux sur cet article que tu as bien fait de faire le sacrifice de ton premier amour[130]. »

Alors, si l'union doit être fondée sur quelque chose de « solide », de « sérieux », selon les termes de Brue, que vaut celle dont il est issu, lui, Urbain, ainsi que ses onze frères et sœurs, qui n'est qu'une union subsidiaire dont Brue ne reconnaît pas les enfants ? Être issu d'une union qui ne compte pas, belle leçon de morale, mais bien humiliante. Pis encore, Brue se lance dans une détestable tirade sur l'or :

> Ta naissance ne sera pas un obstacle quand tu seras en mesure de tenir un ménage. L'or est aujourd'hui le métal qui gouverne le monde. Par lui, on a tout et sans lui on n'a rien. Ton unique but doit donc être de travailler pour être en état d'en acquérir. Et tu trouveras alors tout possible[131].

On croirait entendre Timon d'Athènes apostropher le métal jaune et brillant qui « rend ce qui est noir blanc, ce qui est souillé convenable, ce qui est faux vrai, ce qui est bas noble », cet or qui « forme ou rompt les nœuds des pactes les plus sacrés, bénit ce qui fut maudit », qui assure au fripon « les titres, les génuflexions et l'approbation publique », et qu'il nomme

« putain commune à tout le genre humain[132] ». Sauf qu'en lieu et place de cette lamentation amère que Shakespeare prête au malheureux citoyen d'Athènes à qui la perte de sa fortune et, partant, de ses relations sociales, pousse à la misanthropie, nous avons chez Brue une louange cynique et désabusée du métal jaune qui se poursuit ainsi : « Le cachet de réprobation sur lequel tu t'appesantis tant, s'effacera. Et le fils de M. Jean-Baptiste Urbain habitant de Cayenne ayant un état pourra faire un choix et être accepté. Quant à l'imprévoyance dont tu t'accuses [celle de se prévaloir de lui, le père légitime, N.D.A.], elle n'est pas ce me semble seul remède. Tu es venu jeune en France, tu avais pris l'habitude de nommer ton tuteur ton père, en l'absence de ton parent, mais depuis ton retour de Cayenne, tu distingues ton père de ton tuteur[133]. »

Avec un entêtement qui tient de l'aveuglement, il l'enjoint à se mettre en conformité avec sa fausse identité établie à Cayenne mais à usage métropolitain : « J'ai cherché dans mes papiers ton extrait de naissance que j'avais fait faire à mon départ de Cayenne et je l'ai trouvé. Je te l'enverrai lorsque je serai à La Ciotat, ou te le porterai à mon prochain voyage à Marseille mais pour que ce papier puisse te servir un jour en cas de mariage ou tout autre, il faut commencer à te mettre en harmonie avec cet acte, en te disant dans la société fils de Jean Baptiste Urbain, habitant de Cayenne*. Autrement il ne ferait aucun effet pour toi, et te deviendrait inutile. Quand tu auras cette pièce en mains tu comprendras bien ce que je veux te dire, et le parti que tu pourras en tirer dans le monde et la fin pour laquelle je l'ai fait faire[134]. » Urbain ne se servira jamais de ce faux certificat. En partant pour l'Orient en 1832, il le laissera en dépôt à un Saint-Simonien de Marseille, Barthe, professeur de chimie, qu'il perdra de vue[135].

Oublier la blessure de la négation dans une fuite vers l'or ? Ce que recherche Urbain, enthousiasmé par les idées émancipatrices, c'est que l'affection de son père force les frontières raciale et sociale. Et voilà qu'au moment où les discriminations vis-à-vis des Gens de couleur contenues dans la loi, officiellement caduques mais dont l'application traîne, sont en passe d'être effacées, Brue augmente encore d'une épaisseur nouvelle la séparation existante entre lui et son fils. Pire, il met en scène l'amnésie, lui

* Cet extrait est un document de complaisance. Voir plus haut, Ch. I, 34-35.

sert un prêche qui le taillade dans le plus intime de son être, et l'appelle à s'enferrer dans un mensonge à vie avec son propre assentiment.

La proximité de la famille Brue à Marseille met Urbain dans des situations où il peut à n'importe quel moment se retrouver en sa présence. Une dure épreuve l'attend dans sa mise en abyme par la prévention de son père au moment où il entre dans une nouvelle maison de commerce : « Je dois te dire qu'il y a dans cette maison mon neveu Urbain Fabre qui y a été placé par son père pour faire son apprentissage, mais qui ne doit pas y rester longtemps. Je t'engage à ne point chercher à faire sa connaissance ni à te faire connaitre. Je désire que tu lui sois étranger, qu'il n'y ait d'autre rapport entre vous que celui que peut exiger le service de la maison[136]. » Urbain Fabre est le fils de l'associé de Brue. Son bref passage dans cette maison de commerce le prépare au métier d'armateur auquel Thomas Urbain, « le fils » du Mulâtre Jean-Baptiste de Cayenne ne peut prétendre.

Happé par un autre univers et prudent, Urbain ne dévoile rien à Brue de sa nouvelle vie, mais manifeste de plus en plus son refus d'un avenir obscur. Le père ne comprend pas le soudain dégoût qu'il soupçonne chez son fils pour le commerce et s'interroge : « Il me semble, mon cher Urbain, que tu te décourages facilement, et que tu n'es pas stable dans tes projets (soit dit sans te fâcher). Le commerce t'avait paru d'abord devoir te conduire à la fortune, et maintenant tu n'y vois d'autre espérance que celle de périr du jour où tu en subiras le joug. Il y a de l'extrême dans cette antipathie si subite[137]. »

Pourquoi Urbain ne s'engage-il pas dans les études de médecine auxquelles il se préparait avant de partir à Cayenne ? Le tableau familial s'est assombri entre-temps et les affaires de Brue ont périclité. Ses fonds, mal engagés, ont presque totalement fondu. Il est aussi l'objet de pressions insistantes de sa fille Almaïde et de son gendre d'Aubriac, qui lui réclament des sommes importantes, et dont il craint un mauvais procès en justice[138]. Vieilli et malade, en proie à un pessimisme d'encre, il en a rabattu quant aux espoirs mis sur Urbain et ne rêve plus pour lui d'un avenir d'armateur ou de banquier. Situations envisageables à Cayenne, mais non concevables en métropole. Encore moins une carrière de médecin, qui supposerait une mise de fonds dont il ne dispose plus. Il n'entrevoit pour son fils que la morne existence d'employé de commerce de laquelle Urbain cherche à s'échapper : « Je dois t'observer que tu ne dois sortir de ton comptoir que pour entrer dans un autre pour ne pas rester sur le pavé et une fois placé éviter le changement autant que possible pour ne pas te faire une réputation d'inconstance et de légèreté qui ne pourrait manquer de te nuire[139]. » Urbain saura par une lettre ultérieure pourquoi son père a renoncé à lui faire poursuivre des études de médecine : « Je te l'ai caché avant ton départ de Marseille pour ne pas affliger ton cœur aimant et reconnaissant, mais la vérité est que depuis deux ans, j'avais commencé à éprouver des pertes dans mon commerce qui avaient diminué mon bien-être[140]. »

Urbain n'en souffre pas car il trouve là une échappée dans la perspective de la future « religion universelle » qui résiste aux suggestions de l'individualisme, ignore les privilèges de naissance et dont l'exaltation fait passer au second plan études et profession. Le voilà donc engagé dans l'aventure saint-simonienne. Mais le mouvement qu'il rejoint lors de sa *Profession de foi* du 7 février 1832 vient de subir une crise profonde à l'origine d'une inflexion nouvelle de son orientation. La mutation qui est en train de s'opérer est aussi profonde que celle de 1828, quand le mouvement passa du stade de l'École qui professait le Nouveau Christianisme à celui de l'Église bicéphale de Bazard et Enfantin. Or cette mutation, contemporaine de l'insurrection des canuts lyonnais, apparaît sous une forme originale. Plongeant des racines profondes dans l'attitude des Saint-Simoniens vis-à-vis des prolétaires, elle se présente sous la bannière de l'émancipation de la femme. Il faut considérer ces deux aspects pour comprendre l'univers intellectuel et politique dans lequel Urbain est projeté.

L'Église saint-simonienne à l'épreuve de l'insurrection des canuts

Dans un premier temps, les Saint-Simoniens s'étaient adressés à un auditoire bourgeois d'ingénieurs, d'industriels, de savants et d'étudiants, comptant parmi eux sur les « cœurs généreux » pour améliorer le sort du peuple que leur haute éducation leur permettait de diriger. Cette exhortation d'Émile Barrault donne le ton :

> À la vue de ce peuple entier que vous voyez dans la fange de vos rues et de vos places sur de misérables grabats, au milieu de l'air fétide des caves et des greniers, dans des hôpitaux encombrés, dans des bagnes hideux, se mouvoir, pâle de faim et de privations, exténué par un rude travail, à moitié couvert de haillons, livré à des agitations

convulsives, dégoûtant d'immoralité, meurtri de chaînes, vivant à peine, je vous adjure tous, enfants des classes privilégiées, levez-vous ! Et, la main appuyée sur ces plaies putrides et sanglantes, enfants des classes privilégiées, qui vous engraissez de la sueur de cette classe misérable, exploitée à votre profit, jurez que vous n'avez aucune part à ses souffrances, à ses douleurs, à son agonie, jurez ! Vous ne l'oseriez pas ![141]

En élaborant son *Nouveau christianisme,* Saint-Simon avait bien appelé les législateurs à œuvrer à l'amélioration du sort de « la classe la plus pauvre et la plus nombreuse de la société », formule régulièrement rappelée dans les discours et les publications de ses héritiers. « Les Saint-Simoniens, note Adolphe Blanqui, profitaient habilement des circonstances qui avaient donné aux masses insurgées une victoire illustrée par le plus admirable désintéressement dont l'histoire fasse mention. Ils commentaient en hommes pratiques le fameux mot de Sieyes : le tiers état est tout, et ils voulaient que le tiers état de 1830 ne fût pas réduit aux minces proportions d'une bourgeoisie. Mais tandis qu'ils affectaient dans leur langage les formes plus pacifiques, les masses peu éclairées marchaient droit à leur but et poursuivaient au moyen des insurrections la réalisation de cette promesse décevante : "De chacun sa capacité, à chaque capacité selon ses œuvres." Il ne manquait pas de hardis commentateurs pour faire ressortir le contraste affligeant de la misère des uns et de l'opulence des autres. Plus d'un tribun de carrefour démontrait facilement les hauts profits que l'humanité devait retirer de l'abolition de ces inégalités odieuses, représentées comme de véritables spoliations. Telle n'était pas, pourtant, la pensée des Saint-Simoniens en publiant leur célèbre symbole. Ils n'avaient pas entendu prêcher la communauté des biens[142]. »

La confiscation de la Révolution de Juillet est une vérité qui s'impose très vite. Dès le jour qui suit les Trois Glorieuses, Enfantin écrit à ses disciples : « La révolte sainte qui vient de s'opérer ne mérite pas le nom de révolution. Rien de fondamental n'est changé dans l'organisation sociale actuelle[143]. » L'abandon de la classe ouvrière qui, souvent poussée dans la rue par la bourgeoisie libérale, en a été le principal artisan, apparaît comme un scandale politique. C'est pourquoi un premier groupe, composé d'une vingtaine d'ouvriers, reçoit dans les locaux de la rue Monsigny, un enseignement spécial sous la direction de Henri Fournel, démissionnaire de la direction de la société des Mines, forges et fonderies du Creusot qu'il venait à peine de remettre à flot, pour dédier entièrement son activité au mouvement, et de Claire Bazard, l'épouse du duumvir saint-simonien, membre du Collège. Ce groupe de travailleurs saint-simoniens est vite rejoint par femmes, sœurs et enfants et, devant l'afflux des nouveaux disciples, sont ouvertes dans chacun des douze arrondissements parisiens de l'époque des Maisons d'association, chacune d'elles placée sous la responsabilité d'un directeur et d'une directrice. On accède à cette vie nouvelle après une profession de foi dont la sincérité est dûment contrôlée. Les dettes des nouveaux membres sont dès lors réglées et leurs hardes retirées des monts-de-piété. Les communautés ainsi formées bénéficient de la solidarité des autres disciples en matière de logement, de chauffage, de nourriture, de soins particuliers aux femmes enceintes, d'éducation des enfants et de secours mutuel en cas de maladie et de chômage. Il ne s'agit donc pas de soulever les prolétaires contre les bourgeois, mais de mettre en place des « maisons d'éducation » qui réalisent, de l'association universelle, tout ce qu'il est possible d'en réaliser immédiatement[144], et constituent en quelque sorte des laboratoires de préfiguration de la société future.

Parallèlement, une Mission du Midi formée de cinq personnes sous la houlette de Laurent de l'Ardèche est envoyée à Lyon pour y catéchiser les prolétaires de la grande métropole industrielle. Arrivés dans la cité début mai, les prédicateurs font salle comble. Celle de La Loterie ne peut accepter que 1.500 personnes lors de la deuxième séance, et la troisième doit se tenir au cirque des Brotteaux où le 20 mai accourent 3 000 personnes. Dans une harangue enflammée, le philosophe et polytechnicien Jean Reynaud dénonce alors le spectacle social de sa ville natale meurtrie : « Quoi, toujours la misère pour ceux qui enfantent l'opulence ? Un pareil état des choses est monstrueux[145]. » Quand les tout jeunes médecins Ferdinand François et Alphonse Peiffer, admis au 3e degré et désignés comme chefs de l'Église de Lyon, demandent en juillet 1831 des directives à Enfantin, celui-ci justifie en doctrine le refus de l'antagonisme des classes et la nécessité de leur conciliation en ces termes :

> Notre RELIGION, notre culte, notre dogme, consistent à enseigner et à pratiquer l'UNION, l'HARMONIE du moi et du non-moi, et à faire ainsi cesser leur ANTAGONISME, expression de toutes les RELIGIONS du PASSÉ[146].

Rien ne s'écarte ici du credo de Saint-Simon pour qui il fallait « prendre toutes les précautions nécessaires pour que l'émission de la nouvelle doctrine ne portât point la classe pauvre à des actes de violence contre les riches et contre les gouvernements »[147], et dont l'idée était que « c'est surtout chez les prolétaires, que l'éducation est infiniment plus importante que l'instruction[148] ».

Parallèlement, dans son *Rapport* sur les travaux de la Famille de juillet 1831, l'ingénieur civil Stéphane Flachat annonce « l'émeute flagrante, se soulevant au moindre signal ». Craignant que quelque événement d'importance ne soit l'annonce d'une guerre « de ceux qui n'ont rien contre ceux qui possèdent ». Il le rappelle au peuple :

> [L'association universelle] ne vous sera donnée que si vous la réclamez PACIFIQUEMENT et GRADUELLEMENT. Car, si vous tentez d'arracher par la violence les instruments de travail à qui les possède aujourd'hui, rappelez-vous que les hommes forts, qui auraient guidé vos fureurs, ne trouveraient ni trop grands ni trop somptueux pour eux-mêmes les hôtels et les palais dont ils auraient chassé leurs possesseurs, vous n'auriez fait que changer de maîtres[149].

À Paris, l'éducation pacifique des prolétaires va bon train. Les familles ouvrières qui accourent vers les Maisons d'association, vivent dans la misère la plus totale. Leur niveau de vie a considérablement chuté avec la récession de la fin des années vingt, provoquant une baisse générale des salaires dont nous venons de voir les effets à Lyon. Malgré le dévouement et l'abnégation des directeurs des Maisons, qui vivent dans un dénuement presque aussi grand que celui des associés[150], malgré les sommes largement dispensées par les mécènes et philanthropes saint-simoniens parallèlement au financement de la communauté de la rue de Monsigny et la dispendieuse diffusion gratuite du journal *Le Globe*, les caisses du mouvement sont vides dès octobre 1831. Les différentes communautés sont incapables de payer leur loyer devant les exigences des remboursements des prêts consentis. Les Maisons les plus actives, celles de la rue de Popincourt et de la rue de la Tour-d'Auvergne, doivent refuser du monde et sont débitrices de façon chronique alors que leur succès est immense. Imaginez que pour la première des deux, *Le Globe* du 6 octobre 1931 recense 600 postulants, et que la foule qui se presse à ses réunions est telle que, selon un rapport de police, les petits spectacles du boulevard du Temple sont alors presque déserts[151]. Mais là encore, au moment où *Le Globe* est distribué gratuitement, c'est « ce fumier appelé or » qui fait défaut.

Et voilà que l'affrontement tant redouté advient, non à Paris mais à Lyon. La capitale des Gaules, seconde ville de France, compte en 1831, avec les faubourgs de la Croix-Rousse, la Guillotière et Vaise érigés en communes autonomes, 180 000 habitants dont la moitié vit du tissage de la soie quand l'agglomération parisienne en compte près d'un million. Rassemblant 400 négociants-fabricants, 8 000 chefs d'ateliers et 30 000 compagnons et apprentis, elle est toutefois la première ville industrielle du pays. C'est la plus grande agglomération industrielle du continent européen, « le Manchester de la France », dit-on alors. L'effervescence y grandit tout au cours du mois d'octobre chez les canuts. Les chefs d'ateliers de la Fabrique, c'est-à-dire des artisans propriétaires de leur métier, œuvrant en sous-traitance en employant compagnons et apprentis, réclament l'instauration d'un tarif minimum de façon. Le préfet Bouvier-Dumolard* pousse les soyeux, c'est-à-dire les négociants qui fournissent la matière et achètent les tissus, à conclure avec eux un accord, et charge les prud'hommes de veiller à son application. Mais devant le refus d'un bon tiers d'entre eux, qui n'ont de « fabricants » que le nom, d'appliquer ce tarif, le gouvernement dénonce l'accord. Les canuts se rassemblent le 21 novembre pour protester. Au cours de heurts entre la foule sans armes et un détachement de la garde nationale, composé surtout de fabricants et de commis de fabrique, celui-ci tire sans sommation, couchant plusieurs hommes sur le pavé. Les ouvriers s'emparent alors de casernes et d'arsenaux et rallient à leur cause une grosse part de la garde nationale, surtout celle des faubourgs qui comprend de nombreux chefs d'atelier. Les combats font 169 morts, tant dans les rangs des insurgés que dans ceux des forces de l'ordre. C'est ensuite la descente sur Lyon aux cris de « Vivre libre en travaillant ou mourir en combattant ! » Une véritable commune insurrectionnelle, dominée par un état-major provisoire

* On lui doit un *Compte rendu des événemens qui ont eu lieu à Lyon* paru en 1832.

établi par des groupes républicains, tient l'Hôtel de ville le 23, arrêtant et jugeant les pillards dont certains sont fusillés*, tandis qu'une Commission centrale issue de l'organisation ouvrière née en octobre, l'Association générale et mutuelle des chefs d'ateliers de la ville de Lyon et des faubourgs, qui organise la masse des canuts pour le « tarif minimum »**, maintient le contact avec les autorités. Jouant sur ces dissensions, ces dernières parviennent à reprendre progressivement la main à partir du 24. Avec une troupe de 26 000 hommes armés de 150 canons, le duc d'Orléans et le maréchal Soult attendent que les ouvriers se lassent. Ils investissent la ville le 3 décembre. La Garde nationale est désarmée et dissoute, le tarif minimum abrogé, le préfet limogé. Côté ouvrier, 90 canuts sont arrêtés, 11 traduits en justice. Ils seront pour la plupart acquittés en 1832 à Riom, dans une atmosphère tendue où les jurés subiront l'influence d'une population en colère plus que favorable aux accusés***.

Pendant l'insurrection, ainsi que le racontent les apôtres François et Peiffer, eux et leurs compagnons, notamment Corréard****, fils d'un riche

---

* Jules Favre, qui sera l'avocat des chefs d'atelier lors de leur procès, dira bien plus tard et à juste titre que nous avons là « une sorte de 18 mars », c'est-à-dire une anticipation de la Commune de 1871 (relevé par Fernand Rude, *Les Révoltes des canuts (1831-1834)*, éd. 2007, 74).

** *Le Devoir mutuel,* association fondée en 1828 par les chefs d'atelier Joseph Bouvéry et Pierre Charnier, est, dans l'enveloppe traditionnelle d'une société de secours mutuel, l'authentique embryon de syndicat moderne. Cette société est élargie en 1831 à la masse des chefs d'ateliers sous le nom d'Association mutuelle des chefs d'atelier de Lyon et des faubourgs.

*** Les travaux de Fernand Rude donnent une bonne idée de ces événements : voir notamment *Les Révoltes des canuts,* 26-68 (1ère éd. : 1982). On devait déjà à cet auteur *L'insurrection ouvrière de Lyon de novembre 1831,* et surtout *Le mouvement ouvrier à Lyon de 1827 à 1832,* 1944. Voir aussi « Lyon en 1830-1834. Aux origines du syndicalisme et du socialisme », 1980.

**** Pierre Corréard composera en juin 1832 le chant *La Prolétarienne* dont voici un couplet : « Soie ondoyante, Laine ravie aux doux agneaux, Qui devenez par nos travaux Vêtemens, parure attrayante, Souvent nous et nos fils Nous n'avons pas d'habits », introduit par *Sic vos non vobis,* troncation d'un vers de Virgile, *Sic vos non vobis mellificatis, apes,* « Ainsi, abeilles, vous faites votre miel, mais ce n'est pas pour vous », voir *L'Écho de la Fabrique* n° 49 du 30/09/1832. On peut sans peine y voir une source d'inspiration des *Canuts* d'Aristide Bruant : « Pour chanter *Veni Creator,* Il faut une chasuble d'or. Nous en tissons pour vous gens de l'Église. Et nous pauvres canuts

négociant et le fabricant Michel Derrion, que nous retrouverons plus tard*, n'épargnent aucun effort pour appeler à la concorde civile, mais sans succès : « Ces gens nous serraient les mains, leurs larmes leur coulaient, ils déploraient les malheurs auxquels notre ville était en proie, mais à peine échappés à nos conseils, l'odeur de la poudre leur rendait toute leur fureur. Il n'y eut que peu de groupes qui aient manifesté quelques opinions de la vieille politique, soit carliste**, soit républicaine. Le peuple est resté froid et indifférent à ces démonstrations. Les cris, les formules étaient : Vivre en travaillant ou mourir en combattant, la mort ou du pain ![152] »

En haut de la hiérarchie saint-simonienne, Michel Chevalier s'est montré sans état d'âme lors de la conclusion de l'accord sur le tarif. Dans *Le Globe* du 31 octobre, il regrette ouvertement l'attitude du préfet dont il estime qu'en couvrant le tarif minimum, il affecte les industries lyonnaises d'un handicap insupportable dans la concurrence internationale[153]. C'est la position même des fabricants qui, réunis en assemblée le 5 novembre, adressent un *Mémoire* au Président du conseil où sont réclamés la suppression du tarif, et la destitution du préfet. L'ami d'Enfantin, le notable lyonnais Arlès-Dufour, lui-même fabricant mais absent de cette réunion, est désigné par ses pairs pour monter à Paris présenter cette requête aux autorités. Bien qu'il regrette les excès de certains négociants qui ont conduit à l'affrontement, il n'en juge pas moins le tarif « absurde et illégal ».

Tarif et coalition d'ouvriers sont effectivement illégaux. Les articles 414 et 415 du Code pénal de 1810 confirment en ces termes la loi Le Chapelier et le décret d'Allarde de 1791[154].

> *Art. 414*. Toute coalition entre ceux qui font travailler des ouvriers, tendant à forcer injustement et abusivement l'abaissement des salaires, suivie d'une tentative ou d'un commencement d'exécution, sera punie d'un emprisonnement de six jours à un mois, et d'une amende de deux cents francs à trois mille francs.

---

n'avons pas de chemise. C'est nous les canuts, Nous sommes tout nus ! », chanson tant de fois éditée.

* Voir plus loin, Ch. IV, 135, et Ch. VII, 274.

** Il s'agit des partisans de la lignée dynastique de Charles X, que l'on va bientôt nommer « légitimistes ».

Art. 415. Toute coalition de la part des ouvriers pour faire cesser en même temps de travailler, interdire le travail dans un atelier, empêcher de s'y rendre et d'y rester avant ou après certaines heures, et en général pour suspendre, empêcher, enchérir les travaux, s'il y a eu tentative ou commencement d'exécution, sera punie d'un emprisonnement d'un mois au moins et de trois mois au plus. Les chefs ou meneurs seront punis d'un emprisonnement de deux ans à cinq ans.

Si Arlès-Dufour pense que le *Mémoire* « n'est pas élégant », il n'en est pas moins pour lui « exact et impartial »[155]. Souhaitant une attitude énergique des gardes nationaux – « en se montrant prêts à réprimer, on n'aura pas besoin de le faire. Au contraire, en ayant l'air d'avoir peur, on se met dans le cas de réprimer », affirme-t-il publiquement à la mairie le 4 novembre[156] –, il déplore le manque de fermeté du préfet et espère que dès réception du *Mémoire*, le fonctionnaire « sera destitué »[157]. Une fois le sang répandu, Michel Chevalier écrit dans *Le Globe* : « Notre cœur saigne au spectacle de ces misères morales bien autrement hideuses que les misères physiques[158]. » Cela le conforte encore dans le credo pacifiste et conciliateur : « Il s'agit de calmer les uns et de rassurer les autres, de se poser comme pacificateurs entre ceux qui ont et ceux qui n'ont pas. Unissons-nous pour prévenir la division de la société en deux camps, concertons-nous pour parler à chacun un langage qu'il aime à entendre et pour arracher du fond des cœurs des germes d'hostilité qui se sont développés en silence avec une effrayante rapidité[159]. » Suzanne Voilquin le relèvera : grâce à ces principes pacifiques, aucun Saint-Simonien ne s'est rencontré dans les rangs des insurgés[160].

Tant que les prédicateurs saint-simoniens établissaient leur diagnostic sur la situation de la classe prolétaire, ils rencontraient chez les ouvriers lyonnais un assentiment grandissant. Réciproquement, confondant la cause et l'effet, les négociants et le gouvernement suspectent les Saint-Simoniens d'être à l'origine de l'agitation ouvrière et s'inquiètent de leur activité. Les ouvriers lyonnais n'ont pourtant pas eu besoin des prêches de la Mission du Midi pour se soulever, bien qu'ils ne pussent qu'en être fortifiés dans leur colère. Mais la rupture de Bazard en novembre comme l'attitude du mouvement dans l'affrontement a jeté le trouble dans les rangs de l'Église lyonnaise. Leurs chefs, François et Peiffer, s'en font l'expression en décembre : « Les ouvriers l'ont emporté. Hier ils ont combattu avec un courage incroyable. Rien ne donne une idée de leur acharnement au combat. Nous avions une idée bien fausse de ces gens que nous croyions sans énergie, nous ne savions pas encore par expérience ce que sont des hommes qui combattent pour avoir du pain[161]. »

Aussi demandent-ils des directives : « Mes Pères, nous attendons vos ordres, nous répandons partout des paroles conciliatrices, mais nous avons suspendu nos enseignements, nous comprenons que tout ce qui se passe doit influer sur notre conduite. De vous, nos pères, nous attendons l'inspiration et le secours[162]. » La réponse ressasse les termes du catéchisme conciliateur : « Dans cette circonstance, vous avez fait preuve d'un courage religieux et d'une louable activité, en vous abstenant d'une participation quelconque à ces scènes de violence qui vous pressaient de toutes parts, et en prodiguant vos soins aux blessés des deux partis, vos paroles de conciliation à tous. C'est beau à vous qui n'êtes convertis que d'hier à la religion de l'association universelle. » Il faut continuer et dire « aux prolétaires, que si l'on peut accuser les maîtres d'indifférence ou de dureté à leur égard, toute la faute ne saurait leur être imputée sans une profonde injustice. Elle est principalement dans ce système de concurrence, de combat à mort, que tous les fabricants sont forcés de se livrer entre eux. C'est cette lutte qui les a irrésistiblement contraints à baisser les prix de la main d'œuvre. » Et que faut-il dire « *à la bourgeoisie* » ? Lui faire comprendre que « la rigueur est le pire des moyens qu'elle puisse employer pour se soustraire aux erreurs que lui inspire le lion populaire. Il y a dans les cœurs de cette classe un fond de compassion et de générosité facile à émouvoir : excitez-les par le tableau de la misère des ouvriers. [...] Les préjugés de caste ont été trop affaiblis par le libéralisme pour qu'ils ne sentent que les ouvriers sont avec eux d'une même nature. Ils reconnaîtront sans peine combien ils seraient tranquilles et heureux si les ouvriers les aimaient et les respectaient comme des pères. Les liens commerciaux ont été les premiers liens pacifiques : les négociants sont naturellement amis de la paix et de la concorde[163]. »

Publiée dans *Le Globe* du 9 décembre, cette lettre apparaît comme une réponse à l'article paru la veille dans le *Journal des débats* sous la plume du journaliste Saint-Marc Girardin. Dans cet article auquel la postérité donnera ce titre évocateur : « Les barbares », ce représentant emblématique de la bourgeoisie louis-philipparde, qui a été témoin de la peur des possédants de Lyon où il séjournait en novembre, fait un constat terrible. Concédant que les foules de l'insurrection lyonnaise ont été retenues par leurs chefs, il est convaincu qu'une telle modération a peu de chances de se renouveler. Une sorte de loi d'airain née du fonctionnement des marchés pousse en effet à la misère les ouvriers des entreprises les moins compétitives dans la concurrence généralisée. Or, quelle que soit leur compassion, les chefs d'entreprise ne peuvent satisfaire, sous peine de faillite, les demandes de ces malheureux, ce qui les pousse nécessairement à la révolte. Devant une telle situation, l'Angleterre avait imaginé une première Loi sur les pauvres (*Poor Law*), promulguée en 1601, qui instituait pour les indigents une assistance à domicile organisée à l'échelle des paroisses, et qui avait pour contrepartie l'obligation de travailler dans des ateliers, ce qui a été dénoncé comme un véritable « esclavage de paroisse ».

Estimant avec Malthus que cette vieille loi élisabéthaine constitue un encouragement à la paresse, le Parlement anglais est en train de concocter, au moment où Saint-Marc Girardin écrit cet article, une nouvelle Loi sur les pauvres, le *Poor Law Amendment Act*. Votée en 1834, celle-ci restreindra le contenu de l'aide aux pauvres et décidera de regrouper ses bénéficiaires dans des asiles, les fameux *workhouses* terriblement dissuasifs décrits par Charles Dickens dans son *Oliver Twist*. Il faut donc, constate Saint-Marc Girardin, de nouvelles lois des pauvres, comme il faut réprimer les séditions d'ouvriers, mais ce ne sont là que des expédients. Qu'on le veuille ou non, les ouvriers sont la plaie de notre société moderne.

> Les Barbares qui menacent la société ne sont point au Caucase ni dans les steppes de la Tartarie, ils sont dans les faubourgs de nos villes manufacturières.

Ne soyons pas « dupes » comme le furent les Romains quand ils pensèrent qu'en laissant entrer les Barbares dans l'Empire, ces derniers allaient s'intégrer, finir par servir les intérêts de Rome. Quelque commisération que l'on puisse nourrir pour eux, il faut refuser absolument de faire entrer les Barbares d'aujourd'hui, les ouvriers, dans l'État, il faut les désarmer et leur refuser tous les droits politiques. La société moderne « périra par ses prolétaires, si elle ne cherche pas, par tous les moyens possibles, à leur faire une part dans la propriété, ou si elle en fait des citoyens actifs et armés avant d'en avoir fait des propriétaires[164]. »

À Lyon, la bourgeoisie a senti de très près le vent du boulet. L'importance de cet article est telle que *Le Globe* le reproduit *in extenso*. Il le voit comme « un mélange curieux de traits de perspicacité et des plus barbares préjugés de caste », qui valent l'attitude du brahme [on dirait aujourd'hui : brahmane] à l'égard du paria[165] ».

Il s'indigne de l'injure faite aux ouvriers, qualifiés de « plaie de la société » : c'est le moins que pouvait faire le journal qui se veut être le porte-parole du « parti des travailleurs »[166]. Mais il affirme en même temps : tant que bourgeois et prolétaires seront ennemis, il n'y aura pas de paix publique, la bourgeoisie veut l'ordre, les prolétaires leur émancipation, les uns et les autres gâteront leur cause tant qu'ils s'irriteront ou se soulèveront. « Il faut qu'ils communient par l'harmonie de leurs sentiments, de leurs pensées, de leurs travaux[167] ».

Contrairement au vœu des Saint-Simoniens, ce véritable manifeste de lutte des classes va aider à serrer les rangs des classes possédantes autour de la monarchie. En figeant les antagonismes sociaux, il rend extrêmement difficile la propagande conciliatrice de l'Église saint-simonienne tant dans les rangs des bourgeois que dans ceux des prolétaires. Les circonstances poussent de plus en plus ces derniers, totalement niés par l'ordre établi, vers les groupes républicains radicaux comme la Société des Amis du Peuple*. Les chefs d'atelier quant à eux, dont un dirigeant, Pierre Charnier, est influencé par le Saint-Simonisme et cultive aussi des contacts avec les Amis du Peuple, développent le mouvement mutuelliste qui s'est doté depuis la fin octobre 1831, d'un organe de presse, L'*Écho de la Fabrique***.

Devant la perplexité de leurs troupes, Enfantin et Chevalier dépêchent à Lyon l'ancien avocat à la cour de cassation Antoine Ribes et l'homme de lettres Alexandre Massol pour prendre la direction des opérations. Dans un

---

* La Société des Amis du Peuple, née lors des Trois Glorieuses, est alors durement frappée par la police. Auguste Blanqui, qui en est membre, nous laisse un compte-rendu du procès qui lui est fait en février 1832, voir la *Défense du citoyen Louis-Auguste Blanqui devant la cour d'assises*, 1832.

** Annoncé par un « Prospectus » du 23 octobre 1831, il publiera 68 numéros, du 30/10/1831 au 04/05/1834.

Appel au Lyonnais paru le 17 février dans le *Globe,* ces derniers reprennent une nouvelle fois l'antienne conciliatrice. On y décèle toutefois une inflexion, au moins théorique, dans la conduite de l'Église et sa manière de se relier au mouvement social : on cherche à prendre appui sur la revendication du tarif des façons pour annoncer que seule l'association future pourra en établir un qui ne ruine pas les fabricants et permette aux ouvriers de vivre décemment de leur salaire, une association qui oppose l'amour à l'émeute et à la révolte. D'où cet appel : « venez à nous, vous tous qui avez le cœur généreux. Notre voix s'adresse à toutes les classes, à ceux qui possèdent et à ceux qui ne possèdent pas[168]. »

Concrètement, Arlès-Dufour, qui contribue à partir d'avril 1832 à l'*Écho de la Fabrique,* franchit un pas de plus en s'émancipant de cette attitude délaissant l'action immédiate au nom du projet de société future. Un an auparavant, en novembre 1830, l'*Organisateur* affichait : « LA COALITION DES OUVRIERS SERA TOUJOURS IMPUISSANTE CONTRE CELLE DES CAPITALISTES. Voilà ce dont il est important que les ouvriers se pénètrent bien, afin de ne point consumer en vaines tentatives les efforts qu'ils emploient à obtenir leur émancipation. »[169] Ce n'est pas le moindre des paradoxes : voilà le fabricant Arlès-Dufour, naguère opposé au tarif et qui demandait aux autorités davantage de fermeté contre les ouvriers, saluant en mai 1832 le combat des *Trade Unions* britanniques qui se développent depuis quelques années, et appellant au maintien des coalitions, pourtant illégales en France, alors même que leur but contingent est atteint[170].

Dans la dérive des continents sociaux qui pousse d'un côté les prolétaires vers l'action directe républicaine et, de l'autre, la bourgeoisie à ériger la monarchie de Juillet en rempart de l'Ordre, ce pragmatisme nouveau allie un discours sur la société future ouvrant une voie de sortie pacifique à la situation présente dans une action concrète de défense des ouvriers. Cela permet assurément à l'Église lyonnaise d'entraîner de nouveaux « cœurs généreux », comme le poète prolétaire Louis-Agathe Berthaud, venu du mouvement républicain, ou peut-être, s'il n'était pas encore là, le médecin Jacques Cognat, qui donne des enseignements saint-simoniens et des cours du soir – français, mathématiques, etc. – aux ouvriers.

La question de la femme, motif théologique de la rupture de Bazard

Du point de vue pratique, l'Église saint-simonienne éclate au moment précis où, avec l'insurrection des canuts, elle s'insère dans le mouvement social. L'immersion dans les luttes ouvrières lyonnaises a permis à l'Église de toucher du doigt la limite politique que lui impose l'idée d'association entre industriels et ouvriers. D'un point de vue théorique, cette rupture s'opère au moment où, dans la Réunion générale de la Famille du 19 novembre 1831, Enfantin tourne explicitement la page de six années de collaboration et de deux années de duumvirat avec Bazard. Les deux hommes sont de caractère et de tradition différents : Enfantin, écrira Louis Reybaud dans son *Étude sur les réformateurs et socialistes modernes*, « se tenait sur la voie de l'imagination et de la théorie », Bazard, « bon logicien, penseur infatigable », se tenait de son côté dans celle de la logique et de la pratique. L'un devait s'adresser au sentiment, l'autre à la raison[171]. » Ou encore : « L'un était manipulateur, l'autre plus inventeur. Celui-ci écrivait mieux qu'il ne parlait, celui-là parlait mieux qu'il n'écrivait. M. Enfantin créait la pensée, M. Bazard trouvait la formule. Ces deux hommes s'aidaient et se tempéraient l'un et l'autre[172]. »

Une complémentarité qui donnait puissance au mouvement. Enfantin décrit l'organisation de cette époque révolue comme caractérisée par une « autorité incomplète », « despotique » où les forces étaient « agglomérées » plutôt qu'« associées ». Elle est pour lui l'expression organisationnelle de la coexistence de deux tendances : « Bazard, à l'époque, était préoccupé du mouvement libéral, révolutionnaire, républicain, qui se produisait pendant que moi, par mes sollicitations constantes, je poussais de toute ma force la doctrine dans les voies PACIFIQUES[173]. » Cette aspiration pacifiste est la véritable obsession d'Enfantin. Cela transparaît des remarques qu'il écrira à Sainte-Pélagie sur une certaine séance de décembre 1829, quand il évoque le « sentiment pacifique que Rodrigues parvint enfin à inculquer en nous, et auquel Bazard fut si longtemps rebelle, car ce ne fut que bien longtemps après notre prise de possession du *Globe* que nos écrits et nos prédications en portèrent l'empreinte[174]. » Ceci est d'autant plus intéressant que l'on ne peut pas dire que l'intervention de l'Église saint-simonienne dans les Journées de Juillet n'était pas, comme nous l'avons vu, résolument pacifiste*.

Commence alors une nouvelle élaboration doctrinale qui doit servir de base à une « organisation définitive », exposée dans dix-huit séances qui se tiennent rue Taitbout et rue Monsigny du 28 novembre 1831 au 18 février 1832.

Le « caractère principal de notre apostolat est la RÉHABILITATION DE LA CHAIR, c'est-à-dire : en religion, la constitution du culte, en POLITIQUE, l'organisation de l'industrie, en MORALE, l'affranchissement de la femme et son ASSOCIATION par égalité avec l'homme[175].

Si Saint-Simon est resté pratiquement muet sur la question de l'émancipation de la femme, Charles Fourier s'en est préoccupé, professant que « les progrès sociaux s'opèrent en raison des progrès des femmes vers la liberté »[176]. En contraste, la position officielle de l'Église saint-simonienne reste encore en 1831 plutôt discrète, et surtout extrêmement conservatrice. Les auteurs des *Notices* attribuent à Enfantin l'idée d'« individu social »**[177]. Mais Barrault en accorde la paternité à Saint-Simon lui-même quand il écrit : « Saint-Simon dit : L'homme et la femme, c'est l'individu social. NOTRE PÈRE pose la loi morale nouvelle et appelle la FEMME à régner avec LUI. Saint-Simon fut le *Maître*. ENFANTIN est le PÈRE[178]. » Bazard et Enfantin la reprennent publiquement, dès août 1830[179], mais « L'AFFRANCHISSEMENT COMPLET DES FEMMES » par lequel, selon Enfantin, « sera signalée l'ère saint-simonienne »[180], se traduit encore par des propositions bien timorées. Certes, le mariage consacre pour eux encore fréquemment un « trafic honteux » et une « prostitution légale »[181]. Mais les deux Pères ne prétendent pas pour cela « abolir la sainte loi du mariage proclamée par le Christianisme », et annoncent qu'ils viennent « au contraire pour accomplir cette loi, pour lui donner une nouvelle sanction, pour ajouter à la puissance et à l'inviolabilité de l'union qu'elle consacre »[182].

---

* Voir plus haut dans ce chapitre, not. p. 56 et 68.

** De son côté, écrit Louis Reybaud, « Enfantin disait : l'homme et la femme, voilà l'individu social », voir « Socialistes modernes. I. Les Saint-Simoniens », dans la *Revue des deux mondes*, 4e série, VII, 324. La formule est clairement exprimée dans une lettre d'Enfantin à Charles Duveyrier d'août 1929, voir *OSSE*, XXVI, 6.

Or voici que l'actualité braque, pendant l'été 1831, ses feux sur la question du divorce. Autorisé en 1792 par la Révolution, celui-ci avait été limité en 1804 par le Code civil, puis abrogé en 1816. Un projet de loi pour son rétablissement, déposé le 10 août par le baron de Schonen provoque une vive polémique dans la société française. Elle perturbe de manière aussi grave qu'imprévue les rangs saint-simoniens. Elle surprend en effet l'Église sur une position en retard sur l'opinion et l'oblige à s'enhardir. Surtout Enfantin saisit l'occasion pour avancer la conception sur les rapports sociaux de l'homme et de la femme qui avait déjà mûri dans son esprit mais dont il devait penser qu'elle soulèverait dans le mouvement de véhémentes protestations[183].

Alors que pour Rodrigues, Bazard et bien d'autres fidèles, le divorce est envisageable comme une exception malheureuse, même si elle est sanctifiée par le prêtre, il est pour Enfantin un droit qui repose sur le fait que tous les hommes et toutes les femmes n'ont pas le même rapport à la sexualité, qu'il existe plusieurs types d'unions entre homme et femme, comme il s'en explique dans ses *Enseignements*, tout particulièrement le *Cinquième*[184]. Plus tard, le philosophe Paul Janet résumera sa position en disant que son idée « est de régulariser l'amour libre sous la surveillance du prêtre »[185].

Bazard accorde que le mariage chrétien mérite d'être dépassé, mais il voit dans la conception de son codirigeant un saut en arrière : « Dans l'opinion d'Enfantin, le Paganisme et le Christianisme représentent bien moins deux âges de l'humanité, que deux aspects essentiels et primitifs de la vie qui se seraient développés séparément et par antagonisme, pour venir ensuite s'unir dans une vaste conception religieuse. Aussi croit-il que la grande œuvre à accomplir aujourd'hui, consiste surtout à combiner l'Antiquité et le Moyen Âge[186]. » Quant à Rodrigues, d'accord avec Enfantin sur l'importance que doit prendre pour le mouvement « l'affranchissement complet de la moitié du genre humain, celui de la femme »[187], il expose des conceptions ajustées à la situation sur le mariage et le divorce dans une *Note* présentée à ses condisciples en octobre 1831[188], mais ses vues ne sont pas retenues. L'affranchissement de la femme, qui est mis au centre de la MORALE par Enfantin ne concerne pas seulement la question du divorce. Elle va bien plus loin. Elle est l'occasion d'un remodelage complet de la RELIGION qui implique un « sacerdoce nouveau »[189] et s'opère dans une atmosphère de religiosité philosophique exacerbée qui marque un nouvel infléchissement de la doctrine de Saint-Simon. Sentant « Dieu dans la femme »[190], et assurant que « le sacerdoce est HOMME ET FEMME[191] », il veut placer l'Église sous l'égide d'un couple tutélaire en associant au Père qu'il est, une sorte de parèdre, une Mère qu'il s'agit encore de découvrir, idée qui servira, deux années plus tard, de justification religieuse au voyage d'Orient. Le tout récent Père suprême donne une clé pour comprendre sa nouvelle construction doctrinale lorsqu'il présente ainsi l'histoire de la propagande du mouvement : « Le fait est que nous avions parlé d'abord une langue qui n'était qu'à l'usage des savants. Notre style POLITIQUE nous a un peu vulgarisés, mais ce qui doit nous faire connaître et sentir par tous, ce sera notre MORALE, parce qu'il n'est personne qui échappe aux relations qu'elle embrasse[192]. »

Or, si pour lui la morale s'identifie à l'affranchissement de la femme, il ne faut pas croire que la « réhabilitation de la chair », qui en est l'enveloppe théorique, se limite à la condamnation de la tradition paulinienne de l'abaissement de la chair. Tout en reprenant le terme de l'évangéliste qui entend par là le « corps », Enfantin le généralise jusqu'à y inclure la « matière » c'est-à-dire les aspects matériels de la vie en société et donc l'industrie. Mais quel meilleur symbole de la religion nouvelle, celle qui doit désormais se substituer au Christianisme, que celui de la réhabilitation de la chair par opposition au péché originel ? Et quelle meilleure incarnation de cette réhabilitation que l'affranchissement de la Femme, et pas seulement sur le plan des droits politiques et sociaux, mais celui de la famille et de la morale sexuelle ?

L'accent mis sur l'affranchissement de la femme ne peut que rencontrer l'assentiment des figures féminines du mouvement de l'époque, mais cette position est avancée de façon paradoxale. Elle s'accompagne de cette proclamation : « La femme est encore esclave, nous devons l'affranchir », mais « avant de passer à l'état d'ÉGALITÉ avec l'homme, elle doit avoir sa liberté. Nous devons donc réaliser, pour les femmes saint-simoniennes, cet état de liberté, en détruisant la hiérarchie jusqu'ici constituée pour elles aussi bien que pour les hommes, et en les faisant rentrer toutes dans la loi de l'égalité entre elles. » Il n'y a donc « PLUS DE FEMMES DANS LES DEGRÉS DE LA

HIÉRARCHIE. Notre apostolat, qui est l'appel de la femme, est un apostolat d'hommes[193]. »

Voilà de quoi décontenancer les dames de l'Église, à commencer par celles qui étaient mentionnées comme membres du 2e degré de la hiérarchie au printemps 1831[194] : Claire, l'épouse de Bazard, d'abord, qu'Enfantin qualifiait naguère de « première entre toutes les femmes »[195], et dont on s'attendait à ce qu'elle siégeât sur le trône sacerdotal comme mère à côté d'Enfantin. Palmyre ensuite, la sœur de Bazard, toutes deux dans le mouvement depuis le début. Cécile Fournel, l'épouse d'Henri, occupée à l'enseignement des femmes. Mais aussi Caroline Noël, épouse du docteur Léon Simon, qui avait fait sa profession de foi en avril 1830[196]. Et Marie Talon, fille en religion de Claire. Palmyre et Claire Bazard ainsi que Cécile Fournel protestent avec Bazard à la fin novembre. Cette dernière reviendra pourtant aux côtés d'Enfantin lors du procès des Saint-Simoniens en août 1832. Seules avec Aglaé Saint-Hilaire, amie d'enfance et confidente d'Enfantin, qui ne fait pourtant pas partie des instances du mouvement, Caroline Noël et Marie Talon restent fidèles au nouveau Père suprême. Suzanne Voilquin, « fille » de Cécile Fournel et émargeant au degré préparatoire, racontera dans ses *Souvenirs* qu'Aglaé Saint-Hilaire rassembla alors les femmes fidèles à Enfantin, mais qu'« elle eut la fâcheuse idée de se poser au milieu de nous comme un agent suprême, en réclamant le nom de Mère, et de vouloir nous hiérarchiser de nous connaître nous-mêmes. C'était inconséquent[197]. »

Il faudra attendre l'été 1832 pour que les femmes restées dans le mouvement trouvent une forme d'expression et d'organisation propres*. Enfantin affirme toujours que « LA FEMME ET LE PROLÉTAIRE avaient tous deux besoin d'affranchissement[198] ». Les discussions entre lui et Bazard sur le poids relatif des questions de la femme et du prolétaire et sur la manière de les aborder sont désormais tranchées. L'organisation de l'industrie est explicitée dans le Xe *Enseignement* du 16 décembre 1831, qui reprend d'ailleurs un article de Michel Chevalier paru le même jour dans *Le Globe*[199]. Le programme consiste en un « large plan *industriel* » correspondant à « la réforme d'une branche de l'exploitation du GLOBE », et avant tout un « progrès neuf et vaste dans les *communications* entre les hommes ». Là où

* Voir plus loin, Ch. IV, 129-131.

Chevalier approfondit son programme de grands travaux dans les moyens de communication, d'autres s'intéressent au financement de l'industrie. Maîtrisant bien la question du crédit, Rodrigues, qui a déjà commis une brochure intitulée *Théorie de la caisse hypothécaire* en 1820, a très tôt sensibilisé le mouvement à cette question. Enfantin le confiera plus tard, Bazard et lui avaient bien acquis la conscience de la valeur religieuse de l'industrie, même dans son état actuel. Ils avaient bien senti la valeur scientifique et politique des théories industrielles, de l'économie politique, mais ils étaient loin de sentir, comme le sentait Rodrigues, « ce qu'il y avait de puissance pacifique dans des hommes comme Rothschild, Laffitte, et en général dans les banquiers qui pourtant devaient avant peu mener la politique française et qui la dirigeaient même déjà en partie par l'intermédiaire de Villèle ». Il en résultait que leurs prévisions, les plus prochaines surtout, en politique, étaient fausses, « le sens prophétique de la bourse » leur manquait[200].

Nous avons là, avec les grands travaux de communication et le crédit, les deux volets des réalisations que laisseront à la postérité les Saint-Simoniens, lorsque les vapeurs enivrantes du mythe se seront dissipées et que les théories socialistes dont les projets industriels s'enrobaient n'apparaîtront plus que comme des rêves de jeunesse. Pour Chevalier, le nouveau programme prendra « rapidement un caractère POLITIQUE aux yeux de TOUS, non seulement aux yeux des travailleurs, mais à ceux des oisifs, et à ceux du Gouvernement lui-même, car cette vaste entreprise donnerait un emploi pacifique et productif à la CLASSE LA PLUS PAUVRE ET LA PLUS NOMBREUSE qui effraye tant aujourd'hui, et à juste raison, les oisifs et le gouvernement. » Et de poursuivre :

> On mettrait ainsi cette masse de PROLÉTAIRES, que l'on ne sait que décimer par la guerre lorsqu'on redoute leur grand nombre, et pour lesquels on ne sait que gémir quand ils se plaignent, on mettrait, dis-je, les PROLÉTAIRES sous la direction d'hommes instruits, qui sauraient en même temps les MORALISER. Enfin une pareille conception aurait un caractère POLITIQUE, car elle constituerait l'armée pacifique des TRAVAILLEURS[201].

Dès lors s'infléchit la propagande à destination des prolétaires qui sont fondus, ou si l'on préfère, confondus dans la masse des travailleurs dont l'éventail comprend aussi bien industriels et banquiers. Dans un article significatif du *Globe* de décembre 1831, d'Eichthal fait cette remarque : « Depuis longtemps nous avons constitué un enseignement spécial pour les hommes des classes dites prolétaires qui se rattachent à nous. Nous l'avions appelé enseignement des ouvriers. Eh bien ! Peu à peu ce nom est tombé en désuétude et, par le fait des ouvriers eux-mêmes, il a pris le nom d'enseignement des industriels. Ce nom en effet a pour eux de l'avenir. Il leur ouvre une carrière illimitée, il leur permet d'aspirer aux rangs les plus élevés de la hiérarchie des travailleurs[202]. »

Le peintre Joseph Machereau enfoncera le clou au premier semestre 1832 : « Les banquiers Rothschild, Laffitte, Delessert, Casimir Perier qui, à force d'activité et de talents d'esprit, à force de calculs, de spéculations, au prix de tous les tourmens, des peines que donnent les affaires, au milieu d'une société livrée à la concurrence, ont amassé d'immenses capitaux, sont aussi de grands travailleurs[203]. » C'est limpide : l'affranchissement des prolétaires ne viendra pas d'une lutte politique propre mais d'une POLITIQUE réduite à un plan industriel. Quand Enfantin confesse : « Je sens DIEU dans toutes les CLASSES, je le sens dans le PROLÉTAIRE et dans le BOURGEOIS, et mon plus grand bonheur est de leur apprendre à LE sentir réciproquement l'un dans l'autre »[204], il ne fait pas de doute que la balance n'est pas égale entre le prolétaire et le bourgeois. Le premier est subordonné au second. La belle formule de Saint-Simon mise en exergue de la presse du mouvement, selon laquelle « toutes les institutions sociales doivent avoir pour but l'amélioration progressive du sort MORAL, physique et intellectuel de la classe la plus nombreuse et la plus pauvre » est interprétée dans le sens où la classe la plus nombreuse et la plus pauvre n'a pas grand-chose à dire de son destin, qui est livré à la bonne volonté des ingénieurs et des banquiers.

Moïse Retouret a été introduit dans le mouvement par Gustave de Bouffard, beau-frère de Michel Chevalier et qui, après avoir aidé l'Église de Sorèze à essaimer dans le Sud-ouest, vient justement de rompre avec Bazard. L'un de ses anciens camarades de rhétorique au collège Saint-Louis et à l'institution Reusse, à Paris, rend de lui le portrait d'un jeune homme d'une intelligence excellemment douée, d'un esprit très fin, très original, et d'un anticlérical impénitent, ce qui est l'occasion d'interminables discussions avec lui, de tradition légitimiste[205]. Après avoir décrit de façon sarcastique une cérémonie rue Taitbout, cet ami montre Moïse venant au secours d'un ouvrier, héros des barricades mais bafouillant, intimidé devant un public d'intellectuels, et qui devient ainsi le personnage de la journée[206]. Orateur inspiré, il peut, dans le nouvel élan religieux, imprimé à l'Église dont il est un des porte-voix les plus enthousiastes, donner à Saint-Simon le visage d'un prophète : « Je vous le dis. Tout prophète a été raillé. » À Christophe Colomb qui hier « pressentait une terre nouvelle, et de son œil perçant plongeait au-delà des horizons connus », il prête ces mots : « Europe, avare Europe, je pouvais te donner un monde, tu ne l'as pas voulu ! Je vois tous tes enfants dévorés de misérables ambitions ! Ils s'épuisent de sang pour se disputer les lambeaux de quelques chétives proies ! Je voulais leur donner un monde ! Un monde ! » Aujourd'hui, poursuit-il : « Un homme est venu, qui a conçu quelque chose de plus grand que la découverte d'un nouveau monde. Car SAINT-SIMON a dit : "Je vous ferai un univers nouveau, une humanité nouvelle"[207]. »

Celui qu'Enfantin considère comme son enfant préféré a beau mettre toute sa fougue et son emphase à annoncer « à tous les enfants de ce siècle que le jour est venu pour eux de dire et de faire de grandes choses », et à proclamer :

> Le prolétaire et la femme doivent être affranchis. Le prolétaire et la femme sont encore esclaves, le prolétaire et la femme seront affranchis[208].

Il ne peut cacher le fait que le programme politique nouveau signifie bien la mise à la marge des prolétaires.

Alors que sur le terrain des luttes sociales, à Lyon, le fabricant saint-simonien Arlès-Dufour reconnaît dans les faits la différenciation des « industriels », les « abeilles » de Saint-Simon, en deux groupes aux intérêts distincts, les patrons et les ouvriers, qu'il invite à s'associer pour résister aux empiètements des premiers, le sommet de l'épiscopat saint-simonien fond ces prolétaires dans les « industriels », ce qui revient à nier leur autonomie désormais visible. Bien longtemps après les faits, d'Eichthal présentera au journaliste Adolphe Guéroult, qui s'est rallié à l'Église fin 1831, une interprétation semblable du tournant qui s'opère à l'époque. Pour lui :

Le Saint-Simonisme tel qu'il ressortait de l'*Exposition* contenait « des doctrines plus ou moins communistes, que l'École avait formulées sous l'inspiration de Bazard, imitant en cela, sans le savoir, les publicistes qui depuis Platon jusqu'à Mably et Babeuf, ont commencé par chercher dans la communauté absolue la réalisation de la justice.

Ce communisme, « Enfantin l'avait battu en brèche au nom de la femme, au nom de la famille, au nom du monde, et cette lutte s'était terminée par le triomphe des défenseurs des droits de l'individu et de sa liberté. » C'est là, soulignera-t-il, « que remonte pour moi l'abandon des doctrines communistes, adoptées par moi comme par tous nos amis dans l'entraînement d'une première élaboration. C'est là aussi ce qu'il faudrait qu'on n'oubliât jamais, quand il s'agit des doctrines saint-simoniennes. Elles comprennent deux phases, l'affirmation de Bazard et la protestation d'Enfantin[209]. »

Ce dernier a clairement ciblé le premier dans sa justification de la nouvelle doctrine. Or, en rompant explicitement avec le mouvement révolutionnaire républicain dont il considère Bazard comme le représentant, mais qui se décline en plusieurs sensibilités dans l'Église, et en piétinant le profond désir de réforme sociale en faveur des prolétaires qu'une partie croyait voir accepté par les héritiers de Saint-Simon, Enfantin pousse beaucoup de gens vers la sortie. Aussi n'est-il pas surprenant que la scission de Bazard coïncide avec celle, déjà anticipée un an auparavant par Buchez, de l'aile républicaine des Saint-Simoniens. C'est le cas de Reynaud, Cazeaux et Charton, et surtout de Leroux et Carnot qui rallient la *Revue encyclopédique*. Fondée en 1819 par l'ancien conventionnel et jacobin Marc-Antoine Julien très vite opposant à l'Empire, celle-ci était très vite devenue une des grandes publications de la Gauche des années 1820, s'honorant de la collaboration de savants réputés comme Geoffroy Saint-Hilaire et d'hommes de plume connus comme Benjamin Constant. En en prenant la direction, Leroux et Carnot lui donnent des couleurs nouvelles. Puis, poursuivant sa trajectoire, le premier des deux va se diriger vers un « socialisme républicain » se voulant au juste milieu entre le « socialisme absolu » et l'« individualisme absolu »[210] – c'est à lui qu'est reconnue dans la langue française la paternité du mot *socialisme*[211] –, et qui conquerra une grande aura sous la monarchie de Juillet. C'est aussi le départ d'Henri Fournel, faux départ en fait car peu de jours après la rupture de Rodrigues, il reviendra vers Enfantin en faisant contrition publique.

La rupture avec Bazard est d'une importance capitale dans le cours du Saint-Simonisme. Sans nier leur importance, le philosophe Marin Ferraz mettait à la fin du XIXe siècle, dans son étude des idées philosophiques et du socialisme, le courant d'Auguste Comte d'un côté et des tendances liées au républicanisme derrière Leroux et Reynaud de l'autre, sous l'étiquette de Semi-Saint-Simonisme[212]. Effectivement, lorsqu'on parle aujourd'hui de Saint-Simonisme, c'est à Enfantin et à son école que l'on pense.

La profession de foi saint-simonienne d'Urbain

La rupture avec Bazard a de profondes répercussions dans l'Église de Marseille. L'avocat Dory proteste « en faveur de l'ancienne morale »[213]. Il savait que son ami et parrain en Saint-Simonisme, Charton, était du nombre des dissidents, mais a hésité un moment sur la conduite à prendre. C'est finalement le 30 janvier 1832 qu'il exprime publiquement son désaccord avec Enfantin dans *Le Sémaphore* dont il est un des rédacteurs. Il s'en explique d'ailleurs dans un article intitulé « Le pouvoir et ses actes »[214]. On note toutefois qu'il sera présent lors du départ pour Constantinople des Compagnons de la Femme, le 22 mars 1833, bien qu'il soit alors tout juste salué comme disciple[215].

Pendant cette période d'incertitude, Urbain se rapproche du courant enfantinien. Par une lettre au *Globe* du 22 janvier, il se fait connaître comme Saint-Simonien, se proclamant « dévoué entièrement à la doctrine et prêt à prouver sa foi en Saint-Simon et en ses frères par tous les sacrifices qui lui seront possibles dès que l'âge de majorité lui permettra de disposer de ses faibles moyens financiers et de sa vie toute entière. » Accusant réception d'une lettre envoyée par le journal à son ami Rey, en voyage à Chypre, il poursuit : « Oui, mon père (permettez-moi d'employer ce mot parce que c'est la lecture de votre journal qui m'a rendu à la vie), je me dévoue dès aujourd'hui à l'amélioration des classes pauvres, en me soumettant entièrement à tout ce que mes frères m'ordonnent[216]. »

Quinze jours plus tard, le 7 février 1832, il prononce, devant une assemblée de l'Athénée, une *Profession de foi* toute gorgée de l'exaltation du néophyte, qui se termine ainsi :

> Je déclare ici en présence de mes amis que j'acclame à l'autorité nouvelle, à l'amour infini de Dieu manifesté dans notre père suprême Enfantin. Je me soumets entièrement au pouvoir aimant et pacifique de mes frères de Marseille. Ils sont savants, ils sont forts, et j'ai foi qu'ils me guideront à cette véritable terre promise où tous les hommes ne formeront plus qu'une famille universelle dont le chef aura Dieu pour père, les hommes pour fils et personne pour frère ![*] Gloire à Dieu ! Gloire à Saint-Simon ! Gloire à notre père suprême Enfantin ![217]

S'inscrivant dans le tournant enfantinien pris par le mouvement saint-simonien, il prend fait et cause dans une adresse quelque peu grandiloquente aux « jeunes hommes » de l'Athénée de Marseille, pour l'émancipation de la femme :

> Ce ne sont pas seulement pour les douleurs du prolétaire que ma voix implore votre compassion. Il faut que je prie pour toutes les infortunes, pour tous les esclaves opprimés, car j'ai voué mon existence à effacer le chagrin de toute vie. Ne voyez vous pas auprès du prolétaire cet être misérable et cependant si beau si intéressant ? [...] Vous avez bien nommé la femme ! Oui ! La femme que je proclame l'égale de l'homme, la femme que vous avez exploitée jusqu'à ce jour avec tant d'injustice et de barbarie, la femme qui a plus d'amour en son cœur que vous tous ensemble et sans laquelle vous ne pourrez pas associer les hommes. Voici l'heure de toute justice, l'heure de réparation qui a sonné, venez donc laver la femme de l'avilissement où vous l'avez plongée et laissée croupir, pour qu'elle puisse prendre toute sa place dans l'œuvre jointe[218].

Désormais, la vie d'Urbain et celle du Saint-Simonisme se confondront, même s'il occupe une place à part dans ce courant.

[*] L'expression « personne pour frère » se réfère à la constitution de l'Église saint-simonienne, quant aux frères a succédé une ligne hiérarchique faite de pères et de fils, voir plus haut dans ce chapitre, p. 52.

- III -

La Retraite de Ménilmontant

Par une étrange coïncidence, le jour précis où Urbain écrit au *Globe* pour se faire connaître comme disciple de la religion nouvelle, L'Église est frappée par la répression policière, dans une atmosphère sociale et politique extrêmement tendue.

La répression stimule le mouvement saint-simonien

Dès le mois d'août 1831, le gouvernement s'était mis à suivre de très près l'activité du mouvement[219], notamment depuis la constitution des Maisons d'association et la distribution de secours, comme l'exprime clairement ce rapport du préfet de police Gisquet, par ailleurs industriel et banquier : « L'argent que la société distribue depuis quelque temps, les secours qu'elle donne à un grand nombre de familles inspirent de l'inquiétude à un grand nombre de bons esprits. Les maximes politiques de cette société la font regarder comme dirigée plutôt par des vues d'anarchie que par des sentiments d'humanité et de bienfaisance[220]. »

Au cours d'une séance publique d'enseignements aux ouvriers tenue en décembre 1831, Rodrigues révèle le contenu d'une circulaire du ministre de la Guerre, le maréchal Soult, inquiet des effets de la propagande saint-simonienne dans l'armée :

> Messieurs, je suis informé que l'association saint-simonienne s'efforce de faire des prosélytes parmi les officiers et même sous-officiers et soldats [...]. Je vous recommande donc de veiller avec attention sur les manœuvres que pourraient employer les Saint-Simoniens pour égarer les militaires sous vos ordres. Vous les prémunirez au besoin contre ces tentatives en leur faisant sentir le ridicule des doctrines de cette secte et les vues intéressées qui dirigent ses chefs. Enfin vous me ferez connaître ceux, parmi les officiers, sous-officiers et soldats, qui se laisseraient entraîner à de pareilles séductions. Vous auriez soin toutefois d'user de ces moyens de direction et de surveillance avec la

réserve nécessaire pour éviter les interprétations qui pourraient compromettre l'autorité[221].

Enfantin met l'École polytechnique au cœur de sa stratégie de conquête des esprits : « C'est le lait que nous avons sucé à notre chère École qui doit nourrir les générations à venir »[222]. Transon résume ainsi avant les Journées de Juillet la doctrine pour les élèves de l'École, dans le droit fil de Saint-Simon :

> Dans l'avenir, plus de guerriers, des prêtres, des industriels, des savants, voilà toute la société. Toute puissance et toute gloire à ceux qui prêchent les hommes, à ceux qui les nourrissent ou bien qui les enseignent ! C'est bien assez que depuis bientôt six mille ans on donne la puissance et la gloire à ceux qui tuent[223].

On imagine l'inquiétude des autorités militaires devant le succès de l'enseignement qui pousse la crème des officiers à refuser les armes.

Alarmée par l'insurrection lyonnaise, la monarchie de Juillet est sur le qui-vive. La première quinzaine de janvier 1832 est marquée par le procès des membres de la Société des Amis du Peuple, qui se transforme en un festival républicain qui, retournant l'attaque dans la forme de ce que l'on appellerait aujourd'hui un procès de rupture, met la monarchie de Juillet au banc des accusés. « Mon intention, Messieurs, affirme l'homme de lettres Henri Bonnias*, aujourd'hui quelque peu oublié mais qui était un des combattants républicains les plus connus, n'est point de combattre dans cette circonstance à la manière des avocats. Ceux-ci ont ordinairement en vue de faire absoudre leurs clients, de les tirer d'affaire quand même : et pour moi un tel but n'est que secondaire. Ce qui m'importe principalement, c'est de prouver que je n'ai rien avancé qui ne soit rigoureusement vrai[224]. »
François Raspail, son président, s'illustre par cette harangue :

> On vous a dit que nous désirions le renversement du gouvernement actuel. Ici on ne vous a pas menti. Nous désirons le renversement, d'un gouvernement [...] qui a usé en France tous les ressorts de la gloire et de la liberté, qui jette la patrie aux pieds des nations, pour obtenir la paix au prix de l'infamie, qui ruine, à son profit, l'industrie

* Henri Bonnias est un homme de lettres, proche de Blanqui. Il sera nommé préfet du Gard en 1848.

et le commerce, qui, pour contenir le peuple, ramène dans les rangs de l'armée les royaux que le peuple a vaincus, et braque les canons de Montmartre sur Paris, etc.[225]

Et d'avancer ce programme : « Le bassin de la France, favorablement exploité, peut suffire aux besoins et même aux caprices de 60 millions d'hommes, or nous ne sommes à présent que 32 millions et les deux tiers meurent de faim. Il existe donc un gaspillage. [...] Voici le problème à résoudre : il nous faut un système politique, tel qu'en l'appliquant, il n'existe plus en France un seul homme malheureux, si ce n'est par sa faute ou par le vice de son organisation »[226]. De son côté, le jeune Auguste Blanqui passe les feux de la rampe avec son contre-réquisitoire qui se conclut ainsi : « Vous avez confisqué les fusils de Juillet. Oui, mais les balles sont parties. Chacune des balles des ouvriers parisiens est en route pour faire le tour du monde, elles frappent incessamment, elles frapperont jusqu'à ce qu'il n'y ait plus debout un seul ennemi de la liberté et du bonheur du peuple[227]. »

Le Globe du 14 janvier le reproduit intégralement en prenant toutefois ses distances par rapport à son ton belliqueux, incompatible avec le pacifisme de l'Église saint-simonienne. Les condamnations sont lourdes : la Société des Amis du Peuple est dissoute et les accusés condamnés à de lourdes peines de prison : Raspail et Henri Bonnias à 15 mois et 500 francs d'amende, Blanqui à un an et 300 francs d'amende.

Le gouvernement s'en prend à la presse. Le journal républicain *La Tribune* n'a pas eu moins de trente-deux procès qui sont, aux yeux de tous, un scandale[228]. Alors que les gouvernements précédents, Polignac sous Charles X puis Jacques Laffitte sous la monarchie de Juillet, avaient laissé faire sans les inquiéter les prédicateurs saint-simoniens, voici que Perier sort de sa manche l'article 291 du Code pénal qui interdit les réunions de plus de vingt personnes, dont les Saint-Simoniens comme les libéraux et les Républicains réclamaient l'abolition. Cela justifie l'intervention policière du 22 janvier 1832. Un commissaire de police se présente au 6 de la rue Monsigny, accompagné d'une troupe imposante faite d'une légion de grenadiers de la Garde nationale, d'une compagnie de voltigeurs et d'un escadron de hussards. Il interdit à Enfantin, Rodrigues et les autres occupants d'en sortir. En même temps, un procureur aidé d'un juge d'instruction intime à Barrault l'ordre de dissoudre la réunion qui se tient à la rue Taitbout et pose les scellés sur la salle[229].

Pris dans la nasse répressive, *Le National*, pourtant devenu après les Trois Glorieuses, l'organe de l'appel à Louis-Philippe, est saisi le 24 janvier. Il a osé protester contre les persécutions du *Globe* par la plume d'Armand Carrel, ancien du *Producteur*. « Chaque jour voit s'envenimer davantage la lutte entre le gouvernement et la presse », lit-on dans *Le Globe* du lendemain. Cette fois, le ministère « a innové : il a eu recours à l'incarcération préalable des écrivains. Au lieu des mandats de comparution, il a lancé contre eux des mandats de dépôt. La Restauration n'avait jamais osé le faire. » Mais le faîte de l'émotion est atteint avec ce que *Le Globe* nomme les « persécutions » qui l'affectent. « Quand eut lieu cette arrestation, note le correspondant du *Morning Chronicle*, cette dispersion par la force armée, d'une réunion tranquille sans armes, tout Paris fut dans l'alarme. On ne parlait des Saint-Simoniens que comme des conspirateurs, des gens adonnés à la fraude et au vol, et nous nous attendions à apprendre rien de moins qu'un complot d'assassinat dirigé contre Louis-Philippe[230]. »

De fait, on n'en est pas loin. L'« incitation à la haine d'une classe de gens contre une autre, des prolétaires contre des propriétaires », est un des chefs d'inculpation[231] qu'Enfantin assume comme tous les autres en tant que responsable du mouvement. Un article de Paul Rochette où il est dit : « L'hérédité telle quelle existe est une lèpre hideuse s'attachant à toutes affections de famille pour les fausser »[232], en justifie un autre, celui de « provocation à la désobéissance aux lois qui régissent la propriété ». Mais le plus grave est sans doute celui de « provocation non suivie d'effet au renversement du gouvernement du roi », à la suite de la prédication du 5 décembre où Barrault proclame : « Toutes les théories d'équilibre, de pouvoir constitutionnel sont tombées sous les balles de Lyon[233]. »

Voilà qui justifie Terson lorsque, dans une correspondance au journal, il accuse la monarchie de Juillet d'avoir érigé un « tribunal d'inquisition ». Le mot est d'autant plus fort, venant, ainsi qu'il se présente, d'un ancien prêtre catholique attaché à l'Église saint-simonienne de Toulouse[234].

Dans une lettre à Rességuier, Bazard croit voir l'Église de l'après rupture comme complètement ruinée : « L'association ou plutôt l'agrégation d'individus de la rue Monsigny est en pleine voie de dissolution. Tous ceux qui avaient une valeur personnelle s'en sont successivement retirés pour prendre une direction ou une autre [...]. C'est une dislocation complète. Car Olinde par incapacité et Enfantin par immoralité sont également frappés d'impuissance au moins à l'égard de la grande œuvre que nous avons entreprise[235]. »

C'est le moment où, pour arranger les choses, Rodrigues prend prétexte de la morale sexuelle débridée qu'il prête à Enfantin pour rompre, le 12 février, en lançant un *Appel* aux Saint-Simoniens qui explique sa position. Pour lui, « tout enfant [doit] pouvoir connaître son père ». Lui reprochant de proposer « que seule la femme eût à se prononcer sur cette grave question », il le blâme d'avoir, ce faisant, « admis des cas de promiscuité religieuse » et d'avoir considéré comme « *moraux* dans la *communauté des femmes* » des « faits » qu'il classe pour sa part « au nombre des cas immoraux[236] ». Comme lors de la séparation de vieux couples déchirés, les « chicanes » – c'est le titre du *Globe* du 17 mars –, ne manquent pas : désengagement des cautions portées aux emprunts contractés par l'Association, mise des scellées sur la bibliothèque et la librairie du *Globe* d'un côté, accusation d'escroquerie, rupture du contrat de location de l'appartement rue Monsigny, et de l'autre, batailles d'avoués, lavage du linge sale en public, querelles de chiffonniers qui ne grandissent pas les protagonistes, paroles aigres comme cette réponse de Rodrigues à Chevalier : « Oui, Monsieur, je vous ai aimé comme un fils, mais je ne vous connaissais pas[237]. »

On assiste en revanche au retour d'Henri Fournel qui fait son *mea culpa* en s'adressant à Enfantin : « C'est publiquement que j'ai renié votre paternité et protesté contre votre autorité. C'est publiquement que je dois déclarer que je suis COMPLÈTEMENT avec vous ».[238] En publiant cette lettre, *Le Globe* du 9 mars donne des extraits de la lettre du 18 décembre 1830 par laquelle Henri et Cécile Fournel mettaient tous leurs biens, soit la somme de 89 000 francs*, à la disposition de Bazard et Enfantin. Une manière de mettre en valeur, dans ces temps de finances désastreuses, un exemple à suivre.

Il n'empêche. Le terme *dislocation* employé par Bazard est fortement exagéré. Le mouvement brille alors de tous ses feux, comme en témoigne la

* Cela correspond à cent fois le salaire annuel d'un employé de l'époque.

présentation qu'en donne l'historien allemand du droit Leopold August Warnkönig, dans *Le Globe* du 16 janvier 1832. S'il considère que la « doctrine saint-simonienne est une utopie, tout aussi bien que *La République* de Platon, les idées de Thomas Morus et le *Code de la nature* de Diderot* », il reconnaît toutefois que sa conception était plus pratique.

> Ce n'est pas seulement l'intérêt de la nouveauté qui attire le public aux enseignements saint-simoniens. Leurs doctrines répondent à un besoin moral qui, au milieu des agitations de l'époque, se fait tous les jours sentir de plus en plus dans la partie éclairée de la nation française. Les événements tendent chaque jour davantage à démontrer cette triste vérité que les principes du libéralisme français sont purement négatifs et ne peuvent produire que la dissolution et la ruine de toutes les institutions sociales, que surtout ils sont impuissants pour satisfaire le sentiment religieux dont sont animés tous les cœurs bien nés. D'un autre côté, il est évident que le Christianisme, tel qu'il s'est développé au sein du clergé français, est également sans mission pour obtenir ce résultat. Dès lors, faut-il s'étonner que les esprits s'attachent avec enthousiasme à un système religieux qui promet de marcher de pair avec la science et la civilisation de notre siècle ?[239]

Loin d'apaiser la fougue des apôtres de la religion nouvelle, ces premières persécutions ne font que l'exacerber. Ils y trouvent même avantage, comme le confie Enfantin à ses amis : « Il y a quelques jours, je vous disais qu'il nous fallait un coup de *tam-tam*. Eh bien le coup de *tam-tam* est donné. » Ou encore : « À l'époque du *Producteur*, M. Laffitte nous dit un jour très spirituellement à Rodrigues et moi : "Vous placez vos affiches trop haut, on ne peut pas les lire". Le mot était fin. Depuis lors, il paraît que nous avons descendu nos affiches ou que l'on a grandi, car elles ont été lues. L'une et l'autre cause y a contribué. Nous nous sommes rapprochés du public et il a marché avec nous[240]. » De fait, si, comme l'écrit d'Allemagne, l'opinion publique est médiocrement sympathique aux apôtres, du moins la presse est-elle presque unanime à flétrir les mesures d'exception prises contre eux[241]. Enfantin compte sur l'indignation causée pour développer l'influence du mouvement : « Notre parole publique va être gênée, c'est un signe

* Très longtemps attribué à l'encyclopédiste, l'ouvrage, publié en 1755, est en réalité écrit par le philosophe Étienne-Gabriel Morelly (1717-1782).

qu'une autre phase de notre vie va se développer d'autant plus, pour compenser cette gêne. Si notre parole est suspendue, *Le Globe* sera plus puissant. [...] Si l'on se joint à nous pour éclipser notre dogme, c'est que notre culte va naître[242]. »

Ni la rupture de Rodrigues ni les chamailleries inévitables qui accompagnent toutes disputes de famille politique ne sont de nature à désarmer le mouvement. On s'y attendait quelque peu. Dans un *Rapport* sur la situation politique et financière du mouvement daté du 21 mars, Michel Chevalier projette de doubler la publication du *Globe,* « particulièrement écrit pour les classes élevées », d'un « journal populaire », d'une « feuille hebdomadaire destinée à circuler surtout dans les ateliers de Paris ». Elle sera destinée à faire sentir à l'ouvrier « qu'il n'y a pas pour lui d'amélioration à espérer que d'une régénération progressive de l'industrie, et qu'il ne peut rien obtenir que du libre consentement des classes supérieures dont l'intérêt est intimement confondu avec le sien ».

À l'époque, sont répandues entre quarante et cinquante mille feuilles volantes d'instruction populaire par mois. Ces écrits produisent le meilleur effet. Quelques fabricants, frappés du caractère pacifique et digne qu'ils respirent, viennent en demander, désirant les faire lire aux ouvriers. Plusieurs des membres du collège, Flachat, D'Eichthal, Duveyrier, Talabot, Bruneau, Holstein, Franconie, Delagoutte, Desessart, consacrent une partie de leur journée au porte-à-porte des lecteurs du *Globe.* C'est principalement sur Paris qu'est, selon les directives d'Enfantin, concentrée l'action avec le quart des brochures et volumes et la presque totalité des écrits populaires[243].

Mais la propagande en province n'est pas en reste. À preuve, cette lettre du 10 avril de d'Eichthal à Talabot, au moment où ce dernier diagnostique la société en rapide dissolution : « Frère, il faut nous éveiller, il faut nous lever, il faut marcher montrer au monde ce que nous sommes devenus, lui donner, le charmer, le changer, le remplir. » Il le missionne : « Tu vas te trouver à Brest environné d'un grand nombre d'anciens élèves de l'École polytechnique placés dans les différents services de l'administration, de l'armée, de la marine, plusieurs déjà fort attachés à la doctrine. Tu sais que c'est parmi cette classe d'hommes surtout que nous devons espérer recruter des apôtres[244]. »

La situation financière précaire, les procès en cours, loin d'arrêter la marche en avant du mouvement, sont autant de coups d'éperon pour redoubler d'efforts. La foi déplace les montagnes. On n'oublie pas de chercher le défaut de la cuirasse du parquet, des juges et des jurés désignés pour le procès politique qui vient : « J'ai besoin de savoir devant qui je paraîtrai, par qui je serai accusé, par qui je serai jugé. Accusateurs, juges et jurés, je veux savoir leur VIE, comme ils sauront la nôtre, écrit Enfantin à Chevalier. Je te confie cette tâche, je te la confie publiquement, afin que ceux qui veulent que la pensée ne soit point enchaînée et la parole bâillonnée, apprennent comment il est une police DIVINE qui s'avoue et se dévoile au grand jour, parce quelle a mission de veiller aux destinées du PEUPLE »[245]. Dans le numéro où il publie cette lettre, Chevalier donne les noms et adresses de toutes ces « honnêtes gens[246] ».

Il y a quelque chose d'étonnant et de rafraîchissant dans la manière dont *Le Globe* livre, quasiment en instantané, les nouvelles de l'Église, les humeurs des apôtres, parfois leurs querelles et dissensions. Même s'il ne fait pas de doute que cette transparence affichée, pour employer un terme d'aujourd'hui, reste guidée par l'image que l'on veut donner du mouvement, du masque offert au public qui cache autant qu'il montre, avec le recul du temps on reste stupéfait de cette innovation avant-gardiste dans la vie des mouvements politiques projetés depuis sur le devant de la scène. En tout cas, le jeune néophyte qu'est Urbain peut, grâce au journal, vivre les événements presque dans l'heure, et ne peut qu'être aiguillonné dans son désir de les vivre à Paris en première personne.

Urbain monte à Paris

La critique du « ton haineux »[247] que Paul Rochette reproche au discours de Blanqui devant les assises de la Seine, en lui opposant l'idée saint-simonienne de conciliation des intérêts entres les classes riches et les classes pauvres, n'a sans doute pas manqué de frapper Urbain. Toujours est-il que, le 7 février, il s'exprime sans équivoque sur cette question dans un récit hallucinatoire qui fait partie de sa *Profession de foi*. Il semble bien illustrer le reproche qu'Enfantin fait à Bazard de vouloir conserver au sein du mouvement « les passions de guerre, hostiles, haineuses même »[248]. Faisant amende honorable d'un passé républicain enragé qui semble avoir animé la jeunesse saint-simonienne marseillaise, sous la forme habile de la description d'un cauchemar qui évite confession et autocritique, Urbain narre :

> Un jour cependant je me lançais dans l'espace, voyons disais-je, où peut conduire cette route. Peut-être m'est-il donné d'apercevoir le premier l'auréole qui couronne le temple de la vérité. Si je la découvre, je reviendrai ranimer le zèle des citoyens, nous briserons ces vieilles chaînes et dussions-nous renverser le char avec le conducteur il faudra que nous arrivions au bonheur !... Je partis... Je courus. La roue usait rapidement le chemin. Partout à ma droite et à ma gauche, à mesure que j'avançais, je lisais sur des échafauds et des prisons, des arrêts de mort contre les aristocrates, les royalistes et les conspirateurs. Les têtes tombaient et cependant le nombre des victimes augmentait sans cesse, et mon char avait des cahotements horribles et fréquents, c'étaient les têtes de nos ennemis qui grimaçaient broyés sous la roue de fer. Le sang rejaillissait sur moi... mes nerfs se crispaient... je frémissais... les cheveux hérissés, la poitrine haletante, je fouettais impitoyablement les coursiers puis je me couvrais le visage convulsivement de mes mains... car le sang était déjà à l'essieu... bientôt je surnageais... les chevaux agonisaient dans le sang... C'était là, je crois, le temple !!! Je me réveillais en sursaut, ce n'était qu'un horrible cauchemar : un ami qui avait le bonheur de connaître la doctrine avait opéré toute cette fantasmagorie, il avait poussé à leurs dernières conséquences les principes républicains. C'était 93 à approuver et à surpasser peut-être. Mon cœur était bon, aussi je me hâtais d'abandonner un parti de destruction et de mort, pour me ranger parmi les glorificateurs du Dieu d'amour et de paix révélé par Saint-Simon[249].

Dès cette époque, Urbain songe probablement à monter à Paris. Une de ses raisons est certainement d'échapper aux rets paternels. Sauf que, mineur, il est encore sous l'autorité de son tuteur de père. Ne pouvant lui avouer les vraies raisons de son voyage, il se cache derrière le désir de vouloir essayer ses talents sur un autre théâtre, plus grand que celui de Marseille[250]. Brue refuse : il ne peut en conscience laisser partir un jeune homme seul, sans appui, ni protection et sans moyens pécuniaires dans une ville telle que Paris, « séjour de tous les vices, comme de toutes les vertus », abandonné et livré à lui-même sans expérience et sans guide ». Il faut attendre, pour exécuter un tel projet, que l'âge ait mûri davantage sa raison[251]. Urbain insiste. Brue cherche encore à le dissuader : « Je t'ai déjà dit ce que j'en pensais, et mon opinion se trouve aujourd'hui renforcée par les renseignements que j'ai pris auprès de deux personnes » d'expérience qui ont vu « dans ton projet une imagination ardente et exaltée dont tu dois chercher à te guérir et te convaincre qu'il est de toute impossibilité qu'un jeune homme de ton âge puisse réussir dans une ville comme Paris. » Ainsi :

> Ne te précipite pas en avant du temps, ne te décourage pas, tu es jeune, ne te mets pas dans le cas d'avoir à regretter toute ta vie une démarche trop précipitée [...]. Paris est la ville de la science, il faut un mérite transcendant pour percer la foule, les médiocrités ne font que végéter plus difficilement que dans le département... Ton éducation n'a pas été poussée assez loin pour embrasser cette partie. Résigne-toi, prends patience et espère qu'un temps plus heureux luira pour toi un jour[252].

Les quatre ou cinq mois qu'Urbain prévoit ne peuvent, selon Brue, lui suffire pour s'insérer dans la vie parisienne et, de toute façon, Marseille est après tout aussi une grande ville où les talents peuvent s'exprimer... Urbain n'est pas Rastignac. Son ambition n'est pas celle du jeune loup qui, chez Balzac, est parti d'Angoulême à la conquête du pouvoir, de la capitale et du monde. Ce dont il brûle, c'est de participer au combat des idées aux côtés de ses camarades de l'Église saint-simonienne en butte à la répression, à une bataille dont Marseille n'est qu'un théâtre secondaire et dont le centre est à Paris. Voilà qui se combine parfaitement avec son besoin de s'émanciper de la proximité d'un père et de son milieu dont il ressent de plus en plus l'action étouffante sur son destin.

Urbain réclame 1 000 fr pour réaliser son rêve de vivre son épopée saint-simonienne. Brue les lui refuse. Tenace, Urbain revient à la charge en réduisant ses prétentions pécuniaires à 300 fr, ce qui correspond à un trimestre de traitement d'un sous-lieutenant, d'un jeune curé ou d'un clerc de notaire, et une somme allant d'un semestre à un an de la paie d'un ouvrier parisien. Il supplie Brue : « Ce serait me donner deux fois la vie en [me] les accordant[253]. » De guerre lasse, celui-ci finit par donner son assentiment :

> Puisque tu persistes toujours dans ton projet de voyage à Paris, auquel je devrais à présent m'opposer plus que jamais, puisqu'il n'y a plus moyen de te faire entendre raison et qu'un refus pourrait mettre ta vie en danger, pars, va tenter la fortune à ta manière. Tu trouveras ci-inclus un mandat de 300 fr [...]. Je n'ai point de leçon à te faire dans ton voyage, sinon que prier le seigneur de te prendre sous sa garde, t'accorder sa bénédiction et donner à ton entreprise tout le succès que tu peux désirer. Adieu, je t'embrasse de cœur, ton ami[254].

Avec pour viatique ce petit pécule et un catalogue de recommandations paternelles, Urbain quitte Marseille à la mi-mai 1832 en compagnie de Casimir Cayol. Tous deux partent pour Paris, animés d'une immense espérance, afin d'y tenter le sort. Toutefois, une désaffection certaine des fidèles dues aux dissensions internes aggrave les difficultés financières du *Globe* qui cesse de paraître le 20 avril 1832, jour où Enfantin annonce dans ses colonnes la retraite de la communauté au n° 145, rue de Ménilmontant, aujourd'hui Square des Saint-Simoniens[*], dans la maison de son enfance. Cela fait un moment qu'Enfantin songeait à y déplacer le cœur de l'Église. C'est une belle propriété qui offre un espace plus grand à la vie de la communauté en même temps que l'endroit se prête très bien à des manifestations publiques d'importance, et cela « donnerait de fameux dimanches »[255]. Le moment est donc venu.

Par un mauvais tour du destin, c'est le même jour qu'il reçoit le coup violent de la mort de sa mère qui y séjournait, emportée en quelques heures par le choléra[**]. L'épidémie, venue des Indes par l'Angleterre, a fait son apparition à Paris le 26 mars. Alors que les autorités religieuses appellent les fidèles à faire contrition pour leurs péchés, que le gouvernement se contente de quelques dérisoires mesures d'hygiène, et que la plupart des journaux se contentent de publier des listes mortuaires, *Le Globe* prend une position courageuse qui dénonce les causes du fléau dans l'état sanitaire de la ville.

---

[*] Paraît en effet dans *Le Globe* du 20/04/1832 un manifeste intitulé « AU MONDE », suivi d'une « Convocation », également signé Enfantin, dans lequel est annoncé : « Nous voulons partir vendredi (Vendredi saint) pour Ménilmontant, et finir *Le Globe* le même jour », voir *OSSE*, VI, 220-230.

[**] Les *Notices historiques* donnent à ce sujet plusieurs extraits du *Globe*, notamment un article du 09/04/1832 intitulé « Le choléra à Paris », et diverses lettres aux autorités pour le lancement de grandes entreprises afin de combattre l'épidémie, *OSSE*, VI, 120-159.

Le journal combat la panique en relevant le moral de la population y compris par des fêtes. Il réclame un programme de distribution générale d'eau dans Paris, l'assainissement des quartiers avoisinant la Seine, et propose sans succès au gouvernement de consacrer la salle Taitbout, fermée par la police, à une « ambulance médicale », pendant le temps où l'affreuse maladie désole Paris. En tout cas, le 6, rue Monsigny, toujours ouvert, devient dispensaire : il s'ouvre aux malades qui y affluent, soignés gratuitement par les cinq médecins de la Famille : Jallat, Léon Simon, Rigaud, Lesbazeilles, et Plaix*[256]. Au bout de six longs mois de désolation, le pays comptera en octobre, près de 100 000 victimes dont le premier ministre, Casimir Perier, fauché en juin.

Urbain admis à Ménilmontant

Le 18 avril 1832, la rue Monsigny connaît sa dernière soirée mondaine, mais l'initiative de la Retraite à Ménilmontant ne va pas sans critiques chez certains disciples qui, comme les ingénieurs des Ponts et chaussées Émile Capella et Paulin Talabot, auraient préféré se lancer dans quelque grande « réalisation *industrielle* »[257]. Enfantin prend la plume et répond ainsi à Capella : « Avec quels instruments de travail tu voudrais que nous fissions une œuvre industrielle digne de fixer l'attention publique, nous qui vivons au jour le jour. Je désirerais aussi, si tu connais de meilleurs moyens que les nôtres pour se procurer des instruments de travail, que tu nous les indiquasses car c'est ce qui manque totalement à Fourier [...]. Enfin je te prie de nous désigner quelle est cette œuvre industrielle éclatante, cette campagne d'Égypte du nouveau Napoléon que tu voudrais nous voir entreprendre si nous avions de l'argent, car la publicité donnée à ce sujet serait peut-être elle-même le moyen de trouver ces instruments de travail. Prends garde en te creusant la tête d'accoucher d'un phalanstère[258]. »

Au vrai, la vie de la poignée de fidèles, trente-huit au départ, qui s'installent à Ménilmontant, va assumer des aspects contradictoires. Si elle prend l'allure d'une vie communautaire, elle n'a rien du repli sur soi du type

* Nous avons déjà rencontré le docteur Simon au chapitre précédent. Comme lui, Jallat, dont nous savons que, pendant les journées de Juillet, il pansait les blessés chez Bazard, et Adolphe Rigaud sont membres du 2e collège. Nous savons peu de choses de Lesbazeilles et Plaix.

phalanstérien. Il faut, dans l'idée d'Enfantin, sortir de cette aventure un noyau compact et insécable et que chacun des pas du groupe « soit plus fécond d'engendrement à la vie nouvelle » que ne l'ont été jusqu'ici les belles paroles rhétoriques, les superbes discussions de publicistes à la Grotius et les belles pages de dissertations économiques et métaphysiques[259]. Elle constitue une des premières vastes entreprises de communication médiatique connue qui, sous des dehors théâtraux et hyperboliques, voire carrément délirants, permet de donner une notoriété qui rende le mouvement capable d'engager ses « buts industriels ».

La date où Enfantin ouvre la Retraite au public est, à son insu, hautement significative. Le 6 juin 1832 est la seconde des journées où, à l'occasion des obsèques du général Lamarque, la foule parisienne, animée par les associations républicaines, tout particulièrement la Société des Amis du Peuples et la Société des Droits de l'Homme, se heurte, drapeau rouge déployé, dans les rues du cloître Saint-Merri, Maubuée et Saint-Martin, à la troupe qui canonne les insurgés. Épisode qui, trente ans plus tard, inspirera à Victor Hugo le récit célèbre de « l'épopée de la rue Saint-Denis » dans *Les Misérables*[260]. Le lendemain de ce drame, l'Église diffuse dans Paris un manifeste écrit de la plume de Charles Lemonnier, professeur de philosophie de Sorèze monté à Paris et noté comme membre du Collège saint-simonien en février 1832, renvoyant dos à dos les protagonistes. Mais cette fois, la position est plus claire encore :

> Le sang a coulé dans Paris ! Les troupes ont bivouaqué dans les rues ! Les partis sont en présence ! Il est bon qu'au milieu d'eux une parole s'élève et domine. [...] Nous sommes RELIGIEUX, c'est-à-dire PACIFIQUES et AIMANTS envers tous les hommes, toutes les classes, tous les partis. Nous VOULONS l'amélioration du sort de tous, nous ne VOULONS le tort de personne. Nous pensons que la violence est toujours funeste, toujours impie.

Et, pour mettre les points sur les i à l'adresse de ceux qui ont déserté les rangs dans les derniers mois :

> Nous aimons les Républicains parce qu'ils aiment le peuple, parce qu'ils veulent le progrès, parce qu'ils sont généreux, enthousiastes et braves. Mais NOUS NE SOMMES PAS RÉPUBLICAINS, parce que les républicains veulent un progrès désordonné, parce qu'ils haïssent les

Légitimistes et méprisent le Juste-milieu*, par ce qu'ils ne savent point en quoi consiste le véritable intérêt du peuple.

Nous AIMONS les légitimistes, parce qu'ils aiment l'ordre, parce qu'ils sentent les droits du riche, parce qu'ils veulent conserver, parce qu'ils aiment la dignité, la majesté, la grandeur. Mais nous ne sommes pas *légitimistes*, parce que les *légitimistes* ne comprennent pas les *droits du pauvre*, parce qu'ils n'aiment point le *progrès*, parce qu'ils ne veulent point que le peuple se MORALISE, s'*enrichisse* et *s'éclaire*, parce qu'ils veulent conserver l'*ordre* selon le *hasard de la naissance*.

Nous AIMONS le juste-milieu, parce, qu'il aime par-dessus tout la paix, l'ordre, la tranquillité, la prospérité du commerce, parce qu'il est industrieux, économe, soigneux et rangé. Mais nous ne sommes pas du juste-milieu, parce qu'il ne rend justice ni aux Républicains, ni aux Carlistes, parce qu'il emploie contre eux la force, la violence, parce qu'il se livre à la haine, parce qu'il ne connaît pas les moyens véritables d'avoir la paix, l'ordre, la prospérité du commerce.

En un mot nous AIMONS tous les partis et nous ne voulons l'extermination d'aucun, parce que chacun a quelque chose en soi de juste, de bon, de légitime. Mais nous ne sommes avec aucun parti, et nous ne voulons le triomphe exclusif d'aucun, parce qu'aucun ne peut triompher sans tyranniser, sans violenter, sans écraser les autres, parce qu'aucun ne peut faire le bonheur de la France, puisque le bonheur est dans la paix, dans l'union, dans le travail, dans la richesse, et que tous les partis sont obligés d'employer pour réussir la guerre, la discorde, la haine, ennemies du travail et de la richesse[261].

Chef d'œuvre de prise de distance politique, en somme : « Notre royaume n'est pas de ce monde ». Difficile à concilier avec l'irruption dans l'arène des batailles publiques où s'élance avec ferveur la société de l'époque.

Dès leur arrivée à Paris dans la deuxième quinzaine de mai, Urbain et Cayol se précipitent rue Monsigny, mais il y a déjà un mois que la Famille est déjà à Ménilmontant, et il n'y reste que quelques disciples, parmi lesquels Isaac Pereire pour assurer la correspondance. Les deux provinciaux n'ont qu'une idée, rejoindre la Retraite[262]. Une lettre adressée en juin 1832 à

* Les Saint-Simoniens comprennent dans le *Juste-milieu*, « banquiers, bourgeois, [et] députés du centre », *cf.* « XVIIIe Enseignement (18 février 1832) », dans *OSSE*, V, 233.

Urbain par Auguste Colin, une des figures de proue du Saint-Simonisme à Marseille, souligne la conversion pacifiste de celui-ci :

> Tous nos jeunes néophytes ont été étonnés de ce que vous trouvant à Paris au moment de la dernière insurrection, vous n'y ayez pas pris part. Vous devez être vous-même bien étonné de cette manière de vous sentir. Tous ces jeunes hommes ont besoin de votre amour, ils ont encore la religion de 93, ils ne sentent pas l'époque organique, ils ne sentent pas Saint-Simon. Dans cette atmosphère religieuse de Ménilmontant, vous vous êtes imprégné, saturé de cet amour dont notre Père suprême est la source vivante. Béni soit vous ! Car, aux eaux sacrées du Saint-Simonisme, vous avez lavé votre cœur de ce dernier reste de fiel républicain qui le rongeait encore. Maintenant, soyez-en sûr, nous vous comprenons mieux, nous vous aimerons mieux. [...] J'attends de vous, Thomas Urbain, j'attends de vous et de Cayol, que vous m'aidiez à les transformer[263].

La conduite d'Urbain pendant les journées de juin diffère radicalement de celle du héros du roman de Stendhal, Lucien Leuwen, dont les sympathies saint-simoniennes et républicaines sont évoquées à plusieurs reprises et qui, pour s'être allé promener mal à propos un jour qu'il était consigné du fait de la tourmente révolutionnaire, est chassé de l'École Polytechnique[264]. Urbain semble totalement étranger à l'atmosphère trépidante de la capitale, avec ses attroupements autour des harangueurs juchés sur des tonneaux au coin des rues, la clameur des groupes armés défilant drapeaux déployés, ses rues dépavées, ses barricades et le bruit des fusillades. Comme il l'écrira dans sa biographie : « J'étais libre encore dans Paris au moment de l'insurrection de juin. Mais je ne prêtais alors aucune attention aux faits politiques. J'étais entièrement absorbé par la foi saint-simonienne[265]. »

Les choses n'ont pas dû être faciles, si l'on en croit cette lettre de son père qui retrace son parcours pendant l'année 1832 : « à peine étais-tu rendu dans cette capitale que tu m'as demandé des moyens pour retourner à Marseille. Je me suis empressé de t'en envoyer par la poste et à peine les as-tu reçus que j'apprends par ta réponse qu'au lieu de revenir tu t'es enrôlé parmi les Saint-Simoniens[266]. »

Urbain est en effet finalement admis à la Retraite de Ménilmontant, parmi les disciples en remplacement de l'artiste de cirque Adolphe Franconi qui vient de faire défection. Il assiste le 1er juillet à la cérémonie d'ouverture des travaux d'édification du Temple dédié au Nouveau christianisme, dans laquelle il figure, tout comme Cayol, dans le corps des brouetteurs[267]. Le premier jour où il dort à Ménilmontant, le 16 juillet, est marqué par la mort d'Edmond Talabot*[268], emporté par le choléra. C'est Charles Lambert qui recueille sa « confession », c'est-à-dire le compte-rendu de sa vie exigé des nouveaux membres[269], tandis que Cayol est parrainé par Michel Chevalier[270]. Dès lors, tous deux participent aux manifestations de la Famille dont le caractère pittoresque et novateur tient le public en haleine.

Un costume apostolique spécial est créé, « l'habit de la solidarité », dessiné par le jeune peintre Raymond Bonheur : pantalon blanc pour l'Amour, tunique à poitrine largement échancrée en forme de cœur et serrée à la taille par un ceinturon, bleu violet pour la Foi, et gilet blanc à encolure rouge pour le Travail. Ce gilet, dont la poitrine est brodée du prénom de l'hôte de la Retraite en grosses capitales, est boutonné dans le dos pour la Solidarité, signifiant que chacun a besoin de l'entre-aide de ses compagnons. L'ensemble est assorti d'une écharpe et d'un bonnet rouge et du port de la barbe[271]. D'un autre côté, le musicien Félicien David, un autre éclopé de la vie qui a rejoint la Retraite, se fait connaître par un *Hymne au Père* et par sa mise en musique des cérémonies et fêtes dont les compositions seront bien plus tard rassemblées dans la *Ruche harmonieuse*[272].

Dans une longue tradition de chants commencée lorsque Saint-Simon écrivit avec Rouget de Lisle, le compositeur de *La Marseillaise*, un *Premier chant des industriels* destinés à être entonnés par des chœurs d'ouvriers, on compose de nombreuses mélodies. Barrault lui-même s'y colle, proposant deux petits chants pour « Avant le repas » et « Après le repas », mis en musique par Félicien David[273]. Un service musical est créé et dirigé par David et Rogé sous la houlette de Duveyrier : on y relève, parmi les fidèles que nous connaissons déjà, Talabot dans les hautes-contre, Barrault dans les basses, Machereau dans les premiers ténors, enfin Lambert et Holstein

* Urbain et Cayol comptent ce jour-là parmi les « néophytes », voir [*Retraite de*] *Ménilmontant. Mort de Talabot, apôtre*, 16 juillet 1832, 10.

parmi les ténors. Franconi y figurant, cette liste a été établie avant l'arrivée d'Urbain, si bien que nous ne savons pas à quelle classe celui-ci est affecté[274]*.

Ayant pris l'habit, Urbain se plie aux règles de la communauté de Ménilmontant. L'une d'elles est l'observance stricte du célibat. Tant que la femme religieuse de l'avenir n'est pas venue se placer à côté de l'homme converti à la religion nouvelle, expliqueront les rédacteurs des *Notices historiques*, l'homme ne représente que la moitié de l'« 'individu social », et ce n'est pas en s'unissant à la femme du passé, machinalement soumise ou frauduleusement rebelle à la morale ancienne, qu'il pourrait compléter le couple saint-simonien. Pour la famille orthodoxe et mâle de Ménilmontant, le célibat est donc transitoirement une nécessité, outre qu'il donne un démenti à toute interprétation calomnieuse de l'idée de l'affranchissement des femmes[275]. Ayons en tête que le mouvement a dû réfuter maintes et maintes fois les accusations de promiscuité et de communauté des femmes : ces accusations, qui ont redoublé avec l'accent mis sur l'affranchissement de la femme sous le signe de la « réhabilitation de la chair », les adversaires n'y voyant que libertinage et immoralité, sont d'autant plus graves qu'elles viennent d'être relayées par une autorité morale comme Olinde Rodrigues.

Dans le quotidien, les tâches ménagères, de terrassement et de jardinage sont réparties entre les membres et assumées comme préfiguration de l'abolition de la domesticité, une rupture nette avec les mœurs précédentes, puisque les quarante apôtres de la rue Monsigny s'étaient attachés une dizaine de serviteurs : « Il n'y avait pas de domestiques à Ménilmontant[276], nous nous servions les uns les autres. Je remplissais, se souviendra Urbain à l'heure des bilans, les fonctions de valet de chambre et de servant à table. Je dois à cette pratique religieuse de la fraternité les égards et la sympathie bienveillante que j'ai eu toute ma vie pour mes serviteurs[277]. »

Ces conventions sont l'un des grands thèmes dont s'empare la satire, comme en témoigne ce vaudeville :

---

* L'intérêt des Saint-Simoniens pour la musique se manifestera collectivement jusque dans le voyage en Égypte, voir plus loin, Ch. V, 206. Il est largement développé par Ralph P. Locke et Malou Haine dans *Music, Musicians and the Saint-Simonians*, 1986, un livre qui est une mine de renseignements. Il en existe une traduction française sous le titre *Les Saint-Simoniens et la musique*, 1992.

Ô fuyez les cités, venez à la campagne,
Venez-y savourer le bonheur des élus.
Saint-Simon vous appelle à la sainte montagne…
On y va par les Omnibus !

Vous y verrez, vainqueurs des préjugés gothiques,
Vers sa mission noble avançant d'un pas sûr,
L'homme libre, occupé de travaux domestiques,
Les mains sales et le cœur pur !

Car, dans notre maison, chacun avec courage
Se livre, sans orgueil, aux soins les plus grossiers :
C'est un baron qui met la main à l'éclairage
Et récure les chandeliers !

Un savant avocat, qui d'esprit étincelle,
Écume la marmite, hache les épinards,
Ce sont deux sous-préfets qui lavent la vaisselle,
Un banquier plume les canards !

Un major de dragons brode et fait des reprises,
Un tendre soprano scie et monte le bois,
Un président de cour savonne nos chemises,
Et met nos faux cols à l'empois !

Un enfant d'Apollon nous décrotte nos bottes,
Un ancien auditeur a soin de nous brosser,
Un duc et pair cultive oignons, poireaux, carottes,
Et mène les poules… coucher ![278]

Moqueries et caricatures de la Retraite ne sont pas pour déplaire à la Famille. Elles accroissent encore la publicité bruyante qu'elle recherche. Faisant le parallèle avec la première Église de Jérusalem réprimée par les Romains en l'an 37 de notre ère[279]. Reprenant l'expression d'Ernest Renan qui vient d'écrire, dans une édition dont l'encre n'est pas encore sèche, que la vie des premiers Chrétiens était « toute cénobitique », les rédacteurs des *Notices historiques* utiliseront ce terme pour qualifier la Retraite de Ménilmontant[*]. La formule est belle mais peu appropriée car si cette retraite

---

[*] En parlant des religions ascétiques, Ernest Renan écrit : « Ces sortes de religions commencent toujours par la vie cénobitique. Leurs premiers adeptes sont des espèces de moines mendiants. Le laïque n'y apparaît que plus tard et quand ces religions ont

présente quelques aspects s'apparentant à l'univers claustral, sa pratique est loin de la contemplation monacale. Bien au contraire, elle s'exhibe au public par des manifestations éclatantes. Des cérémonies cultuelles alliant les fastes de l'Église de Rome et la pompe républicaine de l'Être suprême sont en effet ouvertes au public qui accourt en masse. Les artistes du groupe redoublent d'inventivité dans de véritables happenings avant la lettre, ce à quoi répondent en écho chansons populaires, estampes, portraits du Père et caricatures en tous genres – soufflées au besoin par les propagandistes de l'Église saint-simonienne – qui renforcent encore l'attractivité du mouvement. On applaudit aux mises en scène théâtrales et aux chants collectifs entonnés par la Famille le dimanche, où la Retraite est ouverte au public, et devient l'incontournable sortie dominicale des Parisiens. Les Saint-Simoniens savent y faire, ce qui renforce encore les craintes de la police, dans l'interrègne qu'occupe le ministre de l'Intérieur Camille de Montalivet, entre le gouvernement de Casimir Perier, mort du choléra le 16 mai 1832 et celui du maréchal Soult qui prend ses fonctions le 11 octobre.

On peut s'interroger sur la raison de ces spectacles pompeux, avec leur décorum extravagant, qui deviennent un mode de vie de la Retraite. Certains y ont vu une des premières grandes manifestations de la propagande politique moderne. L'entreprise d'Enfantin s'appuie sur cette idée exprimée quelques années plus tôt dans *Le Producteur* par Léon Halévy : « L'époque approche sans doute où le peintre, le musicien, le poète, qui sera parvenu à l'entier développement de ses facultés de sentir, possèdera d'une manière aussi certaine la puissance de plaire et d'émouvoir, qu'un mathématicien possède maintenant celle de résoudre un problème de géométrie, un chimiste celle de décomposer un corps quelconque. C'est qu'alors la partie morale de la société sera définitivement constituée. Il n'y aura plus ni dans les beaux arts ni en politique de provisoire ni de crise, parce que la morale aura pris enfin le caractère réclamé impérieusement pour elle par l'état actuel de l'esprit humain, et sera devenue une science comme la physique[280]. » Il ne faut pourtant lire dans ce passage que l'illusion

conquis des sociétés entières, où la vie monastique ne peut exister qu'à l'état d'exception. Nous admettons donc, dans l'Église de Jérusalem, une période de vie cénobitique. Deux siècles plus tard, le Christianisme faisait encore aux Païens l'effet d'une secte communiste », voir *Les apôtres*, 1866, 78.

enthousiaste des contemporains de l'enfantement des sciences humaines que ces dernières pourront permettre de rendre les conduites humaines plus justes et appropriées aux besoins collectifs et individuels. Ce n'est pas une raison pour y voir, comme le fait Hannah Arendt, qui l'attribue à tort à Enfantin, un signe avant-coureur de la propagande totalitaire[281]. À moins de condamner la publicité, les relations publiques et tous les moyens modernes de la communication médiatique comme totalitaires, du simple fait que ces derniers s'appuient sur la sociologie et la psychologie sociale, en d'autres termes comme si l'on pouvait tirer un véritable câble tendu, unique, sans qu'aucun des fils qui le composent ne s'y ajoute ou ne s'en échappe, entre les fantasmes accompagnant les premiers pas des sciences humaines et les totalitarismes du XXe siècle.

Enfantin est en quelque sorte un des précurseurs de la politique-spectacle. Il y voit le pendant de la nécessaire « dictature » qu'il juge indispensable pour souder la Famille afin de la préparer à ses tâches futures : « Plus votre père qui vous parle exercera sur vous une dictature, mais une dictature NOUVELLE, car il ne connaît pas d'ennemis ni de profanes. L'affection dont vous l'entourez étonnera le monde, qui ne comprend plus ce que c'est que d'aimer un chef, un père. L'humanité doit retrouver par moi les joies de la paternité, par vous les douceurs de l'obéissance filiale et pour cela nous réagirons fortement sur elle, car elle a bien troublé les sources de sa vie[282]. » Cette « dictature » avait été d'emblée refusée par une partie des fidèles dès l'automne 1831, notamment par Pierre Leroux qui s'expliquait ainsi : « Nous devons maintenant entrer dans une époque de liberté, où nous devons examiner avant de suivre l'enseignement d'un seul homme. Je vous déclare donc que je ne reconnais plus votre autorité[283]. » Le pendant de la « dictature » est ce que l'on nomme aujourd'hui le « culte de la personnalité » et dont certains disciples comme Capella, se sont inquiétés[284]. Enfantin répond : « Tu as peur de l'idolâtrie ! Eh bien, prends garde d'aimer et surtout d'aimer une femme, grande, sublime, reine. Prends garde, car l'amour divinise, et je te réponds d'avance, moi qui te connais, que tu seras idolâtre, si une main de prêtre ne pèse pas sur ton cœur. Je me rappelle ta première profession de foi. Sans nous, alors, tu retournais au fétichisme. » Et voici ce qu'il ajoute, au-delà de cette remarque *ad hominem* : « J'ai autre chose à faire que de songer à me faire adorer par quarante hommes qui m'entourent et de m'amuser à les annihiler en leur ôtant leur individualité par des prosternations fréquentes[285]. » Est-il ange ou démon, ainsi qu'il suggère cette alternative à sa cousine Thérèse ? Celle-ci lui rétorque : « L'idée est trop singulière, mais s'il me fallait absolument choisir, sans aucun doute, je te classerais parmi ces anges que leur orgueil a perdus. Tu as dû être flatté de cet entourage d'admiration et d'éloges dont on t'a accablé. [...] Il y a eu de quoi te monter la tête, surtout quand on sait combien tu as l'imagination vive et le cœur sensible. Mais on a beau parler de la beauté de ta face, je ne puis absolument voir en toi un nouveau Christ, un être divin ![286] » Au fond, Enfantin n'a pas changé depuis l'époque de la transformation de l'École en Église, quand il écrivait à Thérèse : « Il ne s'agit plus pour moi de m'assurer les moyens de mourir dans un beau et bon lit, et d'obtenir dans la société actuelle un rang qui me permette de voir joindre pour épithète à mon nom ce mot honorable, ou même celui-ci : monseigneur. Je ne veux être ni député du peuple, ni général de l'armée de la nation, je veux être et je suis député de Dieu, l'un des généraux de la nouvelle milice[287]. » La psychanalyste Anne Levallois note à ce propos : « Enfantin n'était pas plus intéressé par le pouvoir que par le fait d'être idolâtré. Cela est confirmé par d'autres documents qui permettent de constater que le "Père" sut toujours garder de la distance envers les hommes qui l'adulaient, comme si, inconsciemment, il redoutait de se laisser enfermer dans le piège de l'idéalisation et du transfert[288]. »

Rencontre avec deux pères spirituels, Enfantin et d'Eichthal

Urbain fera plus tard son autoportrait de jeune homme entrant à Ménilmontant : « Toutes mes opinions étaient dominées par les impressions et les émotions. Je croyais avec le cœur, plus qu'avec la raison. Aussi je marquais parmi les néophytes saint-simoniens par la candeur de ma foi »[289]. Porté par l'enthousiasme et doté d'un réel talent, il charme tout de suite la communauté des fidèles par ses dispositions théâtrales et littéraires. Dans une lettre de septembre 1838, d'Eichthal lui rappellera comment, frappé de le voir dire « la prière du Noir », drapé dans une grande couverture, il va sur le champ chercher le Père pour qu'il le vît aussi[290]. Séduit par son goût pour la mise en scène, Enfantin l'affecte aussitôt au groupe des artistes préposés à la propagande populaire. Impressionné par sa puissance dramatique, Duveyrier lui imagine un destin dans le théâtre et son ami l'agronome Antoine Ollivier voit en lui à la fois un Hugo et un Talma. Entrent alors dans sa vie de jeune provincial, des hommes brillants et connus du public. Mais les rencontres décisives dans la vie d'Urbain sont celles avec Enfantin et d'Eichthal, qui seront ses maîtres spirituels.

Une des causes de la ferveur extraordinaire dont le Saint-Simonisme bénéficie dès le début réside dans l'attrait exercé par Enfantin sur tous ceux qui l'approchent[291]. L'homme jouit alors d'une sorte de puissance magnétique qui charme ses interlocuteurs et lui vaut un mélange de respect et de tendresse dont il se juge digne[292]. « Le père Enfantin montrant dans toute sa personne la douceur, écrira Suzanne Voilquin, le calme d'une volonté forte et aussi la beauté, le charme de l'apôtre de l'avenir et des femmes. En le voyant, en l'écoutant, mon cœur et ma fierté féminine lui donnèrent avec joie, mais à lui seul, le doux et auguste nom de Père[293]. » Son ascendant personnel fait que cet homme était véritablement adulé par ses disciples avant même que ne fut mis en place le rituel de la Retraite de Ménilmontant et même, au début de l'année 1830, le protocole ecclésiastique du mouvement. En voici une génuflexion publique : « Vous apparaissez au milieu de vos fils avec cette auréole de majesté qui appelle tous les regards et qui fait courber respectueusement tous les fronts. » Elle vient de Michel Chevalier qui poursuit : « Nous glorifions DIEU de tous ces progrès », accomplis par le mouvement, « nous vous en glorifions vous par qui se manifeste l'inspiration divine[294]. » Rogé, qui le trouve « très beau »[295], mais qui ne sera pas en reste de critiques parfois violentes à son endroit, reconnaîtra à sa décharge quarante ans plus tard : « S'il péchait par excès de vanité et d'orgueil, nous fûmes en cela peut-être plus coupables que lui. C'est nous, nous-mêmes, qui en avions fait une idole et qui avions aidé à le pourrir de nos propres mains[296]. »

Urbain ne connaîtra intimement Enfantin qu'à partir de 1834, lorsqu'ils se retrouveront en Égypte. Il lui manifestera alors plus qu'admiration, reconnaissance et affection filiale. Celui qui l'appellera « mon fils », qui baisera son front et qui, a des moments décisifs de sa vie, lui servira de guide spirituel et confortera ses choix, sera ainsi mis en balance avec son père biologique dans un poème où Urbain se met en scène en s'interpellant dans le miroir, mesurant la distance avec Thomas, le bâtard de Brue :

[...]
Je n'ai jamais écrit que des lettres de bonne année
À mon très cher papa.
Je suis le fils naturel
De Monsieur Urbain Brue.
Je dois être médecin
Ou négociant.
Que me parle-t-on d'apostolat nouveau ?

Voici maintenant Urbain, le « fils » d'Enfantin :

Qui t'a mis au cœur
Des ambitions généreuses,
[...]
Qui t'a fait t'aimer toi-même
Aimer la joie, l'amour, les femmes !
C'est lui !
Lui ! Te dis-je,
Lui, grand, lui, beau,
Lui, bon, lui, savant,
Entends-tu ?
[...]
C'est lui qu'à tout instant du jour
Tu nommes ton PÈRE,
Le PÈRE !
Ah ! Thomas Urbain ![297]

Mais à Ménilmontant, le Père Enfantin est encore loin de lui. C'est la rencontre avec d'Eichthal qui compte surtout. Elle sera la plus durable puisqu'elle va se matérialiser par une correspondance continue et nourrie entre les deux hommes jusqu'aux derniers jours d'Urbain, même au-delà de leurs désaccords, voire de leurs disputes. « Dès les premiers jours, reconnaîtra Urbain dans ses biographies, je me sentis invinciblement attiré vers Gustave d'Eichthal qui devint l'inspirateur et le guide de ma conscience religieuse[298]. » De huit ans son aîné, cet homme cultivé a déjà une solide expérience intellectuelle et politique. Fils de Fleurette Lévy, d'une famille de notables de Nancy, et du banquier Louis d'Eichthal dont le grand-père paternel, Aron-Élie Seligmann, fait baron d'Eichthal par le roi de Bavière, Gustave fut converti au Catholicisme à l'âge de treize ans à la suite de son père pour échapper, comme nombre de ses coreligionnaires, aux restrictions professionnelles et administratives frappant alors les Juifs. Élève au collège Henri IV en 1822, il bénéficie avec son frère Adolphe d'un cours particulier d'un répétiteur de mathématiques qui n'est autre qu'Auguste Comte, qui l'initie à la philosophie et à la sociologie[299]. Gustave est le premier disciple de Comte et lui sert d'interlocuteur privilégié[300] dès le début de 1824. Les deux frères d'Eichthal aideront financièrement ce dernier pendant les années qui suivent. Au cours d'un séjour qu'il effectue à Berlin du mois de mars de la même année jusqu'en septembre 1825, Gustave fait la connaissance des œuvres de Herder, Kant et Lessing qu'il traduit et diffuse en France, et rencontre Hegel à qui il fait connaître les premiers essais de son maître Comte. Revenu à Paris, il part avec son frère en Angleterre où tous deux passent l'année 1828 au cours de laquelle les rapports avec Comte se distendent. Là, Gustave s'intéresse à la condition de la classe ouvrière, et rencontre deux personnalités du monde ouvrier, Francis Place, radical qui avait lutté pour l'abrogation en 1824 du *Combination Act* qui interdisait l'associationnisme ouvrier et, par son intermédiaire, Rowland Detrosier, ancien tisserand de Manchester devenu dirigeant syndical, qu'il convertira au Saint-Simonisme[301]. Bien avant la publication en 1840 de *La misère des classes laborieuses en Angleterre et en France* par un disciple de Sismondi, Eugène Buret, et celle en 1843 de *Die Lage der arbeitende Klasse in England*, soit « La Situation des Classes laborieuses en Angleterre », par Friedrich Engels, on lui doit en 1828 une étude sur la *Condition de la classe ouvrière en Angleterre*. À l'occasion d'échanges sur les raisons du retard industriel de la France qu'il a avec Stuart Mill, naît un rapport étroit entre les deux hommes qui se traduira par une belle correspondance jusqu'à la disparition du penseur anglais. Par le biais des questions industrielles, celui-ci est tout naturellement amené à se rapprocher des Saint-Simoniens qui investissent ardemment, dans le *Producteur*, le champ de l'activité économique tout en l'enveloppant de leur mystique religieuse. D'Eichthal finit en 1829 par se séparer d'Auguste Comte[302] à qui il reproche d'avoir abandonné le besoin de religion défendu par son maître Saint-Simon pour une doctrine sèchement scientifique, affirmant que Comte « doit tout à Saint-Simon, qu'il lui doit non seulement son éducation scientifique, mais ses idées mêmes, et que c'est à Saint-Simon que doivent revenir les hommages que nous adressons à son disciple. Le développement régulier et constant des phénomènes de l'Univers, et particulièrement le perfectionnement continu de l'humanité est le résultat d'une volonté divine : voilà ce que nous disons et voilà ce que nie Comte[303]. » En même temps, Gustave d'Eichthal est remarqué par Enfantin pour ses écrits sur le crédit public : On lui doit notamment l'opuscule intitulé *Lettre à MM. les députés composant la commission du budget, sur la permanence du système de crédit public et sur la nécessité de renoncer à toute espèce de remboursement des créances sur l'État*, publié en 1829, et une « Lettre à un banquier », parue dans *L'Organisateur* en 1830. Tout en développant des qualités intellectuelles et notamment son intérêt pour la philosophie, il garde un pied dans l'activité bancaire à laquelle se consacrera entièrement son frère Adolphe qui se refusera au Saint-Simonisme et cherchera à protéger le patrimoine familial des immenses besoins financiers du mouvement.

Gustave d'Eichthal revendique sa tradition familiale juive : « Je suis né Juif, le sang du peuple élu coule dans mes veines. » De son éducation catholique, il a retenu « l'obéissance aveugle envers le chef » et « les tendres sollicitudes de la paternité religieuse[304] ». Avec la sociologie naissante chez Comte, il a fait l'expérience de la distanciation critique, ce qui s'est finalement retourné contre son maître. Dans la parole et sous la plume de d'Eichthal, le discours sur le Nouveau Christianisme prend un ton de ferveur nouvelle qui s'exprime pleinement dans l'adresse *À un catholique sur la vie et le caractère de Saint-Simon* : il y livre le récit d'une passion de Saint-Simon qui fait de lui le nouveau messie, « venu pour mettre un terme à cette misère et à cette anxiété », celle « d'obtenir chaque jour le pain quotidien »[305]. Avec lui, « L'HOMME DIVIN SE MANIFESTE : LE NOUVEAU CHRISTIANISME EST DONNÉ AU MONDE ! Moïse a promis aux hommes la fraternité, JÉSUS-CHRIST l'a préparée, SAINT-SIMON la réalise. Le règne de CÉSAR cesse, une société pacifique remplace la société militaire. Désormais l'ÉGLISE UNIVERSELLE gouverne le for extérieur comme le for intérieur. La science est sainte, l'industrie est sainte, car elles servent aux hommes à améliorer le sort de la classe la plus pauvre, à la rapprocher de DIEU. » Suit, décrite comme Église, la société organisée selon le canon saint-simonien. Dès lors, la conclusion s'impose : « Le règne de Dieu arrive sur la terre. Toutes les prophéties sont accomplies[306]. »

Voilà qui tranche avec cette protestation qu'exprimait Enfantin à sa cousine Thérèse plus de trois années auparavant, au moment de la transformation de l'École en Église : « Je ne crois pas, ma chère amie, que Saint-Simon était le Jésus de l'avenir, que Rodrigues était un nouveau saint Jean, et moi un nouveau saint Marc. J'ai pu dire qu'il s'agissait aujourd'hui de préparer une rénovation humaine semblable à celle que le Christianisme a produite, j'ai pu comparer Saint-Simon à Socrate, et nous, aux philosophes grecs qui ont préparé à la suite de Platon le sol où devait naître le Christianisme. Mais je ne suis pas aveuglé par mon amour pour notre maître, par la confiance dans nos propres forces, dans l'influence qu'auront nos travaux, au point de croire Saint-Simon et nous dignes d'être mis sur la même ligne que Jésus et ses disciples[307]. »

Le prêche de d'Eichthal ne se ressent pas seulement de cette religiosité intense qu'aussi bien Bazard que Leroux et ses compagnons ont reproché à l'évolution du mouvement, il atteint un degré d'exaltation mystique qui dépasse de loin celui d'Enfantin et assume encore un tour millénariste fortement prononcé. La surexcitation provoquée chez lui par son émotion religieuse et la proximité d'Enfantin s'accompagnent d'une véritable adulation, comme il ressort de cet écrit de janvier 1831 :

> Salut ! Père, salut ! Ma vie est de t'aimer, de t'étudier, te servir. Salut : Tu t'avances comme un géant divin et tu nous entraînes dans tes pas[308].

C'est au point de provoquer chez lui un transfert de la personne de Saint-Simon sur le père Enfantin, qu'il finit par présenter en mars 1832, c'est-à-dire dans les derniers jours de la communauté de Ménilmontant, comme « nouveau Jésus-Christ » : « Oui Père ! Ce Jésus que j'ai si ardemment aimé, maintenant je le sens en toi. Mon amour pour toi se modifie, s'accroît, se fortifie, se divinise de tout celui que l'Église catholique sait inspirer à ses enfants pour son céleste époux. Depuis cet instant, où par un vœu solennel tu as su manifester en toi-même et en tes fils la plus haute vertu d'abnégation et de devoir, JÉSUS est en toi, se réjouit en toi[309]. » Enfantin notera l'année suivante à Sainte-Pélagie, en marge de la copie de cette proclamation enflammée, que la visite nocturne que lui fit d'Eichthal pour la lui exprimer fut l'occasion d'une commotion religieuse très vive pour toute la Famille, au point que certains en furent presque complètement bouleversés.

Suit cette anecdote plaisante : « Gustave a omis une chose dans ce récit, c'est que, dès les premiers mots, il me résuma son rêve, et que je lui répondis : "Eh bien, laisse-moi dormir encore une heure, j'ai besoin de sommeil". Je me suis couché à deux heures, et je dormis, en effet, encore une heure[310]. »

De quoi refroidir les emballements du disciple ! Cela confirme aussi la lucidité relative avec laquelle Enfantin considérait son rôle comme pontife de la religion nouvelle, vue comme l'atour religieux d'une doctrine dont le but est l'efficacité sociale. Après cette remarque malicieuse, Enfantin conclut : « Cette note est le titre le plus important de la vie apostolique de d'Eichthal près de moi. C'est par elle qu'il sera nommé, sa vie toute entière y est écrite[311]. » À un disciple de la vieille garde qui, comme Bailly, s'était ému des emportements religieux de d'Eichthal, Enfantin avait répondu que ceux-ci s'expliquaient par le fait qu'il « a été longtemps élève de Comte qui, si cela avait été possible, aurait réduit son cœur à l'état de congélation où se trouve le sien. Nous l'avons tiré de l'abîme : Comte avait détruit avec art toutes les croyances chrétiennes, nous lui avons donné avec amour nos croyances saint-simoniennes, Comte le faisait marcher par l'abrutissement de la science (le pire de tous comme dit de Maistre), au néant, il marche avec nous à l'organisme, à la vie. » En fait, poursuit-il, « d'Eichthal est encore un de ces mystiques qui se confondent d'admiration devant Moïse et Jésus, parce qu'ils admirent Saint-Simon, qui aiment Saint Jean, Saint Paul, parce qu'ils nous aiment, qui trouvent les litanies de la Vierge plus grandes, plus belles que les odes, parce qu'ils veulent affranchir les femmes du joug que notre antique brutalité fait encore peser sur elles[312]. » Passant sur ses outrances, Enfantin admettra d'Eichthal, qu'il désignera longtemps du nom de « prophète »[*], comme un des théoriciens de l'Église, dont il participe pleinement à la formulation du Dogme nouveau.

D'Eichthal n'est pas seulement un des acteurs du tournant enfantinien de l'automne 1831 au chapitre de la RELIGION, ainsi que nous venons de le

---

[*] Rentrant d'Égypte, Enfantin s'adressera le 07/11/1836, « au prophète », comme en témoigne la réponse de son disciple, voir D'EICHTHAL, *Lettre à Enfantin* du 31/03/1837, ms. Ars. 7721/33. On se reportera, au sujet de cette lettre au Ch. VII, 313. Il est question, plus tard encore, chez Enfantin, du « petit prophète Gustave » qui « a encore une fois raison », *Lettre à Arlès* du 13/12/1837, *cf. OSSE*, XI, 144.

constater. Il contribue aussi activement à l'élaboration des chapitres de la POLITIQUE et de la MORALE. Lui qui est d'une famille de banquier, nous savons qu'il s'intéresse tout particulièrement à la question du crédit[313]. Pour Saint-Simon, le système de crédit a, jusqu'à ce jour, plutôt servi à prolonger l'existence de la noblesse en Angleterre et en France, qu'à procurer l'amélioration de la condition sociale des producteurs[314]. Et il proposait, au titre des « mesures à prendre pour terminer la révolution » énoncées dans son *Système industriel*, d'associer les banquiers comme les industriels à l'administration des affaires publiques[315]. D'Eichthal exprime un programme autrement hardi. Il le fait dans un article écrit en juillet 1830 mais seulement publié en octobre où il annonce la création d'une nouvelle banque par Émile Pereire et dans laquelle, s'adressant aux banquiers en tant que porte-parole des Saint-Simoniens, il leur confie : « Vous connaissez déjà, mais seulement d'une manière vague, les vues des disciples de Saint-Simon sur l'avenir des banquiers. Vous savez que nous trouvons dans la banque le germe d'une institution directrice, d'un véritable gouvernement de l'industrie[316]. » Il ne fait donc pas que valider le « rapprochement des banquiers » dont parle Enfantin dans ses *Enseignements*[317], il l'anticipe pratiquement et en est en fait un des artisans.

Au chapitre de la MORALE, il propage activement l'idée de la suppression de la domesticité qu'il argumente en détails dans ses « Lettres à un vieil ami sur les domestiques », publiées dans *L'Organisateur* en octobre-novembre 1829[318]. Dénonçant le régime de servitude dans lequel la profession du domestique y est encore, alors que toutes les autres professions en sont affranchies. Pour cela, il faut naturellement que les exceptions légales qui pèsent sur les domestiques disparaissent des codes, mais surtout que les maîtres y mettent du leur. Aussi conseille-t-il à l'ami auquel il s'adresse : « Si tu veux trouver dans les domestiques les vertus des hommes libres, commence par leur en donner les droits et les jouissances, débarrasse-les de cette livrée, signe parlant de leur dégradation. Que la cuisine et l'antichambre cessent d'être leur commun asile, que chacun d'eux acquière son chez-soi, puisse cultiver ses dieux pénates » et enfin « qu'ils aient comme toutes les autres classes de travailleurs leurs heures, leurs jours de repos, qui seront à eux en toute propriété, et sur lesquels la volonté du maître n'osera pas empiéter[319]. »

Il aide Enfantin à fonder théoriquement le combat pour l'affranchissement de la femme. Il est parfaitement d'accord avec lui pour faire reposer l'idée duale – homme et femme – de l'individu social sur la double nature de Dieu. « Dieu est mâle et femelle, écrivait Enfantin à Buchez en 1829, car les deux sexes existent dans la nature entière, mais avant toute chose, il est un, c'est-à-dire qu'en lui l'idée et la forme, la parole et l'action sont harmoniquement confondues, quoiqu'elles se révèlent à nous successivement par abstraction[320]. » Ce à quoi il ajoutait : « Vous vous trompez en disant que personne n'a songé à faire Dieu mâle ou femelle[321]. » D'Eichthal ne pouvait qu'approuver cette affirmation. Si toutes les versions connues de la *Thora* rendent « *la Genèse* », 1, 27, par : « Dieu créa l'homme à son image, à l'image de Dieu il le créa. Mâle et femelle, il les créa »[322], il devait connaître l'interprétation qu'en font des traditions rabbiniques qui donnent : « Et Dieu créa l'être main à son image, c'est à l'image de Dieu qu'il le créa mâle et femelle. » L'épigraphie ne vient pas prouver cette interprétation, mais c'est pourtant celle de courants répérables. Voici ce qu'en dit Marguerite Harl, traductrice du texte grec de la *Septante* : « Les traditions rabbiniques signalent que les traducteurs savaient ici employer un pronom singulier, "il les créa mâle et femelle" [...]. Il existe d'ailleurs des spéculations dans ces mêmes traditions rabbiniques sur l'homme primitif androgyne, ainsi que chez Philon (par allusion [...]) et dans les commentaires de la création de la femme à partir du "côté" d'Adam[323]. » En tout cas, si Dieu crée en effet l'être humain « mâle et femelle », et qu'il le crée « à son image », il est logique d'en induire la double nature, masculine et féminine, de Dieu. Aussi écrit-il dans sa *Note sur le dogme* où il résume sa doctrine religieuse : « La *Genèse,* dès ses premières lignes, nous apprend que Dieu renferme en soi les deux sexes. Dieu, nous y est-il dit, créa l'homme à son image, il le créa homme et femme[324]. »

Ce point est d'importance pour lui. Il y reviendra en présentant sa contribution au Saint-Simonisme. Évoquant le débat qui avait agité le mouvement en 1831, il écrira : « J'ai affirmé que toute discussion sur les rapports de l'homme et de la femme n'auraient de point de base et marqueraient de garantie tant que la philosophie et la philologie n'auraient pas fait entrer dans la notion de Dieu l'idée de la double nature, masculine et féminine[325]. » Pour lui, cette idée s'est « tout d'abord offerte à la conscience religieuse de l'humanité, a gardé sa place dans toutes les religions, le mosaïsme excepté. Ici le législateur, dans son horreur de l'idolâtrie et de l'anthropomorphisme qui y conduirait, a dû proscrire, sauf dans les premières lignes de la Genèse, l'idée de la nature masculine et féminine de Dieu. Mais le Catholicisme, sous l'inspiration du sentiment populaire, a été forcé d'y revenir, en partie du moins par le culte de la Vierge[326]. » Notons enfin que d'Eichthal concourt fortement, tout comme Rodrigues, par leur culture juive, à éveiller la curiosité d'Enfantin d'un Orient qui pour lui commence en Grèce, sujet sur lequel nous reviendrons.

Sa contribution au Saint-Simonisme dans sa version enfantinienne, d'Eichthal la donne indirectement lorsqu'il prononce, au nom de la Famille, la condamnation de Rodrigues qui vient de rompre. Dans une longue interpellation publique où il réécrit, plutôt qu'il n'écrit, l'histoire du mouvement, il affirme que celui-ci voyait seulement au départ Saint-Simon comme « un PENSEUR original et profond, un fondateur d'ÉCOLE un PHILOSOPHE des plus passionnés pour le bien général », et qu'il considérait avoir reçu de son « maître », en tant que « DISCIPLE », la « mission spéciale » de faire connaître son héritage. C'est ainsi qu'il amena à lui Enfantin. Or c'est Enfantin qui révéla le véritable message de Saint-Simon. Il « nous *donna* le DOGME que nous avait annoncé Saint-Simon. Il nous *donna* une *politique* et une *théologie* nouvelles. » D'Eichthal présente Enfantin comme celui qui a transformé la philosophie de Saint-Simon en religion, celui qui, tel Napoléon prenant la couronne des mains de Pie VII, s'est auto-couronné et a pris, de son propre chef, Bazard comme père à ses côtés. Ce faisant, il ne délégitime pas seulement le rôle de Rodrigues dans l'Église nouvelle. Il décrit en même temps son propre cheminement, vu comme l'abandon de l'amoindrissement de la doctrine de Saint-Simon par la philosophie froidement scientifique de Comte pour la vivante religion d'Enfantin. Sa conclusion porte en creux son propre portrait : « FILS de la famille antique, vous ne connaissez pas le PÈRE de la famille nouvelle, NOTRE PÈRE. JUIF, vous ne connaissez point la FEMME et vous n'attendez point sa parole. Vous n'écoutez pas les enfants, et vous méprisez la VOIX DU PEUPLE. Eh bien ! La parole de la FEMME, et VOIX DU PEUPLE seront assez puissantes pour faire retentir le monde du NOM de NOTRE PÈRE. Écoutez ![327] »

Pour cette Religion nouvelle, il faut un nouvel Évangile. C'est le projet lancé sous le titre *Le Livre Nouveau* élaboré en juillet-août 1833 à Ménilmontant, dont le noyau est constitué par quatre *Séances*, au cours desquelles d'Eichthal intervient assez régulièrement : « Le Livre Nouveau », « La Grammaire », « La Genèse » et « La Certitude », suivies de *Conversations* de Michel Chevalier et du médecin Léon Simon avec Enfantin. Viennent en dernier lieu des *Lettres-poèmes* d'Enfantin à Barrault[328], mais avant cette dernière rubrique, des *Poèmes*, la plupart de Charles Duveyrier et de Michel Chevalier, mais chose notable, l'un d'eux de Thomas Urbain[329].

Thomas Urbain, le « fils de l'esclave noire »

Le rôle que tient Urbain pendant la Retraite est modeste. Il est mentionné comme participant, avec Louis Desessart, un des plus jeunes apôtres de Ménilmontant comme lui, et Auguste Broët*, à des tâches de remise en état des salles de la maison d'Enfantin, et comme copiste d'extraits des Évangiles, des *Épîtres* et des *Actes des apôtres* destinés à préparer une séance consacrée aux miracles[330]. Mais il ne passe pas inaperçu, comme en témoigne le fait qu'Enfantin a tenu à insérer dans le *Livre nouveau*, un poème d'Urbain intitulé « Première parole du fils de l'esclave à la terre d'Amérique », significatif du statut que celui-ci a acquis dans la Famille saint-simonienne et qui le libère des ambigüités de sa non-identité[331].

Les signes de son ascendance noire sont presque insignifiants, ce qui permet à Urbain d'hésiter entre les termes *Créole* et *Mulâtre* pour se qualifier. D'Eichthal le relèvera : « Le jour où vous vous êtes trouvé chez moi avec Cendrier* vous lui avez dit que, d'après votre couleur, on voyait que vous étiez Créole, vous avez semblé craindre de nommer ce que vous êtes véritablement (Mulâtre)[332]. » Cinquante ans plus tard, dans la nécrologie

---

* Louis-Auguste Broët a été envoyé en 1830 à Paris par ses parents qui l'ont confié à Laurent de l'Ardèche pour préparer Polytechnique, visiblement sans succès. Louis Desessart tiendra une maison d'édition, 15 rue des Beaux-Arts. C'est lui qui éditera en 1838 le *Voyage en Abyssinie* d'Edmond Combes et Maurice Tamisier, voir plus loin, Liv. II, Ch. XII, 186, nbp.

* Sorti de l'école des Beaux-Arts, le Saint-Simonien François-Alexis Cendrier est architecte. Il se fera connaître par l'édification des gares – on dit alors embarcadères – dans les compagnies de fer animées par les frères Pereire, puis par Paulin Talabot.

d'Urbain, Léon Hugonnet livrera l'anecdote suivante : dans un salon parisien, des Yankees lui auraient au bout d'un moment manifesté une certaine répugnance lorsqu'ils eurent remarqué que ses ongles étaient cernés de noir[333]. La hiérarchie raciale instituée par les Blancs a établi une curieuse dissymétrie qui ne s'est pas encore aujourd'hui effacée dans la conscience collective de nos sociétés. Alors qu'une goutte de « sang blanc » – expression qui n'a absolument aucun sens du point de vue biologique mais prétend formuler dans un langage pseudo-scientifique un fantasme de nature purement sociale –, n'a aucune chance de vous ranger dans la catégorie des Blancs, il suffit d'une goutte de « sang noir » pour vous classer irrévocablement parmi les Noirs. « Urbain, encore très-jeune alors, écrira d'Eichthal quelques années plus tard, arrivait de Cayenne et en rapportait un vif sentiment des souffrances infligées à l'Homme de couleur par le préjugé de la peau. Moi-même j'avais gardé un souvenir ineffaçable des douleurs que m'avait causées dans mon enfance la réprobation attachée au nom Juif, et ce sentiment commun qui, plus que tout autre peut-être, avait contribué à nous amener dans le cénacle de Ménilmontant, devint entre nous un lien puissant.[334] »

Mulâtre infériorisé par un droit inique, le voilà admis dans le sanctuaire des Blancs, où il se trouve non seulement reconnu mais encore valorisé dans cette facette de sa personnalité. Il n'est plus cet être égaré qu'il dépeint sans regret :

Mes yeux regardent toujours la terre,
Et ma tête déjà si petite,
Est lourde à mon cou,
Tant elle est baissée.
Ma démarche n'a rien de fier,
Je suis craintif
Et ne regarde jamais
Les personnes auxquelles je réponds.
[…]
Je suis laid, je suis vilain,
Je le sais. Mille me l'ont dit.
Aussi je ne rêve ni volupté ni plaisir[335].

Le jeune Urbain n'est en réalité ni « laid » ni « vilain ». Bien au contraire, il a l'allure avenante. Dans une lettre qu'il lui adressera lors de son départ d'Égypte, son ami Pierre Granal*, qui se languit de lui, évoquera ainsi sa présence :

> Ta figure se dessine d'abord comme une légère silhouette qui peu à peu s'agrandit et devient distincte : oui, ce sont tes yeux noirs et doux, tes regards un peu obliques, comme ceux des oiseaux, ta figure triste, naïve et enjouée tout à la fois, j'entends ta voix bégayante comme celle d'un enfant[336].

Rien donc de cet abaissement de soi qui transparaît de l'autoportrait du poème qui ne fait que reprendre ce que « mille [lui] ont dit ». Quant à ses traits noirs, ils ne sautent pas aux yeux. Sartre dit : « Le Juif est un homme que les hommes tiennent pour Juif : voilà la vérité simple d'où il faut partir. En ce sens le démocrate a raison contre l'antisémite : c'est l'antisémite qui fait le Juif. Mais on aurait tort de réduire cette méfiance, cette curiosité, cette hostilité déguisée que les Israélites rencontrent autour d'eux aux manifestations intermittentes de quelques passionnés[337]. » Ce que dit Sartre du Juif, Fanon le dit du Noir dans *Peau noire, masques blancs* : le Noir n'est Noir que dans les yeux du Blanc et il ne se voit lui-même comme qu'au prisme du stéréotype que lui assigne le Blanc[338]. Ce n'est pas autre chose qu'affirme Urbain dans ce poème où il se libère du regard de l'Autre – y compris et surtout de celui de son père – qui lui dictait sa propre image dévalorisante. Vient alors la métamorphose opérée par la Famille saint-simonienne, comme il la voit lui-même dans le miroir :

C'est toi !
C'est bien toi !
Thomas Urbain de Cayenne
De race noire et esclave.
C'est toi !
[...]
D'où vient à ton visage
Cette beauté sauvage
À ta parole cette poésie brûlante ?

* L'ancien avocat Pierre Granal apparaît dans les rangs saint-simoniens en octobre-novembre 1832.

La réponse est bien sûr, dans ce poème écrit un an et demi plus tard en Égypte, le père Enfantin qui, au-delà de la relation intime qu'il nourrit avec lui, est le symbole de la Famille, où sa mère et sa grand-mère ne sont plus infériorisées ni comme Mulâtresses, ni comme esclaves ni comme femmes. Par son truchement, il n'est plus ravalé dans une position inférieure comme Homme de couleur, mais considéré comme frère, à égalité avec les autres membres. En se remémorant ce moment-clé de la construction de sa personnalité, Urbain écrira plus tard :

> Le Père pleurait à mon appel pour la race noire, ce jour est le plus beau de ma vie. Je ne me suis jamais senti vivre plus fièrement [...]. J'étais abîmé dans la joie quand je me couchai, mais cette joie mélancolique qui vous fait jouir du présent comme si c'était l'avenir, qui émousse toute convulsion, toute secousse, et endort l'âme en la berçant doucement. Je me suis senti fort dans le monde et mon cœur fut un peu tranquille sur l'avenir[339].

Désormais, Urbain est « le fils de l'esclave noire », accueilli comme tel dans la Famille conçue comme préfiguration de l'humanité nouvelle réconciliée. Tandis que d'Eichthal est le Juif, Urbain est le Noir, qualité qu'il assumera directement en la mettant en lumière. Chacun des deux est libéré de son statut d'infériorité. D'Eichthal a gardé comme une blessure la quasi-obligation professionnelle et sociale de son père de se convertir et de demander la nationalité française, l'impossibilité pour Olinde Rodrigues d'entrer à Polytechnique en 1813, et les vexations personnelles qu'il a subi : « J'ai dévoré, depuis mon enfance, depuis qu'on m'appelait le Juif au collège, écrira-il à son frère Adolphe, assez d'humiliations »[340]. Il reconnaîtra en 1839 :

> Urbain et moi, écrivais-je alors à un ami, en parlant de nous deux, c'est le Noir et le Juif, les deux proscrits, les deux prophètes ![341]

Un jeu de rôles essentiellement façonné par d'Eichthal qu'Urbain accepte d'enthousiasme parce qu'il le lave de ce qu'il ressent comme l'une de ses « taches originelles » dont il parlera dans sa biographie écrite à l'adresse de son fils : « Je suis entré dans la vie civilisée avec une double tache : enfant illégitime non avoué par son père, fils d'une femme de couleur libre, mais dont la grand'mère était noire et avait été esclave. Ces faits éclaireront pour toi bien des faits de ma vie postérieure[342]. »

Quel changement avec le quotidien morne du négoce où l'univers est borné par le devant de la boutique, où le destinait il y a six mois encore le père Brue ! Voilà Urbain emporté dans le tourbillon de personnages remarquables agitant de grandes idées de l'époque à l'échelle du monde :

> Pendant mon séjour avec tant d'hommes distingués par l'esprit et le cœur, j'ai pu développer en moi les sentiments élevés, le goût des choses nobles et généreuses qui m'ont toute ma vie préservé de la vulgarité et de la bassesse[343].

Urbain au procès des Saint-Simoniens d'août 1832

La prise de distance de Chevalier et d'Enfantin avec les Républicains et l'atmosphère pacifique et bon enfant des messes et des fêtes organisées par l'Église saint-simonienne ne diminuent toutefois pas les craintes des autorités de voir la foule qui se presse rue de Ménilmontant, contaminée par des idées subversives. Alors que les fidèles sont en train de célébrer une cérémonie, le 8 juillet 1832, un commissaire de police du nom de Maigret se présente accompagné du maréchal-des-logis de gendarmerie, muni d'une ordonnance du juge d'instruction Rigal, et d'un ordre du préfet de police, annonçant l'interdiction des réunions et de l'association saint-simonienne, et signifiant à Chevalier, Duveyrier et Enfantin une nouvelle convocation devant les tribunaux répressifs.

Le procès des 27-28 août devant les assises de la Seine, qui suit les accusations portées en janvier 1832, est un grand moment de bataille politique. Les apôtres descendent de Ménilmontant au Palais de Justice en une grande procession minutieusement organisée par Chevalier qui, avec l'autorisation d'Enfantin, est le seul qui a quitté l'habit. Le cortège est distribué en deux files entre lesquelles sont disposés plusieurs rangs de responsables. En tête, Bruneau encadré par les médecins Léon Simon et Adolphe Rigaud, tous deux ralliés à la Famille en 1830 et entrés à Ménilmontant dès le 23 avril 1832. À mi-cortège, le rang du milieu est occupé par Enfantin flanqué de Cécile Fournel et Aglaé Saint-Hilaire. Urbain est placé derrière Cayol dans la file de droite, à la hauteur du rang médian formé par Duveyrier, Chevalier et Barrault. Lambert, d'Eichthal et Hoart ferment la marche. « Une foule considérable, était assemblée sur le passage du Père et de la famille, note-t-on dans le récit officiel du procès. Sur tout le chemin, la foule était attentive : les femmes surtout paraissaient animées d'une curiosité pressante et pénétrées d'un vif intérêt. Nous fûmes accueillis sur tous les points par un silence attentif. [...] Aux environs du Palais de Justice, l'affluence était immense. Nous fûmes obligés, pour pénétrer jusqu'au Palais, de passer par la petite rue de la Juiverie. La Famille entra au Palais dans le plus grand ordre, les huissiers, l'introduisirent dans la salle des témoins.[344] »

La présence dans le prétoire de « Thomas Urbain, de Cayenne, Homme de couleur, *novice* (20 ans) »[345] est mentionnée, même s'il n'est pas appelé à la barre. Dans ce cocon protecteur de la Famille, le problème de l'identité administrative d'Urbain s'est en quelque sorte évaporé. Ignorant les termes de son état-civil officiel qui lui donne Thomas et Urbain comme prénoms et Apolline comme nom de famille, il se présente au public selon ceux du faux certificat obtenu par son père, où Thomas est son prénom et Urbain son patronyme. Le conflit entre son nom officiel et son nom d'usage resurgira naturellement à chaque moment crucial de sa vie d'adulte. Pour l'instant en tout cas, il ressort ainsi du discours d'Enfantin dans le prétoire :

> Nous avons ici toutes les classes. Urbain est le fils d'une esclave des colonies[346].

Frappé de multiples chefs d'inculpation, Enfantin imagine une mise en scène particulièrement habile : il répond à l'accusation d'immoralité sexuelle qui lui est portée en faisant paraître à ses côtés Cécile Fournel qui, partie avec son époux en novembre 1831, consacre son retour auprès de lui, et fait une entrée remarquée dans le prétoire en habit saint-simonien, annonçant « la venue d'une femme, MESSIE de son sexe, qui doit sauver le monde de la prostitution, comme Jésus le délivra de l'esclavage[347] ».

Verdict : les accusés sont relaxés de la plupart des chefs d'accusations, comme complot visant à renverser le roi, ou incitation à la haine d'une catégorie de citoyens. Toutefois, Chevalier, Duveyrier et Enfantin sont condamnés, toutes peines confondues, à un an de prison pour outrage à la morale publique et aux bonnes mœurs, et pour avoir constitué sans autorisation une association de plus de vingt personnes[348]. Quant aux autres prévenus, Barrault et Rodrigues compris, ils écopent des peines d'amendes individuelles et du paiement solidaire des frais du procès. Ils seront en revanche acquittés, lors d'un second procès en octobre 1832, de l'inculpation d'escroquerie du public lors de la souscription de bons destinés à financer le journal, retenue de façon secondaire dès le 22 janvier 1832[349]. C'est pourtant la mise à mort du mouvement organisé : l'Église saint-simonienne est dissoute, les publications saisies et la Famille dispersée*. Il faut trouver d'autres moyens de diffuser leur doctrine.

Urbain passe les mois de septembre et octobre 1832 à Ménilmontant où il met en forme la revendication de la facette noire de sa personnalité dans une série de poèmes ouvrés avec un réel talent. Il ne se contente pas de chanter la femme noire en changeant l'expression : « Je suis noire, mais je suis belle ! » du *Cantique des Cantiques* (I.5), par « Je suis Noire ! – Je suis belle ! »[350], supprimant ainsi la réserve sur la couleur de la peau qu'exprimait encore le *mais* biblique pour arriver à une revendication fière et entière. Dans une pose parallèle à celle de d'Eichthal, il se projette dans un rôle de prophète de la libération des Noirs d'Amérique dans ces vers insérés par Enfantin dans le *Livre Nouveau*[351] :

> [...] attends !
> Celui qui doit venir, viendra !
> Bon espoir ! Le temps est proche.
>
> Voici que, tandis que tu gémis, ton époux remplit la vieille Europe de son nom. Il amasse incessamment la gloire pour t'en faire belle le jour de ta noce.
>
> C'est lui qui déliera ta langue,
> C'est lui qui creusera de sa puissante main un lit à tes rivières.
>
> [...]
>
> Terre ! Terre ! Patience et courage ! Le temps est proche où tu tressailliras dans ta chair de jeune fille !
>
> Souffre jusque là sans trop gémir que ces débauchés effrénés t'arrachent impunément ton or et tes richesses, pour aller en nourrir la hideuse prostitution de Babylone :

---

* Un troisième procès, le second aux assises, se tiendra en février 1833 pour contravention à l'article 291 à l'occasion de la Retraite de Ménilmontant. Enfantin y obtiendra la relaxe, voir plus loin, Liv. I, Ch. V, 189.

Souffre jusque là que tes fils soient chaque jour crucifiés et flagellés avec barbarie,
Souffre encore que tes filles soient vendues et salies jusqu'à la boue,
Que tes joies soient troublées, que tes jours soient tristes et monotones.

Celui qui doit venir te rendra avec usure tout ce qu'on t'aura dérobé.

[…]

Avec la fin de la Retraite de Ménilmontant, une page de l'épopée saint-simonienne, certainement la plus haute en couleurs et la plus fantasque, est tournée. En même temps se clôt un épisode de la vie d'Urbain, bref puisqu'il ne dura que l'espace d'un été, mais significatif et marquant. Une véritable époque fondatrice.

- IV -

L'APPEL DE L'ORIENT

La Retraite de Ménilmontant a vécu, l'Association saint-simonienne est dissoute. Chevalier, Duveyrier et Enfantin, condamnés à un an de prison et à de fortes amendes, attendent le résultat de l'appel qu'ils ont interjeté. L'air parisien devient difficilement respirable. La dispersion de la Famille s'impose.

Elle peut s'appuyer sur un essaimage engagé dès le printemps 1831, où des disciples, organisés en missions, s'étaient déjà empressés de parcourir la France et l'Europe pour prêcher la bonne parole et susciter des implantations nouvelles. Existait donc ainsi un réseau qui complétait les premières Églises, celle de Bruxelles et celle de Sorèze. Celle-ci avait déjà donné naissance à des succursales à Toulouse, Montauban et Montpellier qui, ébranlées par le schisme de Bazard, s'étaient déjà reconstituées. On compte désormais une mission de l'Est qui, à partir de Metz, s'élargit à Nancy, une mission de Brest et une mission d'Alger. Des contacts sont pris en Normandie, à Strasbourg, à Grenoble. Cependant, à côté des Églises du Languedoc, c'est celle de Lyon qui est le centre le plus important du Saint-Simonisme hors de Paris.

Dispersion obligée de la Famille

Autant la diaspora de la Famille paraît aujourd'hui inéluctable à la suite de la dissolution de l'association par les autorités, autant se fait pressant le désir qu'elle s'opère en bon ordre. Or l'Église dispose à cet effet d'un prêt-à-porter religieux : *épreuve héroïque de Ménilmontant* et *martyre de Sainte-Pélagie*[352], la prison du 45, rue de la Clef où vont bientôt entrer les condamnés du procès d'août, sont les locutions qui viennent naturellement sous la plume des apologètes. Dans la tradition de l'Ancien Testament reprise par l'Évangile et le Coran*, la dispersion et l'exil sont les prémisses

---

* Comme il est d'usage à l'époque, Enfantin écrit *Alcoran*. On trouvera généralement *Koran* chez Urbain.

de la recomposition, de la renaissance sur des bases nouvelles. Pour Enfantin le schisme de Bazard devait être le signal du passage du DOGME au CULTE, c'est-à-dire de la théorie à la pratique. On se souvient qu'au printemps, Enfantin justifiait la nécessité d'une phase de formation d'un noyau compact avant de passer aux initiatives industrielles mises au centre du programme politique. Faisant aujourd'hui de nécessité vertu, il s'inscrit formellement dans la continuité de l'activité de l'Église, et présente la dispersion imposée par les autorités comme la nouvelle étape indispensable pour entrer dans la voie politique pratique[353]. « C'est par le culte et par le nombre (j'entends le nombre d'hommes et de femmes) la masse et non quelques individus, car il n'y a pas de culte sans peuple », et pour cela est dessiné un plan d'action et une organisation : « Le costume et les chants portés et répétés par un grand nombre, voici notre moyen d'action[354]. » Rogé commente :

> Ce costume aux couleurs vives, aux formes lestes et dégagées, le béret rouge en tête ! Ce costume tant raillé par MM. les bourgeois, fut pourtant un trait d'audace et de génie. En effet, groupés ou isolés, partout où l'on paraissait, on devenait centre à l'instant même. Et le nom propre de chacun de nous, si fièrement inscrit sur la poitrine, comme sanction et garantie des actes ![355]

En conséquence, une partie de la Famille aura pour mission de propager le costume et les chants comme étaient naguère propagées les idées : c'est la tâche que le Père réserve à la portion de la Famille placée directement sous sa direction et divisée en deux sections. La première est menée par d'Eichthal, la seconde par Duveyrier. C'est sous la houlette de ce dernier qu'est placé Urbain. On y relève notamment, à côté du mathématicien Auguste Chevalier, le frère cadet de Michel, le peintre Pol Justus (dit Pol)*, dont il semble qu'il a parrainé l'entrée dans la Famille saint-simonienne du musicien Félicien David à la fin 1831, l'homme de lettres Alexandre Massol, le peintre et graveur Joseph Machereau, qui nous laissera un fin portrait d'Urbain à la mine de plomb**, ainsi que Moïse Retouret, qui se livre depuis l'automne 1831 à des prédications empreintes d'une grande flamme

* Paul Justus sera en 1850 le fondateur et le gérant de la Société internationale des artistes.

** C'est ce portrait, conservé à la bibliothèque de l'Arsenal, qui a servi de modèle au dessin de Roland Laffitte porté en couverture de ce livre premier.

religieuse[356][*]. Dans cette section à prédominance d'artistes, Duveyrier en tête, Urbain est en bonne compagnie. Quant aux deux autres sections qu'Enfantin voudrait voir guidées par Chevalier et Barrault, elles devraient former l'autre portion, rassemblée autour de lui, et aurait pour tâche de mettre « l'*ordre* et la *justice* » là où les autres auront porté la multiplicité, l'activité, et par conséquent aussi un peu de désordre et d'irrégularité[357]. Même les disciples les plus proches d'Enfantin savent que les vieilles relations existantes dans le mouvement sont désormais caduques. « La retraire est finie ! Nous allons déborder sur le monde ![358] » C'est avec ce cri que Chevalier salue la dispersion, reçue de son côté par d'Eichthal comme l'annonce d'une grande liberté d'initiative enfin trouvée : « Réjouissez-vous, écrit-il à Lambert, car voici parmi nous la souveraineté du peuple installée. La Famille est maintenant une vraie république et il n'y a rien de commun entre ce qui existe et l'ancienne hiérarchie[359]. » L'art de puiser dans un coup reçu, l'énergie d'un nouvel élan.

Le précédent de l'organisation autonome des femmes[360]

Cette liberté nouvelle, sans autre hiérarchie que morale, a un précédent, celui de l'activité des femmes, livrées à elles-mêmes et à leurs propres initiatives depuis qu'à la réunion générale de la Famille du 21 novembre 1831, Enfantin a réorganisé le mouvement selon une hiérarchie purement masculine, et qu'elles ne font plus que de façon extérieure, parallèle, partie de la Famille saint-simonienne. « Voici le symbole de cet appel, avait-il ajouté. Ce sera le seul qui manifestera l'appel de la femme aux yeux de tous. La femme manque à la doctrine, elle ne s'y est pas révélée, elle est encore à l'état d'esclavage, elle va entrer à l'état d'égalité confuse. Elle doit en sortir, nous l'attendons. Il faut qu'elle parle, elle parlera, puisqu'elle est appelée[361]. »

Cette attitude, qui a semblé pour beaucoup une sorte de mise à l'écart, a été de fait pour une poignée d'apôtres quelque peu décontenancées, l'occasion de puiser en elles la force de s'exprimer et s'organiser librement. Parmi la petite cohorte des femmes restées fidèles au Père, Désirée Véret et Marie-Reine Guindorf, deux ouvrières entrées dans le mouvement l'année précédente, créent en août 1832, soit parallèlement à la Retraite, une publication

[*] Voir plus haut, Ch. II, 83-84.

purement féminine, *La Femme libre – Apostolat des femmes*, dont la première partie du titre va changer à plusieurs reprises, d'abord *La Femme de l'avenir* puis *La Femme nouvelle*. Entre les mains de Suzanne Voilquin, la publication abandonnera ce titre en décembre 1832 pour la *Tribune des femmes*, moins satisfaisant à ses yeux mais qui évite la connotation de « femme publique » que portait l'ancien titre de la publication dans l'opinion à l'heure des accusations de communauté des femmes et d'immoralité[362]. Dans ce groupe, se détache la haute figure de Claire Démar dont l'*Appel aux femmes pour l'affranchissement*[363] est encore considéré aujourd'hui comme un des ouvrages majeurs du féminisme avant la lettre de l'époque. Elle se suicidera avec son amant le 3 août 1833, à l'âge de 33 ans, laissant un ouvrage posthume, *Ma loi d'avenir*[364]. Plusieurs correspondances échangées avec Enfantin témoignent de l'attitude inconfortable de femmes poussées à faire valoir leur amour pour la religion nouvelle tout en se développant de façon autonome. Cette situation se dénouera pour beaucoup d'entre elles, à commencer par les fondatrices de *La Femme libre*, par une fuite vers le fouriérisme, déjà largement entamée, lors de la rupture de Bazard, par des disciples désorientés par les positions hautement paradoxales d'Enfantin sur la question de la femme, comme Lechevalier ou Transon. Relevons aussi, dans ce groupe, les contributions de Pauline Roland qui marquera très vite une autre manière de sortir des contradictions du féminisme saint-simonien, en se rapprochant de Pierre Leroux et de George Sand[365], dont d'Eichthal dira plus tard :

> Ce qui est vrai, c'est que George Sand, c'est que toute la protestation de notre temps en faveur des femmes, sont nées de la protestation saint-simonienne[366].

Cela est un raccourci pour le moins hardi. Il est vrai que George Sand avait eu dès l'époque de la rue Monsigny des contacts avec l'Église. Elle confiera dans sa correspondance : « Enfantin est un homme que l'on dit fort intelligent, et fort beau, mais que je n'ai jamais voulu voir quoique l'École me désirât pour remplir le rôle de papesse. Je ne me sentais pas de vocation pour ces grandeurs, et ce monsieur m'a toujours fait l'effet d'un charlatan. Cependant dans les débuts de la prédication saint-simonienne, il y a eu d'excellentes idées émises par des hommes d'un mérite réel[367]. » Puis, ayant prêté l'oreille aux mauvaises langues propageant que la position d'Enfantin s'expliquerait par sa « situation personnelle [...] quant aux relations de famille, relativement à sa situation de père »[368], elle ajoutera :

> Le tort a été de vouloir affranchir les femmes au profit de ceux qui les aimaient un peu trop, et de se mettre en représentation d'une manière ridicule sans savoir où l'on allait dans la pratique. J'ai horreur du libertinage d'abord, et ensuite de l'affectation. J'ai donc donné la main à certaines idées, et tourné le dos à certaines personnes[369].

Les succès féminins d'Enfantin et les rapports avec les fidèles que produisait son aura toute particulière le dispensaient certainement de formaliser sa relation aux femmes. Toujours est-il qu'avec ces publications féminines saint-simoniennes des années 1832-1834, nous avons les premières expressions de la revendication radicale de l'affranchissement de la femme. Et quelle presse ! Elle va pendant ces deux années se montrer résolument moderne en matière de famille, de sexualité et d'éducation des enfants. Ses positions sont si scandaleuses qu'il va être difficile pour ses partisanes elles-mêmes, sans parler de George Sand et même de Flora Tristan, la grande figure féminine socialiste des années 1840, de s'en prévaloir pendant les décennies suivantes, où elles vont se cantonner à un combat courageux et brillant, certes, mais plus limité, celui de la reconnaissance politique et des droits sociaux dans la cité. Mais les anticipations lumineuses de cette époque reviendront, longtemps après dans le féminisme des années 1970[370].

Duveyrier et d'Eichthal « rentrent dans le monde »

La liberté de mouvement prise par l'apostolat féminin est un exemple pour tous les disciples. S'il est toujours admiré des siens et si son autorité morale reste intacte, Enfantin n'est pas ce pape infaillible dont les encycliques auraient valeur de loi suprême. Nombre de ses disciples mettent en pratique la religion avec la plus grande indépendance. Le 4 novembre 1832, Duveyrier, d'Eichthal et d'autres apôtres, parmi lesquels le peintre Raymond Bonheur, à qui avait été confié le dessin du costume saint-simonien, quittent justement l'habit alors qu'Enfantin escomptait qu'ils allaient aider à populariser la doctrine. Sans désavouer formellement l'œuvre du PÈRE, d'Eichthal prend au mot sa vieille idée selon laquelle la hiérarchie a besoin, pour se constituer, d'attendre la MÈRE, et affirme son émancipation de tout lien hiérarchique. Il l'annonce à Enfantin non sans brutalité lors de la réunion de la Famille qui s'est tenue la veille :

> Nous avons aujourd'hui à passionner le monde, non pour toi, mais pour elle. C'est pour elle non pour toi que nous ferons un peuple, mais elle te l'emmènera[371].

Ces départs sont un coup grave[372], d'autant qu'ils sont suivis, une semaine après, par ceux d'un nouveau groupe qui compte le docteur Léon Simon, ex-membre du 2e degré et ancien de Ménilmontant, et Lambert.

Le mouvement vers l'industrie prôné par Chevalier ne fait que reprendre les idées qui étaient les siennes en mars 1832 quand il projetait de formaliser la propagande envers les ouvriers dans une feuille populaire destinée à les « moraliser », idée mise entre parenthèse par la Retraite de Ménilmontant. Maintenant qu'il a les coudées franches, il reprend son projet sous une forme nouvelle. Les rédacteurs des *Notices historiques* enjolivent le rôle d'Enfantin en le présentant comme ayant la main sur toutes les tendances de la Famille : « Quoiqu'ils ne fussent pas tous également soumis à sa suprématie, ils agirent tous directement ou indirectement, sous l'influence de ses enseignements ou de ses inspirations. » De la sorte, « tandis que Bruneau et Hoart conduisaient les groupes prolétaires dans le Midi de la France […] l'œuvre des chemins de fer […] était commencée et ardemment poursuivie par Flachat, Lamé, Clapeyron, Pereire*, etc., et le monde sceptique et moqueur eut bientôt à prendre au sérieux quelques-uns au moins des rêves qui l'avaient tant fait rire[373]. »

En fait, il y a tout lieu de penser que, dans l'état d'indécision où il se trouve, Enfantin se fait davantage tirer par la manche qu'il n'est l'instigateur d'un projet qui est cependant le fruit de son École.

Se rendant compte de l'effet déplorable de ces conduites individuelles parmi les fidèles, Chevalier sait faire de nécessité vertu. Il écrit à Hoart et à Bruneau, tous deux polytechniciens démissionnaires de l'armée qui ont

* Gabriel Lamé et Benoît Clapeyron font partie du groupe des polytechniciens de Saint-Pétersbourg. Avec Eugène et Stéphane Flachat, ils viennent de dessiner les plans de la construction de la ligne de chemin de fer de Paris à Saint-Germain dans le cadre d'une société dont les frères Pereire, qui financent l'entreprise, ont déposé les statuts le 7 septembre 1832. Voir LAMÉ, Gabriel & autres, *Vues politiques et pratiques sur les travaux publics de France,* 1832.

participé à la Retraite, que si le départ de d'Eichthal et Duveyrier s'est fait d'une manière un peu gauche, il ne s'agit pas de leur part d'un « acte de faiblesse, mais de force », car « il faut être fort pour quitter le Père lorsqu'on l'aime autant qu'eux » et qu'ils ont bien fait de le faire, « car ils n'ont rien à faire ici et ils ont à faire ailleurs »[374]. Enfantin encaisse le coup mais non sans un accès de tristesse, un engourdissement momentané[375], auxquels Chevalier se sent obligé de réagir en le secouant : « Père, il faut en finir avec ces douleurs ! Assez de ces combats qui vous fatiguent et vous vieillissent. [...] Le jour est proche où vous reconstruirez une hiérarchie parmi vos enfants, car le jour de l'activité est venu. Vous allez, de votre pied, repousser les rochers que vous avez entassés à l'entrée de votre Retraite, et, dès vos premiers pas, le monde vous enverra une famille d'hommes nouveaux[376]. »

La masse des apôtres est en train de s'organiser sous la houlette de Chevalier en missions qui vont quitter Paris par petits groupes pour catéchiser la province. Le signal est lancé le 11 octobre avec le départ, en grande pompe saint-simonienne, de Bruneau et Hoart. Chevalier écrit alors à Arlès :

> Les deux capitaines, les deux anciens de la famille, les deux camarades d'école du Père, les deux excellents croyants, hommes graves et bons, ardents, sages, ont mission d'aller à Lyon, et de là à Montpellier, montrer l'homme et l'habit nouveaux. Leurs liaisons militaires et leur caractère personnel leur assurent toutes les facilités possibles aujourd'hui pour une telle tâche[377].

Après Lyon, les missionnaires se rendent successivement à Nîmes, Montpellier, Béziers, Toulouse et Castelnaudary[378].

La Mission des prolétaires et la participation d'Urbain

Pendant la tournée des deux capitaines dans le Midi, Chevalier précise le contenu de leur action et les choisit pour organiser Lyon, « ce centre industriel colossal » où Enfantin leur enjoint alors de revenir afin de s'y frotter aux prolétaires : « Écoutez cette voix de Lyon ! Lyon nous appelle, vous appelle en mugissant ! Lyon craque, Lyon frémit. Que d'énergie chez ces prolétaires ! Que d'humanité de Spartacus ! Qu'il est besoin que votre parole intervienne ![379] » La Mission des prolétaires est créée[380]. Un premier départ pour Lyon a lieu le 7 octobre avec Rogé et Massol. Dans la même veine, Chevalier lance dans un appel intitulé *À Lyon* où il invite les disciples au « baptême » du travail salarié :

> Nous quitterons Paris, la ville de la consommation et du luxe, la ville des plaisirs, des beaux-arts et des fêtes. Nous laisserons Paris à la femme, la Mère nous y rappellera. Il faut un autre air à nos poitrines mâles, un autre vent à nos faces de travailleurs. Nous irons chercher l'air qu'on respire et le vent qui souffle au plus grand foyer de production et d'économie dont s'enorgueillisse le continent européen. [...] Nous irons vers cette cité qui s'est mis une ceinture de chemins de fer et qui porte ainsi autour de ses reins le symbole de notre politique. [...] Allons vers Lyon, le géant des travailleurs. Il nous donnera le baptême du SALAIRE, et nous épancherons notre calme sur sa tête qui fermente[381].

Quand Urbain a-t-il quitté Ménilmontant ? Les dates qu'il livre dans ses biographies et les annotations apportées par d'Eichthal en marge de ces documents diffèrent : il semblerait que ce soit le 3 ou le 4 novembre. Il effectue sa sortie en même temps que Duveyrier et d'Eichthal, avec lequel il cohabite avec quelques amis dans un meublé du 5, rue Monsigny[382], en face de l'ancien centre saint-simonien.

C'est de là que, quelques jours après, d'Eichthal écrit à Aglaé Saint-Hilaire :

> Imaginez ce que j'ai pu ressentir, moi, lorsque venant poser votre lettre sur la table, URBAIN entre, et m'aborde avec ces paroles, dites sur un ton prophétique, et qu'il a mises par écrit à ma demande : “Ce matin, lorsque de ma haute fenêtre j'ai jeté les yeux sur la ville, je me suis demandé avec effroi : pour qui donc ce convoi funèbre ? [...] La ville a couvert ces toits noircis de ce blanc manteau de neige ? Car, dans ma Cayenne, alors qu'on enterre un homme, ses parents se voilent de longs vêtements blancs[383].

Il n'est pas sûr qu'en interprétant de la sorte cette scène, d'Eichthal ne force Urbain à se fondre dans le personnage qu'il lui a créé et que le jeune homme a endossé. Peut-être ne faut-il voir tout simplement dans l'image du convoi funèbre que la marque du désarroi dans lequel l'abandon de l'habit par deux des principaux hiérarques de sa nouvelle église, d'Eichthal et Duveyrier, a plongé Urbain. Désarroi qu'il exprime dans les images d'un univers où, à ce moment-là de son activité intellectuelle et littéraire, ses pensées sont encore tournées vers son pays natal. En tout cas, loin de « retourner dans le monde » à l'instar de ses deux aînés, Urbain dit avoir gardé le costume en quittant Ménilmontant[384].

Comme le premier départ pour Lyon, le 7 novembre, rassemble toute la Famille, on suppose qu'Urbain y assiste. La cérémonie se tient à la barrière du Trône, qui ouvre la route de Vincennes*, au départ du 1er détachement de l'armée des « voltigeurs » – ainsi les nomme Chevalier[385] –, dirigé par Rogé et dont fait partie Massol. Il entonne alors avec les autres fidèles les chants de circonstance et entend le discours prononcé à cette occasion par Enfantin qui précise le sens pacifiste de la Mission des prolétaires[386] : « Lorsque le 6 juin nous avons pris notre habit pacifique au bruit du canon de Paris et du tonnerre, je vous ai promis que nous viendrions visiter ensemble cette route de Vincennes, où moi-même j'avais tiré le canon, en 1814, avec Hoart et Bruneau que vous allez rejoindre à Lyon. Nous y voici aujourd'hui. J'ai voulu que cette route même fût le point de départ de votre mission, [...] afin que vous, qui allez vous trouver bientôt au milieu de travailleurs qui souffrent et appellent un meilleur avenir qu'ils ignorent, vous puissiez leur dire que votre PÈRE, comme eux, a cru autrefois qu'on pouvait obtenir le bonheur, la gloire et la liberté par la force, la violence et la guerre, et qu'aujourd'hui il a foi et il vous enseigne que DIEU ne veut affranchir le travailleur qui souffre que par la douceur et la bonté qu'il a mises en nous. Dites-le à Lyon aux combattants du 21 novembre, à ceux qui ont écrit sur leur drapeau : Vivre en travaillant ou mourir en combattant[387]. »

C'est le 25 novembre que le second détachement, parti le 10 de Paris avec Machereau et Terson, arrive à Lyon, soit quelques jours seulement après Rogé et Massol. L'arrivée dans la cité de Bruneau et Hoart est annoncée dans le numéro de *L'Écho de la fabrique* du même jour. Tandis que la Famille les accueille, Cognat et Derrion remettent la direction de l'Église aux deux capitaines. Le cortège traverse les faubourgs en chantant, et un banquet réunit aux Brotteaux plus de cent personnes, hommes, femmes et enfants[388].

---

* Les deux pavillons et colonnes aujourd'hui situés sur l'avenue du Trône, ouvrent le cours de Vincennes.

Un troisième détachement part de Paris le 28 novembre avec Rousseau, un des apôtres de Ménilmontant qui aime à se faire appeler « le poète ». Le quatrième départ a lieu le 4 décembre. C'est celui de Cayol, qui emmène avec lui Justus et d'autres apôtres. Urbain affirme « être parti avec Cayol pour une mission dans le Midi »[389]. Il s'agit là d'un raccourci qui cache une réalité un peu plus complexe.

Peut-être déprimé et du moins indécis, ou alors retenu à Paris par une affaire inconnue, il n'a pas pris la route avec ses camarades. Ce qui est sûr, c'est qu'après le célibat forcé de la Retraite, il butine de fleur en fleur. Il connaît à la rue Monsigny, le 10 novembre, une aventure avec la « petite Louise » dont il évoquera le bon souvenir deux années plus tard à son ami Ollivier : « Je vois encore votre bon visage, si ouvert, si plein de ma joie, si engageant à la consommation de la chair et heureux ce jour d'être votre ami (je n'avais pas encore la chaude-pisse)[390]. » La fréquentation des émules d'Enfantin lui a ôté, si cela était nécessaire, les préventions gravées dans les consciences chrétiennes par une morale sexuelle étroite. Une allusion de Duveyrier confirme dans une lettre : « Mon cher et excellent amoureux », cet épisode d'aventures galantes, cette fois avec une femme mariée du nom d'Antonia qu'il a laissée seule en quittant Paris[391]. Urbain part seul de Paris, probablement un jour ou deux après le groupe de Cayol. Tandis que ce dernier a fait Paris Châlons à pied avant de prendre la diligence d'eau pour Lyon, Urbain l'y a devancé et quitte la cité industrielle le matin du 11 pour Marseille, ratant ainsi de quelques heures l'arrivée de son ami[392]

Cayol, qui compte entraîner Urbain dans ses aventures, lui dédie alors d'enthousiasme un texte intitulé « Mon ÉCU – mes ARMES », où il le met en scène :

> Un *brigand-flibustier* s'élève vers un ESCLAVE.
>
> Il lui tend la main gauche en signe d'AFFRANCHISSEMENT.
>
> L'ESCLAVE dont les traits et les mouvements trahissent la *défiance* qui est encore en LUI… et qui le porte à fuir, avance timidement la sienne…
>
> Dessous le pied du *brigand* jaillissent les débris de la CHAÎNE qu'en s'élançant il vient de briser…

Son bras droit fortement en arrière tient dans la main une *torche* et une *baïonnette*, en attitude de les rejeter loin, bien loin dans les flots qui écument sur les derrières et sur lesquels on aperçoit un vaisseau – celui du *brigand-flibustier*…

[…]

Le *brigand* a une ceinture à laquelle étaient attenantes les autres armes, poignards, pistolets et autres choses, qu'il a d'abord rejetées (car, transformé il apporte maintenant la PAIX et la FIERTÉ) et qui se roulent dans le sable qui fait de ses alentours l'étincelant rivage de la mer. Le ciel est beau.

URBAIN, ce sont mes armes !... à toi de les graver[393].

Ce n'est assurément pas de la grande littérature, mais cela traduit l'image qu'Urbain a laissée de lui à Ménilmontant, celle de « prophète de la libération des esclaves » qui lui a été donnée et qu'il a acceptée[*]. Urbain répond immédiatement et son mot, que Cayol rapporte à Chevalier, traduit le bonheur d'être tiré par son ami d'un pénible état d'abattement :

Émeutier, Morgan, flibustier, Capitaine qui que tu sois,

Gloire et grâce à toi car ta voix a profondément résonné dans mon cœur. J'étais comme exilé sur une terre étrangère, [suffoqué ?] dans une atmosphère lourde et pesante, et j'appelais de mes vœux et de mes cris une parole amie, un son que mon cœur pût comprendre et aimer, une brise qui caressât mon front et fît soulever ma poitrine joyeuse. Gloire et grâce à toi, c'est de toi que m'est venue ce que j'ATTENDAIS. Il fallait me dire qui tu étais et ma langue n'aurait pas été aussi glacée, il fallait me faire entendre que mes fers étaient brisés, il fallait avant, me proposer de me prendre moi voyageur par nature, sur ton sloop. Et depuis bien longtemps nous serions en mer voyageant à pleines voiles vers des pays nouveaux, vers des peuplades inconnues. Si tu avais plutôt découvert ton écu, et que j'eusse pu y voir tes armes notre fraternité serait plus étroite et la distance d'espace qui sépare les jours de notre naissance serait complètement effacée. Enfin quoi qu'il en soit, dès ce jour l'accolade est donnée, le baptême accompli, tu es là, tu es mon FRÈRE et mon ÉGAL[394].

---

[*] Voir plus haut, Ch. III, 122 et 127.

Quelques jours après, le 15 décembre, a lieu le départ de Paris du cinquième et dernier détachement, celui de Barrault, fort d'une quinzaine de disciples parmi lesquels David, Rigaud, que nous connaissons déjà, et le méridional P. Reboul, courtier en vins, qui semble avoir rejoint la Famille début 1832. On avait attendu, pour fixer cette date, que la justice parisienne se prononçât sur l'appel de la décision des assises de la Seine condamnant Chevalier, Enfantin et Duveyrier, et connaître leur sort. La sentence est confirmée : les deux premiers entrent le jour même à la prison de Sainte-Pélagie tandis que Duveyrier, qui s'est fait adroitement porter pâle, en est dispensé.

Le 15 décembre est encore le jour où Cayol, qui n'a pas l'intention de s'attarder à Lyon, demande à Enfantin de descendre plus au sud[395] : « Tout le Midi, sans exception, d'Antibes à Bordeaux, sera le théâtre de guerre pacifique. Je passerai la mer pour faire une reconnaissance en Corse et en Sardaigne, des éclaireurs seront lancés vers l'Italie et l'Espagne… quelques autres me donneront des lumières de l'Orient. Ma phalange doit se recruter d'hommes de toutes les terres […][396]. »

Le ton exalté est celui que, depuis la dissolution de l'Association, Chevalier imprime à l'agitation de la Famille, une sonnerie de trompette qui tranche avec l'atmosphère indolente donnée par les coups de cafard d'Enfantin et le repli discret de d'Eichthal et Duveyrier : « Vous aurez à faire de grandes choses, annonçait-il le mois précédent à Hoart, car vous aurez entre les mains une armée pacifique admirable. C'est l'armée des Alpes et du Rhône, qui sera l'armée d'Italie, qui sera l'armée d'Égypte, qui sera la Grande armée d'Austerlitz. La volonté de Dieu et la parole du Père s'accomplissent[397]. » Devant pareille fougue, Enfantin ne peut que donner sa caution à une campagne qui est la traduction pratique du volet POLITIQUE du culte annoncé à l'automne 1831. Il répond le 20 décembre, à la demande de Cayol, par une lettre qu'il adresse en même temps à Barrault, dont le détachement est encore sur la route, entre Paris et Lyon, lettre qui confirme le fait qu'il renonce à la direction pratique du mouvement : « Libres ! Oui, vous êtes libres, vous n'êtes plus mes enfants, vous êtes émancipés, vous êtes hommes, vous êtes mes amis. Et vous-mêmes vous n'avez pas d'enfants, vous avez des amis, des frères, des compagnons, des camarades. […] À vous Lyon, à vous la France, à vous le monde ! […] Vous êtes libres :

le PÈRE vous attend en prison. » Et, s'adressant particulièrement à Cayol : « Tu as bien commencé, ton voyage et ton entrée à Lyon sont de bonnes choses[398]. »

Sans attendre l'arrivée de Barrault dans la Mecque de l'industrie française, Cayol quitte la cité le 27 décembre, et prend la route d'Avignon à la tête de sa petite troupe qui comprend aussi, entre autres, Granal. Tout au long du chemin, dans chaque ville ou village traversés, les apôtres annoncent leur mission. Passé en Provence, Cayol s'adresse aux habitants dans leur propre langue régionale[399] et, le 30, il appelle Urbain à le rejoindre[400]. Au faîte de l'exaltation, il atteint en même temps les sommets de la grandiloquence en nommant, dans une lettre à Arlès, son détachement « Armée des Pyrénées et Loire, Armée des Alpes et d'Orient », autant de contrées qu'il ambitionne de conquérir au culte et déclame :

> Mes porte-étendards les plus près de vous sont en ce moment sur le Mont Blanc et le Puy de Dôme. S'échelonnant en seconde ligne en avant et en arrière d'Avignon, le Mont-Ventoux et Sainte-Victoire, d'où je découvre la mer. C'est là mon front et mes lignes de bataille, je regarde Lyon, je veille sur Paris et sur l'Ibérie, en réserve, l'Afrique et l'Asie[401].

Aussi, loin de laisser reposer ses troupes, il les répartit en trois escouades qui prennent des routes différentes. L'une se dirige vers Grenoble, une autre, dont font partie Granal et Toché, se rend à Valence avec le projet de s'y installer[402]. Le 13 janvier, Urbain l'accompagne pour rendre visite au préfet Bureaux de Puzy, petit-fils de Lafayette, lequel les reçoit très bien, tout comme le maire de la cité. Il n'en est pas de même dans le quartier de la Fusterie où le maréchal Brune fut assassiné en 1815, où éclate contre eux un « violent orage », dûment préparé : « Pendant plus d'une grande heure, raconte Cayol, suivi d'un seul de mes frères, URBAIN, malgré les vociférations et gestes de femmes écumantes et furieuses, malgré une pluie de boue, de cendre, de pierres, etc., et fleuve en menace, sans autre appui que le calme, nous avons vaincu. »

Le soir même, le préfet leur exprime ses regrets pour l'avanie qu'ils viennent de subir et propose une bonne escorte[403]. Le 17 janvier, Cayol prend, avec son escouade, la direction du Midi languedocien. Urbain racontera : « De Marseille, nous allâmes à Montpellier, puis à Béziers,

Carcassonne, Castelnaudary et jusqu'à Toulouse, prêchant et répandant la parole nouvelle dans les réunions provoquées dans chaque ville par les amis qui nous recevaient[404]. »

La Mission des prolétaires, prônée par Chevalier, reste une équipée ambiguë. Si Enfantin y voit une opportunité pour propager les idées de transformation pacifique et progressive de la société, le discours de Chevalier tire plutôt dans le sens de convaincre les ouvriers de s'en remettre au bon vouloir des industriels. Mais nombre d'apôtres, sincèrement touchés par la condtion de la classe la plus pauvre et la plus nombreuse, vont se convaincre de l'exigence de contribuer à l'amélioration de son sort. À preuve, ce témoignage de Rogé :

> L'on ne quittait pas l'ouvrier, l'on mangeait, l'on couchait pour ainsi dire avec lui. Chacun des nôtres, jusqu'au plus lettré d'entre nous, ne gagnait-il pas, en travaillant de ses mains, ses quarante sous par jour ? C'est donc alors que commença ce prolétariat véritable, où chacun de nous, communiant avec le peuple par le travail et le salariat, allait s'initier à ses douleurs pour l'initier lui-même à nos espérances, tout en l'acheminant vers le but glorieux qui l'attend. Les labeurs manouvriers accomplis à Ménilmontant n'avaient été qu'une préparation à nos actes postérieurs[405].

Par ailleurs, tout le monde n'était pas prêt, au sortir de Paris, à suivre les indications de Chevalier. Certains, ne se sentant pas attirés par Lyon, prennent des initiatives purement personnelles. C'est le cas de Charles-Antoine Duguet, ancien avocat à la Cour, ancien de Ménilmontant, qui, ayant espéré en vain d'Enfantin qu'il lui confiât une mission, part finalement, amer, le 2 janvier vers la Flandre et la Belgique, tel « un chevalier errant à le recherche de frères d'armes »[406]*, ou d'autres encore dans l'Ouest, à Angers et Nantes, dans le Roussillon, voire en Angleterre[407].

* Ses pérégrinations solitaires dureront jusqu'à ce que, sortant de prison six mois plus tard, Enfantin lui donne pour mission de partir à Alexandrie en éclaireur de son propre voyage en Égypte.

Les Compagnons de la Femme[408]

Quand la petite troupe de Cayol revient dans le port du Midi après son périple languedocien, la Famille présente, dans son activité et son organisation, une allure toute différente. Après que Barrault a fait son entrée à Lyon le 1er janvier, la Mission des prolétaires se poursuit dans le même esprit que précédemment pour les nouveaux arrivants. Ainsi Jules Toché, jeune homme sorti, comme Antoine Ollivier, de l'école d'agriculture de Roville près de Nancy et qui a fait la Retraite de Ménilmontant, raconte : « Depuis cinq heures du matin jusqu'à huit heures du soir, j'ai travaillé en qualité de manœuvre à 40 sous par jour. Mes mains se sont durcies, mes membres ont pris de la force, mon corps s'est rompu au travail, ma force morale a fait que mes forces physiques n'ont pas défailli les premiers jours de travail*[409]. »

Mais les conditions qui ont présidé à la Mission des prolétaires ont changé depuis le mois de novembre où leur objectif avait été défini, ne serait-ce que parce que leur initiateur, Chevalier, fait pénitence avec Enfantin à Sainte-Pélagie. Disons à ce sujet que les conditions de détention de nos illustres prisonniers n'ont rien de misérable. Ils ne logent pas dans de miteuses cellules, mais dans un appartement de plusieurs pièces, largement décrit par le Père à ses amis et dans lequel la plus grande est occupée par lui, et une autre, adjacente, par Chevalier*. Si les deux hommes sont privés de liberté, ils n'en ont pas moins une vie sociale intense. Enfantin, en particulier, est assisté d'un véritable état-major coordonné par l'ex-avocat Alexis Petit, ancien de Ménilmontant, qui lui fait office de secrétaire, de coursier et de logisticien[410]. Enfantin met à profit les longues journées d'enfermement et de repos forcé pour reprendre son souffle : « J'avais besoin de ce calme complet, écrit-il à son père à peine entré à la prison, après les trois années prodigieusement agitées que je viens de passer et dussé-je te

* Plus d'un siècle plus tard, les enfants de mai 68 qui « s'établiront » ou se « prolétariseront » donneront la réplique à cette conduite des Saint-Simoniens.

* On trouve la description de l'appartement dans plusieurs lettres d'Enfantin, voir notamment Enfantin, *Lettre à Pauline Chevalier* du 22/12/1832, ms. Ars. 7647, fol. 411, *cf.* D'Allemagne, *Les Saint-Simoniens*, 342.

paraître incompréhensible jusqu'à la folie, je rends grâce à Dupin* et à la cour de cassation d'avoir pris les conclusions et la décision qu'ils ont prises. C'était juste ce qu'il fallait pour moi, pour mes enfants et pour tous. Je prendrai du repos, mes enfants de l'énergie et tous nous comprendrons mieux et nous aimerons un peu plus[411]. » Au bout de quelques jours de détention, « Nous sommes en cages, quels gros oiseaux ! », avoue-t-il à la femme de Chevalier : « Nous sommes si contents de pouvoir mettre la tête sous l'aile pendant 24 heures de suite sans être dérangés. Nous secouons nos plumes qui ont été si souvent ébouriffées depuis deux ans. Nous les polissons, lissons et repolissons. Michel engraisse, il sera dodu comme une caille d'automne dans peu si cela continue[412]. »

Le régime est en effet assez libéral dans la section politique : on n'y fait pas seulement bombance, on y fait société aussi avec les autres prisonniers, discute ferme notamment avec les prolétaires républicains qui se montrent sensibles aux prêches de Chevalier et d'Enfantin[413]. Le 24 décembre, les liens sont déjà assez établis pour que ce dernier annonce : « Aujourd'hui naissance du messie des esclaves, les prolétaires de la prison ont fait réveillon dans leurs dortoirs. Dans l'un d'eux on a bu à la santé du Père et l'on a chanté *Les Saint-Simoniens sont de bons lurons* »[414]. Pour d'Allemagne, ces sympathies manquent de provoquer une révolution dans la vieille prison : la cause en est un écho dans la *Gazette de Sainte-Pélagie* où l'on a annoncé que les « bonnets rouges », c'est à dire les Républicains, s'inclinaient respectueusement devant le Père[415]. On imagine que cela ne va pas sans réaction de leurs chefs prisonniers. « Notre position avec les Républicains devenait fatigante, écrit Enfantin au bout d'un mois de prison, mais j'ai voulu la pousser jusqu'au bout et, en présence des bons, boire le calice des mauvais jusqu'à la lie. Je leur ai laissé faire contre nous toutes leurs petites conspirations pour nous empêcher d'agir sur leurs compagnons de détresse. Maintenant ceux qui nous aiment sont assez attachés à nous pour que nous nous en reposions sur eux de ce qu'il y a à faire sur les autres pendant quelques temps. Nous avons agi le premier mois par la présence, le deuxième sera donné à la forme inverse. Nous recevrons chez moi ceux que

* André Dupin, opposant à la Restauration, est depuis la Révolution de Juillet, procureur général près de la Cour de Cassation et, depuis novembre 1832, président de Chambre des députés.

nous voulons et laissons les grands citoyens faire leur propagande à la manière cannibale, chantant le sang et la guillotine : dans peu de jours ils en verront les résultats[416]. » Enfantin a abandonné officiellement la direction pratique de la Famille, mais il correspond assidument avec ses disciples et se lance surtout dans l'organisation des archives du mouvement : on classe les documents, effectue des copies, commente et annote, ce qui constitue la base du Fonds Enfantin, aujourd'hui à la disposition du public à la bibliothèque de l'Arsenal[417].

Parmi les disciples libres de leurs mouvements, Barrault, comme Cayol, s'active énormément. Nous avons peu de traces écrites de son activité pendant le mois d'octobre-novembre 1832 où le devant de la scène saint-simonienne est occupé par un Chevalier tonitruant. Cécile Fournel nous en livre en termes brefs le secret : « [...] BARRAULT... BARRAULT rêvait à la MÈRE...[418] » En tout cas, il pense à l'Orient. S'adressant à Enfantin en avril 1832, il ne s'était en effet pas contenté d'appeler à essaimer en France : « Père, Vous êtes le messie de Dieu et le roi des nations. [...] Paris a contemplé votre face et écouté votre voix, la France sait seulement votre nom. Votre popularité ne peut plus croître à Paris, qu'elle n'ait commencé en France. [...] À nous la France pour nous rajeunir ! » La France ne suffit pas, au-delà, il y a l'Europe : « Que la France vous voie, vous entende, que l'Europe retentisse du bruit de vos pas dans chacune de vos cités, à ce prix seulement l'intronisation[419]. » Et, élargisssant considérablement l'espace : « L'Orient porte aujourd'hui deux grand hommes [...], Mahmoud et Mohammed* : ils verront votre face, Père, et ils vous reconnaîtront, non plus dans la crèche et sur les genoux de sa mère, mais fort, grand, glorieux entre les hommes forts, grands et glorieux, ils verseront à vos pieds l'or, l'encens, la myrrhe[420]. »

En classant les archives à Saint-Pélagie, Enfantin fait cette remarque en marge de la lettre de Barrault du 13 avril 1832 : « Cette note, et celle qui précède (celle du 12), expriment un sentiment que Barrault a sans cesse et très religieusement reproduit à chacune des crises éprouvées par la famille. À chaque fois ma réponse fut toujours la même : "Je ne sens pas que le

* Il s'agit de Mahmoud II, le sultan de Constantinople, et de Mohammed Ali/Méhémet Ali, le pacha d'Égypte.

temps soit venu". Et en effet, la France nous devait au moins la prison avant de nous montrer au monde[421]. » L'idée de l'Orient ne se diffusait pas moins dans la Famille. À Ménilmontant, en août 1832, soit quinze jours avant le procès, Duveyrier s'était ainsi adressé au Père :

> En Orient ! dit la voix de Dieu, par la bouche de son jeune enfant, le poète, à son jeune Messie. En Orient ! J'accomplirai là toute la prophétie. [...] En Orient, j'ai tout préparé pour t'y conduire. [...] En Orient ! J'ai soulevé contre toi d'amères défiances et d'odieux soupçons, et j'ai préparé de longue main le jour où tu vas paraître aux yeux de tous[422].

Et, de l'ORIENT à la MÈRE, il y a un grand pas à franchir. Les disciples souffrent comme le Maître du silence prolongé de la FEMME-MESSIE et de l'ajournement de son apparition. En se retirant à Ménilmontant avec le PÈRE, ils y avaient porté l'espoir que la MÈRE viendrait bientôt s'asseoir à ses côtés, et que le couple sacerdotal commencerait la réalisation de la vraie société saint-simonienne et inaugurerait ainsi la Cité ou l'Église de l'avenir. Comme le rapportent les rédacteurs des *Notices historiques*, « Chaque jour de retard avait fini par devenir pour eux un jour de déception, et cette déception devait rendre de plus en plus douloureuses l'abnégation, la discipline, la solitude, qu'Enfantin leur avait imposées comme nécessités exceptionnelles et transitoires de l'apostolat. Dès que l'appel à la femme était resté sans réponse, leur espérance était trompée. » Ainsi, tandis que les enfants, pressés d'assister à l'avènement de la MÈRE et ne la voyant pas venir, au gré de leur vœu, s'éloignent du PÈRE, le Père, de son côté, souffre plus que personne en l'absence de la FEMME dont il s'était déclaré le précurseur[423].

Début novembre, au moment précis où Chevalier lance son appel à faire de Lyon le centre de l'action industrielle, Barrault, lui, regarde ailleurs et écrivait cette supplique : « Grand DIEU ! J'ai fait ta volonté, j'attends ta nouvelle parole. J'attends... [...] Que ce silence est lourd à mon âme ! Et pourtant je te rends grâce, ô mon DIEU ! J'avais besoin de te sentir muet en MOI pour avoir foi en ELLE autant qu'en moi-même. J'avais besoin de te chercher... Car tu étais donnée à moi dans la plénitude de ta grâce, pour faire, par ton FILS, un signe d'appel à ta FILLE[424]. » Dès son entrée à Saint-Pélagie, Enfantin avait écrit à Barrault, lequel demandait avec insistance que soit donné le signal de la diaspora, en donnant entière liberté d'apostolat à ses disciples : « Culte mystérieux de l'absence du Père, inspire-leur les signes auxquels je reconnaîtrais mes enfants ! À vous, mes amis, le culte de la Mère, vous êtes orphelins. Culte mystérieux de l'attente de la Mère, inspire-leur les signes qui nous feront tous reconnaître par elle ! »[425]. Le disciple saisit la balle au bond. Enfantin lui donne le « signe divin » qu'il attendait depuis trois mois. Il faut placer l'activité de la famille sous l'étendard de la FEMME. Sans tarder, le 22 janvier, sont fondés Les Compagnons de la Femme par un *Acte* ainsi introduit : « le PÈRE a renoncé à inspirer, à diriger, à ordonner, du fond de sa prison, les actes de ses enfants, sûr que notre œuvre religieuse, loin d'être interrompue, se continuerait, en dehors de lui, sous des formes neuves[426]. »

« Prédicateur et apôtre », Barrault, appelle tous les hommes, sur tout l'éventail politique, « *Républicains, Légitimistes,* et *Juste-milieu* », enrôlés aujourd'hui « sous trois bannières, toutes trois sanglantes ? », de constituer « le PARTI DES HOMMES QUI CROIENT À L'ÉGALITÉ DE L'HOMME ET DE LA FEMME »[427], et d'aller au-devant de celle qui doit siéger à côté du PÈRE, la FEMME-MESSIE pacifique et rédemptrice : « Préparons-nous à aller au-devant d'ELLE, à la recevoir, à la servir, à la glorifier ![428] » Enfantin répond tout de suite :

> J'entends du fond de ma prison l'Orient qui s'éveille et qui ne chante point encore, et qui crie : je vois l'étendard du prophète souillé, brisé, le vin coulant avec le sang engourdi d'opium dans les ruisseaux d'Istanboul. Le Nil a rompu les digues et se répand plus loin qu'il n'a jamais marché. Portant les germes que la main de Napoléon a secoués sur ses bords et que Méhémet a fécondés, le voile de l'odalisque est tombé devant Mahmoud. Le Verbe a pris la forme multiple, et par la paresse il ronge le livre un, le Coran. La grande communion se prépare, la Méditerranée sera belle cette année, de Gilbraltar à Scutari, cette côte brûlante se soulève et appelle l'Occident endormi sous la parole de ses phraseurs de tribune. Italie ! Italie ! Tu auras quelques grands jours encore, tu es étendue sur cette grande couche nuptiale, ton ciel, dôme de Saint-Pierre, couvrira de sa riche parure la joie des fiancés. Tu n'es pas l'avenir, mais tu es le grand héritage du passé, la dot du Père au Fils et à la Fille[429].

Dans ces incantations, qu'il recopie dans sa correspondance faite à d'autres disciples[430], Enfantin reprend la métaphore de la Méditerranée comme « lit nuptial de l'Orient et de l'Occident », que Michel Chevalier a utilisé un an plus tôt comme formule de sa politique industrielle, mais en la replaçant dans une immense fresque illuminée. En interprétant cette lettre comme un appel au voyage d'Orient, Barrault saute un nouveau pas, après une affreuse tempête dans son esprit : il a pris conscience avec des larmes de joie du lieu où il faut chercher la MÈRE, c'est en Orient ! Le 27 janvier :

> Je dis à RIGAUD, TOCHÉ et TOURNEUX, que je regardais liés à ma vie : "Je sais où est la MÈRE : en Orient. L'Occident est pâle, éclipsé, captif, le PÈRE est en prison. Rien ne s'y fait, ne s'y dit aujourd'hui. L'Orient s'éveille au bruit des armes, sous des flots de sang, l'Empire turc se déchire, c'est la guerre, encore la guerre ! [...]. Voici déjà que l'Europe, quittant la scène mesquine où depuis tant de mois elle s'épuise, se hâte de transporter, sur un théâtre plus vaste, ses armées, ses flottes, sa diplomatie. L'Europe, l'Asie, l'Afrique, ces trois colosses de l'Ancien monde, se regardent et se menacent : toute la vie de l'Occident se jette à l'Orient. Ce flux immense, que l'on a essayé de contenir derrière des digues sans cesse coupées et reformées, va au fond de la Méditerranée. Là paraîtra la FEMME[431].

Dans une herméneutique enfermée dans la logique du DOGME nouveau naguère élaboré par Enfantin et d'Eichthal, s'amalgament, dans l'esprit des disciples, les idées en cours dans le mouvement : la Femme-Messie et l'Orient-femme donnent un précipité original, celui de la quête d'une Femme-Messie destinée à se libérer de l'Orient mystérieux qui l'emprisonne et à libérer en même temps des guerres les rapports entre Orient et Occident.

Il ne reste plus qu'à mettre sur pied la Mission d'Orient placée, dans l'imaginaire saint-simonien, à l'intersection de deux préoccupations. La première ressortit de la POLITIQUE, c'est-à-dire, dans le langage des *Enseignements* qui suivent la rupture avec Bazard, du programme industriel que poursuit de son côté Chevalier et tout particulièrement l'accomplissement de grands travaux. Quand l'Église essaimera en Orient, affirme Barrault, « les ingénieurs d'Europe accourront, la hiérarchie orientale se prêtera à une prompte réalisation et commencera ainsi à se transformer[432]. » Mais il ajoute à cette préoccupation une seconde, sur laquelle Chevalier est très discret, la quête de la MÈRE qui fait partie, elle, du volet MORALE du culte : « À ce prix seulement la venue de la femme ! Vous l'avez appelée ! Montrez-vous et que de tous côtés accoure à son oreille le bruit de votre bonté, de votre sagesse, de votre beauté ![433] »

Que ce soit par enthousiasme pour l'initiative de Barrault ou pour garder l'ascendant sur les disciples qui se regroupent autour de lui et dont le projet lui échappe, Enfantin lui imprime sa marque en élaborant un cérémonial. C'est d'abord l'institution d'un collier, qui marque la énième mutation apostolique. Chaque anneau se rattache aux phases de la vie du mouvement, et désigne les hommes qui ont marqué leur passage en son sein. Il commente : « Jusqu'à ce que la MÈRE consacre ou change ce signe de chevalerie, qui est aussi notre signe de triple servitude de célibat, de prolétariat et de prison, cette chaîne de nos mérites passés est ouverte au mérite de tous. »

C'est ensuite celle d'un calendrier nouveau où les années, les mois et les jours portent des noms prestigieux du mouvement. Ainsi 1833, comprise comme la première année de l'ère nouvelle, porte, comme dans la grande tradition orientale venue de Mésopotamie, le nom de l'événement qui la marque : c'est « l'année de la MÈRE. » Le lundi prend désormais le nom de Saint-Simon. Enfantin fixe le départ des Compagnons de la Femme pour l'Orient le vendredi 22 mars 1833. Ce choix ne doit rien au hasard : « Le 22 MARS, VENDREDI, nous appareillerons, annonce Barrault : Vénus marque de son astre le jour du départ, et la vieille superstition du marin cèdera à notre foi nouvelle dans l'étoile de la femme. » Et d'insister : « Le 22 mars, moment solennel où le jour et la nuit sont dans un divin équilibre, symbole de l'égalité de l'homme et de la femme, nous partirons. Soufflez vents de l'équinoxe du printemps, et poussez-nous rapidement vers Constantinople. Peut-être les vents de l'équinoxe d'automne gonfleront-ils notre voile plus orgueilleuse poussée vers d'autres bords ![434] » Rogé le relèvera, cela fut annoncé « sur un mode mystique tellement élevé qu'il atteignit presque les régions de l'astrologie ou les mystères de la Kabale »[435]. Le collier sera distribué aux néophytes dans des cérémonies commémorant le 8 février, jour anniversaire de la naissance du PÈRE selon un protocole où gloire lui est rendue ainsi qu'à la MÈRE, et dont Chevalier est chargé d'élaborer le programme pour Lyon[436].

Comme autrefois Jason avait vogué vers les terres inconnues de la Colchide, au fin fond du Pont-Euxin, Barrault organise une expédition avec ses propres Argonautes, les Compagnons de la Femme. En fait, l'*Ordre* qu'il rédige le 7 février prévoit deux Missions d'Orient sur les directives d'Enfantin. Il sera le capitaine de la première, nommée Mission de Constantinople, accompagné de David, Rigaud, Toché et Tourneux. Mais peut-être pour ménager la susceptibilité de Cayol qui a déjà songé à partir vers un Midi assez vague, il admet une seconde mission. C'est que le courant ne semble pas passer entre les deux hommes. Barrault, brillant homme de pensée et au premier rang de la Famille, estime son projet englobant et souffre de voir son autorité contestée. Quant à Cayol, homme d'action au caractère rude, il tient à sa propre idée du voyage en Orient, bien plus vague que celle de Barrault et qui vise une pure action de prosélytisme. Et lui aussi possède son ego. La mission de Cayol sera donc la Mission du Caire, et Urbain en fera partie[437]. S'efface dès lors toute association devant l'association nouvelle[438]. Les troupes, qui se trouvent désormais sous les ordres de Barrault, sont entièrement redisposées en attendant des directives ultérieures. Parmi les noms cités, on trouve à Lyon et au travail, ceux de Bruneau, Hoart, Rogé et de bien d'autres, à Grenoble et au travail, celui de Cognat, en mission à Grenoble, celui de Machereau, en mission à Béziers, celui de Granal, etc.[439]

Le 17 février, au cours d'un banquet réunissant trois cent personnes, est distribué le fameux collier que Holstein et Ollivier viennent d'apporter de Paris[440]. Le 20, découvrant la guillotine dressée place Perrache couverte de neige et de givre, près de leur local, Barrault s'écrie : « Compagnons, alerte ! À l'œuvre ! Nous avons aujourd'hui une besogne exceptionnelle à faire ! » Les disciples sortent précipitamment et manifestent en habit, arborant au moment de l'exécution des pancartes portant chacune d'elle un de ces slogans : « Plus de sang ! Plus de guerres ! Plus d'échafauds ! Les peuples ne sont pas de la chair à canon ! Les peuples ne sont pas de la chair à guillotine ! » Cependant, déplore Rogé, « la tête de l'homme tomba dans le sinistre panier… Force resta à la loi »[441].

Malgré certaines réticences perceptibles parmi les membres de la Famille œuvrant à Lyon, tous les thèmes de la propagande saint-simonienne sont peu à peu enveloppés par une seule et même idée : celle de la quête de la Mère qu'il faut aller chercher en Orient.

L'Orient des héritiers de Saint-Simon n'est plus celui du Maître

La situation que vivent les héritiers de Saint-Simon au tournant des années 1830, celle où Urbain entre dans l'arène intellectuelle et politique, est très différente de celle vécue par le Maître pour qui l'Orient avait brutalement fait irruption sur la scène européenne avec l'expédition de Bonaparte. Selon les préjugés de cette époque, l'Orient est extérieur au monde civilisé. Saint-Simon termine en 1802 ses *Lettres d'un habitant de Genève* par l'expression d'un rêve où il fait dire à Dieu en personne : « Apprends que les Européens sont les enfants d'Abel, apprends que l'Asie et l'Afrique sont habitées par la postérité de Caïn. Vois comme ces Africains sont sanguinaires : remarque l'indolence des Asiatiques, ces hommes impurs n'ont point donné de suite aux premiers efforts qu'ils ont faits pour se rapprocher de ma divine prévoyance[442]. » Nous avons là une allusion à l'immobilisme qui serait le pendant du despotisme oriental auquel il incomberait à la civilisation européenne d'arracher les peuples qu'il est réputé vouer à l'immobilité historique.

Digne continuateur des encyclopédistes, Saint-Simon intègre dans la notion de civilisation l'ensemble des traits qui caractérisent l'état d'évolution de la société sur les plans technique, intellectuel, politique et moral. Au départ, nous avons Riquetti de Mirabeau, le père du révolutionnaire, pour qui l'idée de la civilisation consiste dans la marche de l'humanité vers davantage de civilité : « La religion, écrit-il en 1756, est sans contredit le premier et le plus utile frein de l'humanité. C'est le premier ressort de la civilisation. Elle nous prêche et nous rappelle sans cesse la confraternité, elle adoucit notre cœur »[443]. Le terme est popularisé par cette citation par le *Dictionnaire de Trévoux* dans son édition de 1771. Dans son *Esquisse d'un tableau historique des progrès de l'esprit humain*, Condorcet donne rapidement à ce procès historique une acception plus large en posant cette question :

> Toutes les nations doivent-elles se rapprocher un jour de l'état de civilisation où sont parvenus les peuples les plus éclairés, les plus libres, les plus affranchis de préjugés, les Français et les Anglo-américains ? Cette distance immense qui sépare ces peuples de la servitude des Indiens, de la barbarie des peuplades africaines, de l'ignorance des Sauvages, doit-elle peu à peu s'évanouir ?[444]

Dès la fin du XVIIIe siècle s'opère derrière le même terme, un glissement conceptuel : de l'idée de degré, d'état de civilisation des sociétés, on passe à celle d'un classement des sociétés selon leur stade de civilisation, l'humanité passant successivement par ceux de la sauvagerie, de la barbarie avant d'atteindre celui de la civilisation. Saint-Simon suit Condorcet selon lequel de vastes contrées du monde « n'attendent, pour se civiliser, que d'en recevoir de nous les moyens, et de trouver des frères dans les Européens, pour devenir leurs amis et leurs disciples », même lorsque l'encyclopédiste mentionne ici expressément les « nations asservies sous des despotes sacrés ou des conquérants stupides, et qui, depuis tant de siècles, appellent des libérateurs »[445]. Ce n'est pas que Saint-Simon se désintéresse de la marche de la civilisation à l'échelle de la planète entière, mais son propos s'applique essentiellement à l'Europe.

Quand les héritiers de Saint-Simon formulent leurs idées et leur programme au tournant des années 1820-1830, ils sont sous l'influence quasi-naturelle des cours d'histoire de François Guizot, qui publie en 1828 sous le titre d'*Histoire de la civilisation en Europe*. Et ils ne sont pas les seuls. La notion de civilisation va profondément occuper les esprits sous la monarchie de Juillet. Urbain emploiera communément le terme *civilisation* en le mesurant à l'aune du progrès qu'il définit, dans le sens le plus général, comme le développement des facultés morales, physiques et intellectuelles d'un groupe humain ou d'un individu « vers un idéal déterminé par les circonstances spéciales qui dominent l'existence de chacun »[446]. À l'instar des Saint-Simoniens, il ne cessera de mettre en avant, dans cet esprit, la mission de l'Occident de communiquer ses acquis civilisationnels à l'Orient, par exemple lorsqu'à Damiette, il notera à propos de la modernisation de l'Égypte : « On ne peut espérer un mouvement large s'il n'est pas ouvert par ceux que Dieu a mis à la tête de la civilisation »[447]. Il est tout naturel que les peuples d'Europe soient fiers des développements profonds et massifs qu'ils ont conscience d'apporter, à cette époque-là, à l'humanité. Cela dit, la voie par laquelle des peuples se mettent à l'unisson de la civilisation n'est pas indifférent*. Une chose est de classer les sociétés selon leur degré de civilisation, autre chose est de penser, dans une sorte de téléologie, l'Europe

* Nous aborderons au chapitre suivant la question de la conquête qui, après la Révolution et l'Empire, paraît aller de soi.

comme la fin des fins de la civilisation avec un grand C, comme l'exprime clairement Guizot quand, cherchant à amoindrir la rupture de la Révolution française, il en fait un simple épisode de l'histoire longue. Il n'y a, dans cette conception qui devient le sens commun de l'époque, rien à apprendre des sociétés présentées comme situées à un degré inférieur, et il est tentant de conférer aux degrés dits supérieurs des droits sur eux. C'est une question à la discussion de laquelle Urbain apportera sa contribution aux différentes époques de sa vie intellectuelle.

Saint-Simon, rêvait en 1802 de la libération des Grecs du joug ottoman : « Les Européens réuniront leurs forces, écrivait-il alors. Ils délivreront leurs frères grecs de la domination des Turcs[448]. » Au temps où ses héritiers entament leur carrière, la réalité historique a rattrapé ses aspirations. Nous sommes en pleine croisade philhellène. Après les reculs de la Porte dans les Balkans dans les années 1770-1780 et surtout l'ébranlement provoqué dans l'Empire par l'expédition de Bonaparte, l'Orient, qui avait été attiré presque à son insu dans l'horizon politique de l'Europe, y fait désormais intrusion massive et durable avec la révolte du 25 mars 1821 qui conduit à l'Indépendance grecque. Les puissances européennes s'activent et volent au secours de la Grèce. L'intervention navale conjointe franco-anglo-russe détruit à Navarin en octobre 1827 la flotte ottomane renforcée par celle de Mohammed Ali. L'expédition française en Morée – nom que porte alors le Péloponnèse –, qui la suit immédiatement, défait les troupes de la Porte augmentées de celles d'Ibrahim Pacha, le fils de Mohammed Ali, en 1828. Le corps expéditionnaire français, commandé par le lieutenant-général Maison, officier de la Révolution et de l'Empire rallié à la Restauration, calque l'expédition d'Égypte sur le mode mineur par la mise sur pied d'une Mission scientifique de Morée groupant des savants de diverses disciplines. Les fidèles de Saint-Simon épousent tout naturellement la perspective de la décomposition de l'Empire ottoman qui semble désormais inscrite dans les faits. Dans sa *Prédication* de janvier 1832, Émile Barrault est on ne peut plus explicite : l'Orient encore grossier sera repoussé au-delà du Bosphore, et la civilisation va revenir après de longues vicissitudes aux lieux d'où elle était partie, « plus riche et sans voiles mystérieux »[449].

Captant à pleins poumons l'air du temps dans ce texte, dont il reprend des extraits dans la première livraison de *1833 ou l'Année de la femme*[450],

Barrault en appelle à l'exemple de deux écrivains : Chateaubriand, qui a publié en 1811 son *Itinéraire à Jérusalem*, et Byron dont le fameux poème *Le Giaour*, narrant les mésaventures amoureuses d'un Grec sujet ottoman, est traduit en français en 1828. Mais il faut compter aussi avec les voyages imaginaires : celui qu'accomplit Goethe dans son *Divan occidental-oriental*, périple dans le temps mais qui constitue une magnifique ouverture sur l'Orient islamique dans sa richesse culturelle, et celui auquel nous invite Victor Hugo dans ses *Orientales*, publiées en 1829 et où se déploie tout l'imaginaire de l'orientalisme romantique peuplé de djinns, de sultanes, d'extases et de rêveries. « Quoi !, s'exclame Barrault, n'y a-t-il rien de prophétique dans ce concert de trois poètes, Byron, Hugo, Chateaubriand ?[451] »

N'oublions pas enfin, sur le plan de la pensée politico-mystique, voire eschatologique, l'idée de la croisade dite « faquiriste » des savetiers, par laquelle Charles Fourier rêve à Babylone, cité mythique au principe de l'histoire, du démantèlement de l'Empire ottoman et de retrouvailles gastrosophiques et érosophiques, et, comme on le pressent, rabelaisiennes et pantagruelesques, où hommes et femmes sont à égalité[452]. À considérer l'engouement que suscite l'Orient dans le monde littéraire et artistique, on voit bien qu'il se manifeste par des expressions très diverses, voire opposées, vis-à-vis des sociétés et de la civilisation de l'Orient islamique, et cela est vrai jusques et y compris à l'intérieur du courant saint-simonien.

Dans les dernières années de la Restauration, l'opinion est submergée par une déferlante anti-ottomane. C'est contre la Porte que l'Europe, qui vient de se déchirer pendant les guerres de la Révolution et de l'Empire, se forge une identité commune dans le droit des nations, les droits humanitaires et le principe des nationalités. Dans l'intime de la conscience de soi européenne, se raffermit l'idée de détenir contre la planète entière la Civilisation, cela en opposition à un adversaire commun, l'antithèse érigée en figure de la Barbarie, au sein de laquelle l'Islam occupe une place centrale. Au Salon de 1824, Delacroix expose sa toile bouleversante dénonçant *Les massacres de Chio*. Il revient en 1826 en exposant l'émouvante *Liberté dans les ruines de Missolonghi*. Vibrer pour l'indépendance hellène entraîne, même chez un esprit aussi pondéré que Benjamin Constant, la dévalorisation de l'adversaire la plus triviale, comme cela ressort de son *Appel aux nations chrétiennes en faveur des Grecs* lancé en 1825 :

> L'Empire du Croissant tel que l'a façonné depuis plusieurs siècles l'union nécessaire et funeste du despotisme et de l'anarchie, ne saurait inspirer sans doute aucune alarme fondée. Son génie stationnaire a pâli devant les progrès de la civilisation [...]. Mais le génie de l'Orient n'est pas étouffé. C'est dans cette contrée que l'islamisme a pris naissance, et cette patrie des croyances religieuses n'a perdu ni son ardent soleil, ni ces imaginations disposées à l'enthousiasme, ni ce courage aveugle et furieux qu'exaltent les religions naissantes, et qui précipite des flots de Sauvages frénétiques sur les nations policées[453].

Nous sommes, dans cet appel, à mille lieues des rêves orientaux des disciples de Saint-Simon qui voient dans l'action du pacha d'Égypte la régénération de l'Orient islamique. En même temps qu'ils apportent sur ce dernier un regard nouveau par rapport à celui du Maître, leur vision des Arabes et de l'Islam présente des caractéristiques originales[454]. Saint-Simon n'était déjà pas dans le droit fil de Condorcet et de d'Alembert, lesquels présentent le Moyen Âge comme une époque durant laquelle l'esprit humain a rétrogradé. Il s'est dit très embarrassé par une telle attitude. Il a lu le travail de Conrad Oelsner sur les débuts de l'Islam, *Des effets de la religion de Mohammed...* qui, distingué par le prix de l'Institut en 1809, lui a été très profitable. Traduit en allemand l'année de sa parution en français par son camarade d'université Johann Gottfried Ebel et enrichi par son auteur, l'ouvrage a également initié Gœthe à la civilisation de l'Islam. Oelsner est, selon Saint-Simon, l'auteur qui « a le mieux analysé l'influence des travaux scientifiques des Arabes sur l'intelligence des Européens ». Saint-Simon a appris, grâce à lui, que les Arabes de l'Âge d'or « ont guidé l'esprit humain dans le pays des découvertes jusqu'au XVe siècle, époque à laquelle les Européens ont chassé les Arabes d'Espagne et les ont devancés en intelligence, par les efforts qu'ils ont faits pour découvrir une loi unique à laquelle l'univers fût soumis[455]. »

Ce publiciste et philosophe allemand est un adepte des Lumières et de la Révolution française, sympathisant des Girondins et ami de Sieyès avec qui il a rompu lorsque celui-ci devint l'un des trois consuls. Grâce à son œuvre magistrale, Saint-Simon est en effet en mesure de rétablir la place des sciences arabes et de la civilisation de l'Islam dans l'histoire. Voici ce qu'il dit de l'un des orientalistes les plus en vue de son époque, inspirateur de la campagne d'Égypte de Bonaparte :

M. de Volney est tombé dans une grande erreur en disant : "On doit donc faire une différence des Arabes de nos jours à ceux d'El-Mamoun et d'Aroun el-Rachid. Encore faut-il avouer que l'on se fait de ceux-ci, des idées exagérées. Leur empire fut trop passager pour qu'ils pussent faire de grands progrès dans les sciences. Ce que nous voyons arriver de nos jours à quelques grands États de l'Europe, prouve qu'il leur faut des siècles pour se naturaliser. Aussi, dans ce que nous connaissons des livres des Arabes, ne les trouvons-nous que les traducteurs ou les échos des Grecs. La seule science qui leur soit propre, la seule qu'ils cultivent encore, c'est celle de leur langue, et, par étude de la langue, il ne faut pas entendre cet esprit philosophique qui, dans les mots, cherche l'histoire des idées pour perfectionner l'art de les peindre. Chez les Musulmans, l'étude de l'arabe n'a pour objet que ses rapports à la religion : ils sont étroits, attendu que le Coran est la parole immédiate de Dieu". J'engage M. de Volney à faire des recherches sur les travaux scientifiques des Arabes en Sicile et en Espagne, pendant les neuvième, dixième, onzième et douzième siècles. Il verra que, pendant ce laps de temps, les Arabes ont été le seul peuple qui ait cultivé les sciences, qu'ils ont défriché à cette époque le champ scientifique que nous cultivons aujourd'hui, qu'ils ont été les fondateurs des sciences physico-mathématiques, de la chimie et de la physiologie. Je suis certain que le seul examen de la bibliothèque de l'Escurial suffirait pour changer son opinion[456].

Saint-Simon ne parvient pas toutefois à se débarrasser de la vision de Condorcet pour qui les peuples d'Asie sont condamnés à la tyrannie et au despotisme, tout particulièrement pour les pays où « la religion de Mahomet [...] semble condamner à un esclavage éternel, à une incurable stupidité, toute cette vaste portion de la terre où elle a étendu son empire » et où « le génie des sciences et de la liberté » n'est parvenu, hier, à briller que « sous les superstitions les plus absurdes, au milieu de la plus barbare intolérance[457]. » Il y a plus grave : si l'on écarte les pays d'Islam, l'Inde et la Chine, les autres peuples du monde, notamment ceux d'Afrique, sont mis par lui au rang de « peuplades presque sauvages »[458]. Ayant critiqué Volney sur l'apport des Arabes dans l'histoire, Saint-Simon reste prisonnier de la vision de celui-ci quand il repousse « la religion de Mahomet toute guerrière », qui aurait adopté « les préjugés de l'Inde et de l'Égypte »[459]. Il accuse même les historiens de sous-estimer les côtés positifs des croisades, notamment en ce qu'elles ont empêché la conquête de l'Europe à laquelle le peuple arabe « était poussé par le fanatisme religieux que Mahomet lui avait inspiré »[460].

Il est donc loin d'échapper aux idées toutes faites sur l'Islam formalisées depuis les clercs chrétiens du Moyen Âge, qu'il reprend et recadre dans celles du XVIIIe siècle : rejetant en bloc dans le despotisme le plus brutal et les ténèbres de la barbarie l'Asie entière et la Russie, il considère que la religion universelle et unique comme un Christianisme régénéré entraînant dans son sillage le culte nouveau « des fils de Mahomet ». Pour lui, notera à juste titre Enfantin en l'appliquant également à ses héritiers, la vision de l'époque restait : « Comme le témoignage où nous étions, nous, fils de Chrétiens, de faire autre chose, dans nos travaux historiques, que l'enchaînement de l'histoire chrétienne[461]. » À la différence de son maître, Enfantin refuse par principe l'idée d'un Orient irrémédiablement barbare : « La civilisation de l'Asie est-elle stationnaire ou même rétrograde ? Si cela était, comment la raccorder avec le principe général de la perfectibilité, ou du développement constant de l'espèce humaine ? » Même s'il reste empêtré dans la vision des déterminismes géographiques de Montesquieu, pondérés par les facteurs de race de Saint-Simon et Augustin Thierry, il tente une intéressante explication différentielle, dialectique, qui embrasse le développement des différentes civilisations dans leurs rapports réciproques :

> La race la mieux organisée (toutes circonstances climatériques égales) se civilise la première, et dès lors arrête le développement des races inférieures, qu'elle subjugue, qu'elle apprivoise, qu'elle assimile aux animaux domestiques jusqu'à ce que l'association soit comprise et admise.

C'est en commentant à Sainte-Pélagie en décembre 1832, cette note écrite en 1827, qu'Enfantin trace ce bilan de la vision de l'Orient dans le courant saint-simonien : « Toujours le problème relatif à l'Orient nous a été posé, et pourtant il n'existe aucun travail à ce sujet parmi nos écrits. Saint-Simon aussi avait à peine touché cette face de la vie humaine »[462] en s'appliquant notamment à revaloriser, comme nous venons de le voir, l'apport des sciences arabes. Fidèle au jugement porté par Jean Damascène dans le *Livre des hérésies* au tournant du VIIe au VIIIe siècle, et répété en scie pendant treize siècles, Jules Lechavalier ne voyait encore en 1831 dans le « mahométisme, produit après la religion juive et la religion du Christ [...] qu'une hérésie matérialiste du Christianisme[463]. » Jean Reynaud gommait, à la même époque, lui aussi l'Islam du développement historique en l'accablant des préjugés communs : « Les peuples de l'Orient, soumis à la loi de Mahomet, adorent un Dieu beaucoup plus voisin de celui des Hébreux que de celui des Chrétiens, puisque Mahomet ne fit en quelque sorte qu'universaliser le Judaïsme. Son Coran est tout puissant dans la nation, et la religion se confond avec la politique : mais encore toute empreinte d'antiquité, elle laisse subsister l'esclavage, sanctifie la guerre, et maintient les femmes dans un état humiliant de dégradation[464]. » Il ne se démarque en rien d'un Chateaubriand qui, à la même époque, traite, sur un mode particulièrement fielleux, l'Islam d'« hérésie judaïque-chrétienne, de qui la haine aveugle contre les adorateurs de la croix se compose des haines diverses de toutes les infidélités dont la religion du Coran s'est formée »[465]. On se demande bien où est la haine...

Enfantin et ses amis peuvent sembler cheminer dans le droit fil de Volney en intégrant l'impulsion attribuée selon eux à l'expédition de Bonaparte. Voici en effet ce qu'ils pensent : « La communication des lumières d'une portion s'étendra de proche en proche, et gagnera le tout. Par la loi de l'imitation, l'exemple d'un premier sera suivi par les autres : ils adopteront son esprit, ses lois, jusqu'à ce que l'espèce entière devienne une grande société, une même famille gouvernée par un même esprit, par de communes lois, en jouissant de toute la félicité dont la nation humaine est capable[466]. » Deux faits importants viennent toutefois enrichir leur perception de l'Orient. Le premier vient des événements extérieurs, le second est pour ainsi dire interne au mouvement. Le fait nouveau extérieur, c'est le vent qui souffle de cet Orient que l'on croyait immobile et figé. Les réformes engagées à Constantinople par les sultans Sélim III et Mahmoud II, et au Caire par Méhémet Ali – Mohammed Ali pour les Arabes – viennent perturber le beau schéma de développement linéaire induit par Condorcet et repris par Saint-Simon. C'est ainsi que, devant l'œuvre du pacha d'Égypte qu'il qualifie de « personnage extraordinaire », Adolphe Blanqui se demande : « Qui peut prévoir quelles seront les limites de la production, lorsque les machines à vapeur seront répandues sur le Nil et dans toutes les plaines du Delta ? Lorsqu'elles seront appliquées aux manufactures naissantes de draps fins, aux forges, aux irrigations, aux usines de toutes espèces ! Qui sait si, entre les mains d'un Barbare, la vieille Égypte ne reprendra pas son antique splendeur » et, se reprenant, si l'on est en droit d'appeler Barbare « un homme qui improvise tout à coup, au milieu des ruines, les merveilles de la civilisation moderne[467]. »

Posée ainsi, la question crée un trouble chez les héritiers de Saint-Simon, dont l'horizon était jusqu'ici essentiellement limité à l'Europe. Ils sont désormais pressés par des événements percutants d'intégrer la modernisation de l'Égypte et, partant, de l'Orient, dans leur conception de la marche de la civilisation. Vibrant en même temps pour la croisade philhellène, une partie d'entre eux, en particulier ceux qui restent avec Enfantin après la rupture de Bazard, n'en sont pas moins sensibles aux réformes entreprises par Mohammed Ali, qu'ils en viennent à vanter comme le continuateur de Bonaparte, et à penser plus généralement, à la lumière de la situation égyptienne, que l'Islam comme société et comme religion, est susceptible d'évolution et de réforme. Et voici un fait qui ne peut pas ne pas troubler les esprits : nombre d'hommes ayant vu, avec la chute de l'Empire, l'horizon se boucher en France, ont senti qu'ils pouvaient se mettre utilement à la disposition du besoin de développement des souverains des pays d'Islam, qu'il s'agisse du chah de Perse, du sultan de Constantinople ou du pacha d'Égypte. Certes, dans cet élan vers un Orient dont ils voient venir une clarté, ce ne sont pas tant ses qualités propres qu'on va chercher en lui, ce sont plutôt celles d'un Orient rêvé, plus exactement celles d'une société prenant modèle sur l'Occident, quand celui-ci, jugé égoïste et obtus, stupidement bourgeois, est fermé à l'avenir. Mais le fait est là : l'Orient n'est plus ce contre-monde, l'image inversée du Monde européen civilisé, qui lui sert de repoussoir.

Olinde Rodrigues est probablement, par le respect qu'il impose dans l'Église, un des artisans de la modification du regard des Saint-Simoniens sur l'Orient et l'Islam pris comme religion et civilisation. C'est là que réside le fait nouveau intérieur au mouvement. Rodrigues est juif. Il ne cache pas sa filiation avec les idéaux des Lumières et de la Révolution française ni sa judaïté sécularisée, et avec lui, viennent son frère Eugène, ses cousins Pereire, tous de tradition culturelle marrane. Si, après la prédication que Barrault a délivré le 15 janvier 1832 sur *L'Orient et l'Occident*, il s'était borné à dire : « Mahomet nous apportant les traditions d'Aristote au onzième siècle, entre les mains des moines chrétiens, l'instrument de la fondation de la science moderne », il n'aurait fait que reprendre Saint-Simon. Mais, faisant allusion à ses propos dans la réunion de la Famille du 27 novembre précédent, il ajoute : « J'ai dit que du jour où le Juif, élevé chrétiennement, nourri de la science chrétienne et de la science antichrétienne, qui avait pratiqué l'industrie et la science, rencontra Saint-Simon et vit en lui un nouveau Père, j'ai dit que de ce jour la famille universelle avait été fondée. Le magnifique tableau de l'Orient et de l'Occident que mon fils Barrault vient de vous présenter est le développement immense de cette idée sainte. »

C'est déjà relever le plateau de l'Orient dans la balance historique. S'il s'était contenté de s'impliquer en tant que trait d'union vivant entre les deux parties du monde, il n'aurait fait qu'illustrer le propos de Barrault en engageant sa personne. En fait, il va plus loin en replaçant l'Islam dans le mouvement général de l'histoire, non dans une voie latérale, mais centrale pour l'Occident. Après avoir rappelé que Saint-Simon avait posé la religion nouvelle sous le nom de Nouveau christianisme, comme Jésus, son prédécesseur, avait posé le Christianisme comme nouveau Judaïsme, et qu'il est le Messie temporel, il commente : « Messie qui fut précédé d'abord par Mahomet, le plus grand de tous les protestants. » Il ne s'agit pas d'une intégration de pure forme de l'Islam dans la lignée de pensées humaines : « Ce Protestantisme de Mahomet a précédé l'organisation de la chair, l'organisation de l'industrie ». Il s'agit bien d'une intégration de substance dans ce sens où elle est un précédent dans ce qui est au cœur de la théologie saint-simonienne, l'union de l'esprit et de la chair[468].

Certes, comme le confesse Rodrigues à ses amis, son père voulut faire de lui un homme pour l'avenir et non pour le passé, et si jamais il ne pratiqua les rites du Judaïsme[469], il respectait sa part de culture marrane. Celle-ci ainsi que la part de la culture juive allemande de d'Eichthal, toutes deux extérieures à la culture de l'Église romaine dominante en France, ont fourni à Enfantin un tremplin concret pour donner au Nouveau Christianisme une couleur nouvelle, non réductible au Christianisme, ouverte sur la Méditerranée et l'Orient. C'est d'Eichthal qui s'écrie en avril 1832, dans une lettre à Edmond Talabot :

> Paix à l'Albigeois et paix au Sarrazin ! Amour à tous les hommes, amour à tous les peuples. Haut ! Haut ! L'étendard de la religion universelle, livrez aux vents ses flammes sinueuses, étincelantes. Qu'elles aillent de leurs replis lointains battre les dômes de Rome et les flèches de Madrid, les tours de Berlin et de Londres, les minarets d'Istanbul et ceux d'Alexandrie. Amour à tous les hommes ! Amour à tous les peuples ![470]

Rodrigues et d'Eichthal ne sont sans doute pas pour rien dans la mutation qui se produit chez Enfantin d'une vision caricaturale de l'Islam largement partagée à celle d'une approche plus curieuse et plus ouverte. Une anecdote, probablement datée de 1829 ou 1830 et que raconte Pierre Leroux, témoigne de la position d'où, dans la bonne tradition anticléricale des Lumières, part Enfantin : « Nous nous promenions sous les grands arbres des Tuileries. Enfantin voulait me tâter avant de me révéler son système. Il commença en forme d'introduction par discourir sur Mahomet et sur Jésus, qu'il appelait les grands farceurs ». Leroux poursuit qu'à l'instar de Voltaire, Enfantin fait au prophète de l'Islam « le reproche de haute imposture », pour conclure : « Cette fausse appréciation d'Enfantin sur les religions et sur ceux qui, par leurs révélations, les ont causées, m'inspira une insurmontable défiance, et je vis du premier coup d'œil sa formidable erreur de Prêtre-Comédien »[471]. Tout « comédien » qu'il est, il y a pourtant tout lieu de penser qu'Enfantin est sincère quand, de Sainte-Pélagie, il écrit à Aglaé Saint-Hilaire : « À dix heures, je m'endors avec le Coran ou la Bible ou même un livre de messe ou de voyage[472]. » On peut mesurer le chemin parcouru en quelques années.

On assiste ainsi, au cœur de la vision de l'Orient d'Enfantin, à une inflexion certaine, bien que non exempte d'ambiguïté. L'Orient a mûri dans l'épisode de Ménilmontant. De plus, Pierre Ballanche vient de revivifier le terme grec de *palingénésie*[*], qui signifie littéralement « régénération, régénérescence, renaissance » et qui sert à désigner, dans le Nouveau Testament, précisément dans l'Évangile selon Matthieu, l'avènement du règne de Dieu, et lui donne, dans un essai de 1827-1829, le sens de « régénération collective » par agrégation des rédemptions individuelles caractéristiques de son Socialisme chrétien avant la lettre. Le terme est repris

[*] Voir ses *Essais de palingénésie sociale*, 2 volumes parus en 1827-1829.

par les Saint-Simoniens pour exprimer le but et la voie de régénération de l'humanité par fécondation réciproque des qualités de l'Orient et de l'Occident.

Au feu de la polémique qui marque la scission avec Bazard, Enfantin a exprimé une vision nouvelle. Dans son *Deuxième Enseignement* consacré à la « réhabilitation de la chair », il a montré que l'on peut désormais utiliser le terme *civilisations* – au pluriel par conséquent – dans le sens moderne d'ensembles ethnoculturels, et considère que différentes qualités sont réparties entre elles : ainsi l'esprit et l'intelligence pour l'Occident, la matière et la chair pour l'Orient. Dès lors, l'harmonie universelle suppose l'union des deux :

> Si lorsque notre parole de RÉHABILITATION frappe le monde, elle tombe sur lui dans un moment où l'Orient et l'Occident se repoussent encore, un jour viendra où sa puissance RELIGIEUSE fera communier, dans une foi vraiment universelle, la CHAIR ardente qui foule la terre du Midi, et l'ESPRIT qui s'élève dans les nuages du Nord[473].

Dans sa prédication de janvier 1832 sur *L'Orient et l'Occident*, Barrault ne se contente pas d'enregistrer comme l'a fait Saint-Simon, l'apport historique de la science arabe. Il ne se contente pas de réhabilitation du rôle des Arabes et celui de la civilisation islamique dans l'histoire partagée par une partie des intellectuels y compris dans le journal *Le Globe*, pour les mettre au placard de l'histoire, position dont témoigne en 1831 cet écrit de Victor Cousin au sujet du voyage en Égypte du mathématicien Joseph Fourier, qui fut secrétaire de l'Institut d'Égypte, simple homonyme de Charles Fourier, le socialiste : « Je trouve Fourier bien trop sévère avec Mahomet. [...] Il compare les Arabes aux Goths, aux Vandales, aux Gépydes*, et les appelle les Scythes du Midi. Mais les Scythes ont-ils créé un empire ? Ont-ils donné au genre humain la civilisation arabe, persane et moresque ? [...] Le Coran vaut bien mieux que ne le croit Fourier [...]. Fourier lui reproche d'avoir arrêté par la suite l'essor du génie arabe, après avoir été la première cause de ses succès. Mais n'est-ce pas là le destin de tous les grands livres, de toutes les grandes opinions, aujourd'hui paradoxes, préjugés demain ? [...] En

* Les Gépides sont un peuple germanique fortement installé en Europe centrale, notamment dans le bassin des Carpates aux IIIe-VIIe siècles de notre ère.

somme, c'est peut-être l'islamisme qui a arraché le plus de créatures humaines au Paganisme. Mahomet a donc été civilisateur. Il ne faut pas oublier que les Arabes ont été pendant cinq siècles la nation la plus polie. Nous leur devons notre système de numération [...]. Napoléon, dans son beau chapitre sur la religion de l'Égypte, a pénétré bien plus profondément que Fourier dans le génie du mahométisme[474]. »

Barrault met en perspective le tourbillon historique des religions et des civilisations : alors que l'Orient est depuis longtemps mortifié par l'Évangile, voici que Mohammed lui donne une religion plus conforme à ses vrais besoins. Avec lui naît une civilisation qui nourrit l'Europe médiévale de l'étude des sciences que l'Église nomme profanes, l'initie aux relations commerciales par les fils déshérités de Jérusalem, baigne des pays trop longtemps flétris et mutilés par « le règne trop prolongé de la Croix », de ses saveurs, de ses parfums et de sa poésie qui restitue « les sucs orientaux de la Bible ». Elle sème de la sorte les germes qui font l'Europe moderne, laquelle à son tour se tourne vers l'Orient pour l'inonder de ses lumières, tandis que ce dernier, « moins confiant au mahométisme, cherche par la Turquie à se mettre en harmonie avec la civilisation qui l'entoure ». Barrault dessine alors un monde réconcilié par la religion nouvelle, le Saint-Simonisme qui sera un jour glorifié sur toute la terre : « Il sourit aux feux de l'Orient dont se dore la terre, et se plaît au spectacle plus doux du ciel empourpré de l'Occident, il se concilie avec les éblouissantes clartés du Midi et avec les pâles nuées dont s'enveloppe le Nord[475]. »

La pirouette philosophique est féconde : elle tourne résolument les regards de la Famille vers l'Orient et l'oblige à considérer celui-ci également pour ses qualités et du moins de ne pas privilégier le Christianisme par rapport à l'Islam : les deux religions sont arrivées à l'heure où elles doivent céder la place à une religion nouvelle, le Saint-Simonisme. Désormais, on cherche non plus tant le remplacement que le dialogue dans l'espoir d'un avenir commun. En décidant le voyage dans l'Orient islamique en quête de la Femme-messie, les responsables saint-simoniens savent qu'ils ont à apprendre de la religion et des sociétés islamiques. Dans sa lettre du 26 janvier 1833 à Barrault, Enfantin donne ce conseil : « Prends connaissance exacte des fêtes des Musulmans, de leur calendrier. Cherche les rapprochements, les conjonctions orientales et occidentales, mahométanes et chrétiennes. Occupe-toi des vingt dernières années et parcours les croisades[476]. »

C'est toutefois d'un point de vue théorique avec Auguste Comte et plus encore, du point de vue pratique, avec son disciple Pierre Laffitte que l'apport de la religion islamique dans le cours de la pensée contemporaine humaine sera exalté. Chez les Saint-Simoniens, il reviendra à Urbain de le valoriser. Mais dans l'esprit des apôtres, l'Occident reste porteur du développement historique achevé et l'Orient n'a réellement d'intérêt que dans la mesure où il se plie à l'Esprit incarné par l'Occident. Cette limite, on la trouve tout particulièrement dans les colonnes du *Globe* où Michel Chevalier présente le premier volet des projets du Père, à savoir la politique industrielle. Dans un ouvrage fameux paru en 1832 qui reprend ses articles, *Politique industrielle et système de la Méditerranée,* il est proclamé que « la Méditerranée va devenir le lit nuptial de l'Orient et de l'Occident[477]. » Mais on s'aperçoit que ce mariage consiste avant tout en une extension de la civilisation européenne vers l'Orient.

Ayant rejoint l'Église saint-simonienne en janvier 1832, au moment où commençait à s'afficher publiquement, avec la prédication de Barrault du 15 janvier sur *L'Orient et l'Occident,* Urbain a vécu les progrès de cet engouement qui a vite saisi l'Église de Marseille. En témoigne une allocution prononcée le 28 février par Auguste Colin, aidé par Barthe, à laquelle *Le Globe* du 6 mars fait les honneurs de sa Une. « Enfants de Saint-Simon, nous avons entrepris une œuvre immense, l'association de tous les peuples et de tous les individus de la planète que nous habitons. L'avenir est à nous, car nous sommes les instruments de la volonté divine, car nous sommes les premiers nés de la famille universelle. » Faisant ensuite explicitement référence au *Système de la Méditerranée* fraîchement publié, il poursuit :

> Notre PÈRE SUPRÊME, ENFANTIN, nous a donné Marseille, Marseille la reine de la Méditerranée. Notre PÈRE MICHEL CHEVALIER vous l'a dit, la Méditerranée est le lit nuptial où doit s'accomplir le grand hyménée de l'Orient et de l'Occident. Et moi je vous dis que c'est notre cité qui sera l'autel, et c'est nous qui serons les prêtres. Vous vous rappelez le rôle de Marseille dans l'Antiquité et dans le Moyen âge, lorsque l'Orient et l'Occident luttaient entre eux, eh bien ! ce

> même rôle elle le remplira pour hâter et consolider leurs pacifiques embrassements. C'est nous, fils de Saint-Simon, c'est nous placés entre l'Espagne et l'Italie, qui devons donner la vie nouvelle à ces deux grandes contrées, terre des arts et de la poésie, où la pensée se cadavérise chaque jour et où elle n'a plus assez de convulsions pour rejeter ce qui la blesse. Jamais ces peuples artistes ne passeront par la phase de ce froid et sec parlementarisme, de cette loi athée qui a la prétention de nous régir. Transporté dans leur beau soleil, le système représentatif s'étiole et se meurt. Il leur faut quelque chose de plus vivant, de plus sympathique, et de plus religieux. C'est nous, fils de Marseille, qui avons pour mission de ressusciter à la vie sociale ces deux grandes contrées. La face tournée vers le grand triangle de l'Afrique, nous tendrons une main à l'Espagne, et l'autre à l'Italie. Et quand les peuples ressuscités par nous entonneront la grande épopée humanitaire qui doit moraliser et enthousiasmer le froid Septentrion, nous serons l'écho vivant qui répètera cette sublime poésie, et en échange de cette richesse morale et de tous les produits de leur sol fécond, nous leur renverrons les produits de la science et de l'industrie des peuples du Nord[478].

Il ne fait pas de doute qu'en montant à Paris, Urbain et Cayol avaient cette musique héroïque en tête. Il n'est donc pas étonnant qu'arrivé à Lyon, Urbain ne se soit attardé dans la Mission des prolétaires, et qu'il ait immédiatement suivi Cayol dont la vision épousait si bien celle que contenait déjà l'allocution marseillaise de Colin.

Derniers contacts d'Urbain avec son père

À peine arrivé à Marseille vers le 13 décembre, Urbain demande une nouvelle fois de l'argent à son père, occasion pour ce dernier de déplorer l'inconstance et la prodigalité de son fils : « Te voilà, mon cher Urbain, de retour à Marseille après une absence de six mois, beaucoup moins avancé que ce que tu l'étais avant ton départ, après avoir dépensé mille francs dans ce voyage, sans projet fixe et sans utilité. Soit l'effet de ton caractère soit faiblesse de ton cerveau, on peut te reprocher que tu ne sais pas ce que tu veux, ce qui est très fâcheux, car l'inconstance dans tes résolutions ne peut te conduire qu'à des résultats très désastreux, je suis peiné d'avoir à te le rappeler. » Ce reproche introduit un long réquisitoire où Brue fait le bilan de ces derniers mois. « Tu sors enfin de Ménilmontant et tu entreprends de travailler à des œuvres littéraires, tu m'en fais part et me demande une somme pour te mettre décemment et donner un peu de crédit à ta personne. Je croyais que tu avais enfin rencontré le genre de travail qui te convenait et je m'empresse de t'envoyer les 300 fr que tu demandais et te fais offre de compléter le paiement de mon billet à l'an prochain (aux premiers jours). » Et voilà que « 15 jours après l'envoi de cette somme, je reçois une lettre de toi qui m'apprends que tu quittes Paris du 4 au 5 courant et me demande de te faire compter à ton passage à Lyon, le 8 ou le 9, 200 fr pour finir de payer ce que tu devais encore à Paris et achever ton voyage jusqu'à Marseille. Malgré mon infirmité, mon besoin de repos je vais courir la nuit pour me procurer cette somme. Je suis assez heureux pour la trouver et te l'envoie[479]. »

Sa bourse étant « aussi vide que celle du diable », Urbain avait informé Brue qu'il voulait rester un moment dans la cité pour faire le point. Va-t-il revenir à Cayenne avec le statut tout neuf de prophète des Amériques aux yeux de la Famille saint-simonienne, ou alors, dans la mouvance de Cayol, faire le voyage d'Orient ? Des questions que nous induisons de cette lettre de Brue : « Je n'ai nulle objection à faire au délai de deux mois dont tu parles pour assoir ton esprit agité par le voyage que tu viens de faire pendant lequel temps la saison rigoureuse de l'hiver s'écoulera et l'ami que tu attends du Levant arrivera. S'il a quelque chose à t'offrir qui convienne mieux que ton retour à Cayenne tu seras à même de l'accepter[480]. » En attendant, Urbain parvient à alléger ses problèmes financiers en logeant chez sa sœur Almaïde avec qui les rapports semblent s'être détendus. La tentation de l'Orient, qu'il justifie par la présence à Chypre de son ami Rey, nous revient encore dans le courrier de Brue qui répond à une lettre de son fils du 6 janvier : « Tu entres dans un âge où il ne te serait plus permis de ne pas penser à ton avenir, tu dois y réfléchir, et t'en occuper sérieusement pour ne pas avoir à t'en repentir le reste de tes jours. Tu veux attendre l'arrivée prochaine de ton ami de Chypre, à la bonne heure ! Mais cette attente doit avoir un terme, car certainement rien de plus facile que de rester à Marseille s'y promener sans rien faire[481]. »

Quelques semaines plus tard : « Ton voyage à Toulouse, mon cher Urbain, m'explique ton long silence, dont je ne pouvais plus m'imaginer la cause, se rassure Brue. Enfin te voilà de retour avec un projet de voyage dont tu ignores encore la destination mais qu'une lettre que tu attends de Paris doit fixer »[482]. Le regard de Brue sur Urbain a changé. Il sent désormais un homme dans son fils. Perce même de l'admiration pour lui qui ne craint ni les défis de son temps ni l'aventure :

> Tu es en âge de réfléchir, et juger, ce qui doit et peut te convenir, c'est pourquoi, je n'aurai aucune observation ni objection à faire sur ce que je ne connais pas. Je vois que tu ne manques pas de courage, qu'il faut le soutenir et non l'affaiblir par des raisonnements qui ne pouvant persuader, finissent toujours par intimider et vous laissent flottant dans une mer d'incertitude, ainsi quelque part que tu te diriges, tu peux être persuadé que mes vœux pour ta prospérité et ton bonheur t'accompagneront partout.

Pour faciliter ses projets, il lui remet une dernière somme d'argent. Sur ses vieux jours, il tente de garder par la pensée auprès de lui son fils tandis qu'il fait le voyage d'Orient et semble le comprendre enfin : « J'aurais une prière à te faire qui est si en partant tu étais dans le cas de laisser de l'arrière les livres que tu peux avoir de me les envoyer en garde, tu les trouveras à ton retour et je les lirai pendant ton absence[483]. » C'est la dernière lettre connue de Brue qui nous soit conservée.

Urbain et les Missions d'Orient

Au retour de l'équipée languedocienne à la mi-février, Urbain n'a pas le temps de s'attarder à Marseille. Dans une lettre ardente du 13 février, Cayol lui fait part du programme établi pour les Compagnons de la Femme, qui doivent se retrouver pour le grand départ en Orient le 20 mars à Marseille, programme dont voici un long extrait[484] :

> Urbain,
>
> Je ne suis plus seigneur de ces terres,
> Je ne suis plus Capitaine
> mais mon aventureuse initiative a reçu sa récompense, heureux ceux qui sont appelés à la partager.
> Je m'explique :
> les Désirs du PÈRE nous signalent l'Orient
> Nous allons annoncer le PÈRE, nous allons à la rencontre de la MÈRE
> à BARRAULT, Constantinople !

à moi la terre des Arabes, l'Égypte, la sainte Kaaba, La Mecque, le tombeau du CHRIST, les ruines de Palmyre et de Thèbes, et les sources de Moïse !
le 20 mars, réunion des deux troupes
le 21, communion solennelle des deux troupes
le 22, départ pour l'Orient
Ce jour-là, à un signal que le PÈRE leur donnera, MARSEILLE attirera les regards de tous les fidèles d'Occident.
ELLE fut une des premières qui reçut les Chrétiens d'Orient venant apporter leur foi à l'Occident.
Cette fois, ELLE sera la première à recevoir les derniers adieux des missionnaires allant de l'Occident porter la BONNE NOUVELLE à l'Orient.
Que la volonté de DIEU soit louée !!!
L'Orient éclaira jadis l'Occident.
Le PÈRE lui renvoie la lumière.
IL désire que nos troupes renferment la science (médecins et ingénieurs), l'industrie viendra après l'annonciation.
Commençons par rendre ce qu'il nous a donné, nous porterons notre don après avoir payé notre dette.
Pour une telle œuvre, nous pouvons grouper autocratiquement autour de nous des hommes forts, dont
la discipline sévère devra être comprise par les marins eux-mêmes et inspirer respect jusqu'aux janissaires
le célibat plus sévère que jamais.
Nous ne prenons avec nous
pas un seul amateur, un seul homme qui n'ait conscience de notre œuvre apostolique »

[…].

En attendant, Cayol entraîne Urbain à Toulon pour un voyage en Corse, conçu selon les vœux d'Enfantin comme un salut à Bonaparte en introduction à la Mission du Caire. Au moment d'embarquer pour l'Île de Beauté le 24 février, Cayol tient ce discours : « Oui, les sources de Moïse, Jérusalem, la Sainte Kaaba de La Mecque et Ajaccio seront désormais les quatre saints pèlerinages où viendront s'inspirer les poètes et les artistes, les savants et les prêtres de l'avenir[485]. » La notion d'Orient n'est évidemment pas la même à cette époque-là qu'aujourd'hui. Alors, la Grèce comme l'Égypte en font partie. Aller en Andalousie, en Italie du sud et même en Corse, c'est déjà entrer mentalement dans l'antichambre de l'Orient. Le 10 mars, c'est donc le pèlerinage à la maison natale de Napoléon à Ajaccio. Le voyage corse inspire à Urbain ce poème en prose écrit à L'Île Rousse :

> Assis sous les hauts oliviers de la Corse, j'écoutais les harmonies des oiseaux balancés par la brise du matin. Mon oreille suivait avidement toutes leurs modulations, cherchant à deviner dans leur chant le nom de la MÈRE. Le soir, sous la lune pâle, la mer était grise, lugubre et comme couverte de cendres. Les eaux gémissaient sourdement dans les roches et semblaient associer leurs plaintes à la tristesse de mon cœur pour pleurer la prison de leur roi et maître, de notre PÈRE[486].

L'escouade regagne Marseille le 14 mars. C'est là qu'elle retrouve Barrault se disposant avec Les Compagnons de la Femme à faire le Voyage d'Orient. « Nous nous enrôlâmes avec Cayol dans sa troupe[487]. » Voilà ce qu'écrit Urbain, mais les choses se sont passées de façon un peu plus compliquée. Barrault n'arrive à Marseille que le 20 mars. Parti de Lyon le 5 avec Hoart – qui a laissé la direction du centre de Lyon à son collègue Bruneau –, Machereau, Rogé et neuf autres compagnons. Chemin faisant le groupe a fait campagne dans le Midi provençal et languedocien, et le passage n'a pas été de tout repos. Il a notamment rencontré à Nîmes une population tout entière soulevée contre eux par « le fanatisme du clergé ultramontain », ce qui a conduit Hoart et Rogé à lancer de Montpellier, au nom des Compagnons de la Femme, un *Appel au peuple* de cette cité[488]. Sont là aussi, pour saluer Barrault et sa troupe, Moïse Retouret qui, arrivé de Limoges depuis un mois, se livre à des prédications qui ont un réel succès, sans parler du groupe de Cayol, qui est déjà sur place.

Barrault propose immédiatement à Cayol de se joindre à la Mission de Constantinople dont les préparatifs sont déjà achevés. Mais Cayol se rebiffe. Il s'en explique dans une lettre indignée à Alexis Petit dont il sait qu'elle va aboutir sur le bureau d'Enfantin. Il accepte le credo des Compagnons de la Femme qui est désormais la forme d'organisation de la Famille même si, n'étant pas à Lyon lors de sa création, Barrault ne lui a pas demandé son avis : « La MÈRE ! Ils [les Saint-Simoniens, N.D.A.] l'attendent. C'est l'Orient qui la leur donnera. Place, place à elle ! Dieu le veut ![489] » Mais, se prévalant du vague feu vert que lui avait donné Enfantin le 20 décembre*, il a eu le temps de mûrir sa propre idée du voyage d'Orient : « Du moment où le PÈRE a désiré mon saut en Orient, j'ai glorifié DIEU de la bonne nouvelle, de sa volonté… Je l'avais pressenti et sans cesse depuis mon départ. C'est depuis que le désir du PÈRE et mon amour pour la MÈRE m'ont trouvé prêt et fort ». Il s'indigne du fait que, pendant sa croisière en Corse, d'autres que ceux de son groupe « sont allés croiser sur les finances et se sont emparés des prises » sur lesquelles les siens comptait. Il se plaint de la précipitation de Barrault, dont il n'ignore pas les talents de prédicateur mais dont il conteste les capacités d'« homme d'action », a changé d'avis pour « fondre les deux équipages ». En fait il a déjà mentalement accompli en quelques semaines la campagne d'Italie et s'est déjà mis aux préparatifs de celle d'Égypte, dont le but s'écarte de l'objectif particulier qui est celui de la Mission de Constantinople, la quête de la MÈRE. Sa Mission d'Égypte a un but plus général et plus classique, celui de propager la religion saint-simonienne. Du moins de la fortifier à Alexandrie et au Caire où existent de petites colonies de Français dont certains y sont déjà acquis à la religion nouvelle et, pour lui, loin de s'opposer, les deux expéditions sont complémentaires :

> Vouloir que j'oublie l'Égypte pour courir à Constantinople, comme ils ont fait d'URBAIN qui consent*, ce n'est pas me connaître et la portée d'un pareil ACTE ne m'est pas échappée. […] C'est donc l'Égypte qui sera témoin de mes premiers pas en Orient. Là m'attendent les désirs du Père, là je vais[490].

Ce n'est que le 9 avril qu'il s'embarquera pour Alexandrie à bord du brick *Il Polacco* avec trois compagnons. On comprend que Cayol soit plus que déçu qu'Urbain se soit laissé ravir par Barrault et ait changé de cheval au milieu du gué. Il va sans dire cependant que Barrault exprime bien mieux que son ami Cayol la mystique messianique de la Famille en combinant le volet POLITIQUE et le volet MORALE du culte saint-simonien. À peine entré en contact avec lui, il a demandé en effet à se joindre à la Mission de

---

* Voir plus haut dans ce chapitre, p. 138-39.

* Cayol ne parle que d'Urbain mais pour Cécile Fournel, il n'est pas le seul : David, Rigaud, Toché, Tourneux et Yans l'ont aussi quitté, voir *Foi nouvelle. Livre des Actes*, 1833, 16.

Constantinople : « C'est bien, lui dit Barrault, je t'accepte. Je m'attendais à ta demande, je comptais même te le proposer »[491]. Tout va alors très vite : « Mon père m'avait remis dans mon enfance une reconnaissance pour une somme de quatre cents francs, prix d'un Nègre nommé Cacambo*, qui m'avait été donné par mon parrain M. Favard, au moment de mon baptême. Je lui demandai de me payer cette somme. Il y consentit. Je la versai entre les mains de Barrault pour les frais de voyage »[492].

Les deux missions d'Orient, celle de Cayol et celle de Barrault, à laquelle il faudra ajouter six mois plus tard celle d'Enfantin, se mêleront en fin de compte pour donner une expérience égyptienne unique, qui reste un des grands moments de l'aventure saint-simonienne, et, pour Urbain, un chapitre important de la formation de sa personnalité et de sa vie.

---

* Sur le nom de *Cacambo,* voir plus loin,Liv. I, Ch. VII, 285.

- V -

LE VOYAGE INITIATIQUE EN ÉGYPTE

Pour le départ de la Mission de Constantinople, Barrault a convoqué le ban et l'arrière ban des Compagnons de la Femme. La veille du départ, soit le 21 mars 1833, tous ceux qui vont s'embarquer sont invités à prendre un bain afin de n'emporter sur leur corps aucune souillure de l'Occident[493]. La nuit entière est ensuite consacrée à une confession générale afin de ne laisser aucun péché entre les frères rassemblés, ce qui n'empêche pas Barrault et Cayol de rester en froid[494].

L'embarquement pour Constantinople

Le 22, c'est la grand-messe salle Thubaneau où Colin, Jourdan* et quelques autres fidèles ont préparé un banquet vers lequel ils ont rameuté les sympathisants avec ardeur. Devant une foule de 500 personnes, une allocution de Barrault, comme en rendra compte Urbain, l'électrise au plus haut point. Ovations pour le PÈRE, la MÈRE, applaudissements pour les chants de Félicien David, d'autant plus fournis que c'est un enfant du pays, récolte d'une quête substantielle dans une assistance surchauffée[495] : un véritable délire, résumera Rogé[496]. Après la parole, narre Urbain, on communie avec les Marseillais sous les espèces du pain, du vin, du jambon et du fromage[497]. Puis, traversant la Canebière, les Compagnons se dirigent vers le navire. Le port, rapporte les *Actes*, ne suffit pas à la foule qui se presse. Il n'y a pas assez de barques pour contenir ceux qui veulent aller à bord de *La Clorinde*. La mer est couverte de nacelles qui s'entrechoquent doucement[498]. Le navire est pour ainsi dire assailli par les amis. Ils montent de tous les côtés. Les haubans, les échelles, la poupe, la proue, tout est couvert de jeunes gens. Quel spectacle imposant que de voir sur le pont de ce navire les

---

* Louis Jourdan, « le Provençal » comme le qualifie Rogé, est rédacteur au journal toulonnais *Le Peuple électeur*. Il a assisté de son mieux Retouret dans ses prédications méridionales. Urbain trouvera en lui un ami dévoué et fidèle. Il mourra à Alger en 1881.

Compagnons réunis autour du Père Barrault qui consacre le navire et adresse les derniers adieux à la foule ! Tous les visages sont pleins de cordialité et de joie exaltée. Tout, jusqu'à la réactivation du cérémonial religieux de l'Église conçu par Enfantin dans le cadre des Compagnons de la Femme, et notamment la remise de colliers, a l'apparence d'un nouvel élan. Urbain mentionne à cette occasion que Moïse le reçoit, de même que Cayol, tandis que Charpin prend celui de Cognat avant qu'ils ne se disent adieu[499]. Tout comme Alric, Carolus, Decharme, Prax, et Yans, qui n'étaient pas à Lyon lors de la création des Compagnons de la Femme, Urbain n'en est donc pas encore doté. Rogé aura au sujet de cet épisode une belle formule : « Erreur ou vérité, l'on vient de voir à quel degré le thermomètre saint-simonien se trouvait monté au commencement de 1833. Ça chauffait, ça chauffait à blanc[500]. »

Avant de monter à bord, Urbain prend soin de confier ses encombrants extraits de naissance à son ami Barthe et d'envoyer les lettres de son père chez son beau-frère[501]. La nature est contrariante, C'est seulement le 24, jour de la MÈRE du calendrier saint-simonien, soit le dimanche du calendrier chrétien, que les vents permettent d'appareiller.

Parmi les douze apôtres qui se sont embarqués à bord de *La Clorinde* avec Barrault, Urbain compte David, Rigaud, Toché et Tourneux, qui étaient à Ménilmontant, et, à côté de Cognat et Granal déjà connus de nous, les polytechniciens Pierre Decharme et Jean Prax, le sculpteur Alric, ainsi que deux autres compagnons qui auront peu d'importance dans sa vie, Carolus et Yans. Le second du bâtiment est Giuseppe Garibaldi, encore inconnu à l'époque, se souviendra plus tard de cette « section de Saint-Simoniens » dont, « en patriote italien », il s'est rapproché du chef. La maxime qu'il prête à ce dernier va le marquer, tant son destin personnel semble s'y être conformé :

> L'homme qui défend sa patrie ou qui attaque la patrie des autres n'est qu'un soldat pieux dans la première hypothèse, injuste dans la seconde. Mais que l'homme qui, se faisant cosmopolite, adopte la seconde pour patrie et va offrir son épée et son sang à tout peuple qui lutte contre la tyrannie, est plus qu'un soldat : c'est un héros[502].

La traversée est propice aux méditations sur la mission apostolique de la petite troupe. Appliquant les conseils d'Enfantin de se familiariser avec la religion et les mœurs islamiques, Barrault fait chaque jour la lecture d'une sourate du Coran ou d'un chapitre d'un ouvrage sur l'histoire des Musulmans pour initier le groupe aux mœurs de l'Orient. Urbain relate cet épisode dans un document qu'il présentera en 1871 comme un simple récit de voyage, contenant des « notes »[503] qu'il présentera plus tard rassemblées en cahiers spéciaux relatifs à la Mission saint-simonienne en Orient[504], auquel il donne le titre de *Voyage d'Orient*[505]. Ce document apparaît d'abord comme le journal du groupe pour la rédaction duquel il est désigné. Il deviendra peu à peu, après la dispersion des Compagnons de la Femme en octobre 1833, un texte intermédiaire entre une chronique des Saint-Simoniens en Égypte et son journal personnel[506]. C'est l'esprit exalté par ces lectures et la tête vraisemblablement pleine des récits de voyages de Volney et de Chateaubriand qu'Urbain aborde l'Orient. À côté de ses notes de voyage, on trouve aussi des récits du périple des Compagnons de la Femme dans l'hebdomadaire *Amour à tous !* qui, prenant en juillet 1833 le relais du périodique irrégulier *1833 ou l'Année de la femme*, rend compte des missions saint-simoniennes aussi bien en Occcident qu'en Orient*.

Premiers contacts avec l'Orient réel[507]

Le 8 avril, la Mission de Constantinople touche terre pour éviter un violent coup de vent. Malgré une jolie petite mosquée, des tombeaux surmontés de turbans, quelques figures d'hommes et de femmes et quelques costumes assez remarquables, ce premier contact, imprévu dans un petit village de la côte d'Asie mineure, avec ses paysans grecs misérables et ses maisons mal bâties, laisse un goût étrange : « En somme, remarque Urbain, ce pays ne réveilla pas du tout en moi les sensations que je croyais devoir éprouver à la vue de la terre d'Orient. » Un des modernes argonautes, Carolus, pris de terreur panique pour cet Orient dont l'approche fait resurgir en lui la peur pour le pal, les pistolets et les Turcs cruels, enfouie au fond de son esprit, supplie de retourner en France avant même d'accoster. Constantinople, objectif du périple oriental où *La Clorinde* arrive dans la matinée du 15 avril, éblouit Urbain : « Je connais peu de spectacles plus faits

* *Amour à tous !* sous-titré *Journal de la religion saint-simonienne*, est dirigé par Édouard de Puycousin. Il comptera 20 numéros du 04/08/1833 au 15/12/1833.

pour réveiller dans l'âme l'admiration que la vue de Constantinople que l'on aperçoit à travers la forêt de mâts de vaisseaux de son port. Les minarets élancés de Sainte-Sophie resplendissaient des feux du soleil, les dômes s'arrondissaient majestueusement et on croyait entendre une clameur vague d'une ville qui se réveille. » Et de s'envoler :

> Alors les idées de grandeur, d'empire, de sultan, dominaient toute cette magnifique cité assise en amphithéâtre. La foi m'y faisait voir la MÈRE s'élevant radieuse du milieu de ces palais, planant sur Sainte-Sophie chrétienne puis musulmane, et appelant les rois et les peuples à une sublime communion de bonheur.

Vêtus de la tunique saint-simonienne, chaussés de pantoufles de lisière et la tête couverte d'un petit « bonnet grec », les apôtres n'ont pas seulement un accoutrement étrange lorsqu'ils déambulent dans les rues de Constantinople. Se précipitant vers les femmes voilées qu'ils rencontrent pour les saluer, comme l'a demandé Enfantin, en se découvrant et en prononçant un rituel « Au nom de Dieu et du père, respect aux femmes ! », leur attitude excentrique ne manque pas d'étonner. Le fait qu'ils ne parlent aucune langue du pays, et qu'ils s'expriment en français, en italien, voire en latin et en grec ancien, accompagnés partout de leur interprète arménien[508], excite encore la curiosité et les met en porte-à faux dans leur mission apostolique. « Les uns disaient : "Ce sont des Russes" – "Non, disaient les autres, ils marchent au pas, en ordre, ce sont des Français !... Ce sont des Anglais… Ce sont des espions du vice-roi d'Égypte…. On finit par dire : "Ce sont des prêtres" ! »

Une scène étrange : Ahmed Pacha, ministre de l'Intérieur et favori du Sultan, leur rend visite au milieu de la nuit. Le père Barrault à peine vêtu, nu tête avec sa forêt de cheveux, est assis à terre à côté du Pacha tout resplendissant de diamants. Les uns sont restés couchés, les autres sur leur séant en costume de nuit. Barrault expose la foi saint-simonienne et le sujet de la Mission, les bras croisés sur sa poitrine, le regard fier, d'une voix forte, claire, précise. Interloqués par cette religion nouvelle et stupéfaits d'apprendre la qualité de ses évangélistes : médecins, ingénieurs, agronomes, artistes, Ahmed Pacha et ses officiers les quittent, protestant qu'eux aussi sont les « Compagnons de la Femme ». Ces paroles enthousiasmantes enivrent les apôtres qui entrevoient déjà la Mère dans le palais des grands. Dès l'aube pourtant, ils sont emmenés *manu militari* au palais du même Ahmed Pacha qui, ne se déparant pas de sa courtoisie, les somme de quitter Constantinople. Ne comprenant rien à la situation, Barrault refuse : « Sommes-nous prisonniers ou protégés ? » Pour Ahmed Pacha, l'affaire est grave, et atteint les proportions d'une affaire d'État.

Les apôtres de la Mère sont alors convoqués par Khosrew Pacha, le sérasker*, soit le ministre de la Guerre. L'homme est petit, gros, gras, d'une mine réjouie, ne regardant jamais deux instants la même chose, rapporte Urbain. La petite troupe foule insolemment les superbes tapis avec ses bottes crottées et son aspect est plus celui d'une poignée de chevaliers que d'une compagnie de moines[509]. Barrault expose la doctrine. À chaque proposition relative au sort fait aux travailleurs de tous les pays, l'homme rit à se décrocher la mâchoire. C'est bien autre chose lorsque Barrault aborde la question du harem, celle des marchés de chair humaine, celle enfin de l'émancipation des femmes : Ici, « cette espèce de brute, homme d'esprit cependant à sa façon » s'esclaffe jusqu'à faire éclater sa ceinture. C'est alors que ce vieux podagre de Kosrew lâche un mot si drolatique qu'on le croirait Parisien : « Et c'est à Constantinople que vous venez chercher la femme libre, Messieurs ? Je m'étais pourtant toujours laissé dire qu'il n'en manquait pas à Paris. » Urbain joint à son récit ce commentaire : « Pareil à nos bourgeois, et aussi – il faut oser le dire, hélas ! – à beaucoup de nos bourgeoises françaises, ce Turc blasé trouvait dans nos courtisanes et nos prostituées le type de la femme vraiment libre. »

Nos naïfs voyageurs, qui n'ont pas déchiffré le code des autorités stambouliotes, ne comprennent pas pourquoi leur drogman arménien est jeté aux fers en même temps qu'on leur donne du « Français nobles et savants ». Rogé, qui aura un compte rendu de cet épisode par ce malheureux drogman, n'aura pas la même ingénuité qu'Urbain : « Grand émoi parmi nos amis. Peu au courant de la fourberie turque – cela s'appelle de la diplomatie en langage de chancellerie –, s'essayent à comprendre, à deviner la scène qui vient d'avoir lieu. En attendant un plus ample informé, voilà qu'on laisse au

---

* Transcription commune du t. ott. *sar-e ᶜaskar*. Pour l'heure, la fonction est remplie par Khosrew Pacha (ar. *Khusrū* et t. mod. *Hüsrev*), surnommé *topal*, « le boiteux », et qui sera par la suite un des grands premiers ministres réformateurs de la Porte, le pendant à Istanbul de Mohammed Ali au Caire.

préalable un fort piquet de soldats devant la maison qu'ils occupent. "Serait-ce notre garde d'honneur ?" se disent-ils en riant »[510]. Ils s'aperçoivent vite qu'ils sont en prison, nourris et logés « aux frais de Sa Hautesse », mais aussi « comptés toutes les nuits par un officier de garde » et que, ne pouvant pas sortir, il faut à leurs visiteurs graisser la patte à leur geôlier pour avoir l'honneur de les voir. Mais n'empêche. Le 23 avril, jour de l'anniversaire de l'entrée à Ménilmontant, Barrault leur fait porter à tous un manteau au-dessus du costume comme symbole de l'austérité et de la gravité dont doit s'imprégner leur vie. Toujours dans leur rêve éveillé, les Compagnons croient sur parole les autorités quand, pour les éloigner de la ville, elles prétextent que leurs visiteurs sont trop nombreux. Ils sont encore tout étonnés quand le capitaine du navire qui les transporte se met à rire à leurs questions sur le but de leurs déplacements successifs, et leur donne des olives et un sac de biscuits. C'est que leur sort est scellé par les autorités ottomanes en accord avec l'amiral Roussin, ambassadeur de France, qui tient aussi à les tenir à distance. Ils sont dirigés vers Smyrne où ils arrivent le 3 mai.

Séjour agréable dans cette cité qu'Urbain décrit comme à moitié européenne et où la petite colonie d'expatriés les reçoit amicalement. Émus par le voisinage de jeunes Grecques très jolies, David et Urbain, que leur âge rend extrêmement inflammables, échangent vite signes d'intelligences et regards passionnés et ont tôt fait d'apprendre « à dire en grec agapô se (je t'aime) ». Certes, commente Urbain, « si nous n'avions fait vœu de célibat, j'aurais pu voir de plus près les charmes de la jeune Marigo, dont l'œil noir était si attrayant. » Reçus chez le gouverneur Taher Bey, nos voyageurs sont témoins d'un jugement déconcertant rendu par le cadi, qui juge non selon la stricte application de la loi, mais en équité : « Ce fut de la justice turque », c'est-à-dire que les deux parties eurent raison et tort en même temps. « C'était une espèce de juste milieu entre la justice et l'injustice. » Les Compagnons l'apprennent vite, les autorités ottomanes ont décidé que « le chef des Saint-Simoniens français » ne peut rester dans un territoire de leur juridiction directe[511]. Le seul endroit où l'autorité du Sultan n'est pas établie est l'Égypte. Barrault se décide donc à s'y rendre. Tandis que Yans s'installe dans la cité comme couturier chez un parent à lui, et que Carolus attend le moment d'être rapatrié comme il le souhaitait*, les Compagnons restant se répartissent alors en deux groupes : Cognat, Granal et Prax qui ont déjà fait voir chacun des prétentions à l'autorité, restent sur place tandis que les autres, dont Urbain, embarquent le soir du 14 mai sur le brick *L'Excellent* pour Alexandrie[512].

Porté par son rêve chimérique qui le fait vivre au-delà des faits, le groupe transforme ses déconvenues et ses échecs en succès : « Les pachas ont pu employer contre nous la violence pour se débarrasser des inquiétudes que nous leur inspirions, mais nous les avons forcés au respect de notre caractère, écrit Barrault à Enfantin. L'ambassadeur de France nous a traités avec distinction, notre enlèvement de Constantinople a été le sujet de relations officielles entre lui et le Reis-Effendi (le ministre des affaires étrangères) »[513]. Alors qu'Urbain vogue vers l'Égypte, Cognat, tout aussi aveugle aux réalités, n'hésite pas de son côté à affirmer : « Nous avons fait plus de propagation que nous n'en pouvions espérer en deux mois. Il est impossible que la Mère n'ait pas entendu. » Et de fantasmer : « L'égalité de l'homme et de la femme est plantée en Orient[514]. » L'occasion lui est donnée de rencontrer Lamartine* qui, tout juste élu député, fait escale dans le grand port anatolien sur le chemin du retour de Syrie. Il a devisé en novembre au couvent d'Aïn Toura avec deux lazaristes qui, lecteurs assidus de la presse parisienne, l'ont justement entretenu de la doctrine saint-simonienne[515]. Cognat lui adresse un appel au nom des Compagnons de la Femme[516], le nouveau parlementaire répond sur le champ. L'écrivain élude habilement les délires mystico-philosophiques de son correspondant en les mettant de façon courtoise sur le compte des tâtonnements féconds de l'histoire :

> Si je ne puis partager vos jeunes illusions sur la réalisation d'un âge d'or ici-bas, je partage plus que personne vos NOBLES DÉSIRS D'AMÉLIORATION SOCIALE. Je regarde même ce désir comme un symptôme et comme un présage. Avant de découvrir ce Nouveau Monde

---

* Voir plus haut dans ce chapitre, p. 173.

* Lamartine a connu le succès dès son premier recueil, les *Méditations poétiques* qui marquent en 1820 le coup d'envoi de la poésie romantique. Diplomate sous la Restauration, il s'est rallié à la Monarchie de Juillet. Après son échec à Bergues, près de Dunkerque et à Mâcon aux législatives le 05/07/1831, il vient d'être élu à la Chambre des députés le 07/01/1833 aux élections partielles de Bergues.

dont vous parlez, bien des navigateurs s'égarèrent et sombrèrent sur l'Océan inconnu. Mais leurs débris même guidèrent Colomb sur sa route, et le Nouveau Monde fut trouvé.

Il ne garde des propos de son correspondant que l'aspect politique pratique : « Je lirai, Monsieur, l'Essai d'économie politique que vous m'adressez, et je serai heureux d'y trouver quelque idée féconde et pratique qui puisse améliorer notre état social sans en saper les éternelles bases »[517]. En suite de quoi, une nouvelle entrevue a lieu entre les Compagnons restés à Smyrne et l'illustre poète qui fera à propos des disciples d'Enfantin ce commentaire dans ses *Voyages* :

> On ne conquiert pas le monde par la force d'une parole, on le convertit, on le remue, on le travaille et on le change. Tant qu'une idée n'est pas pratique, elle n'est pas présentable au monde social. L'humanité procède du connu à l'inconnu, mais elle ne procède pas du connu à l'absurde. Cela sera repris en sous-œuvre avant les grandes révolutions. On voit des signes sur la terre et dans le ciel, les Saint-Simoniens ont été un de ces signes, ils se dissoudront comme corps, et feront plus tard, comme individus, des chefs et des soldats de l'armée nouvelle[518].

Les déconvenues ne cessent pas pour Cognat et ses compagnons restés à Smyrne, où la situation devient vite intenable. Sur plainte des notables juifs qui redoutent ces étranges prédicateurs – le bruit court qu'ils volent les enfants ! –, le gouverneur les prie gentiment de s'éclipser[519]. Au cours de la traversée de la Méditerranée orientale, les dissensions qui se sont déjà manifestées à Lyon avec Rigaud, Toché et Tourneux, se font plus vives avec Barrault. À l'époque, ainsi que le rapporte Ollivier qui le tient de Hoart, Rigaud va jusqu'à dire qu'il est possible que la Mission que Dieu a donnée est d'appeler la femme, sans être pour cela l'époux. Barrault rejette cette pensée avec la plus grande énergie et déclare que la raison de sa mission est qu'il a connu le Père et qu'il va vers la Mère, ajoutant que c'est lui qui incarne le lien du groupe avec elle[520]. Cette fois, Toché et Tourneux dévoilent leur système, qui consiste en un long plaidoyer contre l'autorité mâle et une exhortation pour engager le Père Barrault à dissoudre le groupe, note Urbain qui prend le parti de ce dernier, attitude qui imprègne un long poème qui paraîtra en septembre[521]. L'arrivée à Alexandrie marque les retrouvailles avec Cayol dont la Mission d'Égypte est rapportée dans les numéros successifs d'*Amour à tous !*[522]

Cayol est arrivé à Alexandrie le 29 avril, sans un sou vaillant et sans aucune recommandation. Son groupe est accueilli par l'ancien capitaine de marine Giovanni Baptista Caviglia, qui avait fréquenté à Paris des disciples de l'école des idéologues de Destutt de Tracy qui, devenu égyptologue, s'était fait une philosophie personnelle syncrétique, ayant, selon Urbain, singulièrement amalgamé la prophétie de la venue de la Mère avec Isis, Osiris et Typhon[523]. Il a pris soin d'eux, leur a trouvé logement et pécule, une salle pour tenir des séances publiques et les a guidés dans la cité. Cayol a tenu plusieurs réunions de présentation de la doctrine devant un auditoire fait de personnel diplomatique européen et d'employés du gouvernement égyptien, mais comptant très peu de Français. Mohammed Ali s'était montré peu soucieux de les rencontrer[524]. Déçue de ces développements, une partie des « hommes de Cayol », ainsi que les appelle Barrault, se joint alors à son groupe pour commémorer le 6 juin la prise de l'habit dans une cérémonie organisée au pied de la Colonne de Pompée, cérémonie boudée par le trio Rigaud, Toché et Tourneux, qui a repris l'habit bourgeois dès le jour du débarquement et va vite prendre le chemin du retour. Après l'allocution de Barrault, on communie ensuite avec du pain, des dattes et de l'eau.

Les trompettes des Compagnons de la Femme ont mis la sourdine. Les péripéties turques ont affaibli la mère. Mais chez Barrault, l'aventure ne se limite pas au volet MORALE de la doctrine. Celui-ci était aussi l'enveloppe de préoccupations ressortant d'une POLITIQUE plus terre à terre. Alors qu'ils voguaient sur le Bosphore, Urbain rapporte cette scène : « Nous vîmes Buyakdéri* et les tentes vertes de 8 000 Russes qui campaient vis-à-vis. Nous comptâmes leurs vaisseaux à l'ancre et, après nous être promenés quelques temps, nous repartîmes pour Constantinople[525]. » Passionné par les développements de la question d'Orient, Barrault veut suivre le mouvement de la politique de plus près, et repart pour Smyrne le 9 juin[526].

Urbain et Decharme, qui ont du mal à s'entendre avec Cayol, malgré les belles promesses que celui-ci a faites à Barrault, préparent un séjour en Syrie où ils sont missionnés par Barrault pour rendre visite à Esther Stanhope.

* Il s'agit de la baie de Büyükdere, sur la rive européenne du Bosphore.

Cognat et Granal, partis de leur côté, l'ont déjà rencontrée. Personnage célèbre, nièce de William Pitt, plusieurs fois Premier ministre de Grande-Bretagne entre 1796 et 1804, elle s'est installée en Pays druze où elle pratique une sorte de religion personnalisée, faite de Christianisme retrempé dans des traditions proche-orientales. La mission donnée par Barrault à ces deux compagnons doit probablement consister à reconnaître si la célèbre Lady n'est pas la Mère tant recherchée. Le mois entier se passe en visites à des négociants français d'Alexandrie afin de réunir le pécule du voyage. Intéressante rencontre à cette occasion, celle du docteur en médecine Nicolas Perron*. Urbain et Decharme quittent la ville le 30 juillet à bord du brick *Le Dragon,* commandé par un ancien camarade d'Urbain du collège à Marseille, Charles Ferrand[527].

« Mission de Syrie »[528]

Beyrouth le 2 juillet et, les jours qui suivent, excursion au Mont Liban et retrouvailles avec Cognat et Granal, arrivés directement de Smyrne. Grâce à leur entremise, séjour chez lady Stanhope, qui par ailleurs a déjà quelques mois auparavant reçu Lamartine[529]. Lady Stanhope est un personnage pittoresque du Mont Liban. Vêtue à l'orientale, portant un cachemire jaune en turban, un jubé**, robe longue de dessus, ordinairement en drap, à manches larges qui ne vont pas jusqu'au poignet, et un « scharaval », pantalon à entrejambe bas***. Elle porte un mouchoir sous le turban, dont les deux bouts lui couvrent chaque oreille, à l'usage des Syriens. De taille très avantageuse, elle a des traits nobles et bien conservés, le teint d'une belle couleur, les yeux un peu malades. Elle fait forte impression à nos voyageurs qu'elle laisse interloqués avec cette question : « Votre père sait-il parler avec le diable ? » À leur réponse négative, elle précise : « Vous ne me comprenez pas. Le diable est un ange déchu. Mais c'est un ange qui rentrera au ciel. »

---

* Urbain entretiendra avec lui des contacts heureux lors de son séjour et le croisera à diverses reprises pendant sa carrière, à Paris, à la direction des Affaires algériennes, comme aussi en Algérie.

** Le « jubé » est l'arabe *ǧubba* (nom féminin) qui a donné le français *jupe.*

*** Le « scharaval » n'est autre que le *sérouel,* qui vient du persan *shalwār* et que nous connaissons par l'arabe. Il apparaît ici dans une graphie qui traduit la forme turque, à savoir *charval.*

Choyée par la prophétesse du Pays druze, la petite troupe formée par nos quatre apôtres part le 6 juillet, entièrement équipée par leur hôtesse, pour visiter le pays. Ils ont de bons chevaux dont le sabot ne bronche pas, l'escorte d'un soldat maghrébin, armé de pied en cap et chevauchant une très belle jument gris argent. Ils sont aidés d'un domestique porté par une mule charriant les provisions de bouche, et d'un vieux drogman, Pierre, à qui Milady avait fourni une bourse pour les frais de voyage : monté sur une ânesse à qui il arrive souvent d'adresser des harangues « beaucoup plus amusantes que celles que l'ânesse de Balaam adressa à son maître »*. Après plusieurs montagnes du Chouf, selon le récit d'Urbain, c'est Deir el-Qamar. « Les femmes sont d'un très beau sang, elles respirent toutes la santé (Cognat ne vit que des femmes dont les maris ne les satisfaisaient pas assez). » Elles portent une espèce de corne en argent qui s'élève sur la tête et décline en arrière, et dont le bout retient un voile. Les hommes portent des abbayas et des turbans en soie, travaillés avec assez de goût. Les couleurs les plus vives y brillent toujours et flattent l'œil agréablement. Le plus grand nombre des habitants est chrétien : « On les dit fort jaloux de leur indépendance. »

Visite à la résidence de l'émir Béchir, alors en voyage. Audience dans une salle très richement décorée, entièrement revêtue de marbres noirs et rouges surchargés d'inscriptions en or. On sert des confitures, des pipes, du café. Discussion banale avec le fils de l'émir sur la situation en Europe, la religion, puis avec M. Bertrand, médecin d'Ibrahim Pacha**, et Camille Jourdan, son interprète.

À Zahlé, un certain Dawoud, Chrétien maronite qui a longtemps servi à Damas chez un Français qui y était agent consulaire, les convie le 7 juillet à une noce. On danse la danse des sabres, qui est d'une très ancienne origine, qui suscite chez Urbain des résonnances avec son pays : « J'étais plongé dans un grand ravissement au milieu de tout ce tumulte. Cette danse lascive, ces cris, tout ce peuple en joie, me rappelaient un souvenir enivrant

* Dans le livre des « Nombres », le quatrième de l'Ancient Testament, l'ânesse, douée de la parole, reproche à son maître sa dureté.

** Ibrahim Pacha, le fils de Mohammed Ali, est général en chef de ses armées. La Syrie, soustraite par ses soins à l'influence directe de la Porte, est alors sous son administration.

d'un de nos jambeh* de Noirs[530]. » Le lendemain, c'est la traversée de la Beqaa, que l'on trouve presque entièrement en friche. Le soir, Baalbek. Pierre le drogman, peste contre l'évêque qui devait donner l'hospitalité, mais qui est absent et oblige la troupe à dormir dans une espèce de magasin, et, ne trouvant pas de grain pour les chevaux, lance injures et malédictions sur l'inhospitalité des habitants, sur les armées d'Ibrahim Pacha qui consomment l'orge, sur la folie et l'aveuglement des hommes qui le disent fou lorsqu'il annonce le règne de Dieu. Après s'être apaisé, il mène les voyageurs dans les ruines du Temple du Soleil. La troupe songe à Volney « qui a fait une description si exacte de ces ruines ». Elle admire le fini et l'élégance de l'architecture, la grandeur imposante des masses, discerne encore sur les plafonds des portiques l'or des dorures sur la pierre. Et elle trouve là un escadron de cavalerie campé dans l'enceinte du temple. Le lendemain arrive l'évêque qui les reçoit mal. Baalbek n'est qu'un « hameau entièrement inhabité », les abords désolés, les chemins inondés.

Pour les apôtres, qui cherchent des hommes à qui annoncer la bonne nouvelle, conclut Urbain, ce voyage est triste mais d'une noble tristesse, parce que tout y est dominé et comme enchâssé par les restes d'une magnifique et pompeuse antiquité.

Après Baalbek, halte en Pays druze chez le cheikh Youssouf, un intime de lady Stanhope qui se montre très hospitalier, réunissant parents et amis. C'est une réunion très grave. Le groupe est accablé de questions sur la venue du Père et de la Mère. Impression d'Urbain : « Tous ces peuples attendent un libérateur. » Le drogman évite de poser des questions dérangeantes, et tout ce qu'Urbain apprend, c'est que la religion des Druzes est une religion mystérieuse. Retour le 12 chez lady Stanhope d'où ils repartent le 14 pour Saïda avec Pierre, qui doit les accompagner jusqu'à Beyrouth, leur remet une bourse dont la prêtresse du Pays druze s'excuse de la modestie.

Après Saïda avec ses délicieux jardins, dont les fruits sont tant renommés, c'est le 15 qu'ils arrivent à Beyrouth, dont l'aspect est assez sévère. Les

---

* Il s'agit visiblement d'une danse traditionnelle guyanaise, dont le nom semble dériver du *djembé*, instrument de percussion africain composé d'un fût de bois en forme de calice sur lequel est tendue une peau de chèvre ou d'antilope à l'aide de chevilles en bois et de cordes de cuir.

maisons sur le port sont hautes et entièrement en pierres de taille, les rues étroites et mal pavées. Parcours en long et en large de la ville et de ses jardins. Urbain croise Paul Rey, le frère de son ami Auguste. Il y a dans ce moment dans la cité un grand nombre de médecins, de pharmaciens, et d'instructeurs de l'armée d'Ibrahim Pacha : « Tous ces messieurs, note Urbain, nous témoignèrent de la bienveillance sans néanmoins adopter ni discuter aucune de nos croyances. »

Le 20, Granal et Decharme s'embarquent pour Chypre. En attendant de retourner à Alexandrie, Cognat et Urbain se mettent à nouveau en tête d'aller à Damas où lady Stanhope leur avait déconseillé de se rendre. Mais le capitaine Azzopardi avec qui ils se sont entendus pour retourner au Caire leur annonçant son départ pour le 27, ils doivent renoncer à visiter la cité mythique de la Syrie. Le 26, est annoncée l'arrivée du colonel Joseph Sève, que l'on nomme ici Soliman Bey. L'homme quitta la France lors de la chute de l'Empire pour aller offrir ses services en Perse et, en chemin, fut recruté par Mohammed Ali pour réorganiser l'armée égyptienne sur le modèle français. C'est en costume saint-simonien que les deux compagnons sont reçus par le général qui les écoute attentivement et leur fait grande impression : « Nous causons de Napoléon dont Soliman vénère la mission », rapportent les deux missionnaires. « Il nous parle de son apostasie avec loyauté et franchise. Il conçoit un rapprochement entre le Mahométan et le Chrétien »[531], idée qui ouvre probablement pour Urbain un horizon nouveau. Le général leur propose de séjourner chez lui quand ils seront au Caire.

Le séjour à Beyrouth s'éternise et commence à peser. Il est troublé par une émeute de soldats égyptiens contre un Américain qui avait battu un de leurs camarades. C'est dans cette ville qu'Urbain voit pour la première fois un enterrement islamique, avec un dhikr[*] sur la tombe : il lui paraît fort beau et d'un caractère hautement religieux. C'est aussi là qu'il laisse « un petit brin d'amour » avec une très jolie fille arabe qu'il voit tous les jours filer sous un arbre au bord de la mer. Ne pouvant jamais parvenir à lui dire un seul mot, il se souvient : « Je contemplais son gracieux visage et son doux sourire, et mon âme se remplissait d'amour. Qui sait, si j'eusse su parler ?

[*] Le dhikr, qui est l'arabe *ḏikr*, litt. « rappel ». C'est une manifestation où les participants répètent rituellement un verset coranique en imprimant à leur tête ou à leur corps un mouvement tournant, parfois jusqu'à atteindre l'extase.

Hélas ! la vie sans amour est une chose bien triste ! » C'est clair, le vœu de célibat des Compagnons de la Femme est bien loin. La sensualité de la vie est plus forte que les rituels corsetés.

Finalement, malgré ses promesses et ses assurances, le capitaine Azzopardi ne part que le 5 août. Et encore, les vents étant contraires, son navire, « un vrai sabot », se traîne et n'entre que le 10 en rade de Larnaca. À Chypre, où le souvenir du passage de Lamartine est encore vivant[532], l'escale permet à Urbain de rendre visite à la famille de son ami Rey. Mais il faut partir vite. C'est que Barrault a fixé à ses troupes un rendez-vous à Alexandrie pour le 17 septembre.

Au retour de cette échappée qui a pris l'allure d'une promenade touristique, Urbain et ses compagnons entrent le 24 août dans le port d'Alexandrie où ils sont soumis à sept jours de quarantaine. Tout en leur proposant ses services, le capitaine Caviglia leur apprend le retour en France de Cayol et de plusieurs membres de son groupe. En revanche, arrive sur les lieux un nouveau contingent de la Mission d'Orient appelé par Barrault et parti de Marseille le 29 juillet. Il est composé de l'avocat Auguste Colin qui, au printemps 1832, considérait Urbain comme une autorité pour les Saint-Simoniens de Marseille, le peintre Machereau et l'architecte Jules Lamy, qui fut de la Retraite de Ménilmontant, et de ceux qui étaient à Lyon près de Barrault lors de la création des Compagnons de la Femme, ainsi que le médecin Charpin et Reboul. Barrault les avait appelés à Smyrne mais n'ayant pu obtenir de passeport pour cette ville, ils avaient fait voile sur Alexandrie.

Avec Enfantin, de la prédication mystique au percement de l'isthme de Suez

Barrault est en retard au rendez-vous qu'il avait fixé le 17 septembre à Alexandrie et, sur ces entrefaites, Alric arrive de Rhodes et de Candie – le nom que portait alors la Crète –, porteur d'une lettre d'Enfantin à Barrault que Cognat décachète : elle annonce l'arrivée du Père, gracié le 14 juillet et libéré le 1er août. Ayant rencontré Enfantin à sa sortie de prison, Suzanne Voilquin confie : « Tout le temps de sa séquestration, son attention s'était portée sur *l'isthme de Suez* », et rapporte ces paroles : « Si par notre influence, disait le Père, cette pensée pouvait prendre corps, recevoir un commencement de réalisation, alors ma parole retentirait encore en France et appellerait à mon aide le concours de tous mes enfants. De ce grand centre et sur ce sol fécond pourrait sortir la famille nouvelle et la morale de l'avenir !!![533] »

Enfantin n'est pas parti de façon impromptue. L'interdiction de l'Association saint-simonienne et la répression policière à laquelle elle est sujette oblige la Famille à trouver une issue. Cela tombe bien : l'idée du percement de l'isthme de Suez, qui faisait déjà partie des ambitions de Bonaparte, hante les disciples de Saint-Simon. Michel Chevalier n'a-t-il pas consigné, à Sainte-Pélagie, ce rêve dans un poème « géographique » ?

Il y a deux isthmes,
L'Isthme de l'Orient
Suez
L'Isthme de l'Occident, Panama.
Ce sont là deux voies sacrées[534].

Pourtant, il n'a pas donné suite. Voici ce qu'il dit du projet d'Enfantin à Arlès-Dufour : « L'idée est grande assurément », mais « tel que Fournel me l'a exposé (il est vrai que Fournel a des qualités mais qu'il n'est pas une forte tête) » il « n'a pas de sens commun. Il est possible d'un autre côté que s'il avait du sens commun, il avortât et qu'il soit réservé au Père Enfantin de réaliser de ces choses qui n'auront le sens commun que dans six cents ans »[535]. C'est que les deux hommes ont rompu dès le printemps 1833. Bien que, sous la plume d'Enfantin, la « religieuse fidélité du disciple » ait dû, pour cela être quelque peu « brutalisée par le maître »[536]. Rogé n'épargnera pas Enfantin, lui reprochant d'avoir trahi, dans les années 1840, les idéaux qu'il professait. Il aura pourtant, dans ses *Mémoires*, une version très différente de la « fidélité » du disciple. Chevalier, raconte-t-il, avait essayé d'embaucher Retouret, « ou plutôt de le débaucher à son profit. Il lui dit un jour : "Si tu veux me suivre, Retouret, nous aurons bientôt monté sur les épaules des Saint-Simoniens." – "Oui, pour qu'ensuite vous grimpiez sur les miennes", répliqua ce brave jeune homme. "Je ne suis pas de ceux-là." Retouret l'avait déjà jaugé et jugé*[537]. » En tout état de cause, Enfantin s'en plaint à Petit : « Je crois que Michel a les yeux sur un autre point et que son système de la Méditerranée lui paraît mesquin aujourd'hui[538]. »

* On pense au *mané théqel…* du songe de Balthasar, *Livre de Daniel*, V, 25-27.

Effectivement, il a d'autres idées. Il a obtenu d'Adolphe Thiers, alors ministre du Commerce et des Travaux publics, à sa sortie de prison, une mission aux États-Unis et au Mexique pour y enquêter sur l'état industriel de ces pays.

Dans une lettre à Alexis Petit, Enfantin se projette déjà en Égypte en lui écrivant une liste de commissions : « Je ne sais s'il y a quelque vent d'Orient là-dedans, mais il me semble que j'ai besoin de parfums »[539]. L'air de Paris est lourd. Correspondant avec Lemonnier au moment où Enfantin sort de Sainte-Pélagie, Petit confesse : « La France est lasse de nous, nous nous sommes prodigués, je dirai presque prostitués à elle, à ses injures, à ses sarcasmes. Le Père va la quitter pour y préparer son retour et y revenir, non plus craint, haï, insulté, mais appelé, aimé, respecté. Et pour cela, il faut faire une œuvre hors de France »[540]. Réminiscences de la fécondité de l'exil d'Abraham, du séjour de Jésus au désert et de l'hégire de Mohammed...

Dès lors, son voyage est sérieusement préparé par une activité épistolaire tous azimuts par laquelle il a cherché à rassembler des fonds. Comme l'atteste cette lettre écrite à Fleury* juste avant de quitter la France :

> Je pars demain pour l'Égypte. J'espère par mon voyage attirer au moins l'attention de la France sur la plus grande œuvre industrielle qui puisse et doive être faite aujourd'hui, (le Canal des deux mers) projetée par Napoléon, étudiée par son état-major et située sur la terre que gouverne l'homme d'action le plus vigoureux de nos jours.

Il indique, dans la tradition saint-simonienne, que c'est par de tels projets que « l'industrie détrônera la guerre ». Cela avant de poursuivre :

> « Je vais entre la vieille Judée et l'antique Égypte tâcher d'unir Rome à La Mecque, Mahomet au Christ. Que mon entreprise paraisse ambitieuse, irréalisable par moi, ce n'est pas cela qui m'inquiète, j'aimerai même qu'on la considère trop grande pour moi, afin qu'on la voie telle qu'elle est, d'un intérêt immense, universel. Quant à moi, si je réussis, j'aurai le plaisir de surprendre ceux qui auront douté de moi et enfin, si je ne fais pas par moi-même, j'aurai contribué à ce qu'on fasse. Je n'en veux pas plus devant Dieu, c'est une croisade que je signale[541]. »

---

* Il s'agit d'Ernest de Fleury, gérant de la *Gazette de France,* qui fut compagnon d'infortune d'Enfantin à Sainte-Pélagie où il était détenu pour délit de presse.

Enfantin n'a pas oublié de s'enquérir des effets politiques de son projet. C'est peut-être à sa demande que Fournel s'est renseigné à ce sujet auprès du docteur Bailly, alors à Constantinople. La réponse du vieux disciple de Saint-Simon n'est pas encourageante : « Les Anglais, estime-t-il, n'ont jamais voulu et ne veulent pas et ne voudront jamais le canal de Suez dans la crainte de voir grandir encore la puissance matérielle de Méhémet Ali sur les pachas de la côte orientale de l'Arabie, du golfe Persique et de la Perse jusqu'à Bombay. Ils ne peuvent conserver les Indes qu'autant que personne n'y va, et ils ne voient que de graves inconvénients à livrer aux investigations des Français et des Autrichiens la mer des Indes, presque inconnue sous le rapport du commerce à faire. Les Anglais négocient les moyens d'aller aux Indes par l'Euphrate et le golfe Persique, mais il s'agit simplement pour eux d'un service d'estafette passant en Syrie, par Alexandrette et Alep : c'est seulement pour les nouvelles et non pour les marchandises. De cette façon, ils communiquent rapidement de Londres aux Indes sans augmenter la puissance de Méhémet Ali[542]. »

Quoi qu'il en soit, c'est décidé, Enfantin va réaliser le grand rêve du percement du canal de Suez. Et comme il sait parfaitement comment lier ses idées pratiques avec l'enveloppe religieuse qu'il sert à ses disciples, il l'annonce dans une lettre-poème à Barrault où il proclame :

SUEZ
Est le centre de notre vie de TRAVAIL
Là nous ferons l'ACTE
que le monde attend[543].

Le voyage en Égypte a-t-il reçu, comme celui de Chevalier en Amérique, l'assentiment du gouvernement ? On serait tenté de le croire si l'on s'en tient à la correspondance de George Sand avec Adolphe Guéroult, un fidèle d'Enfantin qui fera partie du groupe des éditeurs de ses œuvres :

> Vous êtes tombés dans un système de transaction mystérieuse auquel on ne comprend plus rien, vous semblez pressés de vous faire oublier en France, et d'obtenir le pardon du bien que vous avez tenté. Vous parlez de régénérer des peuples qui n'existent pas encore. Mais en fait, vous vivez par la grâce de Louis-Philippe[544].

Laissons de côté les « peuples qui n'existent pas encore », ce qui traduit bien le mépris général de la société française pour les Égyptiens et les « Arabes » en général, dont elle sait gré à son corrrespondant de « vouloir du bien », l'allusion à l'idée de vouloir « régénérer des peuples » ne concerne évidemment pas Chevalier mais Enfantin et ses partisans. Y aurait-il eu transaction qui aurait justifié l'amnistie pour les prisonniers de Sainte-Pélagie ? En tout cas, si la Cour et le Gouvernement sont bien contents de se débarrasser des trublions saint-simoniens, accusés de pervertir la jeunesse, il ne semble pas que le voyage en Égypte ait fait partie de ces supposées discussions. Hoart nous met la puce à l'oreille en écrivant en septembre : « Le gouvernement depuis qu'il sait notre projet, cesse de s'effrayer[545]. » Il n'est pas impossible qu'un secteur de l'appareil d'État ait été sensible aux arguments d'Enfantin. Toujours est-il qu'il doit chercher à convaincre son cousin le général Nugues, bien placé dans l'entourage du Roi, et répondre à ses objections : « Je ne vais pas en Orient pour répéter ce que j'ai dit et fait ici. Je crois qu'autant j'ai dû éveiller l'attention blasée de l'Occident sur un avenir religieux, moral et politique que je sens, par des écrits, des discours et un costume étranges, mais qui ont eu enfin pour résultat de propager, sinon de faire admettre très rapidement mes idées, autant je devrais chercher à me concilier par des œuvres utiles, positives, matérielles, l'affection, la considération des peuples qui ne lisent ni ne discourent pas et qui ne sont frappés que par les actes, les choses, les faits et non les idées… Je suis certain, lorsque l'œuvre grande et glorieuse sera à faire, de pouvoir enlever de France pour cette belle entreprise une partie des têtes les plus ardentes, les plus turbulentes qui ne s'agitent en France que par l'absence d'un but aventureux, glorieux qui plaise à leur brûlante imagination. J'en suis certain et cela t'expliquera nos relations si souvent mal interprétées avec les Républicains, comme cela me donne le sens de ma prison à Sainte-Pélagie[546]. »

Cela lui vaut cette réponse, fortement chargée de mépris pour ses ambitions : « La vapeur de louanges que tu respires autour de toi depuis deux ou trois ans égare ton jugement naturel et t'entraîne à une exagération et une emphase peu raisonnables. Tu veux faire honneur aux Saint-Simoniens et du canal de Suez et des chemins de fer en France et de l'emploi des soldats dans les travaux publics. Tout cela sont des idées déjà anciennes, avant toi traitées, élaborées dans des livres, dans des mémoires, dans des commissions. Le désir, le besoin de vous relever vous fait monter sur des échasses, mais ces échasses n'empêchent pas de voir la mesure de votre taille[547]. » Qu'importe pour Enfantin ! Le canal de Suez, il se réalisera, il en est certain. Tout doit désormais être subordonné à sa préparation et à sa réalisation, ce qui exige de redisposer complètement la Famille saint-simonienne.

Le chant du cygne des Compagnons de la Femme

Enfantin arrive à Lyon le 1er septembre 1833. La situation de la Famille et son organisation ont encore une fois changé depuis la création des Compagnons de la Femme et la mise sur pied des Missions d'Orient de Barrault et de Cayol. Nous sommes loin du procès en assises d'avril 1833. Marius Chastaing, journaliste de la presse ouvrière lyonnaise, présente Enfantin vêtu du costume saint-simonien dessous un ample manteau de velours noir doublé de fourrure, portant à son cou un collier symbolique dont il a donné une longue et minutieuse description. Il relève que les Saint-Simoniens viennent d'obtenir un nouveau triomphe le 8 avril dernier, devant la cour d'assises de la Seine. Enfantin et Chevalier, traduits devant le jury pour contravention à l'article 291 du Code pénal, ont été acquittés »[548]. Lors de ce procès, Enfantin s'est livré à une brillante homélie en vers qu'il a prononcée une fois encore sur son dogme : « Telle est la foi politique qu'au nom de mon DIEU, PÈRE et MÈRE de tous et de toutes, j'ai donnée à des hommes qui, pour cela, m'ont nommé le PÈRE et qui appellent et attendent la MÈRE[549]. »

Après avoir assisté le 22 mars au départ de Barrault, la troupe de Hoart, composée de douze apôtres dont Lamy, Reboul, Rogé et Machereau, se sont dirigés vers Toulouse, traversant Arles puis Tarascon et Beaucaire, et de là, par Mende, vers Lyon où elle est arrivée le 28 avril. Cela dans un parcours extrêmement mouvementé, dont le compte rendu est fait par Hoart dans *Amour à tous !*[550] et dont Rogé donne des images assez cocasses dans *Mémoires d'un piano* : s'ils sont bien accueillis à Castelnaudary, ville travaillée en profondeur par les Saint-Simoniens, ce sont souvent jets d'œufs, de fruits pourris, huées, lapidations – Reboul est blessé à la tête –, et tombereaux d'insultes par des foules soulevées, comme à Nîmes, Tarascon et Beaucaire où il sont à deux doigts d'être jetés dans le Rhône, par « le fanatisme du clergé ultramontain », et même coups de couteau à Mende, etc. Seule l'intervention de la force publique sauve ces braves chevaliers de leur moderne croisade pour la Mère[551].

Hoart confie à Enfantin à son arrivée dans la capitale industrielle qui était naguère le principal pôle de l'action saint-simonienne parmi les prolétaires : « À Lyon, il n'y a plus de centre, plus d'organisation, plus de direction. Nous en avons averti la Famille de Paris, et tous les centres qu'ils ne peuvent plus compter que sur eux-mêmes.[552] » On note dans un rapport de police du début 1833 : « À force de sollicitations, quelques Saint-Simoniens sont parvenus à trouver du travail dans différents ateliers et partout leur entrée n'a pas tardé d'être signalée par quelques coalitions et quelques désordres. [...] Ils ont persuadé à l'ouvrier, habitué à cette peine depuis quinze ans, qu'il ne garantit pas assez et qu'on devait augmenter le salaire. Et là, coalition pour forcer les chefs de manufacture à payer une augmentation[553]. » Au moment où les ouvriers sont en plein effort d'organisation, il est certain que l'accent mis sur la femme se fait au détriment de leur contribution à l'associationnisme ouvrier. « Il n'y a qu'une conviction profonde qui puisse inspirer d'aussi grands sacrifices que ceux d'*Enfantin* et ses adhérents. Toute conviction est respectable, les Saint-Simoniens ont droit aux égards sinon à la sympathie de tous les hommes bien pensants », affirmait en janvier 1833 la rédaction de *L'Écho de la fabrique*, le journal ouvrier de Lyon aux mains des mutuellistes, tout en se démarquant d'eux : « Nous ne sommes pas *saint-simoniens*, leurs idées mystiques, leur système sur la femme, leur soumission aveugle à un homme seul juge de la capacité de ses disciples, voilà les motifs de notre éloignement de leur doctrine[554]. »

Il est manifeste que la propagande saint-simonienne en milieu ouvrier se rétrécit à l'agitation sur l'Orient, comme le montre le journal lancé par l'ouvrier lyonnais Corréard à l'été 1833, *L'Homme nouveau ou le Messager du bonheur*, dont ils seront absents*. La Femme-messie dont on fait une panacée ne pouvait arranger les choses : au cours de l'année 1833, on voit les ouvriers lyonnais se tourner de plus en plus vers les associations mutuellistes et vers l'action directe républicaine[555].

* La 1re livraison est datée du 14 juillet 1833. On y annonce le prix des six premières livraisons. Mais nous ne disposons que des 2e, 3e et 4e, parues ensemble et datées d'août 1833.

Le 16 mai, une douzaine d'apôtres, dont Colin, Rogé et Lamy, s'engagent dans la Mission de l'Est qui succède à celle du Midi. Un compte rendu rédigé par ses membres raconte l'épisode des incendies que les Compagnons de la Femme aidèrent à éteindre dans le village de Brazey, en Bourgogne, de leurs travaux de cultivateurs à Collonges, du bon accueil que leur firent plusieurs villes de la Côte-d'Or, de leur pèlerinage à Ferney au château de Voltaire, enfin de leur entrée en Suisse et de leur attitude à Genève, patrie de Jean-Jacques Rousseau[556]. Rogé donne là encore, dans *Mémoires d'un piano,* des détails pittoresques. Il racontera que les descendants du « sombre Calvin » veulent les jeter dans le lac. Mais tandis que leurs bras sont déjà tendus en avant pour les saisir, Machereau leur lance : « Vous vous croyez républicains, non, vous n'êtes pas de vrais Républicains. Nous avons, nous, un idéal plus haut de la République. Chez vous, le bourgeois vit à part de l'ouvrier, l'ouvrier lui-même gagnant cinq francs par jour ne se mêlera pas à son frère n'ayant qu'un salaire de trois francs », concluant : « MM. Les ministres protestants » sont bien pareils à « MM. Les curés du Midi »[557]. Ce après quoi Rogé et Colin adressent une lettre ouverte aux journaux de la ville.

Parallèlement, certains apôtres accomplissent leur mission par des initiatives individuelles, à l'exemple de celle de Duguet en Belgique*[558]. Ainsi, Massol, Rousseau et l'ancien prêtre Terson, qui avaient en vain demandé au gouvernement de se faire incarcérer avec les forçats pour partager leur sort**[559], poussent en mai une pointe en Allemagne, dans le duché de Bade et le royaume de Wurtemberg. Ils sont bien accueillis à Stuttgart et à Ulm mais dès qu'ils pénètrent sur le territoire bavarois, ils sont stoppés net à Augsbourg devant une foule curieuse mais non hostile. Ils sont bientôt chassés par le roi-poète, Louis Ier, qui sera connu comme amant de Lola Montez, la célèbre « cravacheuse andalouse ». Ce dernier les fait escorter, de brigade en brigade, par ses gendarmes jusqu'à l'extérieur de ses territoires[560], ce qui poussa les deux compères à protester dans la *Gazette d'Augsbourg* sous forme d'« une épître en remerciements »[561].

---

* Voir plus haut, Ch. IV, 140.

** Si D'Allemagne situe l'épisode à Bordeaux, Rogé le voit, lui, à Toulon et note : « Leur but, on le devine, était de faire entrevoir à ces misérables la possibilité d'une organisation sociale meilleure, et, partant, une réhabilitation graduelle assurée », voir *Mémoires d'un piano*, 13.

Fin août, Enfantin laisse la garde de la maison de Ménilmontant à Cécile Fournel, quitte Paris en compagnie de Henri Fournel, Holstein, Lambert, Ollivier et Petit. Le 1er septembre, le groupe est accueilli à Lyon par Hoart et Bruneau. C'est là, notera Rude que les femmes saint-simoniennes de Lyon, les vingt « femmes de la Mère », lui remettent par la main de Clorinde Rogé, le signe du célibat rompu, ajoutant malicieusement : « Ce ne fut pas seulement de façon symbolique que Clorinde Rogé brisa la chaîne du célibat que le Père s'était forgé dans l'attente de la Mère »[562]. Le cérémonial des Compagnons de la Femme n'est pas le seul à être liquidé. C'est l'organisation même des troupes, comme cela va être exprimé à Marseille où Enfantin arrive le 7, accompagné du contingent lyonnais, et rejoint par Duguet qu'il va envoyer le 18 en éclaireur en Égypte. Installé à bord du brick *Le Prince héréditaire*, qui va le conduire à Alexandrie, le Père remet, la veille de son départ fixé au 23 septembre, aux capitaines Bruneau et Hoart ainsi qu'à Rogé et Massol, un pli cacheté contenant, comme l'exprime *Amour à tous !*, « une belle, simple et grande parole qu'il leur laisse et qui désormais va devenir leur firman* »[563]. Ce cérémonial souligne le fait qu'il contient, pour son auteur, ce qui constitue le programme de l'Église saint-simonienne dans sa nouvelle phase, l'Égypte :

> J'ai quitté la terre d'Occident, je vais au travail. Laissons le passé et parlons vite d'avenir. Par l'œuvre que je vais entreprendre, je veux que la France, l'Europe et le monde soient initiés à la pratique de mes théories INDUSTRIELLES. Je veux que notre armée des TRAVAILLEURS soit le germe de pacification et de gloire que DIEU a promis par nous à l'humanité. Pendant que nous préparerons en Orient notre œuvre, vous préparerez en France les hommes qui plus tard devront répondre à mon appel.

Il estime qu'il faut offrir à Mohammed Ali cinq cents travailleurs, au moins, pour commencer, conduits par cinquante hommes, dont la moitié au moins sortiraient de l'École polytechnique »[564]. Voici donc ses directives :

> HOART et BRUNEAU, VOUS VOUS occuperez du personnel et du matériel des travailleurs, Rogé et Massol, de la musique et des costumes. Vos missions sont distinctes, vos moyens et vos ressources devront l'être également. Lorsque vous vous réunirez pour une œuvre commune,

---

* Un firman, de l'ar. et t. ott. *firmān*, lui même du pers. *farmān*, est un « décret du souverain ».

> que votre amour pour MOI soit toujours entre vous, afin que vous soyez unis, malgré votre manière de sentir. Et dans ce but je désire, si cela est possible, que ROUSSEAU assiste aux conseils où vous serez tous quatre réunis, Rousseau qui ne sera pourtant attaché ni aux TRAVAILLEURS ni aux ARTISTES.

Aux deux capitaines, il rappelle qu'à sa naissance, l'École a visité et décrit l'antique Égypte, avec NAPOLÉON :

> « Aujourd'hui, il faut féconder l'Égypte de MÉHÉMET. Nous ne déchiffrerons pas les vieux hiéroglyphes de sa grandeur passée, mais nous graverons sur son sol les signes de sa prospérité future.

S'adressant à présent à Rogé et Massol, il poursuit :

> NAPOLÉON avait occupé auprès de lui des peintres et des sculpteurs, des architectes et des dessinateurs qui relevaient les monuments de Memphis et les hautes Pyramides. Ils faisaient revivre les colossales figures que les siècles ont usées, mais n'ont pu entièrement détruire. Aujourd'hui, c'est une vie nouvelle qu'il faut donner à l'Égypte, ce sont nos arts et nos plaisirs d'Occident qu'elle réclame.

Sacrifiant au cérémonial des Compagnons de la Femme, il consacre le jour de son départ au souvenir des destinataires de sa lettre et ajoute à son collier un anneau, signe de cette consécration[565].

Rogé interprète ainsi cette directive : par suite de l'instruction qui leur a été publiquement donnée, les deux capitaines ont à préparer l'armée future du travail, soit « l'armée pacifique des travailleurs ». Ils ne se contentent donc pas de se montrer en costume, qu'ils ont eu l'autorisation de quitter, mais qu'ils ont pour mission de recruter ouvriers et ingénieurs pour répondre à l'appel d'Enfantin dès que celui-ci le jugera opportun. Massol et Rogé sont chargés de la partie cultuelle, en d'autres termes, de ce qui, doctrinalement, est appelé « les joies du travailleur, la glorification du travail ». Rogé estime la besogne qui lui échoit « des plus ardues ». Il s'agit d'éduquer et de dresser au centre même de la Famille de Paris, presque tous ouvriers, un chœur de soixante voix, hommes et femmes, plus un orchestre d'instruments à vent composé de quarante musiciens – ignorants de la musique[566]. Voilà en effet une autre hardiesse des Saint-Simoniens, ces chœurs, comme ceux de Félicien David, sont formés de voix d'hommes, mais aussi et pour la première fois, de voix de femmes, et le tout est épaulé par un orchestre d'instruments à vent[567]. « Il faut croire qu'à cette époque, notera le même Rogé, la renommée de ce diable de Piano allait en s'étendant de proche en proche puisqu'il avait inspiré jusqu'au rigide et froid Henri Reber, aujourd'hui membre de l'Institut, lequel écrivit, peu après ces événements, une partition fort remarquable intitulée : À L'ORIENT[568]*. »

Tandis que Barrault est à cinq cents lieues de là, quelque part en mer entre Smyrne et Alexandrie, Enfantin lui fait part de ses nouvelles dispositions dans un pli confié à Duguet** où il annonce qu'il reprend sur ses troupes l'autorité qu'il avait abandonnée en entrant en prison, abandon qui avait été pour Barrault l'occasion de la création des Compagnons de la Femme. Pour ce qui est des apôtres présents en Orient, dans la mouvance de Barrault, il faut donc réorienter leur action. « Notre face INDUSTRIELLE est celle qui doit APPARAÎTRE, sinon dominer, dans ce moment, en Orient. Fais donc en sorte que tout ce qui a été fait déjà par nous en Orient soit considéré comme préparation à notre ŒUVRE présente, RELIE TA mission d'hier à MOI d'aujourd'hui, comme je le fais moi-même. En d'autres termes, JE vais occuper la place que tu as préparée. Je la prends ayant Fournel près de moi, et me disposant à t'envoyer, TOI, en ambassade pour compléter le caractère RELIGIEUX de notre œuvre INDUSTRIELLE.[569] »

C'est clair, toutes les forces du mouvement doivent être tendues vers la réalisation du canal de Suez. Leur organisation doit se transformer en conséquence.

L'Égypte de Mohammed Ali et le besoin d'Occident

Le canal de Suez se fera, affirme Enfantin, « aussitôt que Méhémet songera un peu moins à ses armées. Et Ibrahim, peut-être, jettera les yeux sur l'Ouest, comme, il a eu, cette année, la main sur l'Est »[570]. Il est convaincu que son projet s'inscrit dans un double mouvement historique extrêmement puissant : d'un côté le besoin d'Occident de l'Égypte, qui rencontre de l'autre côté, réciproquement, dans la société européenne, des hommes de valeur qui, par esprit d'aventure ou par conception désintéressée, se sont

---

* Le compositeur Napoléon Henri Reber, qui n'a alors que vingt-cinq ans, met déjà en musique les poèmes d'auteurs à la mode.

** Voir plus haut, Ch. V, 192.

mis au service du développement moderne des pays de l'Empire ottoman et en particulier de l'Égypte.

Dès son arrivée au Caire, Urbain est impressionné par les signes de la modernisation du pays que livre le faubourg de Boulaq où il remarque un grand nombre de fabriques, des longues cheminées de fonderie vomissant de gros nuages de fumée[571]. Ce développement industriel manifeste est, exprimé en termes d'aujourd'hui, le résultat d'un transfert de technologie opéré dans le cadre d'une coopération technique. Celle-ci s'effectue en grande partie hors des rapports entre États, qui fluctuent au gré de la situation politique internationale : elle n'a donc rien d'institutionnellement stable. Elle résulte de deux types d'initiatives qui se croisent : les premières relèvent des États, les autres d'individus.

Il y a tout d'abord le besoin des pays de l'Empire ottoman de récolter les fruits de la modernité que l'Europe exhibe de façon ostentatoire et fascinante. Il n'est d'ailleurs pas nécessaire d'invoquer l'expédition de Bonaparte en Égypte pour marquer le coup d'envoi de cette modernité puisque la Porte en avait déjà senti l'urgence avant cette époque, ne serait-ce que pour des raisons de rapport de force militaire. Selim III, qui monta sur le trône en 1789, avait fait appel dans ce but à des spécialistes européens, et le jeune Bonaparte lui-même avait nourri le projet de partir pour Istanbul dans cette perspective. On trouve une *Note du général Buonaparte* du 13 fructidor an III (30/08/1795) où, soucieux de voir Selim III en position de répondre à une offensive russe, il « s'offre pour passer en Turquie avec une mission du gouvernement ». Le Directoire répond à cette demande en arrêtant que le susdit général « se rendra à Constantinople avec ses deux aides de camp, [deux] capitaines, pour y prendre du service dans l'armée du Grand seigneur et contribuer, de ses talents et de ses connaissances acquises, à la restauration de l'artillerie de ce puissant empire, et exécuter ce qui lui sera ordonné par les ministres de la Porte[572]. » L'histoire en a décidé autrement : son succès dans la répression, un mois et demi plus tard, de l'insurrection royaliste parisienne du 13 vendémiaire an IV (05/10/1795) le propulse général de division puis commandant de l'armée de l'Intérieur. Plus question alors de mission de coopération technique.

Plus claires encore avaient été les dispositions de l'Égypte, qui a bénéficié avec Ali Bey al-Kabir, dans les années 1766-1774, d'un véritable précurseur de

Mohammed Ali. Il n'a pu conquérir son autonomie vis-à-vis de la Porte qu'en s'appuyant sur la Russie et Venise et en entreprenant des réformes militaires, fiscales et douanières plus hardies que celles de la Porte. Il fait prospérer le commerce d'Alexandrie, ainsi que le vante Claude Savary dans ses *Lettres*, avec l'ambition de restaurer la position de l'Égypte comme pivot du commerce entre l'Asie et l'Europe[573]. Il est vrai que les années de chaos politique qui frappèrent l'Égypte de la fin du XVIIIe siècle et l'épopée de Bonaparte ont fait oublier, dans l'opinion européenne, l'évocation que fit de ce personnage le pionnier de l'égyptologie. Si le fils adoptif d'Ali Bey al-Kabir, Mohammed Bey Abou l-Dhahab, qui lui succéda après l'avoir assassiné, revint sous la coupe de la Porte, il n'en donna pas moins à l'élite égyptienne un certain désir de modernisation en liaison avec l'Europe. Cela dit, la campagne d'Égypte de 1798-1801 reste un puissant accélérateur de cette tendance. Le pacha d'Égypte, Mohammed Ali, envoie de nombreuses ambassades pour recruter ingénieurs et militaires en France bien qu'il se méfie de l'éventualité d'une nouvelle expédition militaire française. Ce dernier n'a-t-il d'ailleurs pas ordonné en 1808 les préparatifs d'une nouvelle campagne d'Égypte à Toulon et à Lorient[574] ? La guerre d'Espagne puis la campagne de Russie lui ont fait abandonner ce projet, diminuant ainsi les alarmes de Mohammed Ali qui ne disparaîtront vraiment qu'avec la Restauration.

Il y a réciproquement les efforts de la diplomatie de Charles X puis celle de Louis-Philippe, avec des éclipses et, de façon plus ou moins appuyée selon les périodes, d'une véritable politique méditerranéenne : réduire la puissance de l'Angleterre et faire de la Méditerranée « un lac français », comme en rêvait Napoléon, en une moderne réédition de l'antique *Mare internum* des Romains. C'est ainsi qu'avant de se résoudre à l'expédition de 1830 contre Alger, Polignac pense un moment aider le pacha d'Égypte à mettre au pas le dey d'Alger, projet qui se heurte à l'opposition de la Porte et de l'Angleterre. Parallèlement, la Monarchie de Juillet appuie les prétentions de Mohammed Ali sur la Syrie auxquelles s'oppose l'Angleterre.

En prenant du recul à Alexandrie après le fiasco des Compagnons de la Femme, Barrault a le temps de formaliser le rêve saint-simonien, parfaitement exprimé en 1835 dans *Occident et Orient* : celui d'un Empire arabe dont on fera un allié au sortir du naufrage de l'Empire ottoman[575]. C'est dans ce cadre politique qu'évoluent les Saint-Simoniens en Égypte et, tout naturellement, le jeune Urbain. Celui-ci montre à l'occasion ses préoccupations géopolitiques avec ces remarques à propos du jeu des puissances européennes en rapport avec l'avenir de l'Égypte et de la Syrie : « On croit généralement que les puissances laisseront la Syrie à Ibrahim Pacha et que l'Égypte, à la mort de Mohammed Ali, subira immédiatement l'influence européenne »[576], ou encore : « On a toujours de vives craintes sur l'avenir du pays, le revirement de la France et de l'Angleterre fait espérer que ces deux nations ne tarderont pas à intervenir activement dans la question d'Orient. Les Anglais paraissent à peu près sûrs d'occuper le pays[577]. »

Les initiatives personnelles des hommes attirés par l'Orient répondent à des motivations variées. Elles vont de la quête mystique des origines de la civilisation, en passant par le désir sincère de faire profiter l'Orient des bénéfices des Lumières, jusqu'à la simple rapacité de mercantis et d'aventuriers en quête de juteuses affaires. Urbain n'est d'ailleurs pas tendre, dans cette lettre à Lambert, envers les Européens expatriés : « Plus on voit ce pays de près, plus on se mêle aux Européens que le pacha paie pour faire l'éducation du peuple, plus on rougit, plus on s'indigne de la félonie de ces hommes qui ont pris cette belle contrée comme une curée qu'on livre à leur insatiable cupidité[578]. »

Parmi les pionniers du mouvement de coopération technique avant la lettre en Égypte, une place particulière est tenue par les membres de la campagne de Bonaparte restés sur place, puis par des officiers fuyant la Restauration monarchique, jugeant leur avenir bouché en France : c'est le cas de Joseph Sève, alias Soliman Bey, que nous avons déjà rencontré. Débarqué en Égypte en 1819, il sera loué en ces termes par Rogé : « Bravo ! Soliman-Sève, fils de simple ouvrier, tu avais un grand sens, un large coeur, et tu fus un brave à trois poils[579]. » Sur son initiative, sont construits une flotte de guerre, des ports et des arsenaux, fondées des écoles militaires dont l'École d'infanterie de Damiette dans laquelle Urbain enseignera le français. La réforme de l'armée n'est pas le seul domaine de la modernisation de l'Égypte. On s'attèle à l'édification des infrastructures, aux postes et au télégraphe, à la création d'usines modernes, etc.

Nombreux sont les spécialistes recrutés par des agents de Mohammed Ali. C'est le cas de l'industriel Louis-Alexis Jumel qui, directeur des filatures du Caire, découvre en 1819 une espèce locale de coton qui rend l'Égypte indépendante des fournitures étatsuniennes. On compte aussi dans ce nombre le polytechnicien et ingénieur naval toulonnais Louis Charles Lefébure de Cerisy, lui aussi honoré du titre de bey, responsable de la mise en état, avec l'assentiment du gouvernement français, des bassins du port d'Alexandrie et de la construction de son arsenal en 1829-1831, tandis que l'ingénieur des Ponts et chaussées Dieudonné Eugène Mougel, alias Mougel Bey, s'occupera quelques années plus tard de leurs défenses. Le Pacha s'attache aussi, de 1821 à 1827, l'architecte Pascal Coste, élève de Claude-Nicolas Ledoux. Il nomme en 1831 Louis Maurice Adolphe Linant de Bellefonds, qui a exploré pendant dix années la région en tous sens, Ingénieur en chef des Travaux publics en Haute-Égypte, puis le nommera à l'Instruction publique en 1837 avec le titre de bey. Comme il encourage l'archéologie et l'épigraphie, facilitant en 1828-1830 les travaux de Champollion.

Bien d'autres spécialistes s'activent en Égypte et, dans le mouvement réciproque, il ne faut pas oublier les missions scolaires envoyées à Paris sous l'aile protectrice du géographe Alexandre Edme Jomard, un ancien de l'expédition de Bonaparte qui a supervisé l'édition de la monumentale *Description de l'Égypte*. Le premier contingent qui y séjourne, de 1826 à 1831, rendra célèbre Rifaat al-Tahtawi qui, lors de son retour, est affecté à l'Instruction publique et fait connaître à ses contemporains en 1834 la vie européenne dans un ouvrage fameux *L'or de Paris*.

Au moment où les Saint-Simoniens arrivent en Égypte, on compte parmi les personnages les plus connus, outre Soliman Bey, Antoine Clot, dit Clot Bey, qui a créé en 1827 une école de médecine en annexe de l'hôpital d'Abou Zaabel. Son objectif, naturellement trop ambitieux, est d'atteindre le chiffre d'un médecin pour 3 000 habitants et d'un pharmacien pour 10 000 ! Néanmoins, le nombre d'étudiants formés avant 1848 variera entre 100 et 300 selon les années, avec des manuels systématiquement traduits, un système d'examens identique à celui pratiqué en France, un pensionnat sévère, les meilleurs élèves ayant la possibilité de terminer leurs études dans les facultés françaises. L'ossature d'un véritable système de santé moderne sera ainsi mise en place lorsque Clot Bey quittera l'Égypte en 1849. Sa renommée sera surtout due à l'immense travail réalisé dans la lutte contre la peste dans les années 1830. Il a acquis l'expérience qui lui permet de propager l'idée qu'à la différence de la peste pulmonaire qui peut se communiquer par voie respiratoire, la peste bubonique, qui se transmet par piqûre de puces infectées par les rats vecteurs essentiels de la maladie, n'est pas contagieuse par contact humain. Il est à l'origine de nouveaux procédés qui arrachent en Europe les malades aux mauvais traitements, fait inoculer avec succès à des médecins des prélèvements de ganglions infectés, bien avant que ne soit mis au point, à la fin du XIXe siècle, un vaccin pour les personnes très exposées. Clot Bey est également, à l'époque de la présence d'Urbain, l'organisateur d'une médecine préventive efficace, notamment par une campagne massive de vaccination antivariolique*.

La troupe saint-simonienne d'Enfantin arrive en Égypte à un bon moment. Elle apprécie, chez le Pacha et son entourage, l'avidité de techniques et de savoirs modernes, goûte l'accueil d'ingénieurs motivés et sans prétentions pécuniaires, et le fait que les élèves qui, comme Rifaat al-Tahtawi, sont revenus de leur séjour en France, commencent à accéder à des postes de responsabilité. Il y a, d'un autre côté, l'intérêt du personnel diplomatique français, le consul général Jean-François Mimaut, en Égypte depuis 1829, célèbre pour avoir convaincu Mohammed Ali de ne pas détruire les pyramides et le jeune vice-consul, Ferdinand de Lesseps, promu à un brillant avenir, malgré la méfiance de leurs chefs parisiens, ainsi que l'accueil des Français expatriés, comme Soliman Pacha, très favorables à leurs idées et prêts à se mettre en quatre pour leur favoriser la tâche[580].

Urbain au Caire et en repérage du tracé du canal de Suez

Enfantin en avise Barrault dès le 8 août : « J'ai besoin de trouver à mon arrivée les projets déjà conçus. Decharme pourrait visiter les lieux avec Cayol, tandis que tu t'occuperais des personnes à Alexandrie. Et tu ferais bien de diriger sur SUEZ, PRAX comme ingénieur, Machereau et Alix [mis pour Alric,

* Voir à ce sujet PANTAC, Daniel, « Médecine révolutionnaire et révolution de la médecine dans l'Égypte de Muhammad Ali : le Dr Clot-Bey », 1989. Mais on peut directement se référer aux ouvrages de Clot Bey lui-même, not. son *Compte-rendu de l'état de l'enseignement médical et du service de santé civile et militaire de l'Égypte au commencement de 1849*, et *Coup d'œil sur la peste et les quarantaines : à l'occasion du Congrès sanitaire réuni à Paris au mois de juillet 1851.*

N.D.A.] comme dessinateurs, pour qu'ils se joignent à Cayol et Decharme, si TU LE SENS AINSI »[581]. Barrault fait ce qu'il peut. Enfantin ne sait pas alors que Cayol est déjà rentré en France. Profitant de son passage à Chypre au retour du Liban, Decharme avait mis les voiles pour Livourne. Prax n'est toujours pas revenu des îles grecques où l'a missionné Barrault[582]. Machereau ne semble pas disponible. Aussi sont-ce Colin et Alric qui sont envoyés au Caire pour aller de là faire un tour de reconnaissance vers Suez[583].

Urbain ne reçoit, pour sa part, aucune directive. Est-ce parce que, dans son esprit, il est avant tout le « fils d'esclave » dont le destin est d'être « l'apôtre, le prophète », qui doit s'adresser à la terre d'Amérique ? Ainsi en parle en effet Enfantin lorsque sortant de prison, il annonce à Barrault ses intentions :

> Lorsque sera écoulée notre grande année,
> Faire d'Orient un appel à la France,
> Elle y répondra
> Et Dieu nous enverra, je l'espère, La Mère avec elle.

Et de prophétiser :

> Alors tu partiras pour le Nouveau monde,
> Touchant à son midi et à son nord,
> Et saluant en passant avec ton URBAIN
> L'île où se sont affranchis les Noirs,
> Puis revenant m'attendre ou nous attendre
> À Panama »[584].

Las, dans l'attente d'Enfantin, des mondanités dans la colonie européenne d'Alexandrie où s'active le vice-consul de France, Ferdinand de Lesseps, et sachant que Soliman Bey les demande auprès de lui au Vieux Caire, Cognat et Urbain obtiennent de Barrault l'autorisation de s'y rendre. Ils partent le 8 octobre pour une traversée du Delta qui va prendre cinq jours. Quittant le monde semi-européanisé du grand port égyptien, Urbain a la joie de découvrir enfin l'Égypte authentique, le contraste entre le Nil fécond, les campagnes vertes qui augmentent sa majesté, et les villages ruinés, abandonnés, les habitants presque nus, les chiens hideux. « Tout fait mal, et à voir les palmiers balancer tristement leur bouquet de feuilles sur ces villages, on croirait vraiment qu'ils pleurent sur la misère de ce peuple. »

Cependant, la vue des Arabes à Alexandrie l'avait enchanté : « Je les avais vu si remuants, si gais, si actifs, portant noblement leurs guenilles[585]. »

Un sentiment exotique à rapprocher de celui de Delacroix qui, prêt à partir pour Meknès, écrit de Tanger en février 1832 à l'un de ses familiers : « Imagine, mon ami, ce que c'est que de voir couchés au soleil, se promenant dans les rues, raccommodant des savates, des personnages consulaires, des Caton, des Brutus, auxquels il ne manque même pas l'air dédaigneux que devaient avoir les maîtres du monde. Ces gens-ci ne possèdent qu'une couverture dans laquelle ils marchent, dorment et sont enterrés, et ils ont l'air aussi satisfaits que Cicéron devait l'être de sa chaise curule. Je te le dis, vous ne pourrez jamais croire à ce que je rapporterai, parce que ce sera bien loin de la vérité et de la noblesse de ces natures. L'antique n'a rien de plus beau[586]. » Urbain tombe sous le charme féminin :

> La première fois que j'entrevis le visage bruni de l'Égyptienne, lorsque je la vis marcher, que je pus admirer ses belles jambes tandis qu'elle puisait de l'eau au Nil, je compris aussitôt que Dieu établirait entre cette race et moi une longue et variée communion d'amour et de volupté[587].

On mesure la distance entre son impression et celle de Volney à la vue des mêmes femmes du Delta : « Jamais, à moins d'un sentiment exalté par la privation, le corps d'une Égyptienne hâlé et ruisselant d'une eau jaunâtre, ne lui [au voyageur européen, N.D.A.] rappellera les Naïades sortant du bain »[588]. La privation n'a pas grand-chose à voir là-dedans : après la danse qu'il nomme *jambeh,* il y là un nouveau signe de l'approche des sens par laquelle s'opère chez Urbain le retour à l'univers de sa Guyane natale : alors qu'il dénotait en France, il a l'impression de se retrouver là chez lui, dans une ambiance familière, au milieu des siens, dans l'immédiateté et la chaleur de leurs gestes, de leur couleur.

Dès qu'Urbain est retourné à Alexandrie, Barrault lui assigne cette fois, ainsi qu'à plusieurs autres apôtres, de nouvelles tâches au Caire : Colin et Alric doivent voir le plus de gens possible, Cognat et Urbain reçoivent pour consigne de « cultiver avec soin Soliman Bey ». En fait, une telle mission est de pure forme. Il est déjà prévu qu'Enfantin, annoncé à Alexandrie pour le 23 octobre 1833, se rendra aussitôt au Caire où il sera l'hôte de Soliman Bey[589]. Le palais de ce dernier sera le quartier général du Saint-Simonisme en Égypte. Recevant Lambert, Soliman Bey dira gracieusement à ce dernier :

« Vous n'êtes pas chez moi ici, je suis chez le PÈRE », cela était beaucoup plus qu'une simple formule de politesse. Ce dernier s'était hâté d'offrir sa maison à Enfantin, s'il voulait venir au Caire[590]. C'est précisément ce même jour que Barrault annonce la dissolution des Compagnons de la Femme[591]. Au même moment, après un voyage remarqué à Toulon, Clorinde Rogé et Cécile Fournel, qui a confié la direction du *Livre des Actes* à Marie Talon, arrivent à Marseille et croisent Rigaud, Toché et Tourneux qui sortent de quarantaine après avoir visité Chios, Mytilène, Ténédos, Chypre et le Mont Liban où ils ont eux aussi rencontré lady Stanhope. C'est l'occasion pour ces trois apôtres de réaliser leur plan en créant, avec Clorinde Rogé, les Chevaliers de la Femme[592]*. Embarquées à Marseille sur le trois-mâts sicilien *La Maria* le 8 novembre[593], Cécile Fournel et Clorinde Rogé sont attendues à Alexandrie par Henri Fournel et Lambert[594]. Mais la colonie saint-simonienne d'Égypte n'a pas encore fait le plein.

Le bouillant fondateur des Compagnons de la Femme ne tarit pas d'idées. Trois semaines ne se sont pas encore écoulées depuis la dissolution de l'association qu'il tente d'entraîner Urbain dans une nouvelle entreprise. Originaire de l'Île-de-France, aujourd'hui île Maurice, il rêve de lever, dans l'océan Indien et le Pacifique, une armée de gens de couleur et de « toutes les victimes de l'oppression » pour créer en Australie les fondements de la société de l'avenir[595], projet qu'il avait déjà communiqué à ses compagnons en les convoquant à Alexandrie pour le 17 septembre. Urbain se dérobe : « L'Arabe ressemble bien au Nègre !...[596] », lui répond-il. Il rend ainsi explicite la familiarité qu'il a sentie de l'Arabe d'Égypte avec le Noir de sa Guyane natale, jetant ainsi un pont entre son action en faveur des Noirs et son apostolat en terre d'Égypte. Saisissant en outre la perche que lui a tendue Barrault par sa rhétorique sur les caresses des femmes d'Occident, blanches qui ne manqueront pas d'accourir une fois que l'armée de célibataires qu'il veut lever aura défriché la « terre encore sauvage »

* « Au *Compagnonage de la Femme* qui est éteint, peut-on alors lire dans *Amour à tous !* n° 19 (8 décembre 1833), vient de succéder la CHEVALERIE DE LA FEMME. Bientôt les nouveaux chevaliers iront sillonner la France pour faire appel à tous ceux et à toutes celles qui sentent fermenter en eux et en elles la vie femelle de l'humanité ». Cette association n'aura pas une vie spectaculaire. Urbain notera début janvier 1835 que « la chevalerie est en liquidation », *Voyage d'Orient,* 75.

d'Océanie[597], il n'a pas de mal à trouver dans sa lassitude du célibat prétexte à son esquive : « Je veux visiter dans sa tente [celle de l'Arabe, N.D.A.] la jeune Bédouine dont les yeux sont teints de kohl et qui a rougi ses mains du henné[598]. »

La réponse d'Urbain laisse toutefois deviner une autre raison. Lors de son arrivée au Caire, Cognat et lui avaient rencontré Colin et Alric qui avaient déjà fait un voyage à Suez. Il brûle d'être de la partie. Jules Sonnerat les avait tous deux amenés passer une semaine à El-Khanka chez Perron qui professe à l'école de médecine d'Abou Zaabel et où ils sont présentés à son fondateur, Clot Bey. C'est aussi là qu'il rencontre un nommé Duplan, dont il dit qu'il rend mille petits services de grâce, et Émile Prisse d'Avennes, arrivé en Égypte peu de temps avant Urbain, qui bien qu'ayant une formation d'ingénieur des Arts et Métiers, se présente comme architecte. Celui-ci loge Alric et leur offre généreusement sa maison. Urbain rencontre chez lui le général Soliman, tout juste nommé Pacha. Il a déjà mis le pied dans le projet industriel des Saint-Simoniens dont le cœur des cœurs est le canal de Suez. C'est clair : « Tout ce qu'il y avait de mysticisme en moi, la mission d'Orient l'a usé. J'ai besoin presque chaque jour de voir des femmes : le feu de leur œil, leur démarche, l'espérance que le PÈRE nous a donné pour SUEZ, tout a en moi cette soif ardente de jouissance, et je ne peux me sacrifier tout entier, mourir[599]. »

Presque aussi vite que la Mission Cayol et en dépit de ses théorisations colorées sur la quête de la Femme-Messie, celle de Constantinople s'est comme sublimée, au contact de l'Orient réel, telle une goutte d'eau sur une plaque de métal brûlant. L'une et l'autre aventure n'ont eu d'autre effet palpable que de préparer, en l'enrobant de justifications religieuses prises au chapitre de la MORALE du dogme enfantinien, l'aventure industrielle qui est au centre de sa POLITIQUE. Quant au projet d'apostolat dans l'océan Indien auquel Barrault veut associer Urbain, il n'est qu'un rêve éveillé. Son auteur restera encore un an en Égypte, se fixant à Alexandrie où il fera des conférences appréciées et préparera son ouvrage de géopolitique, *Orient et Occident*. Urbain passe Barrault sous silence dans la suite de son *Voyage d'Orient* sauf pour noter son départ pour Toulon le 20 novembre 1834[600]. À la même époque, Massol et Rogé, accompagnés de Charles Gondret, admiré pour le talent avec lequel il chante l'opéra, du polytechnicien et ingénieur des Mines Pierre-Auguste Drouot, et de Suzanne Voilquin qui les a rejoints, sont partis de Marseille sur le brick *Le Milnarese* le 13 novembre. Après vingt-quatre jours en mer, ils accostent à Alexandrie[601].

Dès son arrivée en Égypte, Enfantin se précipite pour reconnaître le tracé du canal. « Le PÈRE, nous rappelant qu'il n'était pas venu au Caire pour être oisif », note Urbain, donne mission à Duguet, Jules Sonnerat et à lui d'aller reconnaître le chemin du désert qu'il devait lui-même parcourir bientôt. Vêtus du costume bédouin, accompagnés de deux guides, les trois explorateurs partent le 16 novembre en direction du nord-est, marquée par le Nil oriental, passent El-Khanka puis Bilbeis et atteignent la localité de Zagasik, « mauvais village sur le Moëz », où ils bifurquent plein est et arrivent le 30 au lac Timsah. Un troisième guide qui connaît la région se joint à eux et le lendemain, ils sont sur pied au point du jour. Les dromadaires chargés, ils se dirigent vers le Grand Lac Amer. On prétend, note Urbain, que le canal de Suez des pharaons se dégorgeait dans ces lacs, autrefois en communication avec le lac Menzaleh par un autre canal, et avec le Nil par le canal El-Wadi. « Tout atteste que les terres environnantes ont été jadis cultivées dans plusieurs endroits. » Retour au Caire le 5 décembre, après une route morne tandis qu'un vent violent rend pénible la progression des dromadaires. Mais tout cela est bientôt oublié dans les bras de leurs amis qui les revoient avec joie. Le Père est content d'eux[602].

La petite colonie s'active autour d'Enfantin. Les préparatifs de départ pour le grand rêve du tracé du canal se font « à grande force ». Soliman Pacha, dont Alric a entrepris de sculpter le buste, ne néglige rien. Le Jour de l'an 1834, réunion familiale autour du Père qui offre à Clorinde Rogé son manteau, et à Cécile Fournel ainsi qu'à une certaine Mme Marie, des châles dont Urbain est chargé de présenter le délicat boniment préparé par le cheikh Rifaat al-Tahtawi. Soliman Pacha se fend lui aussi de ses cadeaux. On recommence le 5 janvier chez un Français installé au Caire, Digeon, voisin de Soliman Pacha, lequel apporte du champagne. La fête est complète, on cause, on rit, les hommes fument dans un salon à part. Enfantin invite Urbain à faire connaître ses poèmes à ces dames. Il lit *La fille de Damahnour* et *La prière à la Lune*, et confie :

> L'attendrissement m'ayant gagné, j'eus le bonheur d'être pressé dans les bras du PÈRE, et dans ceux d'Ollivier, Holstein et de Duguet. Avec

ce soir, à Ménilmontant, où le PÈRE pleurait à mon appel pour la race noire, ce jour est le plus beau de ma vie. Je ne me suis jamais senti vivre plus fièrement, plus saintement qu'après ces baisers du PÈRE dont mon front fut béni[603].

Urbain se sent après cette soirée « plus fort dans le monde », son cœur est « un peu tranquille sur l'avenir », et Enfantin propose à ses compagnons de voyage, Holstein, Ollivier, Duguet et Petit, de le recevoir parmi eux. « Tous m'acceptèrent avec joie », écrit-il. Le départ est fixé pour le 10 janvier, soit le premier jour du mois de ramadhan, après une soirée passée avec Lambert qui revient du Ventre de la Vache où l'on se propose de construire le barrage du Nil* avec Linant de Bellefonds. Parcourant à nouveau le chemin pris deux mois plus tôt par Duguet, Sonnerat et Urbain, l'équipée d'Enfantin fait halte la première semaine de février au lac Timsah. Pendant que ses compagnons reconnaissent les lieux avec des guides bédouins, Urbain garde les tentes. À Ras el-Wadi, il avait déjà écrit *Au miroir du Père* qu'il avait lu à Enfantin[604]. Ici, disposant sa natte au soleil sur une butte de sable, il compose des poèmes : *Les mystères* et *Mon dromadaire* ainsi que deux autres qui ont été perdus[605].

L'échec des projets d'Enfantin

Arrivé à Suez le 11 février, Enfantin reçoit par un courrier dépêché du Caire une missive de Lambert lui annonçant que « Fournel quittait la direction tracée ». Avant même la première de la représentation, voici que la pièce du percement de l'isthme est annulée. Les rédacteurs des *Notices historiques* donneront trente-deux années plus tard ce récit : « Tandis qu'Enfantin parcourait le désert et s'apprêtait à visiter Suez, Fournel, maîtrisant ses appréhensions et ses doutes, continuait ses démarches actives auprès de Méhémet Ali pour décider le Pacha à entreprendre le percement de l'isthme. » Ils livreront cette note, communiquée par Fournel : « Qu'il me soit permis de mentionner qu'un séjour de près de cinq mois et demi [quatre mois en fait, N.D.A.] à Alexandrie et au Caire a été exclusivement consacré par moi à presser le célèbre Mohammed Ali d'exécuter le percement de l'isthme de Suez. Je voulais lui persuader de prendre l'initiative, de faire un

* Le Ventre de la Vache, en arabe *Baṭn al-Baqara*, est l'endroit où le Nil se divise en deux branches, soit la pointe du Delta, située à 20 km au nord du Caire.

appel aux puissances intéressées pour qu'elles fournissent les fonds des études et de l'entreprise à l'exécution de laquelle il aurait fourni les bras, travaillant, bien entendu, sous les ordres d'ingénieurs européens. C'était, comme je le disais à Arlès dans une lettre datée de Lyon le 3 septembre 1833, la formation d'une sainte alliance des souverains en vue de l'intérêt des peuples. Le canal achevé, le vice-roi d'Égypte, moyennant un très faible péage, aurait été chargé de l'entretien, et cette grande voie, terrain neutre qui n'aurait été la propriété de personne, aurait ouvert le commerce de l'Inde à toutes les nations. J'étais arrivé à Alexandrie le 3 octobre. [...] Le lundi 13 janvier 1834, M. Mimaut me présenta à Son Altesse. Cette première audience ne dura pas moins de deux heures. Il me fallut combattre un projet qui était alors l'incessante préoccupation de Mohammed Ali, le projet du barrage du Nil, dont la conception ne manque pas de grandeur mais que la faible population de l'Égypte, à cette époque, devait faire ajourner. Le 15 janvier, une nouvelle audience fut employée encore à examiner l'opportunité des deux projets, et je dus croire que Son Altesse était ébranlée, puisqu'elle m'invita à exposer mes idées à son Grand conseil. Je fus, en effet, convoqué aux séances des 28, 29 et 31 janvier. Cette dernière se prolongea jusqu'à une heure du matin, et le Grand conseil se prononça en faveur du barrage[606]. »

Fournel n'éprouve pas, après ces rencontres officielles, le besoin d'insister auprès du Pacha sur le percement de l'isthme et ne saisit pas l'occasion du barrage, qui ne l'intéresse pas. Au vrai, les raisons qui le poussent à abandonner sont plus complexes. Il y a bien sûr la méfiance de Mohammed Ali lui-même envers l'idée même du canal. Voyant bien qu'elle se heurte à l'Angleterre craignant de voir une des routes des Indes passer hors de son contrôle, il n'a pas du tout l'intention de s'opposer à elle. Il y a ensuite les financements escomptés qui font défaut. Enfantin misait beaucoup, comme il l'écrivait à Hoart et Bruneau en leur décrivant leurs tâches en Europe, sur les banquiers juifs qu'il pensait appâter en jouant sur le symbole de la Judée/Palestine, alors aux mains du Pacha : « De toutes les mines que possède le Pacha, la plus riche et la plus délaissée, c'est la Judée, non pas comme terre, mais comme le centre du monde juif. [...] C'est la Judée qui doit être l'occasion, le moyen de faire appel aux capitaux qui féconderont l'Égypte. Nous montrerons au Pacha comment il doit exploiter cette source de richesses : il est commerçant, nous lui dirons ce que c'est qu'un banquier. Rothschild, Stieglitz, Herz, Mendelssohn, etc. sont ses sujets, ils lui paieront un tribut[607]. » Or rien n'est venu de ce côté. En outre, les difficultés de réalisation plus grandes que prévu : recrutement de la main d'œuvre locale qui n'est possible que par la corvée et non par le travail libre, ce qui entraîne discussions et dissensions dans les rangs saints-simoniens, constatation que la « grande œuvre » annoncée avec éclat était déjà commencée par d'autres, offres de travail du Pacha insuffisamment rémunérées, etc.[608] Ce n'est pas la première fois que Fournel quitte le navire. Il était parti, lors de la rupture de Bazard, mais quelques mois après, était revenu. Cette fois, il ne prend même pas la peine de s'expliquer et laisse Cécile annoncer la nouvelle. Ce qu'Enfantin prend à présent pour une félonie l'oblige à retourner précipitamment au Caire avec Duguet, laissant le reste du groupe dans l'incertitude et dans une attente anxieuse qu'il trompe en rencontrant le gouverneur turc de la cité et en parcourant les environs, bref en faisant du tourisme.

Fin février, David apporte des lettres du Caire. L'une d'elles est pour Urbain. Clorinde Rogé y raille son expérience, encore bien faible à son goût, en matière de carte du Tendre, qu'elle a l'indélicatesse de comparer à celle d'Enfantin[*][609]. Prétexte d'un poème amer où le jeune homme prend son *Écharpe jaune* pour témoin de ses sentiments désabusés :

> Les paupières des jeunes femmes vues par-dessous le bord du voile, sont plus tranchantes que des sabres effilés et coupants. Quand elles blessent, le plus brave en est accablé, et les coins de ses yeux se trouvent abondants en larmes[610].

L'autre lettre, d'importance celle-là, est destinée au groupe : « Pour vous, comme pour moi, le moment est grave et solennel : le PÈRE est loin de vous, vous êtes livrés à VOUS-MÊMES, c'est-à-dire que vous avez, vous aussi, à trouver dans cet isolement une volonté PERSONNELLE qui raffermisse ou

---

[*] Les ébats amoureux entre Clorinde Rogé et Enfantin ont repris au Caire après Lyon (voir plus haut dans ce chapitre, p. 192). Mais à ce que l'on comprend des notes personnelles prises par Enfantin sur une chaude nuit d'août passée au bord du Nil, Clorinde recherche davantage les caresses de l'amant-père que celle du jeune galant, voir le « Dossier Clorinde », Fonds Rude, Lyon, Bibl. Mun., Cart. 154, Dos. 559, aimablement communiqué par Yvan Chauviré.

modifie les sentiments directeurs de votre vie actuelle »[611]. Dans le langage d'Urbain cela donne : « Le PÈRE nous rendait notre spontanéité. Ses projets ayant manqué par l'abandon de Fournel, il était obligé de rester au Caire pour surveiller de plus près ses affaires. Il ne nous appelait, ni ne nous disait de demeurer à Suez[612]. »

En fait, c'est la fin du rêve d'Enfantin de participer à la construction du Canal. Si l'homme est un concepteur visionnaire, il dépend, pour la traduction pratique de ses desseins, des hommes du métier. Que ces derniers en viennent à le lâcher, et tout s'effondre. Avec sa qualité d'ingénieur expérimenté, Fournel est le pivot technique du projet, et sa désertion est un coup dur. Mais vis-à-vis de ses compagnons d'aventure, le Père tente de faire contre mauvaise fortune bon cœur : « Si Dieu m'ôte celui que j'ai nommé mon bras droit, c'est qu'il veut que mon véritable bras droit, le MIEN, devienne fort. Ce que je voulais faire, en ajoutant à ma main un levier, il faudra que je le fasse avec mes propres muscles[613]. » Holstein décide alors de rentrer au Caire et, ne voyant plus de quelle utilité il est sur place, il annonce très vite à Ollivier, Petit et Urbain son départ pour la France. Après avoir repris le costume bourgeois et s'être coupé la barbe, il part début mars pour la Crète. Profondément déprimé par le coup de poignard à la Brutus de Fournel, Enfantin refuse de voir Urbain et ses compagnons, lesquels quittent le palais de Soliman Pacha pour s'installer en ville. Le 22 mars, Cécile et Henri Fournel quittent Le Caire[614].

Si Mohammed Ali préfère le barrage du Nil au percement de l'isthme de Suez, relèveront les *Notices historiques*, l'inspirateur suprême du percement ira au Barrage[615]. La turbine mentale d'Enfantin recommence à tourner à plein régime. C'est ce nouveau projet industriel qu'il place désormais au centre de sa vision. Certes, comme il s'en confie à Soliman Pacha, « le barrage est un premier pas, un grand pas, mais qui n'est point encore sur la grande route de la gloire industrielle. Il a le caractère trop égoïste, trop purement national. Napoléon n'aurait pas remporté une seule victoire en Europe si les peuples européens avaient cru que ses succès n'intéressaient que la France. Sa gloire ne serait pas universelle si le barrage qu'il opposait à l'Angleterre n'avait fécondé que la Provence, la Bretagne ou la Normandie. Grâces à Dieu, les digues et les écluses qu'il a fondées dispensent plus équitablement les richesses sur le globe tout entier. Il a travaillé pour l'Inde aussi bien que pour Paris en muselant le léopard[616]. » Dans l'organisation du campement installé à la naissance des deux bras du Nil pour la construction du barrage, une nouvelle cité va naître. Préfiguration saint-simonienne de la ville nouvelle dans la société industrielle de l'avenir, dans ses fonctions alliant travail et vie sociale, avec son école d'ingénieurs, avec l'organisation du travail en musique, avec des formes architecturales originales, mi-orientales mi-européennes rapprochant les bords du Nil et ceux de la Seine[617].

Duguet et Petit sont sur-le-champ invités à se préparer à partir pour la France afin d'expliquer l'immense entreprise du barrage du Nil, et d'engager quelques ingénieurs à en venir suivre les travaux comme volontaires[618]. Les capitaines Hoart et Bruneau sont appelés par courrier, toutes affaires cessantes, à accourir, non plus à Suez mais au Barrage, et sont pressés de choisir au moins cinq ingénieurs et, pour conducteurs de travaux, une dizaine de piqueurs, c'est-à-dire de tailleurs de pierre, à qui ils devaient dire, pour toute promesse d'engagement, qu'« ils vivront comme vous et avec vous, c'est vous dire qu'ils doivent être de notre foi ou bien près d'elle[619]. » Le 8 mai, accompagné de Lambert, le Père part s'établir sous la tente au Ventre de la Vache où commencent les travaux sous la direction de Linant, qui a reçu du gouvernement une somme d'argent pour le traitement des *Musafirūn*, c'est-à-dire « les Voyageurs », ainsi que les nomme le Pacha, et qui ne sont autres que les Saint-Simoniens convoqués par Enfantin et employés à divers titres.

Urbain rendra visite au Père en mai avec Ollivier, puis une nouvelle fois en juin avec Sonnerat et l'orientaliste Victor Noël, tout juste âgé de dix-neuf ans et qui, arrivé de Paris et ayant rencontré en route Linant et Lambert[620], va se consacrer pendant un an à la langue arabe à Abou Zaabel puis à Al-Azhar[621]. Il reviendra sur le site en juillet et dînera alors avec Linant[622].

Les capitaines Bruneau et Hoart sont sur place après la mi-août, tandis qu'Enfantin continue à rameuter ses troupes vers le Barrage. Ne reste alors à Paris qu'un petit groupe de frères qui se réunissent sous la houlette du chansonnier Jules Vinçard, qui a rejoint le mouvement début 1832 et auquel est attribué le titre de Pasteur, accompagné de son ami, l'ouvrier Julien Gallé. La Famille prolétarienne, qui se réunit notamment à Ménilmontant avant que la propriété ne soit vendue aux enchères suite au décès de

Barthélemy Enfantin, le père de Prosper, mène une vigoureuse propagande dans les cabarets et les goguettes* et continue à préparer, à la demande de Rogé, le corps de musiciens qui doivent accompagner l'expédition projetée de travailleurs pour le barrage du Nil. Le groupe n'hésite pas à entonner des chants saint-simoniens à l'entracte des théâtres sur les boulevards et organise des banquets dès qu'un apôtre est de retour[623]. Dans sa lettre aux deux capitaines de mars 1834, Enfantin avait écrit : « Que Rogé et Massol continuent leur œuvre, je ne tarderai pas à demander aussi la musique. Les Arabes ne marchent pas au travail sans elle (nous venons de voir arriver dix mille paysans pour creuser un petit canal dans l'endroit où se feront les barrages ; ils avaient le tarabouk, le fifre et la flûte de jonc* en tête). Qu'ils se préparent, même comme s'ils devaient partir en même temps que vous[624]. » L'appel d'Enfantin arrive lorsque ceux-ci se morfondent en France, et qu'ils ont la forte impression de poursuivre une œuvre aussi exténuante qu'elle semble sans issue[625]. Avec leur invite en Égypte, Enfantin ferme ainsi le ban du déplacement du mouvement en Orient.

Quand après vingt-cinq jours de navigation, Rogé et Massol accostent à Alexandrie, cruelle surprise : « Triste, bien triste début », notera Rogé, la peste a pris possession de la cité. Repoussés de partout, ils trouvent enfin un refuge auprès du consulat de France. Seul, de tous les consuls, Ferdinand de Lesseps donne une large hospitalité, non seulement à ses compatriotes, mais aux Européens dans la gêne, comme nos deux voyageurs le sont eux-mêmes en ce fatal moment[626]. Quand ils atteignent le Barrage, la peste, qui avait envahi déjà la Basse-Égypte, étend ses ravages à l'Égypte moyenne. « Elle montait, s'avançait toujours, écrira Rogé, et le chameau noir**, qui va s'agenouillant devant toutes les portes, avait déjà occasionné la suspension des travaux le jour même de notre arrivée. » L'ordre est donné de disperser la dangereuse agglomération d'hommes réunis sur ce point. L'aspect des chantiers est navrant : matériaux abandonnés, cafés et pauvres bazars vides, çà et là quelques tentes blanches ou vertes, quelques baraques en bois

* Soirées chantantes alors très en vogue, à l'origine de l'expression « partir en goguette ».

** Rogé note ici en bas de page : « Expression orientale pour désigner la mort. En France, la bête noire évoque une idée de maléfice. C'est le chameau noir en diminutif », voir *Mémoires d'un piano*, 98.

quasiment désertées. « C'est dans une de ces baraques que l'ami Cognat, de Lyon, nous reçut à dîner au nombre de douze, Enfantin en tête : tous saint-simoniens, dont trois de nos dames »[627]. En tout cas, les projets industriels d'Enfantin sont frappés par le mauvais sort. Après les décisions du Pacha, c'est la peste cette fois qui les contrarie. « Je pars pour des lieux où la peste ne va jamais, écrit-il le 22 février à Aglaé Saint-Hilaire. Cette vilaine maladie me fait faire un voyage superbe. Je vais voir les grandes ruines, le désert, les montagnes et la mer et si nous ne trouvons pas en route des mines d'or, j'ai bon espoir que nous rencontrerons du charbon et du fer, ce qui vaut mieux que l'argent et l'or d'aujourd'hui[628]. »

Pendant son séjour en Haute-Égypte, Hoart et Bruneau s'escriment à poursuivre les travaux au Barrage mais, lassé de cette entreprise, le Pacha congédiera Linant le 3 juin sans qu'il ait même pu exposer le plan complet de ses travaux, lesquels seront abandonnés définitivement le 28 juillet 1838[629]. Et dire que lorsque le 31 décembre, s'arrêtant sur les lieux en revenant de Damiette, Urbain aura le plaisir d'en consulter les plans commentés par Linant, il relèvera amèrement que ce dernier ne souffle mot des services que lui ont rendus ceux de ses « frères » saints-simoniens qui ont travaillé avec lui[630].

Le projet le plus ambitieux d'Enfantin est de relier la mer Méditerranée et la mer Rouge. Il ne sera pas allé plus loin, lors de son séjour en Égypte, que cette reconnaissance à laquelle Urbain est fier d'avoir participé, malheureusement sans retenir l'attention de Mohammed Ali, plus intéressé par le barrage. Lorsque le projet reviendra sur le tapis en 1846, Enfantin créera une société pour le canal de Suez, mais ce n'est pas elle qui sera chargée du creusement de l'isthme : la tâche en reviendra à Ferdinand de Lesseps, entre 1859 et 1869, sous le règne d'Ismayl Pacha. Il est vrai que son tracé sera celui de Linant Bey, aidé en l'occasion par Mougel Bey[631], de préférence à celui d'Enfantin qui, en traversant le delta du Nil, allongeait le parcours d'une bonne centaine de kilomètres et avait l'inconvénient géopolitique d'installer des étrangers au cœur de l'Égypte. Lesseps omettra de rendre hommage à Enfantin et à l'équipe des Saint-Simoniens qui ont puissamment contribué, par leur agitation et leur action, à porter le projet. « Du côté d'Enfantin, écrira Rogé, on prétend que M. Lesseps se montra ingrat. Du côté opposé, on affirme que M. Lesseps rompit son association avec Enfantin pour se soustraire à des intrigues incessantes, à des tracasseries sans nombre et sans fin, ayant pour objet une prédominance de position[632]. » Il ne restera plus à Enfantin qu'à faire belle figure devant l'histoire : « Il importe peu, écrira-t-il, que le vieux Prosper Enfantin ait subi une déception, il importe peu que ses enfants aient été trompés dans leur espoir, mais il importe que le canal soit percé et il le sera. Et c'est pourquoi je remercie Lesseps et le bénis. » Ajoutant : « Que l'œuvre que j'ai signalée et fait mettre à l'étude comme grandement utile aux intérêts matériels et moraux de l'humanité s'exécute et je serai le premier à bénir l'exécutant. Sans doute, il sera bon et juste que l'on sache dans l'avenir que l'initiative de cette réalisation gigantesque a été prise par ceux là mêmes en qui le Vieux monde ne voulut voir d'abord que des utopistes, des rêveurs, des fous. Mais rapportez-vous en à l'histoire pour cela. En attendant, si l'isthme est percé, fût-ce sans nous, c'est surtout à nous qu'il appartiendra de s'écrier : Allah Kérim ![*][633] »

Et Rogé de conclure ainsi l'histoire : « Au demeurant, Enfantin ou Lesseps, Lesseps ou Enfantin, le canal de Suez existe, la jonction de deux mers est faite, cela seul doit intéresser le public. Disons donc avec ce bon public : Au diable les prétéritions, les vanités ou les convoitises trop personnelles ![634] »

[*] *Allāh karīm*, « Dieu est généreux ».

- VI -

L'EMBRASSEMENT DE L'ISLAM

L'échec de la mission de Suez, qui est un revers grave pour Enfantin, laisse Urbain désemparé. Heureusement, il fait société avec quelques Saint-Simoniens et quelques ressortissants français du Caire liés à eux. En février 1834, Alric, Cognat, David, Granal, Lamy et Ollivier quittent le palais de Soliman Bey où ne restent logés qu'Enfantin et Lambert, et s'installent dans une petite maison de Lesbekieh, près du palais d'Ahmed Pacha Taher. Ollivier noue des rapports étroits avec M. Bonfort, intendant d'Ibrahim Pacha, chez qui Clorinde Rogé demeure en qualité d'institutrice de sa belle-sœur, et s'entretient avec lui d'agriculture et de finances.

De son côté, Urbain donne des cours particuliers de français qui lui assurent un maigre pécule. Aussi demande-il à son père 5 000 francs dans une lettre qui restera sans réponse : Brue est mort d'une attaque de goutte à la poitrine un an plus tôt[*], ce qu'Urbain ne sait pas encore[635]. Le groupe reçoit les visites d'Enfantin, de Sonnerat et de Prisse, et tout ce petit monde se réunit chez l'un ou l'autre des Français installés au Caire, Bonfort, un certain Robaudy qui accueille vite David chez lui, et le docteur Dussap dont Urbain fait alors la connaissance. Ce dernier lui demande de donner des leçons de français à ses enfants.

Urbain entre dans la société égyptienne

Charles Dussap a fait l'expédition d'Égypte avec Bonaparte comme chirurgien. Nostalgique de l'Orient au retour de la campagne, il est parti s'établir comme médecin à Constantinople avant de revenir en Égypte où

---

[*] Les archives de la ville de La Ciotat, consultées par Michel Levallois, attestent qu'Urbain Brue est décédé le 29/04/1833. L'absence de correspondance entre Urbain et son père depuis son départ de Marseille interroge : a-t-elle été perdue ? En tout cas, le retard mis par les héritiers de Brue de faire connaître son décès à Urbain semble s'expliquer par le désir de le tenir éloigné des discusions sur l'héritage, comme en fait l'hypothèse Philippe Régnier, voir URBAIN, *Voyage d'Orient*, 69, n. 55.

Mohammed Ali l'a nommé en 1821 à un haut grade dans l'armée. Vieillard sympathique et médecin dévoué que les Arabes appellent affectueusement *Abū al-Daqn al-tawīl*, littéralement « Père Longue barbe », il exerce au Caire où il travaille désormais à l'organisation des services de santé aux côtés de Clot Bey. Dussap, médecin-chef de l'armée égyptienne, a épousé Halima, esclave originaire d'Abyssinie qu'il a émancipée et dont il a une fille, Hanem, et un garçon, Arif. Ce petit monde vit dans une ambiance religieuse mixte, islamique et chrétienne. C'est par cette famille qu'Urbain entre dans la société égyptienne, non pas dans l'Orient problématique décrit par Volney, un Orient endormi, despotique et barbare, mais un Orient en mouvement, accueillant et charnel :

> C'est avec joie que je me suis mêlé à ce peuple insouciant, usant du plaisir comme on use du pain, respirant comme on respire l'air, sans inquiétude pour le lendemain, prompt à chanter avec tous ceux qui chantent, et ne disant devant les plus grandes catastrophes que cette courte formule : Allah Kérim ![636]

En même temps, la famille Dussap ramène Urbain à sa propre famille qui s'est dérobée, avec un père blanc, une mère noire et des enfants métis. Mais sans la violence des rapports coloniaux. Le jeune homme, vif et charmant, plaît et séduit. Dans les confidences de Hanem à Suzanne Voilquin, on comprend qu'il est davantage qu'un précepteur. Avec la magie des mots, il transporte, en abolissant les barrières sociales et spatiales, la maisonnée entière dans des contrées lointaines où le rêve efface le quotidien :

> Pour récompenser nos efforts, il nous réunissait chaque soir sur la galerie de la terrasse, et là il déroulait devant nos jeunes intelligences le tableau pittoresque des divers pays qu'il avait parcourus. Les voyages lui avaient fait connaître tant de choses et sous tant d'aspects divers que nos esclaves auxquels nous traduisions ces merveilleux récits étaient tentés parfois de considérer le narrateur comme plus savant qu'un cheikh[637].

On l'entoure de tendresse, on l'aime. Des liens tragiques aussi mystérieux que profonds vont se nouer entre lui et les femmes de cette nouvelle famille. Aux yeux d'Urbain, Halima, la mère, est l'image vivante de la profanation des Noirs. Fille d'un chef de tribu, enlevée à l'âge de quatorze ans, mise en vente au Caire où, assise à même la terre, nue au milieu d'autres jeunes Noires, son air doux et intelligent accroche le regard du docteur Dussap qui, alors son aîné de trente ans, l'achète. C'est un homme meurtri par ses déboires amoureux : « Ma misanthropie était telle que j'en étais venu au point de haïr les femmes blanches, cause de tous mes malheurs » confie-t-il à Suzanne Voilquin : « Chez les Occidentales, la beauté morale était en raison inverse de la transparence de la peau et de la brillante carnation du visage. » Il découvre chez son esclave « des qualités si vraies, un esprit si vif et si droit et ne demandant qu'à s'instruire » qu'il en vint à l'aimer[638], et l'épouse. « L'affection dont elle récompensa mes soins fut assez forte pour faire surmonter à cette enfant de la nature les premiers dégoûts d'une étude aride. Elle apprit en peu de temps à lire le français et à le parler couramment. »[639] Et même à devenir son auxiliaire médical.

Le 30 avril 1834, Hanem, la fille Dussap, rase la tête d'Urbain et conserve ses cheveux. Sa mère appelle son tailleur qui lui confectionne des vêtements « à la nizam »*, ce nouveau costume mis en l'honneur dans les élites du Pachalik. La fille et la mère lui cousent chemises et caleçons. « C'est dans ce temps que je commençais à goûter les douceurs de la famille dans cette maison »[640]. Son adoption par la famille Dussap marque aussi son entrée dans la société cairote. Le séjour dans son nouveau cocon est marqué par plusieurs événements d'importance.

Le premier est l'annonce, le 25 juin 1834, de sa nomination de professeur de français à l'École d'infanterie de Damiette, tandis que Cognat trouve de son côté un poste de médecin au Barrage du Nil. Tandis qu'il s'affairait sur ce chantier, Soliman Pacha, qui venait d'être nommé Inspecteur général chargé de la réorganisation des écoles, avait soumis son projet à Enfantin. Plusieurs écoles sortiront de ces cartons, notamment l'École polytechnique de Boulaq et une école de génie civil près du Barrage[641]. La réorganisation de l'École d'infanterie de Damiette entre dans le programme de Soliman Bey et il n'est pas étonnant qu'il y ait affecté un petit contingent de Saint-Simoniens constitué de Prisse, Sonnerat et Urbain. De son côté, adhérant sans réserve comme ses amies et comme les Compagnons de la Femme, ainsi que le note

* L'arabe *niẓām* signifie « ordre ». Impossible toutefois de comprendre ici ce terme sans voir qu'il dérive de l'expression perso-ottomane *niẓām-i ǧedīd*, « ordre nouveau », employée pour désigner les réformes lancées par le sultan Selim III entre 1789 et 1807. Le nizam comme tenue est reconnaissable par la substitution du fez au turban.

Philippe Régnier, au préjugé d'une vie carcérale des Orientales[642], Clorinde Rogé se met à rêver, de sa propre initiative mais grâce à la relation qu'elle nourrit avec Soliman Pacha, de fonder des écoles pour jeunes filles[643] afin de les arracher à leur sort en leur permettant non seulement d'apprendre à lire, à écrire et à compter en français, mais encore « de s'assimiler notre littérature, nos pensées et notre moralité française »[644].

Urbain donc apprend sa nomination par une lettre officielle de Khalil Bey[645], le colonel commandant l'École d'infanterie de Damiette, qui lui envoie quelques jours plus tard un teskéré* de 1 000 piastres, correspondant à un mois de salaire[646], très vite dépensées pour compléter son équipement et offrir des cadeaux à ses hôtes. Duveyrier, qui voit l'avenir d'Urbain sur les planches, s'en irrite dans sa correspondance de Paris :« Le parti que tu prends me ferme la bouche. Je ne t'appelle plus, je ne te donne plus de conseils. Mets ton turban, achète tes négresses et tes dromadaires, et fais ton keff* tout à ton aise. Et te voilà donc professeur de français ! »[647]. C'est à la même époque qu'il apprend la mort de son père, dont l'annonce tardive semble due à la volonté des autres héritiers de le tenir à l'écart de la succession. « De mon père, écrira-t-il un peu plus tard à Enfantin, je n'ai rien su, rien appris, m'a-t-il maudit ou béni ? Pas un parent qui me puisse dire sa dernière parole...[648] » Chez les Dussap, on le console de ce pénible événement en l'entourant de tendresse[649]. Et comme un malheur ne vient jamais seul, il est affecté presque en même temps par la mort de Moïse Retouret à Alger[650].

Le phénomène majeur est toutefois la transformation qui s'opère dans la psyché d'Urbain. L'intégration dans la famille Dussap conforte chez lui la retrempe dans son identité mulâtre déjà reconnue par les Saint-Simoniens à Ménilmontant le libérant de son retour décevant à la Guyane, dans sa famille noire. Dans ses *Lettres sur l'Égypte*[651], Suzanne Voilquin qui remplacera Urbain comme préceptrice des enfants et pensionnaire chez les

---

* C'est en fait l'arabe *taḏkira*, litt. un « billet à ordre » payable par la Poste, en d'autres termes, un « mandat postal ».

* Passé dans la littérature orientaliste, le *keff* ou *kief* – qui est l'arabe *kiff* – est d'abord le « bien-être », avant de signifier « l'un ou l'autre des moyens pour atteindre cet état. Ici, il s'agit de la « sieste » mais Urbain emploie aussi le mot pour désigner le « haschisch », voir LAFFITTE, Roland, « Il y a longtemps que l'on kiffe… », Ch. II dans *De l'arabe dans le français décoincé*, à paraître chez Geuthner, fin 2019 en 2020.

Dussap après son départ pour Damiette, apprend de Hanem que sa mère traitait Urbain comme une jeune épouse traite son premier né[652], tandis qu'Urbain note : « Dieu seul sait comment je fus amené à aimer Mme Dussap et à me faire aimer d'elle[653]. » Retrouvant dans Halima l'affection maternelle qui lui manquait, voilà que l'on est passé insensiblement de la familiarité du rapport à la mère noire retrouvée, à un rapport quasi-incestueux. Quand Clorinde Rogé lui demande confidence de ses joies et de ses douleurs[654], Urbain, toujours pas guéri de la piqûre qu'elle lui avait faite en l'éconduisant quelques mois plus tôt, lui rend la monnaie de sa pièce en évoquant ses étreintes avec Halima, comme il s'en confie dans une lettre à Lambert en août 1834 : « Je lui ai fait une belle peinture d'une de mes nuits d'amour, où j'ai eu le plus d'érections en lui disant combien je regrette qu'elles soient passées et combien je désire qu'elles reviennent. Je ne sais comment elle aura reçu la pilule[655]. »

L'atmosphère métissée qu'il est en train de revivre lui inspire une série de poèmes où il chante les Noirs et les Gens de couleur. Déjà, dans l'abandon de la nuit étoilée dans le désert lors du voyage vers Suez avec Enfantin, entouré de la chaleur de ses compagnons, il avait éprouvé le besoin de refaire le parcours de sa vie et avait écrit dans cette veine, le 1er février 1834, le poème *Mystère*[656] :

Ne vous étonnez pas de ma jeunesse.
Moi !
Thomas Urbain, votre frère,
Homme de couleur,
Bâtard,
Fils d'une esclave.
Moi qui aime la chair noire,
Je veux, ô mes frères,
L'amour,
Des applaudissements,
La gloire,
La vie douce
Pour les Noirs,
Pour les Sang-mêlés ;
Pour les esclaves,
Pour les Bâtards !

Ses pensées sont imprégnées de cette humeur jusqu'au 1er mai, date où il quitte sa maison de Lesbekieh pour passer sa première nuit chez les Dussap où il logera désormais. Il écrit alors une longue pièce titrée *Exaltation* qu'il adresse à Enfantin et où il ajoute, dans la langue de la sensualité amoureuse au caractère dual du Dieu du dogme enfantinien, celui d'être, de façon insécable HOMME ET FEMME, un nouveau caractère, celui d'être NOIR[657] :

> [...]
> Gloire à moi, amour à mon Dieu belle !
> [...]
> Dieu amoureuse ! Dieu à la chair appétissante ! Dieu noire, gloire, gloire à vous ! Gloire à moi ! Je suis votre convive. Je me suis réjoui de votre volupté. J'ai bu de votre vin, dans votre coupe, j'ai vu, j'ai touché votre corps et je vous ai sentie en moi frémissante et amoureuse.

Le voilà qui évoque maintenant le présent :

> Je me suis endormi sur votre sein en murmurant mon cantique d'actions de grâces. Aujourd'hui, je suis debout.

Et il se fait prophète :

> Hommes et femmes, laissez-moi monter haut sur quelque estrade d'où je domine cette foule.

Définissant alors ses buts :

> Comprenez donc que je suis l'apôtre de la chair noire, Dieu l'a écrit sur tous les jours de ma vie. Il m'a donné les Noirs, il m'a donné à eux. J'ai leur signe depuis l'heure de ma naissance. Voilà mes titres à l'apostolat des nations.
> Qui niera ma mission ? Qui osera penser mes œuvres et me demander compte du soulagement que j'apporte à ma race ? Qui de vous les aime comme moi, qui peut dire : « Les Noirs sont mes entrailles et mes entrailles sont noires », et encore quelle vie parmi vous est entourée de leur amour comme la mienne !

Insistant :

> Je vous dis que je suis l'apôtre de la chair noire, des Négresses et des Noirs... Je vous dis que mon aïeule était noire et qu'elle était esclave et qu'elle a subi l'amour impur de ses maîtres. [...].

Tous ces poèmes, il les réunit en un recueil qu'il envoie pour publication à Auguste Colin. Ce dernier, profondément dérouté par la nouveauté de cette écriture sans rimes et où le ton édifiant est remplacé par une forte sensibilité et une profonde sensualité : « Vous faites de l'anarchie, du 93* dans la forme, mais je n'ai pas trouvé de religion. Mon oreille n'est pas édifiée, moralisée. Elle sent bien un progrès, si vous voulez, car elle sent là quelque chose d'insolite, de neuf, mais c'est un progrès par surprise, par tiraillement. Je crois qu'il faut renoncer à trouver la nouvelle forme poétique religieuse »[658]. En fait, Colin a pris une tout autre voie littéraire en se faisant le librettiste des *Chants du désert* de Félicien David. C'est pour Urbain une immense déception qui entraîne de sa part une vive réaction[659]. Ému par les textes de celui-ci, Enfantin le console des appréciations de Colin : « Tu écris maintenant comme un maître d'écriture. C'est droit, c'est propre, c'est superbe ![660] »

La lettre qu'Enfantin lui envoie à cette occasion en septembre 1834 dépasse largement en importance son jugement sur ses poèmes. Elle marque d'abord une étape dans les rapports entre le maître et son disciple, plutôt faudrait-il dire ici le Père et son Enfant, car elle témoigne de l'adoubement d'Urbain comme successeur de Retouret dans le cœur d'Enfantin. Celui-ci parle de ce prédicateur flamboyant comme de l'enfant chéri qu'il prit tout près de lui, et dont il retrouve à coup sûr chez Urbain le ton passionné et les élans d'adulation envers sa personne : « De notre Moïse, tu le vois, Dieu te parle le même langage que moi et il t'a même envoyé de France une parole exaltée. » Enfin et surtout, Enfantin invoque la mémoire de celui qu'Urbain nomme son bien-aimé frère, qu'il a copieusement pleuré, pour le recadrer, si tant est que l'on puisse employer ici ce terme moderne. Il met le holà à sa recherche d'une identité noire refermée sur elle-même, lui rappelant qu'il est aussi Blanc et qu'il se doit d'avoir une position universaliste. Évoquant Moïse Retouret, il écrit : « Cher enfant, Dieu nous l'a repris, il l'a brûlé avec son soleil d'Afrique, et il a fait grandir sous le même soleil le poëte de la volupté, le Noir. Moïse, à la chair blanche et rosée, est mort. Puisque tu l'aimais, reporte un peu de ton amour chaud sur la chair blanche et rosée qui doit affranchir le Noir, car c'est elle qui est maîtresse aujourd'hui, c'est elle qu'il faut implorer et convaincre. » Et vient cette parole tranchante :

---

* Allusion à l'audace révolutionnaire de la Convention montagnarde.

> Tu n'es pas seulement l'apôtre des Noirs, tu as du sang blanc dans les veines et celui qui te l'a donné est comme Moïse, mort ; que ton père et ton frère, blancs tous deux soient en toi. […] Avance donc, tu y trouveras Moïse à la chair blanche et à la parole chaste, la lettre de Colin a fait tressaillir ta chair et bouillonner ton sang, et tu sais que je n'aime pas les réactions. Voilà pourquoi, au risque de te déplaire un peu par mon calme, je te demande, pour l'amour de moi, de prétendre à sauver les Noirs par l'amour des Blancs pour toi et pour eux, et non par la révolte seulement et sa violence, quoique la révolte et la violence soient voulues de Dieu pour certains lieux et pour certains âges. […] C'est dans ce moment surtout qu'il faut que tu songes à Moïse, car tu es apôtre de la foi universelle et non de la religion des Noirs seulement[661].

L'affirmation d'Enfantin va droit au cœur d'Urbain, le libère en quelque sorte d'un poids lourd à porter, d'une indétermination qui le faisait terriblement souffrir. Il en sort soulagé d'être mis sur la voie droite qu'il cherchait. Voici ce qu'il consigne dans son *Voyage d'Orient* au moment où il reçoit la lettre du Père :

> Pour qui connaît la haute vénération que j'ai vouée au PÈRE, combien sa parole m'est sainte, et toujours consolante à entendre, il sera facile de comprendre la révolution que cette lettre opéra en moi. Les pensées de vie éternelle* qui s'étaient toujours montrées obscures à ma curiosité, me parurent dans toute leur grandeur. Ma vie, qui s'était toujours déplacée assez brusquement, sans que je pusse m'en rendre compte, me fut révélée tout entière, car c'est dans l'harmonisation de ce qu'il y a de Noir en moi, par ma mère, et de ce qu'il y a de blanc, par mon père, que je vois toute la clé de ma mission apostolique[662].

La joie forte qu'il éprouve à la lecture de la lettre d'Enfantin, Urbain se hâte d'en faire part à son ami Ollivier : « Tout entre les mains du PÈRE est

* Allusion au thème développé dans la *Lettre du Père à Charles Duveyrier sur la vie éternelle,* écrite en juin 1830 mais publiée en 1834. La brusque clarté qu'Urbain croit trouver dans cette notion vient probablement du fait que lui apparaît dès lors sa juste place dans un mouvement collectif, dans une insertion harmonieuse dans le progrès spatio-temporel de l'humanité entière. Enfantin écrira ensuite *La Vie éternelle, passée, présente, future,* publiée en 1861.

devenu un instrument pour me faire accomplir un progrès, pour mûrir ma jeunesse, pour m'avertir qu'il y aura une croisade pour appeler l'Occident en Orient. Ollivier, j'aime à le dire et j'en suis fier, j'ai porté dignement la parole de notre PÈRE, j'ai compris sa voix, et ma vie commence à se modifier. »

Curieusement, c'est au moment où il rompt avec ce qu'il appelle son « exclusivisme » à l'égard des Blancs, qu'il formule deux homothéties en regard l'une de l'autre : Blancs/Chrétiens *versus* Noir/Païen, qui étaient en filigrane dans ses derniers poèmes :

> Je glorifie DIEU et le PÈRE de m'avoir fait rentrer dans ma ligne d'apôtre de la religion universelle. C'est un excès auquel je me laisse souvent aller, lorsque j'ai fait quelque chose avec l'entraînement du Païen. Je ne manque jamais de me dire je suis heureux d'être Païen, un Chrétien ne saurait être aussi chaudement inspiré. Je fais comme si de leurs applaudissements et l'amour de ma race grandit et se fortifie en moi : aujourd'hui j'ai ouvert l'œil et grâce aux nombreuses lectures de la lettre du PÈRE que je me propose de faire, j'espère bien échapper dorénavant à ce danger, d'autant plus que j'ai renoncé à ces compositions toutes allumées de la passion payenne, à ces longs et profonds soupirs vers la chair, et à ces désirs effrénés de femme. Ce ne pouvait être qu'un oubli chez moi car mes amis sont Blancs, vous tous êtes Blancs et si c'est goûté avec la Noire des jouissances sans pareilles, il me vient aussi souvent au cœur de doux souvenirs de ces jeunes filles de France que j'ai aimées si chastement[663].

Urbain a entendu une fois pour toutes la leçon d'Enfantin : dans le conflit, ne pas soulever la révolte du dominé, mais convaincre le maître de changer d'attitude, ce qui lui vaut ces lignes enflammées où il exprime la manière dont il comprend qu'il faut prêcher : en faisant sentir aux uns, les Européens, Blancs et Chrétiens, ce qu'ils peuvent gagner à l'amour des autres, Noirs, Païens et Musulmans. S'adressant toujours à Ollivier :

> Il faut aller faire aimer l'Orient en Occident. Il faut aller, au milieu des mesquines et étroites dissensions politiques de l'Europe, jeter un grand cri d'amour, de travail, de gloire et de fêtes. Il faut aller étaler, au milieu de ces bourgeois monotones et prosaïques, quelque chose de la vie de l'Orient si fraîche, si variée, si luisante. Il faut au milieu de ces costumes sombres et uniformes mêler le turban, la robe aux larges

> draperies, et le luxe du vêtement de ce pays. Il faut aller allécher et séduire ces âmes avides de beau soleil, de grande poésie, en leur chantant la vie de cet hémisphère. Il faut que le Sarrasin, l'Arabe, le Noir, le Païen fassent alliance avec le Chrétien, le Templier, le Blanc, le pèlerin. Que tous deux, saintement unis pour cette croisade de travail et d'amour appellent les hommes et les femmes au nom de l'homme et de la femme, appellent les peuples et les rois, les maîtres et les esclaves à cette grande communion des deux mers[664].

Il reviendra un an plus tard sur ce point avec Ollivier : « Le PÈRE en me parlant des Noirs dans sa lettre du 14 septembre me dit qu'il faut commencer par convertir les Blancs, les maîtres pour ne pas faire œuvre révolutionnaire. Je ne sais si c'est une erreur mais j'ai dit après lui : il faut commencer par convertir les civilisateurs, les Occidentaux. Les renégats qui se sont adressés au peuple n'ont fait que nier, critiquer, détruire, je ne puis les imiter et mes forces actuelles ne me permettent pas de travailler seul ou presque seul à la transformation de leur foi, de leur amour »[665].

Urbain ne se départira plus de cette attitude, qui est probablement en harmonie avec sa nature profonde, qu'il a formulée sur le mode littéraire dans *Poème à une Blanche* daté de décembre 1834 :

> Maîtresse Clara, délivrez-nous des révoltes, délivrez-nous du sang, nous vous aimerons. Nous savons si bien aimer, nous sommes Noirs ![666]

L'École d'infanterie de Damiette

Urbain rejoint son poste fin juillet 1834. Son environnement change du tout au tout : après les débordements des sens de l'année passée au Caire, son existence est désormais plutôt spartiate. À l'écart du tumulte de la capitale et éloigné de la colonie saint-simonienne, il séjourne d'abord dans un camp militaire à quatre pas de la caserne. Sa paie insignifiante ne lui permet pas de se meubler. Il dort sur un tapis à même le sol, sans matelas et sans coussin, ne peut s'acheter de vêtements et doit se contenter d'une nourriture frugale à base de lentilles[667].

Vingt jours après son installation à Damiette, il apprend la mort de Halima, sa mère-amante et Dieu-Mère. La mort de Retouret et celle de son père ne suffisaient pas à son malheur. Désespéré, il se tourne vers Enfantin :

« PÈRE, en ce temps-ci la joie et la douleur se pressent dans ma vie et se disputent chacun de mes jours. De tous côtés je suis profondément frappé et secoué. [...] Elle est morte, jeune encore, belle et amoureuse, cette noire que j'avais exaltée devant Dieu et qui ne laisse à tous mes hymnes de joie qu'un refrain de mort. Tous mes anciens amis, les uns après les autres, s'en vont, ruinés, malheureux, désespérés[668]. » Il s'adresse également, au milieu de sa douleur, à Ollivier, à Lambert, à tous, car le poids qui pèse sur mon cœur est « horrible »[669].

Les premiers mois à Damiette s'écoulent dans une atmosphère simple, marquée par une vie sociale restreinte. Dès son arrivée, il trouve Prisse et Sonnerat qui enseignent eux aussi à l'École d'infanterie, et les trois apôtres se fréquentent assidûment. Vers la mi-octobre, visite de Soliman Pacha, accompagné d'Enfantin et de Lambert qui restent une dizaine de jours. N'ayant rien perdu de ses réflexes, le Père élabore plans et projets. Il dessine des plans d'agrandissement de l'École qui, revus par Prisse, seront effectivement mis en œuvre. Il demande à Urbain des renseignements sur le commerce et l'industrie de la soie* et le charge d'enquêter sur le sujet : « Quels sont les marchés, villes ou villages de l'Asie Mineure et de la Syrie où se vendent les cocons ? À quelle époque ? – Quel est le prix moyen ? – Des étrangers peuvent-ils acheter et exporter ? – Vite la réponse[670]. »

L'enfermement ressenti à Damiette est tel que Sonnerat songe à démissionner s'il n'obtient pas de congé. On craint même que les cours ne soient pas suspendus pour le Ramadhan et Urbain lance à Ollivier qu'un « voyage au Caire est devenu une question de vie ou de mort »[671]. Fort heureusement, le 3 décembre, Soliman Pacha et Khiani Bey, responsable des Études au ministère de la Guerre, arrivent à Damiette pour y attendre Ibrahim Pacha. Leur séjour, qui va durer trois semaines, permet de briser la solitude du petit groupe des pédagogues saint-simoniens. On joue souvent aux cartes. Khiani Bey « triche beaucoup ». Les perdants s'engagent à payer au Caire « dindes, pâtés, dragées, vin de champagne, le Ramadhan devant être le temps de tous les régals[672]. »

---

* N'oublions pas que l'ami d'Enfantin, Arlès-Dufour, est fabricant à Lyon. Il est donc sans doute particulièrement intéressé par cette enquête. Voir plus haut, Ch. II, 72-84.

Les leçons de langue française vont « tout doucement ». Vers le 25 décembre, ce sont Ollivier et Bruneau qui viennent visiter la petite colonie saint-simonienne de Damiette tandis que Soliman Pacha repart pour le Caire où il est appelé par Mohammed Ali. Le 31 décembre, anniversaire d'Urbain et premier jour du Ramadhan. Un mois de congé scolaire finalement obtenu, les pédagogues de Damiette se rendent au Caire où réside Enfantin. Ils couchent dans la barque avec laquelle ils remontent le Nil et passent par le Barrage où ils rencontrent Hoart et Prax.

La « transfiguration », de Halima à Hanem

Le 10 janvier 1835, Urbain revient dans la famille Dussap, et se ravivent les souvenirs de Halima : « Mon lit, raconte-t-il, fut dressé sur ce même çédilly* où je l'avais pressée tant de fois contre mon cœur, et où elle avait voulu mourir[673]. » Il ne voit pas que l'harmonie qui régnait dans cette maison a été rompue et qu'il a été en quelque sorte, sinon l'artisan, du moins le révélateur de sa fragilité.

Dussap raconte à Suzanne Voilquin les dernières volontés de Halima. Au moment où celle-ci voit ses derniers instants arriver, elle lui demande de disposer seul, sans l'aide de ses enfants et de ses serviteurs, le cérémonial de ses adieux au monde. Le çédilly de ses élans voluptueux, qui va être son lit de mort, doit être, selon l'usage, disposé au milieu de la pièce où parents et amis viendront la pleurer. Cette mise en scène a le caractère double, ambigu, le symbole de l'amour révélé et de son impossibilité avec Urbain et, en même temps, un témoignage public de respect pour Dussap, le père de ses enfants, qui l'a traitée avec affection. Avec la mort de Halima, Dussap perd la tendresse de sa fille et l'estime que le petit peuple du Caire lui vouait, en froissant leurs sentiments, leurs « préjugés », selon le mot de Suzanne Voilquin. Il s'en rend compte mais trop tard.

Premier acte : ne supportant pas, autour de la dépouille de son épouse, ces femmes échevelées, se frappant la poitrine, simulant le désespoir, « que rien dans notre Europe ne pourrait imiter », et qu'il tient pour un « ridicule trafic de larmes », il chasse ces malheureuses que la coutume commande et passe ainsi pour ne pas regretter sa compagne. « Les apparences me condamnent, je

* L'arabe égyptien *ṣedīla*, « banquette avec matelas, canapé », est l'italien *sedíle*.

le sais, car je me suis montré trop français, trop libre penseur devant ma fille, oubliant le milieu où cette enfant impressionnable est née [...]. Je me suis aliéné son cœur, sa tendresse ne répond plus à la mienne ! » Les assistants sont exaspérés et Hanem lui lance devant tous : « Vous m'avez crevé le cœur ![674] »

Deuxième acte, qui achève de lui aliéner les cœurs égyptiens : l'autorisation accordée à ses collègues de pratiquer l'autopsie du corps de Halima. « Je devais le permettre dans l'intérêt de la science, car, pour eux comme pour moi, cette mort douloureuse était restée une énigme. Mais il eût fallu pouvoir y procéder sans mettre aucun Arabe dans notre confidence. Malgré les précautions les plus minutieuses, le fait transpira. » Aux yeux du public et de sa fille, il a commis un sacrilège. La rumeur court dans Le Caire que les médecins français pratiquent l'autopsie, ce qui explique « la répugnance invincible qu'éprouvent les pestiférés à se laisser conduire à l'hôpital. » Comme la rumeur grandit, « l'hôpital n'est encombré que par les troupes de son Altesse. Les Arabes libres dévorent leurs douleurs en silence et meurent sans secours dans leurs pauvres cabanes, plutôt que d'exposer leur corps à cette profanation[675]. »

Le jour du petit beiram*, le 30 janvier, Urbain rejoint Arif, Hanem et sa servante à la cité des Morts sur la tombe présumée de Halima. Curieusement, rien n'indique la sépulture, dans le désert, entre les Chrétiens et les Musulmans. Hanem pleure : « Je compris que Dieu m'appelait à une communion de larmes », écrit Urbain. « Je m'y abandonnais sans honte, avec quelque mélancolique plaisir. » C'est là qu'un changement s'opère en lui : son affect se déplace de la mère vers sa fille : « Oh ! qu'elle était belle dans sa douleur, se roulant sur cette terre, suffoquée de sanglots, criant sa mère, sa pauvre mère qui l'aimait tant. On m'appelait pour l'aider à s'éloigner de ces lieux, mais quand je la tenais dans mes bras, et que tout son corps se raidissait pour crier et pour pleurer, toute force m'abandonnait et je tombais moi aussi criant et pleurant. "Maudits, maudits soyez-vous tous, criait-elle, voyez le tombeau de ma mère ! les pauvres, les plus pauvres, ont une pierre pour indiquer à leurs enfants où ils doivent verser leurs larmes,

---

* Le *beiram* est pour les Turcs ce que le *ᶜid*, l'« aïd », est pour les Arabes. Il s'agit en l'occurrence du *ᶜid el-fiṭr* ou *ᶜid* al-*ṣaġīr* qui marque la fin du mois du jeûne de Ramadhan.

et ma mère n'a rien sur son tombeau, rien que ces ordures que je vous jette à la face, hommes sans amour, sans piété pour les morts !"[676] »

Quelques mois plus tard, dans une adresse poétique et platonique à Hanem, Urbain reviendra sur ce moment : « Je n'ai pas oublié ce jour où nous allions prier sur la tombe de ta mère. Tu allas dans une église chrétienne demander une petite place au pied de l'autel pour prier pour ta mère. On te le refusa. Alors tu frappas à la porte de la mosquée et elle s'ouvrit »[677]. La sublimation de l'amour charnel pour Halima devient chant d'hyménée pour Hanem :

> Dieu me l'a donnée sur le tombeau de sa mère. Là a eu lieu la transfiguration, là, s'est manifestée la mère dans sa fille.

Pour lui, Hanem sent instinctivement le lien que ces larmes viennent d'établir entre eux. S'adressant alors à Dieu : « Vous savez combien vous avez fait ma chair prompte, combien l'amour des femmes me brûle. Eh bien, auprès d'elle [...], je sentais entrer en moi je ne sais quoi de pur et de candide qui me faisait voir le bonheur à travers de vaporeux rêves d'hyménée »[678]. Pleurant le souvenir de Halima avec Hanem, qui est dans ses quinze ans et dont il est plus proche par l'âge – il a vingt-deux ans –, mais aussi par l'intimité des rapports quasi-familiaux et une évidente volupté, il transfère sur elle les élans qu'il éprouvait pour la mère. Machereau fera le portrait de la jeune fille qu'il donnera à Urbain en janvier 1835[679], portrait égaré. Suzanne Voilquin en donne la description suivante : elle et son frère doivent à leur mère d'être Mulâtres clairs, mais ils ont de leur père les traits réguliers, les cheveux lisses et fins. C'est « une jeune fille de quinze ans, chaste et jolie, ses grands yeux sont profonds et remplis d'un fluide qui attire. Leur expression veut dire : amour, bonté, douceur. Ses lèvres un peu épaisses dépareraient la bouche d'une Française, mais, pour ce pays, ce trait est un charme de plus. Sa corpulence est celle des femmes de vingt-cinq à trente ans, lorsque dans notre Europe l'embonpoint vient parfaire leur beauté »[680]. Rogé, quant à lui, la trouve « jeune et jolie[681] ».

Cette passion éclose s'accompagne, si l'on en croit Suzanne Voilquin qui, amie de la jeune fille, a recueilli ses confidences, d'un sentiment amoureux réciproque qui s'était déjà éveillé chez elle lors du premier séjour d'Urbain chez les Dussap. Menacée par Arif de dévoiler à leur père le tendre rapport en train de se nouer lors des promenades à la Vallée des Tombeaux, la jeune fille trouve une parade en invoquant l'idée de l'adoption d'Urbain comme frère. Saisissant la balle au bond, Arif pousse immédiatement à concrétiser la cérémonie de cette adoption par le partage rituel du pain et du sel, qui a lieu en sa présence et de l'une des servantes abyssiniennes de la jeune fille.

Dans les notes d'Urbain, on trouve cette allusion laconique montrant qu'il ne se rend pas du tout compte de la gravité du drame qui se joue : « Elle mit du sel sur un morceau de pain coupé en triangle et me le donna à manger. Je lui en fis de même. C'était le signe d'une grande amitié »[682]. Ne déchiffrant pas le code culturel de la cérémonie voulue par Arif, il y voit une preuve, ainsi qu'il s'exprime à Hanem lors de sa demande en mariage selon les propos rapportés à Voilquin par cette dernière, « non point comme tu l'as cru dans ton innocence, d'une amitié fraternelle, mais comme ceux de notre race savent aimer, avec jalousie et passion. » Mais elle se trouble, « se sent saisie d'un affreux vertige » et se dérobe, n'osant pas avouer à Urbain la réalité du serment qu'elle a pris en voulant écarter la menace de son frère et dont elle perçoit désormais la « témérité », qui l'empêche de répondre aux sentiments d'Urbain qu'elle partage. Mais, aurait-elle confié à Voilquin, le serment qu'elle a fait est sacré. Il permet de témoigner la plus expansive amitié, mais exclut à tout jamais tout autre lien entre les amoureux[683].

Le Caire étant la proie de la peste, Urbain, Prisse et ses compagnons de l'École d'infanterie reçoivent de Soliman Pacha l'ordre de fuir le fléau en retournant à Damiette. Il faut donc encore une fois s'éloigner de cette maison qui lui est devenue si chère. Adieux chaleureux. « Au moins, en partant, j'étais accompagné de leurs bons souhaits. Combien de fois ne suis-je pas parti d'un lieu regretté de personne, sans bénédiction pour mon voyage ![684] »

Mort de Hanem

Le 15 février, Urbain est à Damiette, face à lui-même. Au même moment, Joseph Fourcade, médecin militaire à Troyes, arrivé avec Hoart et Bruneau en décembre 1834, est atteint de la peste à hôpital de Lesbekieh, justement là où il se proposait d'étudier ce mal avant de rejoindre son poste de médecin-chef de l'hôpital militaire d'Alexandrie. En même temps que les affres de son agonie et la perte de ses moyens spirituels devant la fin inéluctable, Urbain apprend la mort d'Amédée Busco, gendre de l'agronome Mathieu de Dombasle et agronome lui-même sorti lui, comme Ollivier et Touché, de l'École de Roville, emporté par une attaque d'apoplexie. Ces nouvelles le mènent à une réflexion intime sur l'attitude face à la mort : « Je sens tellement de foi en moi que j'espérerai plus du PÈRE et de mes frères, pour me sauver de la peste que de la science de toutes les facultés de médecine et je relis pour m'y préparer la lettre sur la vie éternelle*, les lettres d'Eugène**, la morale***, afin qu'au jour de la mort je ne trouve pas deux hommes en moi et que je puisse hautement confesser ma foi. Ce m'est une grande joie de penser que je mourrai en croyant »[685].

Mais son corps et son esprit portés à incandescence par l'attente de celle qu'il considère comme sa promise, qu'il a invitée à le rejoindre et qui ne viendra pas. Dans ces circonstances, ce n'est pas Enfantin qui peut lui être d'un grand secours. Accablé par l'arrêt du barrage, ce dernier décide de s'éloigner en Haute-Égypte et ne sait en outre pas vraiment ce qu'il va faire lui-même. Décrivant ses exploits cairotes avec son acolyte Massol sur la promenade du bord du Nil, il se montre tout fier que ses prouesses dans un domaine, que l'on nommerait aujourd'hui la drague, leur valent une réputation horrible et le qualificatif de *afrits*****. Il se lance dans une profession de foi qui n'a rien de bien apostolique : « Je vais m'amuser, voir du pays, bambocher, batifoler avec la barbarine, la bédouine, la Noire et l'Abyssinienne »[686]. Ces innocentes facéties ne sont pas faites pour détourner Urbain de son attente anxieuse : « C'est un vide dans ma vie. C'est quelque chose qui manque pour moi, au ciel, à la nuit, au fleuve, à tout ce qui fait les beaux jours : la douceur et l'harmonie de la nature me remplissent de mélancolie il me semble que je suis privé d'un sens pour goûter toute cette suavité du monde ! J'ai écrit à Suzanne dans ce sens, je l'ai priée de voir la fille de M. Dussap et de me dire si elle la croyait assez forte pour porter mon amour, un amour d'apôtre ? J'aime cette fille, Ollivier, Dieu me l'a destinée [...]. Cet amour est grand dans mon cœur, Ollivier, cependant j'affirme qu'il

---

* Voir plus haut dans ce chapitre, p. 220, nbp.

** Ces lettres figurent dans SAINT-SIMON, Henri (comte de) & autres, *Nouveau christianisme : Lettres d'Eugène Rodrigues sur la religion et la politique*, 1832.

*** Voir *Religion saint-simonienne. Morale...*, avril 1832.

**** Le *ʿafrīt* est un « démon » en langue arabe, mais sa valeur est celle de « bon à rien, coquin, polisson », ce qui n'est pas un crime.

est calme, qu'il est saint et religieux, car il ne ressemble en rien à tous les amours des hommes[687]. »

La réponse de Suzanne est un coup de massue : « Urbain, Urbain du courage pauvre ami, imitez le père de notre Hanem, il lutte avec force contre sa douleur, et cependant que ne perd-il pas en perdant sa fille chérie ? Il est admirable dans sa douleur, voilà cinq jours que ma chère petite Hanem repose à côté de sa mère…[688] » La jeune fille, désespérée d'être prisonnière de son serment, a refusé les conseils de son père de se protéger de la peste, de respecter la quarantaine ou de se réfugier en Haute-Égypte. Elle a tenu à soigner les malades qui affluent dans la maison Dussap transformée en dispensaire où sont recueillis et soignés les pestiférés. En se frottant à la maladie, Hanem dont les proches voyaient qu'elle s'étiolait et se consumait d'un autre mal, recherchait peut-être une délivrance. Toujours est-il que le 13 avril 1835, elle fut emportée à son tour, quelques jours seulement après que le « chameau noir » eut frappé à la porte d'Alric.

La peste atteint alors son paroxysme. Le Caire n'est que le champ de la mort, tous les quartiers sont envahis, le carnage foudroie la ville comme une pluie de feu, évoquera Rogé : « Ce n'était plus des cris isolés…, c'était une seule voie de lamentations immense qui planait sur toute cette grande cité… Jamais rien de plus terrible et de plus solennel à la fois…/ Les parents, les amis, les *pleureuses* salariées traversaient les rues et se rendaient, selon l'usage, sur les bords du Nil. Là, se jetant sur la tête le limon du fleuve, ce peuple, affolé de terreur, articulait un cri strident, aigu, perçant, auquel rien de plus épouvantablement sinistre ne peut être comparé. » Supposez un immense you-you « articulé à la fois par quinze ou vingt mille poitrines humaines, évoquez par la pensée tous ces lugubres cortèges de mort, vous pourrez juger par là de l'effet qu'il devait produire, cet épouvantable cri de tout un peuple[689]. »

Urbain se rappellera une scène de leurs adieux qu'il avait trouvée étrange. La voix de Hanem avait « une sinistre douceur » en lui disant : « Je monterai sur la terrasse pour voir ce fléau qui dépeuple les villes, et puis je l'appellerai pour qu'il vienne me prendre »[690]. Sa dernière pensée est pour Urbain. Elle charge Suzanne Voilquin d'un message pour lui : « Après la peste, il doit revenir au Caire : dites-lui tout et consolez-le, car cette fois, il ira seul à la vallée des tombeaux, visiter les restes de ma mère. Qu'il n'y manque pas surtout, car depuis longtemps sa fiancée sera allée l'attendre au rendez-vous »[691].

Fait hautement symbolique, également relevé par Voilquin : « Elle est morte sur le même çédilly que sa mère, presque au son du piano* qu'elle avait demandé à entendre pour calmer sa pauvre âme aux abois »[692]. Plongé dans un profond désarroi, augmenté par la situation d'impuissance et de réclusion due à la quarantaine désormais imposée à Damiette, et de plain-pied avec le romantisme littéraire ambiant, Urbain est enlevé par un transport mystique où va se décider son destin. Dans une exaltation douloureuse, il célèbre ses noces imaginaires avec la fiancée que le sort cruel vient de lui ravir. Il y convie au cimetière d'Al-Qubba, dans une fête grandiose aux parfums exquis, son père et sa mère, et tous ses amis ainsi que ceux des deux femmes :

> Je veux pour mes fiançailles une immense fantaisie**, un bal splendide, un festin somptueux, un grand et long divertissement, car mon épouse aime la joie, elle aime les airs arabes mélancoliques, elle aime le son de la harpe appelée kanoun***,elle aime à voir danser et à respirer dans une grande confusion de plaisirs[693].

Mais « c'est la mort qui conduit ma fiancée en ma demeure[694]. » Il cherche alors à redonner cap à sa vie en assumant les élans qu'il prêtait à son couple fauché avant même de naître :

> Ô Hanem ! ô ma sœur, mon épouse chérie ! [...] Il me semblait [...] que tu allais faire vibrer dans mon âme quelques cordes nouvelles qui rendraient des sons sublimes devant l'assemblée des hommes, des sons libérateurs pour notre race. [...] Je vous porterai au milieu de cette brillante Europe que vous avez vue souvent dans vos rêves comme une terre promise [...]. Nous irons dans tous les lieux, chez

---

* Il s'agit du fameux piano saint-simonien qui accompagnait Rogé.

** Nous avons ici la francisation du mot arabe *fantasia*, qui est en Égypte aussi bien utilisé pour une « procession » que pour une « fête privée ». Le terme, venu du grec par l'araméen, s'entend au Maghreb, avec un sens proche, à la fameuse « parade équestre » qui a donné, de façon tardive, son nom à un tableau de Delacroix.

*** L'objet nommé *qānūn* en arabe et en persan est un instrument à cordes pincées de la famille des cithares sur table.

> tous les peuples, nous goûterons de tous les plaisirs car nous sommes les apôtres de la religion universelle[695].

Se précise encore ici, dans sa psyché, son ardeur missionnaire où fusionnent entièrement les éléments Noirs et Blancs, Orientaux et Occidentaux, Musulmans et Chrétiens.

Il écrit à quelques amis : le 27 avril à Suzanne Voilquin, le 28 à Ollivier à Alexandrie. « Je sens mon cœur qui bondit, suffoqué. Il se forme dans moi comme un dépôt, c'est là peut-être la fin. DIEU ! vous me châtiez bien sévèrement ! J'avais édifié toutes mes espérances sur cette jeune fille, tout me promettait que mes projets n'avaient rien d'insensé : jeunesse, santé, force, tout était en elle. Hélas ! il n'a fallu que trois jours au souffle empoisonné de la peste pour renverser ce rêve que depuis trois mois j'élevais et comblais de mes douces caresses ! Et il m'a été impossible de la voir, impossible de recueillir de ses lèvres bleuies quelque parole d'espoir, quelque parole prophétique ! Dieu est sévère dans ses jugements. Peut-être n'étais-je pas digne d'elle ! » En attendant, il décide de « fermer toute correspondance afin que « la volonté de Dieu se manifeste en lui, dégagée de toute influence étrangère[696] ».

Thomas devient Ismaÿl

Deux jours plus tard, sa décision est prise, il se convertit à l'Islam.

> Cet acte est chez moi une grande impulsion de la foi, je vais comme me pousse mon cœur, sans prévoir les circonstances dans lesquelles l'utilité de cette sainte apostasie se développera[697].

Quelques jours plus tard, le 7 mai, il prie le directeur de l'école de lui envoyer le cheikh pour l'instruire dans la foi islamique, et note : « Je sens bien que c'est la main de Dieu qui me pousse. Je veux prier, je veux adorer »[698]. Autour de lui, on se questionne. Même son parrain en Islam, le cheikh Ali Kafagheh, semble douter de la sincérité de sa démarche : « Il pense que je suis un vieux soldat amateur de l'eau de vie. Cependant, depuis 4 mois je n'en ai pas bu une goutte ! Il n'y a absolument que Jules et Prisse qui comprennent un peu ce que je fais. Le reste n'y voit rien[699]. »

Surprenant ses amis saint-simoniens, il tient à s'expliquer de son choix et reprend pour cela le fil d'un raisonnement enfantinien, dans une lettre à

Ollivier : « Lorsque je me suis fait circoncire, je suis allé au souffle de la volonté de *Dieu*. J'ai senti que ma vie avait besoin d'un grand développement pour soutenir mon titre d'apôtre et je l'ai agrandi. J'ai vu largement la sainteté de mon acte, mais j'ai été indifférent à ses conséquences immédiates. Mon âme était tranquille, point de secousses, point d'hésitation, mais aussi point d'impatiente ardeur, point de précipitation. J'ai compris pleinement que j'étais religieux et que j'étais fort, l'amour de l'humanité, l'amour du *Père*, l'amour des mondes, sont ravivés en moi avec de nouvelles couleurs. J'ai adoré *Dieu* avec ferveur, la passion du culte m'a saisi, j'ai songé à vous tous et à vous particulièrement parce que je pressentais que vous ne me condamneriez pas et j'ai dit avec orgueil les caresses de la femme prouveront un jour la grandeur de mon acte – Union de l'Orient et de l'Occident : voilà la préoccupation sous laquelle je marchais. Sous les trois aspects politique et industrie, art et religion, morale. J'ai nettement senti la moralité de mon action[700]. » Du point de vue strictement religieux, comme l'exprimera dans les années 1990 Éva de Vitray-Meyerovitch, il n'est pas de questions essentielles différant totalement entre Christianisme et Islam, et son sentiment est qu'on ne se convertit pas à proprement parler à l'Islam, mais qu'on embrasse, dans cet acte, une religion contenant celles qui l'ont précédée[701]. Il n'y a ni renoncement, ni contradiction, mais plutôt continuité, développement.

Certains de ses frères en Saint-Simonisme voient sa conversion comme une coquetterie orientaliste, une sorte de coup de tête poétique cadrant bien avec sa personnalité. Urbain se plaint au Père que la seule femme qui l'ait aimé en France est comme folle, et lui envoie de longs sermons pour se faire Chrétien*. À la veille de son embarquement pour l'Orient, Duveyrier lui suggérait : « Pourquoi ne créeriez-vous pas la transformation que demande le crime du Renégat, de l'apostat, qui cache une vertu ? », ajoutant : « Si j'allais en Turquie, moi je voudrais me faire circoncire car j'ai été baptisé et je sais quel avantage le baptême et la communion donnent auprès des Chrétiens »[702]. Et voilà qu'à présent, il est tout autre : « Tu m'écris ta conversion au mahométisme d'une façon si peu claire qu'il m'est impossible de deviner ce que tu veux en tirer. J'ai confiance en toi et aveuglement je me

---

* Serait-ce cette femme dont parle Duveyrier dans sa lettre à Urbain de décembre 1832 ? Voir plus haut, Ch. IV, 136.

dis bien que ce ne peut pas être pour Dieu, mais prévoir pour quoi ? Je suis comme un homme dans les ténèbres. » C'est que, toujours dans l'idée de voir Urbain en scène, il voit une incompatibilité entre religion et théâtre : « Le théâtre, mon cher ami, ce sont les incrédules de toute sorte qui y vont, et il faut savoir et vouloir faire plaisir indépendamment de toute idée quelconque pour y réussir »[703]. Urbain confie à Enfantin que cet ami « remue profondément » chez lui ses ambitions en l'« appelant à Paris, au théâtre »[704], comme pour le détourner de son choix.

D'autres encore considèrent sa conversion sous un aspect purement utilitaire, compris au mieux dans le sens du prosélytisme saint-simonien, la réduisant à l'idée de jeter un pont politique entre Français et Égyptiens, Chrétiens et Musulmans. C'est le cas de Suzanne Voilquin qui le tance : « Je conçois très bien, mon cher Ismaÿl, votre circoncision comme un grand moyen d'aider les femmes de ce pays à soulever leur voile, mais ce que je concevrais peu, ce serait d'avoir accompli ce grand acte dans l'intérêt de votre instruction individuelle. » Mais, ayant eu vent de l'intention d'Urbain de rentrer en France et de s'y faire comédien, elle poursuit : « Je ne comprendrai pas aussi bien dans les circonstances actuelles votre départ que votre séjour. » Elle l'invite, au nom de Hanem, à rester sur place pour travailler auprès des femmes d'Égypte, considérant que « c'est la seule manière de la faire revivre selon ses désirs »[705].

En revanche, Lambert saisit pleinement la portée de l'acte d'Urbain dans ses différents aspects et le défend auprès des autorités égyptiennes qui se montrent sceptiques[706]. Quant à Enfantin qui, selon son habitude, ouvre grandes ses ailes protectrices à tous ses disciples, quand bien même ils avanceraient des orientations opposées, il lui donne sa bénédiction. Il ne se contente pas de se réjouir, ce qu'il fait en ces termes : « J'avais appris par le consulat ta grande résolution et j'avais rendu grâce à Dieu de ce que toi, le premier de tous mes enfants venus en Orient, tu avais voulu joindre au baptême chrétien l'antique baptême de la chair, et témoigner ainsi de la foi dans l'union des deux grandes religions qui se partagent le monde. » Il lui confie que lui-même a songé à épouser l'Islam : « Cette nouvelle concordait si bien avec les pensées qui m'agitaient alors qu'elle fut pour moi une véritable lumière, et éclaira une partie de ma vie que je savais sans la bien comprendre. Merci prophète, le même Dieu vivait en nous en même temps, et il t'a fait résoudre un mystère qui restait divisé pour moi au moment où je lui demandais le plus instamment de me le découvrir. C'est toi qu'il a choisi, sois béni ! Je ne m'expliquais pas comment je pourrais donner au Monde musulman le témoignage de ma foi dans la grande mission de son apôtre [...]. Je ne me l'expliquais pas, parce que je ne voyais qu'un seul témoignage, la circoncision, et que ce témoignage me semblait purement formel, purement incitatif du passé, et qu'il ne m'apparaissait pas comme devant être, en moi, un signe de la prêtrise future, prêtrise vivante, à laquelle la méditation d'une pieuse prière, aussi bien qu'un signe quelconque gravé sur sa chair ne suffiraient pas pour justifier sa mission mais qui prend sa force et son nom, sa puissance et son droit dans l'amour des êtres qu'elle inspire. J'étais tourmenté de cette impuissance [...] mais le seigneur avait entendu le cri de mon affliction[707]. » Rogé, qui trempe sa plume dans le vitriol dès qu'il parle d'Enfantin, dira : « La lettre de félicitations d'Enfantin sera considérée, un jour ou l'autre, tout au moins comme un grand objet de curiosité, sinon de mystification. » Et après en avoir donné de larges extraits, il poursuit : « Enfantin se glorifiait lui-même dans sa propre chair et sa prétention de Père de l'humanité en battant des mains sur le ventre d'Urbain. Ainsi soit-il ![708] » Mais c'est un avis rétroactif qui ne traduit probablement pas le sentiment réel du Père.

Dans son attitude, Enfantin consacre en même temps le passage d'Urbain à l'âge adulte, celui où l'on choisit son propre destin : « Cher enfant, tu me demandes conseil sur ton avenir prochain, mais tu viens de montrer que pour une résolution grande en ce moment tu devais la prendre sans ordre de ton père ».

En réalisant dans sa propre personne l'idée de la fécondation non plus théorique mais réelle de la religion universelle par l'Orient, Urbain valorise, plus qu'Enfantin ou tout autre Saint-Simonien, l'Orient dans le couple qu'il forme avec l'Occident. Il unit les deux en une cristallisation autant charnelle que spirituelle et fusionne ainsi, dans son élan mystique, les éléments démembrés de son être-au-monde. Tout d'abord l'Orient-Femme et la femme d'Orient. Ensuite l'Orient comme religion, en l'occurrence l'Islam, que son mentor n'avait entrevu que de façon furtive. Mais il s'agit d'un Islam qui complète le Christianisme, et qui dépasse concrètement l'opposition sociale entre Blancs et Noirs : « J'avais pris le nom d'Ysmaÿl, nom de prophète, nom symbolique pour moi, dans lequel se réunissent presque tous les caractères de mon apostolat : Ysmaÿl, fils d'une esclave, un bâtard, abandonné de son père. C'est lui, dit la tradition, qui a découvert l'eau auprès du temple qu'il a bâti avec son père*[709]. » Revenant un peu plus tard, sur le même thème, il expliquera :

> J'ai pris le nom d'Ismaÿl parce que je suis un bâtard, parce que je suis fils d'une esclave, parce que la tradition musulmane attribue la Kaaba à Ismaël aidé de son père, parce que Agar ma mère veut être affranchie et voir légitimer son enfant[710].

Désormais, Urbain fait précéder son patronyme d'usage du prénom d'Ismaÿl.

L'Islam d'Ismaÿl Effendi**

Les interrogations, voire l'incrédulité de certains des amis saint-simoniens vis-à-vis de la conversion d'Urbain, sont liées au contenu même de leur religiosité qui n'a rien d'un fidéisme. Chez eux, la référence à Dieu se situe généralement quelque part entre le déisme philosophique d'un Voltaire et le matérialisme athée d'un Diderot, en d'autres termes ils prennent la religion davantage dans son sens horizontal que vertical, ce qui n'est le cas ni d'Urbain ni même d'Enfantin, ni à plus forte raison de d'Eichthal***. Ni non plus chez des disciples qui ont rompu très tôt avec Enfantin comme Buchez, qui s'est dirigé vers le Christianisme social. La proximité du Saint-Simonisme avec le Réformisme chrétien n'est pas, du point de vue social, si considérable. C'est ainsi qu'en lisant, au cours de l'été

---

* Dans la tradition islamique, Ismaël trouve à Zemzem la source miraculeuse qui permet à sa mère, Hajar/Agar et à lui de survivre dans le désert. Et c'est en ce lieu qu'Ibrahim/Abraham, son père, le rejoindra pour construire la Kaaba, le temple autour duquel s'opère annuellement la circumambulation rituelle des pèlerins qui est un des grands moments du hadj, en arabe *ḥağğ*.

** Effendi est d'abord, dans l'Égypte ottomane, un titre, placé au-dessous de celui de Bey, avant d'être donné par courtoisie pour les hommes de bonne condition, comme « Monsieur » sous l'Ancien régime. C'est à Ismaÿl Effendi, à Damiette que le Père Enfantin adresse de Karnak une lettre datée du 04/08/1835, voir ms. Ars. 13740/72, *cf. OSSE*, XXX, 112-116.

*** Voir plus haut, à ce sujet, Ch. II, 51-52.

1835, *Paroles d'un croyant* de Lamennais, Urbain fait cette remarque : « Le livre m'a paru extraordinaire comme étant sorti des mains d'un prêtre chrétien, mais il ne contient aucune idée neuve qui ne soit la nôtre. L'association. Le dogme trinitaire : amour, intelligence, et force. Les rois y sont traités de ministres du Diable et envoyés aux gémonies. Christ s'y montre comme frère des hommes et, d'après l'interprétation de la trinité, il ne paraît plus un Dieu que les Chrétiens adorent. Le livre a fait une très grande sensation, et je le conçois facilement. Il y a dans tout cela quelque chose qui semble promettre que tous les hommes qui ont des idées nouvelles vont s'unir pour arracher l'humanité de la griffe avare des stationnaires[711]. »

Si Urbain partage la philosophie politique des Lumières, il n'en reste pas moins profondément croyant. Il n'a pas aimé, lors de sa quarantaine à Damiette, la lecture de l'*Essai sur les mœurs* de Voltaire, « tant le livre, selon lui, est écrit avec haine contre la religion, avec mauvaise foi et d'un point de vue qui étouffe toute l'histoire »[712]. Prenant l'ouvrage au premier degré, il est incapable de percevoir qu'en rapport avec les positions de son époque, ce texte est, sur un fond anticlérical, relativement favorable à l'Islam, pris comme religion philosophique, et que son but est de dénoncer, à travers le prophète Mohammed, l'hypocrisie de l'Église catholique. Notons à ce propos que le sage de Ferney est influencé par *La vie de Mahomed* de Boulainvilliers qui, dans son ouvrage à succès publié en 1731, voit dans le prophète de l'Islam le représentant d'un anti-absolutisme incarnant les idéaux de justice et de tolérance. Il ne peut se départir cependant des vieux préjugés médiévaux sur les Arabes, peuple voleur et menteur quand il écrit : « Le comte de Boulainvilliers qui, confie-t-il, avait du goût pour Mahomet, a beau me vanter les Arabes, il ne peut empêcher que ce ne fût un peuple de brigands, ils volaient sous Mahomet au nom de Dieu. Ils avaient, dit-on, la simplicité des temps héroïques. C'était le temps où l'on s'égorgeait pour un puits et pour une citerne, comme on fait aujourd'hui pour une province[713]. » En tout cas, Urbain est indigné par la figure que donnent de Mohammed, Voltaire et ses contemporains, des hommes dont « le marteau impitoyable frappait sans relâche tout ce qui restait de l'édifice catholique, du temple, de l'église, de la mosquée[714] ». Il possède une foi réelle, non pas intellectuelle, mais presque charnelle, non exempte d'élans mystiques, comme en témoignent ces propos : « J'ai fait mes cinq prières, écrit-il début juin. Je prie pour vous, mon PÈRE, avec les prophètes et l'amour de la MÈRE m'étreint le cœur quand, levant les mains au ciel, j'implore Dieu en m'écriant : *Allah akbar* !* La prière me console. C'est comme un chant de berceau pour mon âme inquiète, c'est un endormissement dans le sein de Dieu[715]. » Urbain éprouve alors le bonheur de la sensation physique que tout Musulman éprouve en prononçant ce nom : *Allah !*

Urbain a conscience que sa conversion à l'Islam ne ressemble pas à la plupart de celle de ses contemporains. « Les Européens ont raison d'attacher quelque défaveur au titre de renégat, remarque-t-il. Car sur cent personnes qui embrassent l'islamisme, vous comptez un nombre infini de voleurs, d'assassins, de banqueroutiers, d'hommes enfin qui n'ajoutent que peu de choses à la mauvaise réputation par leur apostasie. Le peu de personnes recommandables qui reste perdent tout le prix de leur action aux yeux des Musulmans parce qu'ils ne pratiquent rien de la foi qu'ils ont embrassée. J'ai vu beaucoup de renégats depuis que je suis en Égypte : renégats par ambition, renégats pour échapper à leurs créanciers, renégats par peur, renégats par insouciance, renégats par suite d'intrigues amoureuses. Eh bien! je n'en ai pas vu un seul qui aimât sa religion[716]. » S'il avait un but seulement politique, il n'écrirait pas : « Les personnes les plus distinguées ont vu là-dedans la politique seulement. Ainsi le général Soliman Pacha que l'on voit le premier parmi eux, aime Mohammed Ali comme il aimait Napoléon, mais pas de foi religieuse. » Et d'ajouter : « Tout en rendant justice à ce qu'il y a aussi de progressif dans cela, je conçois l'apostasie autrement. Ainsi donc, à moi, apôtre de la foi nouvelle, il appartient de lier réellement par la foi les Chrétiens et les Musulmans. » Selon lui, « les renégats chrétiens jusqu'à ce jour n'ont fait que favoriser l'extinction de la foi dans le peuple. Les habitudes qu'ils ont apportées d'Europe, ont toutes été aux yeux des vrais Musulmans des habitudes irréligieuses. D'un côté, c'était la dernière

---

* Dans l'atmosphère actuelle ou la locution *Allāh akbar,* litt. « Dieu est [le] plus grand », est très souvent entendue comme un slogan guerrier, il n'est pas inutile de préciser qu'elle est prononcée par les Musulmans à de multiples occasions, à commencer cinq fois lors de chacune des cinq prières quotidiennes et en général au moment d'accomplir l'action la plus anodine.

limite de la négation de Jésus. De l'autre, c'était une des plus fortes armes qui devaient servir à nier Mohammed[717]. »

En cohérence avec les formulations enfantiennes du Saint-Simonisme, Urbain ne conçoit pas la religion comme un dogme intemporel. Pour lui, la forme prise par les Écritures saintes et les révélations appartiennent au contexte historique. « La lutte, la critique, la négation sont saintes, sans doute, mais elles ont ceci de progressif qu'elles ne sont pas éternelles et qu'elles doivent faire place à la religion. »[718] Après s'être inscrit dans la lignée classique reconnue par l'Islam : « Adam était un prophète, Ibrahim a confirmé sa foi par une révélation nouvelle, puis Moïse, puis Dawoud, puis Issa[*], puis Mohammed », Urbain ajoute : « Nous attendons encore un prophète qui nous porte un Livre meilleur que le Coran.[719] » Autant dire que son Islam paraîtra étrange à un Musulman orthodoxe qui voit dans Mohammed « le Sceau des Prophètes »[720]. En cela, sa foi s'exprime bien dans la tradition saint-simonienne et son affirmation est indissociable de sa signification sociale et politique :

> La communion de l'Orient et de l'Occident, la communion du Musulman et du Chrétien, voilà ce que je réalise en moi[721].

Ou encore :

> Voici que j'ai déjà pris sur moi et avec moi les bâtards, les esclaves, les Noirs, puis les Musulmans, les renégats[722].

On fera ici le rapprochement avec le titre de sa chanson « Bâtard » par lequel le chanteur et écrivain Mounsi, né en Algérie et venu enfant en France, exprimera sa révolte dans l'album intitulé *Seconde génération* en 1985. Trente ans plus tard encore, ce sera au tour du chanteur Stomae, né en Belgique de père rwandais et de mère flamande, de donner le même titre à l'une de ses chansons, dans l'album *Racine carrée*, 2013. Il est clair que, ce faisant, Urbain intègre son islamité dans la série des « bâtardises » qu'il assume. Et il écrira pour son fils encore, à l'heure de ses Notes autobiographiques : « J'ai accompli un acte très grave en Égypte, en 1835 : dans des buts apostoliques, je me suis affilié, par la circoncision, à la religion musulmane »[723]. L'élément

---

* Il n'est pas difficile de reconnaître Abraham sous la graphie arabe d'Ibrahim (*Ibrāhīm*) et David sous celle de Dawoud (*Dawūd*). Quant à Issa ou Aïssa (*ᶜIsā*), il s'agit de Jésus.

FOI prime chez lui sur l'élément POLITIQUE, comme il le souligne en s'adressant à d'Eichthal en 1838 :

> J'ai toujours plus considéré ma conversion à l'Islamisme* comme une démonstration de foi que comme un retour vers la race arabe[724].

Indépendamment du parasitage de cette affirmation par la question de la « race arabe »** dans laquelle d'Eichthal l'oblige à rentrer, une chose est sûre : il y a dans sa conversion un véritable acte de foi. Certes, avoue-t-il, les possibilités de mieux accomplir sa mission saint-simonienne « m'ont préoccupé lorsque j'ai embrassé la foi musulmane », mais c'est seulement « en partie »[725]. Ce n'est assurément pas un converti par opportunisme apostolique qui pourrait se fixer comme tâche intellectuelle, ainsi que l'annonce Urbain, de croiser le fer avec « les philosophes et les prétendus penseurs » qui passent leur temps à démonter Mohammed et le Coran, ceux à qui il « n'est jamais venu à l'idée » par exemple « de chercher quelque chose de bon dans le Coran, quelque chose de sage dans les mœurs de l'Orient »[726]. Ce n'est pas à plus forte raison un converti par utilité qui pourrait déclarer, en se portant au plan religieux : « Ce serait une chose belle et glorieuse d'aller sur le théâtre avec mon triple caractère d'artiste, de Musulman, d'apôtre de la foi nouvelle, de dévoiler passionnément aux occidentaux tout ce qu'a de grand, de poétique, de divin, la mission de Mohammed, de faire hautement justice de tous les petits ridicules dont on entoure l'islamisme et d'introniser par son talent d'apôtre et d'artiste Mohammed sur la même ligne que Moïse et Jésus »[727].

Contrairement à ses amis saint-simoniens qui, au mieux, cherchent, dans la tradition des Lumières, le grand homme chez Mohammed, et non le prophète, Urbain poursuit : « On croit avoir fait preuve d'une raison

---

* Sous la plume d'Urbain, comme sous celle de ses contemporains, et il en sera ainsi chez certains auteurs jusqu'à la fin du XXe siècle, on dit « Islamisme » pour *Islām,* comme on dit Christianisme pour la religion chrétienne. C'est à la suite de l'irruption du courant de l'Islam politique des Frères musulmans dans les années 1930 que le terme *islamistes* est consacré aux adeptes de ces derniers, en traduction de l'arabe *islamiyyūn* employé par eux, et que le mot *islamisme* sert à caractériser leur doctrine.

** Il n'est pas lieu de définir ce qu'à l'instar de leurs contemporains, d'Eichthal et Urbain entendent par « race », mais nous y viendrons longuement plus loin dans le Liv. II, aux Ch. XII, 179-187, et XIII, 228-238.

transcendantale quand on dit que Mohammed était un grand homme, un illustre conquérant. Tant que je n'entendrai pas ajouter : "et un homme divin", je soutiendrai qu'on ne comprend ni l'Orient, ni l'islamisme, ni Dieu. » Intégrant sa conversion à l'Islam dans sa fidélité saint-simonienne, il confie : « Je ne puis exprimer combien mon amour pour le PÈRE s'est accru depuis que je suis musulman, depuis que je connais la vie de l'apôtre de Dieu. Pour aimer et comprendre le PÈRE, il faut avoir senti vivant en lui le Christ et Mohammed, il faut savoir que Mohammed était un homme de plaisir, beau et ardent, que Jésus était bon et qu'il a dit cependant à sa mère : "Femme, qu'y a-t-il de commun entre vous et moi ?" Louange à Dieu, mon intelligence se développe. Je comprends mieux la vie de mon PÈRE, je sens croître mon amour pour lui. Gloire à Dieu[728]. »

Si elle interroge ses amis et soulève quelques questions dans l'appareil d'État égyptien, la conversion d'Urbain indispose aussi les officiels. Il se voit contraint de rédiger une supplique au consul général de France à Alexandrie, Jean-François Mimaut. Protestant auprès de lui que sa conversion à l'Islam ne signifie nullement sa renonciation à sa « qualité de citoyen français[729] », il écrit parallèlement à Ferdinand de Lesseps, le vice-consul, tâchant « de lui faire sentir l'importance politique qu'acquerrait l'apostasie si une loi la sanctionnait comme moyen de civilisation[730] », et note dans son *Journal* : « Je parle de la gloire de la patrie », ajoutant : « Il faut bien hurler avec les loups[731] »… Le consul lui répondra, six mois plus tard, que, selon les termes mêmes du Ministre, les personnes « ne s'étant pas bornées à changer de religion, mais ayant accepté, sans autorisation préalable du Roi, des fonctions publiques à l'étranger, ont, d'après nos lois, perdu la qualité de Français », et précise qu'elles « ne peuvent la recouvrer que sous certaines conditions pour l'accomplissement desquelles leur retour en France est un préalable indispensable[732]. » Fort heureusement, Urbain ne sera jamais tracassé pour ces raisons.

La retraite forcée de Damiette ou le temps de la réflexion

Sa conversion à l'Islam n'a pas apaisé Urbain. Quinze jours à peine ont passé après cet événement majeur pour sa vie, que la peste fond sur Damiette. La mort qui rôde, la solitude, l'ennui : « Il faut bien que j'écrive sur ce cahier toutes les confidences de mon cœur, puisqu'il n'y a personne autour de moi pour les écouter. Quand je m'assieds dans notre grand divan, à l'angle, seul, entre les deux fenêtres, lorsque le crépuscule du soir semble un crêpe léger sur les campagnes, alors je songe amèrement à ma solitude : Ô solitude, solitude du cœur ![733] » Puis : « Quelque fois j'écoute, rêveur, le bruit de mon chiché* dont le murmure monotone semble accompagner tristement mes tristes pensées. Je cherche dans mon cœur quelque nom chéri de femme qui puisse me jeter quelque parfum. Mais hélas, je n'y trouve que des tombes ![734] » Nous sommes début juin, il s'ouvre ainsi à Enfantin :

> Mon cœur est devenu morne et triste comme un sépulcre. [...] Je me sens l'haleine froide des morts qui me glace [...], je vais dans les solitudes de la douleur, chancelant, égaré, comme un homme ivre. L'horizon roule en cercle rapidement autour de moi, et mes yeux affaiblis par les larmes ne peuvent arrêter aucun objet, aucune lumière[735].

Si la peste isole les gens de Damiette, elle a au moins pour effet de resserrer les rapports entre enseignants de l'École d'infanterie par lesquels, à côté de Duplan, secrétaire de Khalil Bey qui a suivi ce dernier lors de sa nomination comme directeur de l'École de Damiette, et d'un certain Sabbagh, comptent surtout Prisse et Sonnerat. Urbain et Prisse passent de longues soirées en d'interminables discussions. Ce dernier fait part à Urbain de son intention d'écrire une histoire de l'architecture**, et Urbain l'invite à considérer « les idées religieuses qui doivent appeler une architecture nouvelle » et lui conseille de lire l'essai sur *L'éducation du genre humain* de Lessing, édité il y a peu par Enfantin et Eugène Rodrigues. Mais Prisse est aussi froid que Sonnerat est chaleureux. « Ce qu'il y a de certain », c'est qu'il « n'aura jamais mon affection comme Jules, par exemple, parce que celui-ci a tout pour se faire aimer, pour attirer dans l'intimité, tandis que le premier ne présente absolument que du vernis à ceux qui cherchent le sentiment. » Il a toutefois l'avantage de disposer d'une belle bibliothèque où Urbain pioche hardiment. Il est donc « utile pour le moment[736] ».

---

* On dit aujourd'hui *chicha* (arabe *šiša*) qui est un des noms du narguilé.

** C'est en fait d'après ses notes que Pierre Marchandon de La Faye pourra éditer en 1858 et 1879 les deux tomes de son *Histoire de l'art égyptien...*

À côté des professeurs, il y a le cheikh Ali Kafagheh. Urbain goûte la chance de pouvoir admirer chez lui un récit de voyageur arabe magnifiquement illustré, si précieux que son propriétaire refuse de le prêter au fils de Mohammed Ali, le généralissime Ibrahim Pacha, homme qu'Urbain porte par ailleurs en peu d'estime et qu'il juge grossier, plus enclin à guerroyer qu'à faire des réformes. Il s'agit probablement des *Prairies d'or* d'Al-Massoudi, le voyageur du Xe siècle dont les orientalistes ont fait l'« Hérodote arabe », et à la traduction desquelles l'orientaliste Barbier de Meynard va bientôt s'atteler.

Dans cette retraite forcée, chargée d'une ambiance morose où les personnes chères tombent les unes après les autres, écriture et lecture sont la seule respiration. Urbain écrit ainsi deux poèmes. Le premier, intitulé *Pensée. Hanem,* commence par : « Tristesse et solitude du veuvage »[737]. En rédigeant le second, *Aaroussah,* il regrette de n'avoir pas chanté comme Salomon, et relit le « Cantique des cantiques » dans la Sainte Bible éditée par la Société biblique protestante, mais aussi les « Proverbes » et « l'Ecclésiaste », et met en exergue une parole attribuée à Salomon : « L'Amour est plus fort que la mort. » Il y débarrasse son épousée* des marques de la maladie et de la souffrance pour la sublimer dans un embaumement symbolique : « Alors la mort prit dans les mains du sable et lava le corps de ma bien-aimée, de sorte que la santé s'épanouit fraîche, vive et lisse sur toutes ses formes[738]. »

Il s'adonne à la relecture du Coran qu'il approfondit par l'*Exposition de la foi musulmane* du turc Mohammed ben Pir-Ali el Berkevi, selon la transcription de Garcin du Tassy, dont il trouve toutefois la lecture, venant après celle du livre saint de l'Islam, pénible, y trouvant la foi rabougrie, mesquine, pointilleuse, superstitieuse[739]. S'il a détesté chez Voltaire l'*Essai sur les mœurs,* il n'est pas étonnant que *La Bible enfin expliquée* lui inspire le plus profond dégoût : c'est fastidieux, commente-t-il, « que cette haine qui s'exhale toujours amère, toujours acrimonieuse[740]. » Il dévore avec curiosité l'*Histoire des Wahabis* de Louis-Alexandre de Corancez. L'auteur, membre de l'expédition d'Égypte, puis consul à Alep et à Bagdad, présente ce courant, qui a servi d'étendard religieux à la famille Al Saoud pour s'emparer de La Mecque en 1806 – d'où il est chassé par les troupes de Mohammed Ali sur

* Le terme « épousée » est la traduction exacte de l'arabe *ᶜarūsa,* dont, en le transcrivant *Aaroussah,* Urbain a fait le titre du poème.

ordre du sultan Mahmoud II en 1812-1813 –, comme un pur fanatisme religieux. Urbain juge les appréciations historiques de Corancez « faibles et faites d'un point de vue très étroit le plus souvent ». Pour lui, qui est anxieux de lire dans les événements les signes du surgissement d'un réformisme islamique, les Wahhabites, « qui sont les réformateurs de l'Islamisme, ont beaucoup de ressemblance avec nos protestants. Comme eux, ils ont détruit tout le culte, mettant surtout en saillie la morale et rejetant le peu de dogme qu'il y a », et se demande si l'irruption du wahhabisme au Moyen-Orient, « ce précurseur protestant qui avait converti toute l'Arabie », n'est pas « un signe que l'Empire ottoman veut être démembré et que les pouvoirs et les croyances y subiront l'influence directe de l'Europe[741]. » Notons d'abord que les Wahhabites – qui refusent d'ailleurs alors cette appellation pour se nommer eux-mêmes *Ahl al-Tawhid*, « les Gens de l'Unicité » –, sont aujourd'hui devenus un des courants les plus conservateurs de l'Islam. Mais, toutes proportions gardées, il est aussi difficile d'enfermer, à l'époque d'Urbain, ce courant dans le destin des destructeurs des tombeaux vénérés du peuple, qu'il pouvait être de figer, dans leur dogmatisme fondamentaliste, celui des Calvinistes, responsables en 1562 du sac iconoclaste de Lyon. Il n'est toujours pas passé depuis beaucoup d'eau dans les wadis d'Arabie, mais en revanche le pétrole coule à flot dans ses oléoducs. Et c'est assurément, outre sa consolidation par l'Empire britannique dans les années 1920, facteur dont il faut tenir compte pour expliquer les contours actuels du wahhabisme saoudien, qui trouve d'ailleurs, d'un point de vue de ses pratiques sociales, des formes différentes, à la rigueur légèrement atténuée, chez son rejeton qatari, et surtout pour comprendre son influence internationale. Notons aussi que l'expulsion des Ottomans aura effectivement lieu de la péninsule Arabique sous l'action de forces anglaises aidées par celles du Chérif de La Mecque, mais les Hachémites seront eux-mêmes chassés des Lieux saints et du Hedjaz en 1924 par le tandem Saoudiens/Wahhabites. D'un autre côté, Urbain consacre beaucoup d'attention aux contes populaires arabes qu'il transcrit dans son *Journal* : non tant qu'il se retrouve quelque peu dans la destinée des héros de ces trois aventures, Ali el-Marhoun, Ismaïl el-Asad et Ali el-Mansour, mais probablement parce que leur publication pourrait être un bon moyen de faire connaître la société arabe en France. Urbain narre ainsi, entre le 20 juillet et le 23 août*[742].

Des morts, encore des morts**. Le 3 mai, c'est le tour de Dussap. La nouvelle en est annoncée le 10 par une de ces lettres :

> Avec cette puanteur de ghillet***, odeur de mort, messagère de larmes et de tristesse. Encore une fois, il faut tremper sa plume de cette encre noyée de larmes, encore une fois il faut inscrire sur ce livre de mort des noms effacés, des espérances brisées. C'est Lamy, Lamy qui n'est plus parmi nous qui m'écrit****. Ce sont les détails de la mort du père Dussap, mort belle, courageuse, calme comme toute sa vie, mort entourée de nos soins, bercée de notre foi. O triste lettre d'un mort pour un mort ![743]

En juillet, la peste s'est déclarée à Alexandrie et la plupart des Européens songent à regagner leur patrie. « On va selon toute probabilité mettre les professeurs en quarantaine dans l'école et alors que vais-je devenir durant ces jours de couvent, de prison, d'inactivité intellectuelle ? », s'interroge Urbain. On évoque le récit de l'historien Abd el-Latif***** racontant qu'au

---

* Une version du premier de ces contes paraîtra sous la plume d'Auguste Colin dans *Le Temps* des 15 et 21/07/1838. Prisse d'Avennes, qui venait en même temps de transcrire ce conte avait confié à Urbain son intention de l'insérer dans son journal de voyage, voir URBAIN, *Voyage d'Orient,* 140. Il paraîtra en fait en 1852 sous le titre « Ali El-Marhoun, conte recueilli dans un café du Caire », sous le nom de P. du Boulery, dont on peut se demander s'il ne s'agit pas d'un pseudonyme de Prisse, dans la *Revue orientale et algérienne,* II, 229-241. L'aventure d'Ali El-Mansour sera par ailleurs intégrée par Urbain dans son article « Une femme du Caire », qui paraîtra dans *Le Temps* du 12/02/1837.

** Enfantin adressera en 1845 une liste de ce qu'il nomme ses collaborateurs en Égypte. Sur les 55 hommes qu'elle comprend, 9 sont indiqués comme morts de la peste, et 5 autres d'autres maladies, voir ENFANTIN, « Note aux fondateurs de la société d'étude du canal de Suez », date non précisée, *OSSE,* XII, 13-15.

*** L'arabe *ǧilla,* prononcé [gille] en Égypte, est la bouse de vache qui, mélangée de paille hachée et séchée en galettes, est employée comme combustible.

**** Jules Lamy, architecte qui s'est mis au service de Mohammed Ali, est mort à l'âge de 25 ans. Suzanne Voilquin, qui a logé chez lui, lui rend hommage dans ses *Souvenirs d'une fille du peuple,* 345-355.

***** Il s'agit d'Abd al-Latif al-Bagdadi (1162-1231), médecin et historien de Bagdad célèbre pour son livre de « témoignages des événements rapportés aussi bien que vécus

temps de Salah al-Din, celui que les Croisés ont nommé Saladin, « la peste dura trois ans consécutifs en Égypte et que la famine joignit ses horreurs aux horreurs du fléau de sorte que la population s'éteignit rapidement. » De quoi remonter le moral, assurément. On n'en est pas là, mais la peste coupe les communications et provoque de graves difficultés économiques. La détresse est extrême parmi tous les employés. Tous en sont à trembler pour leur existence, aggravée du fait que le gouvernement leur doit 11 mois de salaire[744]. Chaque semaine ajoute à la ronde macabre. En octobre, c'est le tour de Hoart. « Il est mort au Barrage, entre les bras du PÈRE. [...] Combien la liste est grande ![745] »

L'été s'écoule ainsi, traînant désespérément en longueur, les nuits sont hantées par des rêves appelant les morts, les jours dans d'interminables lectures. Même l'écriture l'ennuie : « C'est toujours le même refrain : rien de nouveau. La journée a été aussi triste que celle d'hier. J'ai passé une partie de la journée à ne rien faire, car la tête était lourde et pesante[746]. » L'horizon égyptien se plombe. Urbain ne se remet pas de la disparition de Hanem. Ce n'est pas la piètre action d'apostolat qu'il a la sensation de mener à l'École d'infanterie qui peut le satisfaire, il la juge bien « trop restreinte[747] ». Les cours sont suspendus depuis avril, la peste frappe encore et la quarantaine, l'isolement, l'humidité lui font craindre pour sa santé. C'est alors que l'idée d'un retour en France germe dans son esprit. Mais peut-être y a-t-il une étape intermédiaire, celle d'un poste au Caire. Il demande en août à Lambert, bien placé auprès d'Ibrahim Adham Bey, ami de Soliman Pacha et homme de la politique de réforme auprès de Mohammed Ali et qui se dit lui-même saint-simonien[748], d'intervenir pour l'aider dans ce sens. Peut-être sa conversion lui fait-elle espérer un moment un poste dans l'administration centrale de l'Instruction publique. En tout cas, l'idée du retour chemine et devient plus insistante au fur et à mesure où passent les semaines et où s'accusent la solitude et l'oisiveté forcée. « Aujourd'hui, confie-t-il en juillet à Ollivier, je pense *surtout* à la France après avoir donné pendant les quelques mois que je compte rester encore en Égypte, l'exemple d'une apostasie nouvelle, d'un renégat dévôt, je veux aller en France au milieu des Européens par la religion, de *Dieu* d'Orient, de *Mohammed*. [...] Je suis plus au

---

sur la terre d'Égypte », connu en français par sa traduction de Silvestre de Sacy, parue sous le titre *Relation de l'Égypte*, 1810.

point de vue de la croisade, de la réconciliation en commençant par les hommes dont je parle le langage[749]. »

Finalement, la décision d'Urbain est prise au cours de l'été : Sonnerat et lui démissionnent et rentreront en France. Khiani Bey décoche la flèche du Parthe : grâce à lui, on prend prétexte en haut lieu de cette rupture de contrat pour ne pas régler les mois impayés…

Une expérience pédagogique féconde

Urbain gardera malgré tout un souvenir heureux de son expérience d'enseignant. Il prend sa mission à cœur, même si les conditions d'enseignement sont les plus précaires. « Comme il l'a aimé, au début, ce métier de professeur ! », relèvera en effet l'historien Marcel Émerit, notant toutefois : « Il a vite constaté que les résultats ne correspondaient pas à ses efforts. »[750] Urbain officie pour commencer devant un public d'une vingtaine d'élèves mais dont le nombre atteindra 120 en cours d'année[751], élèves à l'assistance irrégulière, accroupis sur des nattes et œuvrant avec un matériel sommaire. Dès les premiers cours, il explique à Ollivier : « Mon enseignement va bien mais un peu lentement. Les salles d'étude ne sont pas commodes. Les élèves sont en classe les uns sur les autres, je suis assis les jambes croisées et au milieu du mouvement des têtes, du chant de ceux qui lisent parfois ma leçon. Eh bien j'ai reconnu que c'est à peu près la seule manière de fixer leur attention car du moment que le bruit cesse et qu'ils ont les yeux fixés sur le tableau, la moitié s'endort, ce qui gêne aussi beaucoup c'est que la moitié des élèves est turque et l'autre moitié arabe, ce qui fait que j'apprends avec eux très peu d'arabe. Du reste, les traducteurs sont mauvais et il n'y a point de livres. La lithographie est aussi mauvaise, de sorte que le peu de bien que j'obtiens, je le tire par les cheveux[752]. »

Expérience nouvelle pour lui, qui est peut-être l'auteur d'un article consacré aux écoles primaires égyptiennes paru dans *Le Magasin pittoresque* d'Édouard Charton et Euryale Cazeaux, à moins qu'il ne soit dû à Colin ou Granal. On y trouve une description pittoresque de l'ambiance d'une école égyptienne :

> Rien de plus bruyant qu'une école publique où les enfants apprennent à écrire les caractères d'alphabet, les syllabes et les mots, en

même temps qu'ils s'exercent à les prononcer. Tous les écoliers, réunis dans la même salle, et assis pêle-mêle sur une natte, récitent et étudient à haute voix les leçons qui leur sont données, [ce qui rend] un spectacle assez curieux, mais bientôt assourdissant, pour les étrangers. C'est au milieu de ce tumulte que le maître donne ses leçons. Il semble que le bruit et le mouvement soient nécessaires aux enfants égyptiens pour apprendre, car dans toutes les écoles organisées par les Européens, où les écoliers sont assis sur des bancs et devant des tables, et où ils sont obligés d'écouter en silence l'enseignement que le professeur fait pour tous, la moitié des élèves s'endort, et l'autre moitié, croisant ses jambes sur le banc s'ennuie, rit et cause[753].

Le brouhaha qui y règne, si on le compare à l'atmosphère des écoles européennes, cache l'intérêt d'une méthode active d'enseignement : loin de dispenser son savoir *ex cathedra*, le maître part du niveau de chaque élève pris individuellement pour le faire progresser[754]. Occasion pour Urbain de rompre avec le conformisme de l'École en France. S'il condamne les méthodes traditionnelles qui se réduisent au par-cœur et à la répétition, il applique, sur la recommandation d'Enfantin, la méthode qu'Ollivier appelle « a postériori » et que Granal emploie déjà dans ses cours de français à l'École de médecine d'Abou Zaabel[755], avec laquelle son collègue Sonnerat a d'ailleurs du mal à se familiariser[756]. Il se réfère ainsi tout spécialement à Joseph Jacotot, pédagogue exilé en Belgique sous l'Empire*, et à Alexandre de Laborde, qui créa en 1815, pour la propagation de cette méthode, la Société centrale de l'Enseignement mutuel**, ou encore au géographe et archéologue Edme-François Jomard, auteur de plusieurs manuels

* Voir à ce sujet le *Manuel d'enseignement universel* de Joseph Jacotot, 1829, suivi l'année suivante des *Considérations sur les résultats importants qu'obtient en Belgique le nouveau mode d'éducation inventé par M. Jacotot*, d'Eugène Boutmy, et du *Manuel pratique de la méthode Jacotot appliquée à l'enseignement mutuel* de J.-P. Germain (serait-ce le professeur de mathématiques lyonnais Jean-Paul Germain qui a fait le voyage d'Égypte avec Cayol ? Voir plus loin, Liv. I, Ch. VI, p. 274, nbp.

** Son *Plan d'éducation pour les enfans pauvres, d'après les deux méthodes combinées du docteur Bell et de M. Lancaster*, publié en 1816, connut un vif succès.

extrêmement populaires*. Les principes de cette méthode se sont largement répandus en France dans les années 1820-1830.

Il est piquant de constater qu'une méthode semblable était traditionnellement employée à Alger avant la conquête. William Shaler, consul des États-Unis, écrivait en 1826 qu'il y a, dans cette cité, « beaucoup d'écoles ordinaires où les enfants de cinq, six ans et au-dessus apprennent à lire et à écrire. Je croirais volontiers que c'est à eux que nous devons la méthode d'enseignement dite de Lancaster[757]. » Son nom est dû à Joseph Lancaster, qui avait ouvert, dans l'Angleterre de 1798, une école élémentaire destinée aux enfants pauvres où il utilisait cette méthode formalisée en 1795 par Andrew Bell, réputé l'avoir découverte alors qu'il était ministre de l'Église anglicane à Madras, en Inde. L'essayiste Aristide Perrot la découvre avec surprise dans l'Alger prise par les Français : « La méthode invariablement employée dans ce pays semble être la source et l'origine de l'enseignement mutuel[758]. » Cette remarque sur l'origine est anecdotique. Elle n'en indique pas moins la surprise de ce voyageur de voir une méthode aussi « moderne » employée dans un pays aussi « barbare ». C'est de cette pédagogie fondée sur « l'émancipation intellectuelle » que Jacques Rancière dit, dans *Le maître ignorant*, paru en 1987, son admiration de Jacotot : « Il rêvait [...] à l'enseigne de l'instruction mutuelle : que chaque ignorant pût se faire pour un autre ignorant le maître qui lui révèlerait son pouvoir intellectuel[759]. » La méthode Jacotot semble d'ailleurs en vogue chez les Saint-Simoniens : l'écrivain morlaisien Émile Souvestre, qui a accueilli en 1831 en Bretagne la mission d'Édouard Charton – et rompu avec Enfantin dans son sillage mais resté fidèle à la pensée saint-simonienne –, enseigne alors depuis 1832 dans une école de Nantes fondée sur cette méthode[760].

Dans les termes où Urbain fait en février 1835 son bilan pédagogique à Ollivier, il est largement positif :

> Ces têtes d'écoliers, qui pendant deux heures entières vivent chaque jour de ma vie, attentifs à ma parole, l'écoutent sans la comprendre. Ces gens innombrables, qui attendent, sollicitent, soutirent mon

* Par exemple l'*Abrégé de la méthode des écoles élémentaires,* 1816 ; les *Tableaux des progrès de l'enseignement mutuel en France,* 1821 ; ou encore les *Nouveaux tableaux de lecture assujettis aux systèmes et aux procédés de l'enseignement mutuel,* 1835, ouvrage qui aura connu pas moins de six éditions en 1849.

enseignement. Toute cette confiance qui s'est ramassée sur ma tête, tout cela m'anime, m'excite au travail, je veux prêcher quelques hommes de cette foule, j'y veux trouver outre l'intelligence, l'amour : je l'y trouverai[761].

C'est du point de vue administratif que les choses ne vont pas. Nommé membre du Conseil d'administration de l'École en février 1835[762], il s'oppose vite, avec Duplan, Prisse et Sonnerat, ce dernoier sanctionné pour cette occasion, au sous-directeur des études, un certain Pierini, qui sort de façon arrogante semble-t-il de ses attributions pour empiéter sur celle des enseignants. Mais l'événement le plus grave advient à la rentrée scolaire de l'automne 1835. L'inspecteur de l'enseignement, Moukhtar Pacha, qui assiste à un cours d'Urbain, est d'avis que la méthode qu'il utilise est seulement bonne pour les jeunes gens français habitués aux études, mais que pour les Orientaux « qui ont beaucoup d'obscurité dans l'esprit, la grammaire est meilleure[763] ». Suite à cette inspection, Khiani Bey, qui n'a visiblement retenu de son séjour en France dans le groupe de Rifaat al-Tahtawi que l'enseignement corseté et rassis, profite de l'éloignement de Soliman Pacha qu'il remplace en son absence, pour jouer son propre jeu et montrer son autorité en s'attachant « à dissoudre ce qu'il a organisé[764] ». Il demande qu'un test soit fait au Caire sur les élèves d'Urbain pour mesurer le bien-fondé prétendu de la méthode employée par leur maître, assigné à résidence à Damiette, privant ainsi Urbain d'enseignement en attendant les résultats, ce qui a pour effet pratique que ce dernier n'a pu en fin de compte exercer qu'un an. Bien décidé à « montrer les dents », Urbain se plaint tous azimuts de cette « avanie[765] ».

Il n'est pas sûr au fond que l'affaire soit menée contre Urbain en particulier et qu'il ne s'agit pas plutôt d'une question de pouvoir au sein de l'administration. D'autant plus que ce « courtisan » tracassier qu'est Khiani Bey a réussi à intriguer pour faire remplacer le colonel Khalil à la direction de l'École de Damiette. Une bonne manière de réagir à l'affront qui lui est fait est, pour Urbain, de se défendre en adressant à Khalil Effendi, « cet excellent homme » dont il souhaite de tout son cœur que l'injustice qui lui est faite soit finalement pour lui « un moyen d'élévation[766] », un beau *Rapport* où il rend compte des objectifs qui ont été les siens et des moyens qu'il a tenté de mettre en œuvre[767]. On peut comprendre à sa lecture ce qu'il entend par « méthode a posteriori » : il enseigne les mots français par l'équivalent en langue arabe qui bien des fois n'existent d'ailleurs pas ou pas encore, il privilégie la place donnée à l'oral, et surtout, point qu'il développe tout particulièrement, il introduit l'apprentissage de la grammaire d'une manière inductive, ce qui justifie l'expression *a posteriori*. Il y a là une préfiguration de ce qui, au début du XXe siècle, sera formalisé sous le nom de « méthode directe*[768] ».

Il faudra attendre la colère de Soliman Pacha, lorsqu'il a connaissance des tracasseries de Khiani Bey[769], pour qu'Urbain soit finalement libéré de Damiette où il se sent séquestré. Mais il doit encore, pour terminer son séjour égyptien, régler son affaire administrative vis-à-vis des autorités françaises cette fois. Quand il apprend en octobre, par une lettre du critique dramatique Jules Jeannin, qui a rendu visite aux « reclus » de Damiette en août, que Rifaat al-Tahtaoui, qui dirige l'École de traduction du Caire où il enseigne lui-même, « désirerait vivement » voir Urbain à la place de Duplan qui y enseigne désormais le français[770], Urbain n'en tient pas compte. Il ne porte pas le cheikh en grande estime pédagogique, lui qui « en un an, fait des élèves qui répondent à toutes les questions comme le feu et la poudre ! Sept ans en France ne lui ont pas suffi pour apprendre le français et il l'enseigne ici en un an ![771] » De toute façon, il a déjà l'esprit ailleurs.

Regard d'Urbain sur l'Égypte et l'action des Saint-Simoniens

Dès lors, les réflexions d'Urbain sur l'Égypte prennent l'allure d'un bilan d'expérience. Réflexions sur la peste et sur la médecine de Clot Bey, qu'il a pu voir de près non seulement par la fréquentation de l'un de ses proches collaborateurs, le docteur Dussap, mais aussi par son expérience vécue de l'épidémie de la peste qui a emporté tant de ses proches. Il a pu se familiariser avec les méthodes nouvelles de lutte contre cette épidémie, qui seront largement connues et vulgarisées ensuite en Europe. Il est surtout très impressionné par le comportement des Égyptiens devant ce fléau, ce qui lui fait dire : « L'Arabe ne fait aucune difficulté pour toucher un pestiféré, le soigner, l'enterrer. À toutes les craintes, il répond *nasib maktoub***. Tandis

* C'est ce que relève Marcel Émerit dans *Les Saint-Simoniens en Algérie*, 75.

** L'expression arabe *naṣīb maktūb* signifie litt. « le sort est écrit ». C'est l'ellipse de cette locution qui est passée en français à l'époque coloniale sous la forme du *mektoub !*, très

qu'avec nos terreurs de contagion, on ne manque jamais de voir les cadavres se corrompre dans les rues lorsque la peste pénètre en Occident, parce que chacun craint pour sa vie. Du reste, ceci se rattache encore à une considération plus élevée : c'est que l'égoïsme est presque inconnu du peuple ici[772]. » Mais tous les Égyptiens ne se comportent pas ainsi. Il est amené à déplorer l'attitude des prêtres coptes : « Pauvre Christianisme, il faut que les peuples aient un grand besoin de foi pour se contenter d'une pareille religion. Un prêtre qui donne l'extrême-onction au bout d'un bâton, qui fait quarantaine, retrousse sa robe, ne touche personne. » Une telle réaction est « bien vile, bien honteuse. Un prêtre qui a peur ! Martyrs chrétiens, martyrs en Orient, un prêtre qui a peur au milieu des Arabes ![773] »

C'est aussi et surtout une réflexion sur sa vision des rapports entre l'Occident et l'Orient. On peut le trouver partiellement dans l'éloge de Mohammed Ali dans un poème de septembre 1835 et portant en exergue « Bismillah allrahman allrahim* », bien qu'il s'agisse d'un éloge écrit dans l'intention d'être envoyé au Pacha[774]. Il ne s'agit pas seulement d'un éloge à celui dont il imagine qu'il dépassera la brillante renommée de Salah al-Din : « Comme on vit Alexandre le Macédonien venir se reposer de ses longues conquêtes en Égypte et fonder Alexandrie où il voulut son tombeau pour attendre en patience la venue de cet autre Macédonien**. Mais voici que la cité reconnaissante changerait volontiers son nom pour s'appeler Mohammedieh. Gloire, gloire à celui qui rassemble autour de sa tête tous les rayons de la gloire ! » Il chante aussi un hymne au développement de l'Égypte qui s'opère sous son égide :

> Laissez que grandissent les arbres, que les moissons germent dans les guérets et permettent aux granges d'abondantes récoltes. Laissez que les pierres comme par enchantement s'élèvent les unes sur les autres pour former des ponts magnifiques et des édifices immenses, que les

---

employée hier par dérision pour le prétendu fatalisme des Musulmans et aujourd'hui passée dans le lexique familier non sans une dose d'humour.

* La transcription que fait Urbain de la *basmala,* soit la formule *Bi-smi Llāh al-Raḥmān al-Raḥīm* est peu orthodoxe. Notons à ce propos que les traductions qu'on donne généralement, par exemple « Au nom de Dieu le Clément, le Miséricordieux » ne sont pas satisfaisantes, ne serait que parce que jamais un Musulman ne considère que quelqu'un, fût-ce le prophète Mohammed, puisse parler « au nom de Dieu ».

** De fait, Méhémet est né à Kavala, en Macédoine, en 1760 de parents albanais.

canaux serpentent en replis multipliés dans les terres pour leur porter la fertilité et que le désert lui-même s'étonne de ces eaux qui viendront consolider ses sables et les changer en productives campagnes. Laissez que les manufactures qui entourent leurs têtes d'un nuage de vapeur, s'animent du bruit de leurs machines et vomissent chaque jour leurs richesses, que cette armée brave et disciplinée avance, avance toujours sur les possessions ennemies sans jamais reculer, que les lois enchaînent le bonheur et le forcent à ne plus s'éloigner de ce pays. Laissez, laissez, c'est la volonté de Dieu, et Mohammed Ali doit l'accomplir. Dieu veut encore que les marais asséchés se préparent à recevoir une culture plus étendue pour cette nouvelle population qui se multiplie, que les fléaux trouvent autour de l'Égypte une barrière insurmontable et qu'ils ne soufflent plus sur les cités leur haleine empoisonnée et meurtrière, que le khamsin* lui-même, vaincu par le génie de ce prince, vienne mourir à la limite des sables, que la pluie attirée par les délices des jardins leur verse plus souvent le bienfait de ses eaux, que les routes de fer prêtent aux hommes les ailes du vent et fassent de l'Égypte le plus grand et le plus riche entrepôt de commerce de l'Europe et de l'Inde[775].

Ce moment de grande exaltation passera. Le cheikh Ali Khafagheh lui a raconté qu'en visitant Damiette, le pacha s'était plaint que « les fellahs étaient paresseux ». Comparant le pays à celui des Grecs et des Syriens, couverts de montagnes, mais où « tous les habitans sont bien vêtus », il déplorait qu'« ici, où les paysans n'ont qu'à gratter la terre pour lui faire tout produire, ils soient nus et misérables ». Le Cheikh, commente Urbain, « n'a pas osé lui expliquer la chose. Il ne leur fallait plus que ce dur reproche de la paresse ![776] » En allant faire la prière à la mosquée de Amrou** où à la foule de régiments, de dignitaires et de pèlerins, répond un grand nombre de gens du lieu, il ne peut ignorer que le peuple ne montre pas beaucoup d'enthousiasme à saluer le Pacha[777]. Cela lui permettra, une fois rentré en France, de décrire l'autre face de cette marche forcée vers le progrès. Les

* Vent brûlant du désert qui tient son nom, *ḫamāsīn,* du fait qu'il souffle « cinquante jours », en arabe *ḫamsīn yawm*.

** Située dans Le Caire historique, la mosquée dédiée à Amrou ibn al-As, compagnon du prophète Mohammed, qui conquit l'Égypte, fut édifiée de façon fruste en 642, agrandie dans les siècles suivants. Relevée de ses ruines en 1179 par Salah al-Din, elle a subi depuis de nombreuses restaurations et transformations.

Égyptiens se plaignent de l'avidité du fisc, des « avanies » sans nombre qui menacent sans cesse les propriétaires et de l'« oppression tyrannique » qui pèse sur la population, de ce que le Pacha augmente « sans raison » les impôts et enlève « aux campagnes les hommes les plus robustes pour en faire des soldats ». Il présente alors Mohammed Ali comme un homme qui, « ayant compris que par les procédés de la civilisation il exploiterait plus avantageusement l'Égypte, a emprunté à nos institutions des armes pour que rien de la fortune du peuple n'échappât à l'impôt », et poursuit :

> Son administration et ses troupes ont été organisées à l'européenne et tout le monde l'a salué comme régénérateur de l'Égypte ! Mais plus durement opprimés que jamais, les habitants maudissent ce joug nouveau, et regrettent la tyrannie turque à travers les réseaux de laquelle quelques-uns pouvaient encore se sauver. Là nous avons eu le singulier spectacle de voir les amants les plus passionnés de la liberté prodiguer les louanges et les promesses d'immortalité à un despote adroit qui fait expirer son peuple sous le poids meurtrier d'une civilisation étrangère. Le chef suprême de l'islamisme, entraîné par une manie d'imitation, a déshabillé son peuple, foulé aux pieds ses habitudes les plus vénérées, blessé toutes ses sympathies, miné sourdement toutes ses croyances pour faire une caricature de la civilisation européenne[778].

Dans les deux cas, c'est bien dans le style de l'homme, Urbain est emporté par son sujet vers des positions extrêmes. Elles traduisent toutefois une inquiétude, comme s'il posait, en les outrant pour mieux les comprendre lui-même, les termes du conflit qui déchirent sa conscience. Plus tard encore, quand il aura trouvé calme intérieur et sérénité, il vantera à diverses reprises la manière dont Mohammed Ali entreprend ses réformes, notamment dans l'Instruction publique, en les opposant à l'incurie et au refus de réformes en faveur des Algériens de la part de l'administration française. C'est peut-être à sa plume que l'on doit ces lignes écrites dans *L'Algérie* en 1845, à l'occasion d'une exposition de tous les ouvrages parus en Égypte sur l'Instruction publique commandée par le ministre Adham Bey : « Le Pacha nous donne l'exemple des efforts que nous devons faire pour transmettre aux sujets musulmans de la France en Algérie, l'instruction qu'il veut lui-même propager en Égypte[779]. » En tout cas, c'est bien lui qui écrira en 1883 : « Méhémet Ali, voulant propager l'Instruction parmi les Égyptiens, a employé un procédé plus efficace, approprié aux mœurs de son peuple. Chaque fois qu'il ouvrait une école, il faisait choisir par ses agents les élèves dans la population, avec le consentement plus ou moins explicite des parents, il allouait une solde à chaque élève, outre un uniforme et la nourriture. Plus tard, lorsqu'on a vu les avantages que les enfants en retiraient pour se faire une carrière, la solde a été supprimée et on a pu arriver à diminuer considérablement les sacrifices, quoique le nombre d'élèves allât sans cesse en augmentant[780]. »

On ne peut espérer pour l'Égypte « un mouvement large s'il n'est pas ouvert par ceux que Dieu a mis à la tête de la civilisation », mais il ne le conçoit pas comme un rapport de domination :

> Pour que l'Orient s'unisse à l'Occident, il faut que l'Occident vienne au-devant de l'Orient, qu'il y vienne avec amour, et non avec orgueil et cupidité[781].

Urbain amorce ainsi une réflexion tout à fait originale dans le courant saint-simonien. L'Orient n'est pas le simple réceptacle des faveurs de l'Occident. Urbain se soucie de la manière dont l'Orient réagit aux impulsions occidentales, les intègre, les assume et comment il devient, par la réforme de l'Islam qu'impose le choc avec l'Occident, acteur de son propre destin. Replaçant la civilisation arabe et islamique dans l'arc de l'histoire des rapports avec les autres civilisations qui ont fleuri sur le pourtour de la Méditerranée, il émet ce souhait :

> Le jour viendra peut-être où les Musulmans vont encore une fois se répandre au sein de toutes les nations puis leur demander compte de ces richesses qu'ils ont autrefois déposées au milieu d'elles, et pour revendiquer leur part. *L'Orient et l'Occident appartiennent à Dieu*, et il les pousse à son gré l'un vers l'autre pour qu'ils s'améliorent par leur contact. [...] Voici donc qu'aujourd'hui le temps est venu de reprendre notre héritage, ô Musulmans, il a fructifié entre les mains des Européens, il s'est agrandi, redemandons-le pour l'améliorer nous-mêmes et pour en jouir notre juste part[782].

Il y a plus, pour ce qui concerne l'Égypte, Urbain établit, sans doute davantage qu'Enfantin et Barrault, un lien entre la religion et le développement :

> C'est l'industrie qui sauvera l'Égypte, mais si l'industrie ne s'appuyait pas sur la religion, si elle ne venait pas réaliser sur la terre le paradis de Mohammed, elle n'aurait aucune puissance. En d'autres termes, il faut qu'à côté de l'ingénieur, il y ait un imam, et que l'on parte de la mosquée pour aller au chantier[783].

On peut voir là une anticipation de la position qui, du côté musulman, sera clairement exprimée dans les années 1880, soit cinquante ans plus tard, par le cheikh Jamal al-Din al-Afghani et son disciple Mohammed Abdouh : la modernisation économique et politique de l'Orient islamique ne sera vraiment comprise et acceptée par les masses musulmanes que si elle s'exprime dans le lexique de l'Islam et s'appuie sur une véritable réforme religieuse.

Les derniers moments égyptiens sont aussi pour Urbain le temps d'un bilan sur sa propre personnalité, telle qu'elle a mûri au soleil d'Égypte :

> Trois ans après avoir écrit mon premier morceau de *La Noire*, je clos peut-être tout travail en Égypte par une louange à Mohammed Ali : alors, c'était le Noir, aujourd'hui c'est le Musulman. Je crois que les deux choses sont aussi vraies en elles-mêmes[784].

Après avoir assumé, grâce à sa reconnaissance dans la Famille saint-simonienne, sa qualité de Noir, il intègre, grâce à la famille Dussap, cette identité dans son islamité.

> Il y a parmi vos enfants des hommes de l'Orient, écrit-il dans un poème dédié au Père Enfantin le jour de son anniversaire le 8 février 1836. Plusieurs d'entre nous en posant le pied sur cette terre de volupté, en respirant cette atmosphère de fête, ont reconnu leur première patrie. Nos yeux se sont souvenus de s'être autrefois baignés dans la chaude lumière de ces mêmes soleils, d'avoir contemplé avec bonheur les mêmes nuits, toujours belles, toujours éblouissantes d'étoiles. [...] Et lorsque nous avons touché les eaux du Nil, nous avons éprouvé un frissonnement de joie, car nos mères ont bien souvent lavé nos jeunes corps dans cette onde bienfaisante[785].

Ce faisant, il exprime en un rêve éveillé, les transformations qui s'opèrent en lui : les sensations de sa créolité, de sa « négritude », pour utiliser un vocable moderne, et celles des perceptions de l'Égypte*, en même temps son univers saint-simonien, au sein duquel il prolonge et dépasse son Christianisme dans l'Islam en même temps qu'il est en train de dessiner les contours de son Orient.

Vers le départ d'Égypte

Les derniers instants à Damiette sont marqués, le 24 novembre, par une visite au cheikh Ali Khafagheh, son parrain, lequel lui dit à cette occasion que les pyramides étaient « des monuments astronomiques » et qui lui donne une lettre de recommandation pour le cheykh Ouza, Cheikh el-Islam à la mosquée d'Al-Azhar. Puis le 25, c'est une nuit joyeuse avec Nefissa, sa compagne depuis un bon mois, « formes parfaites, reins forts et chaude à la lutte[786] », ainsi que Sonnerat et une de ses amies, Mariam. Urbain quitte Damiette le lendemain. Arrivé à Boulaq le 6 décembre, il se rend immédiatement le lendemain au Vieux-Caire chez Enfantin : « Qu'elle joie ! ô mon cœur ! [...] Le PÈRE me parla longuement de ma position, de ce que je devais faire, et je rentrai au Caire comblé de joie[787]. »

Une dizaine de jours à régler sa situation au ministère. Puis visites d'adieux aux uns et aux autres. Longues soirées haschisch et femmes : « Quelles bonnes heures ![788] » Urbain passe la nuit du 31 décembre au 1er janvier chez Enfantin afin d'être le lendemain à la fête qu'organisent les époux Rogé. Cette nuit correspond à la onzième nuit du mois de ramadhan, dont Urbain vient d'interrompre le jeûne à cause d'aphtes qui le font souffrir. Pendant la nuit, qui est aussi celle de l'anniversaire de sa naissance, il compose le poème *Vingt-Trois ans*[789]. Le lendemain, en déjeunant, le Père

* Le terme est utilisé par Edmund Burke III dans « Thomas Ismail Urbain (1812-1884) : Indigenophile and Precursor of *Negritude* », 1985. Voir aussi, du même auteur, « Thomas Ismail Urbain (1812-1884) and Franz Fanon (1925-1961) on Race and Ethnicity in the Caribbean and Algeria", 1993. Il est discuté par Anne Levallois sous le titre « Négritude ou créolité ? » dans les *Écrits autobiograhiques* d'Urbain, 177-180. Il est ensuite remis dans son contexte par Philippe Régnier dans sa « Postface » au *Voyage d'Orient* d'Urbain, 384-385. Cette question est une nouvelle fois abordée par Boniface Mongo Mboussa lors du colloque organisé à l'occasion du bicentenaire de la naissance d'Urbain, voir « Franz Fanon, Léopold Sédar Senghor et Ismaÿl Urbain », dans LEVALLOIS, Michel & RÉGNIER, Philippe (dir.), *Les Saint-Simoniens dans l'Algérie du XIXe siècle*, 2016, 463-469.

l'aide à le corriger, surtout la fin, et le complimente sur ce qu'il commence à avoir « un style rythmé[790] ».

Avec la fin du Ramadhan, Urbain se recueille sur la tombe de Hanem avec son ami Machereau, dont Suzanne Voilquin dit : « Sa bonté et son incurie sont de notoriété publique. Ses élèves et ses amis disent comme terme de comparaison : sale comme le *bon Machereau*. Il le sait et rit de cet étrange succès », en ajoutant non sans une once de perfidie : « Aussi, est-il dans son élément au milieu des Arabes »[791], et dont elle raconte la conversion à l'Islam au début de l'été. Voulant tout à la fois épouser selon le rite islamique une jeune Arabe dont il s'était pris de passion « et devenir complètement le fils de l'Orient, il résout pour cela de sacrifier sa nationalité. Hélas la jeune Khadra qui ne possède rien, travaille en attendant son mariage chez un riche commerçant européen qui, la trouvant fort à son goût, résout d'en faire sa proie. Menaces des uns, pressions des autres, notamment de la famille, font que le malheureux Mohammed – c'est le nom du nouveau circoncis – se trouve évincé. Passé par tous les stades de la déception et de la colère, il a eu du mal à accepter mais il le fait sans rompre sa fidélité religieuse[792]. C'est donc avec lui, Mohammed Effendi, qu'Urbain visite la famille Dussap au cimetière. « O Hanem, ô mon épouse, pourquoi m'as-tu abandonné ! Ton père souriait déjà, dans sa vieillesse, à notre union, nous étions tous deux issus d'une Noire, combien de jours heureux nous aurions vécu ! » Prières avec son coreligionnaire et ami dans plusieurs mosquées, dont le 23 février, celle des Husseinein* : « Ô sublime empire de la religion ! Combien j'ai ressenti ta puissance ! Mes yeux étaient demeurés secs jusqu'alors se sont trouvés abondants en larmes lorsque j'ai entendu chanter les louanges de Dieu. Et le sentiment que j'allais fuir pour longtemps tant de beautés si grandioses… Mon âme a été suffoquée, j'ai pleuré pour la mosquée que je perdais, pour le peuple que je perdais, pour les femmes que je perdais. Et lorsqu'un cheykh m'a vu ainsi attendri, il s'est avancé et m'a offert de me chanter le Coran et les prières pour les voyageurs et là encore je n'ai pu que pleurer[793]. »

---

* La mosquée des Husseinein, c'est-à-dire d'Al-Hassan et d'Al-Hussein, les deux fils d'Ali Ibn Abi Talib et petit-fils du prophète de l'Islam, est aussi appelée *Sayyidna al-Ḥusayn*. Située entre celle d'Al-Azhar et près du khan Khalili, le grand marché du Caire, elle était alors, et est toujours, un des lieux de culte le plus fréquenté de la ville.

De nombreuses fêtes avec Enfantin, à la suite de celle du 6 janvier. Bonne chère, sublime abandon aux enivrements du haschisch, sur lequel il écrit, bien avant Baudelaire*, un long poème en prose qui porte en exergue : « Il y a quelque chose au monde de plus délicieux que tous les paradis de vos prophètes », et qui se termine ainsi :

> Je suis tout jeune enfant. Ma Mère m'a mis dans un grand coui** sur l'herbe, au pied d'un cocotier. La poésie me berce de ses harmonies pour m'endormir et je vois dans mes songes des soleils d'or, des dromadaires bien équipés pour le voyage, des déserts aussi immenses que le ciel. Puis une mer, des navires. Puis des fêtes, avec des musiques délicieuses, puis un paradis ouvert, puis une femme arabe, avec laquelle je mange du haschisch hindi…[794]

Fête du 8 février 1836, tout à fait familiale. C'est l'anniversaire d'Enfantin. Ils sont vingt-deux, tous unis par la foi, tous aimant le Père. Comme à l'accoutumée, on chante, rit aux calembours, on danse et surtout on consomme du haschisch. « Depuis notre arrivée au Caire, confie Urbain, le haschisch a pris une singulière extension. Il s'est presque formé une société où, chaque soir, on se plonge dans la félicité. » Ismaÿl est délégué aux confitures, aux sucreries et au haschisch, et il s'acquitte de sa distribution à tout le monde. « Je suivais les valseurs haschischin en leur racontant des visions sublimes, les entraînant avec moi jusqu'au septième ciel et leur faisant admirer la splendeur des anges. On n'a pas tardé à être pris. Alors chacun a commencé à développer de son côté ses visions, son bonheur. Il y avait des pasquins, des sentimentaux, des sombres, des fleuris. » Suivent, selon le récit d'Urbain, des conduites erratiques, chez les uns comme chez les autres. Ils sont huit à rentrer chez eux à pied, titubant comme des hommes ivres[795].

---

* C'est ce que relève justement Sarga Moussa dans son étude, « "Hhachish indi" : le poète Urbain entre Galland et Baudelaire », dans LEVALLOIS, Michel & RÉGNIER, Philippe (dir.), *Les Saint-Simoniens dans l'Algérie du XIXe siècle*, 2016, 385-398. Pour Baudelaire, voir « Le Poème du haschisch », dans *Les paradis artificiels*, 1860, *Œuvres Complètes*, 1869, IV, 159-164. En fait Urbain écrit *hhachish* pour l'arabe *ḥašīš*, « haschisch ». Le *ḥašīš hindī*, « haschsisch indien », est une variété de cette résine de cannabis.

** Il s'agit en créole d'un berceau constitué par une calebasse évidée.

Tous ces plaisirs s'accompagnent naturellement des voluptés de la chair dans la foulée du Père Enfantin. Pour ce grand séducteur devant l'Éternel, la glorification du célibat était politique, circonstancielle, et avait peu de chose à voir avec l'abstinence sexuelle et le vœu de chasteté des prêtres catholiques. Urbain raconte une anecdote qui rend bien compte de l'ambiance de ces soirées. S'adressant après un souper tenu vers le 15-20 février 1836, à l'une des femmes présentes : « Pourquoi les femmes, pour compléter leur éducation, ne désireraient-elles pas essayer en pays étrangers de tous les hommes, comme les hommes le font des femmes ? » Caroline Carbonnel, épouse d'un canut qui a porté l'habit saint-simonien et amie de Massol, et arrivée d'Alger*, fait une sortie contre les Orientaux, « qui se font courtiser par leurs femmes », et contre les Occidentaux « qui louent immodérément les femmes ». Urbain s'exclame : « Oh ! la belle apologie de la chair, la chair nue, dégagée de tout entourage ! » Et il conclut : « La passade, que Caroline appelle l'amour bestial, a été réhabilitée en plein. Les choses ont été dites par leurs noms. Cette chaude conversation, où le PÈRE était à genoux au pied du divan, m'a fait du bien[796]. » Tout cela n'exclut nullement un comportement de potaches, ni les dessins grivois que l'on s'empresse d'envoyer aux amis, ni les plaisanteries égrillardes. À Enfantin qui lui disait : « Je ne suis pas le Père des femmes, je suis *Abd el Cous* », Fatma, la compagne de Sonnerat s'est illustrée par cette réponse : « Et moi *Abd el Zoub* (garieh el zoub) !**[797] » Notons à ce propos que les appétits sexuels d'Urbain font prononcer à l'historien Marcel Émerit des paroles d'effroi et de consternation. Jugeant Urbain « tenaillé par l'érotisme de sa race », il écrit : « Ses lettres à Ollivier sont pleines de confidences d'une crudité effarante. Il y a en lui un relent de fétichisme et de toute la monstrueuse obscénité du monde noir. » Même si, pour lui, « l'alcool et les femmes n'arrivent pas à tuer la grande qualité de sa race : la fidélité[798] ». Ces « compliments » ne font que confirmer le côté épouvantablement conformiste de leur auteur et l'ampleur de ses préjugés de type colonial-raciste sur les Noirs. Si l'on suivait cet historien, il serait

---

* Nous la retrouverons plus loin, Liv. II, Ch. VIII, 26.

** L'arabe égyptien [*ᶜabd el-kus*] signifie exactement « le serviteur du con », tandis que [*ᶜabd el-zubb*] est « le serviteur du zob », mot qu'il est inutile de traduire du fait de son usage courant dans le français populaire. Quant à « garieh el zoub », c'est [*ǧāriyyat el-zubb*], « la servante du zob ».

utile de se demander si les pulsions érotiques d'Enfantin lui-même ne s'expliqueraient pas par la présence chez lui de quelques gouttes de sang noir, pour reprendre la métaphore raciale !

On donne aussi à Alexandrie des soirées qui mêlent la communauté saint-simonienne et la colonie européenne. Grâce aux bons soins du consul général Mimaut qui, sous l'influence de Lesseps, son second en 1832 avant de rejoindre son poste au Caire l'année suivante, semble avoir acquis une sympathie pour l'action des Saint-Simoniens en Égypte, Urbain finit par obtenir son passeport le 1er mars. C'est ce même Mimaut qui, dans les jours qui suivent, lui fait connaître le livre de Barrault, *Orient et Occident*, dont, lui dit-il, on est très content en Égypte[799].

Urbain s'embarque le 13 avril 1836 et Suzanne Voilquin note :

> Le jeune Urbain, toujours poète, toujours exalté, tourne ses regards avec joie vers l'Occident. Il va partir, le cœur rempli d'illusions sur le pays qu'il quitte et sur celui qu'il va revoir[800].

- VII -

Intermède parisien entre deux Orients

Quand Urbain s'était vu refuser par Colin, un an et demi auparavant, l'édition de ses poèmes, Enfantin lui disait dans une lettre consolatrice qu'il a lue et relue maintes fois depuis : « J'ignore si ce n'est pas à toi à faire aimer l'Orient en Occident, si ce n'est pas à toi qu'il appartient de pousser le premier cri d'une croisade prêchée haut et non à la sourdine comme seuls Duguet et Petit l'ont fait[801]. » Il avait accepté cette mission, mais ne s'y sentait pas encore prêt. Il pensait alors rester encore en Égypte : « Le PÈRE, confiait-il alors à Ollivier, me dit que je dois songer à me préparer pour le *Public*, mais il me laisse le choix du théâtre et du temple. Il me laisse libre, et je ne quitterai pas l'Égypte où tant de choses nouvelles surgissent pour aller voir à Paris tant de vieilles choses pourrir et se détraquer. Cependant je comprends tout ce que pourrait y faire un homme d'âge plus mûr, avec un esprit plus réfléchi, plus dubitatif, plus patient, mais figurez-vous le grand et long Urbain avec son télescope au milieu de ce peuple microscopique, et si le télescope m'a causé tant de joies, vous me permettrez de le préférer au microscope[802]. »

Le temps a passé, l'expérience de Damiette est désormais derrière lui, et la peste a frappé, durement. Il faut laisser les morts enterrer les morts, et Urbain se tourne vers la France, d'autant plus que, selon la mise en garde du consul Mimeau, il risque de perdre sa nationalité s'il reste en Égypte : « Et toi, beau et doux pays de France que je n'ai vu depuis trois longues années, voici, voici que tes belles villes avec tes promenades ombragées et tes femmes élégantes tourbillonnent devant mes yeux. Je les vois, je les vois, elles me disent : viens ! J'irai. Ni l'hiver, ni la pluie, ne sauront m'empêcher d'aller fouler ce sol chéri où je puiserai de nouvelles forces, où ma voix glorifiera Dieu. Ô la France ! À ce doux nom, mon cœur palpite ! La France ![803] » Mais éternellement hésitant, partagé entre deux mondes : « En vain, j'ai retardé mon départ comme si j'eusse craint qu'en me séparant de l'Égypte, elle allait, jalouse, m'arracher plus vite d'entre les bras de cette année expirante[804]. »

Retour d'Urbain en France

Que va-t-il faire à Paris ? Faire aimer l'Orient en Occident, c'est clair. Mais comment ? Il est tenté par l'écriture vers laquelle l'avaient encouragé Enfantin et Ollivier. De son côté, Duveyrier n'a eu de cesse de le tirer vers les planches et ce, pourrait-on dire, jusqu'au harcèlement. Lui reprochant de « se consumer sur la terre d'Égypte », le dramaturge lui a déclaré : « Tu n'as qu'une voie ouverte quant à présent. Le théâtre tant que tu n'auras pas passé par là, tu ne te connaîtras pas. » Lui rappelant que, depuis les soirées de Ménilmontant, cette voie s'était ouverte devant lui, il lui lançait : « N'as-tu pas été proclamé acteur par tous comme moi poète ? Aime Talma comme j'aime Diderot ![805] » Sachant cela, Enfantin lui avait dit dans cette fameuse lettre de septembre 1834 qui l'avait tant marqué : « J'ignore si ce n'est pas là le rôle que Duveyrier te fera rencontrer en Europe[806]. » Et il était clair que pour lui, Urbain faisait partie du camp des artistes, ainsi que cela ressort d'une lettre émouvante adressée à Arlès pour lui recommander son protégé :

> Urbain retourne à Paris, il va rejoindre Duveyrier et David. Vous savez mon faible pour les artistes, vous, homme éminemment posé et raisonnable avec qui je me suis lié à Francfort, parce que vous étiez la sagesse même, n'écoutant pas la folle imagination et les rêves des poètes, n'aimant ni les spectacles, ni les jeux, ni le plaisir, ni les femmes, ni la blague, vous, homme de poids et grave, qui aimez l'*Empereur* par calcul, la liberté par raison, le champagne par sagesse, et qui faisiez et chantiez le vaudeville avec moi par devoir et par dévouement. Je recommande au moins au vieil Arlès, à mon vieux camarade tambour-major des voyageurs, l'un de mes enfants les plus chéris, l'un de ceux dont la voix m'a le plus caressé de douces paroles, dont le souffle inspiré m'a, sur les yeux, le plus séché de larmes[807].

Et puis, à côté de cet avenir d'artiste, que ce soit comme acteur ou comme auteur, d'Eichthal avait encore esquissé pour lui une autre voie. Dans les notes de son camarade de collège Charles Ferrand, Urbain avait lu l'avenir que celui qui faisait alors fonction de consul de Grèce à Trieste, prévoyait pour Enfantin : « Le PÈRE deviendra un guerrier, un Mohammed. » Quant à Urbain, il serait « un célèbre chef d'Arabes[808] ». Certes, ces lignes furent écrites avant le fiasco du Canal et celui du Barrage, encore empreintes de l'euphorie de l'aventure égyptienne. Mais elles sont présentes dans la mémoire d'Urbain. Voici ce qu'il consigne dans son journal à Alexandrie, la veille de son départ :

> Je n'ose pas encore envisager bien sérieusement la position que je puis avoir en France [...]. Que ferai-je ? Sera-ce dans la littérature que je prendrai mon rang ? Dans le théâtre ? Ou bien dans la politique ? Je ne sais, je doute.

Mais une chose est sûre : « Il faut que je me représente sans cesse devant les yeux le PÈRE m'encourageant, ayant foi dans mon talent, pour ne pas désespérer de mon avenir. Cependant, il y a quelque chose d'instinctif chez moi, qui me dit que lorsque je serai une fois lancé dans ma voie, j'irai hardiment[809]. »

Le bateau quitte donc la rive orientale de la Méditerranée, après un retard dû à des vents contraires : « Allons, matelots, déployez la voile, vents, soufflez-propices : je vogue vers la France[810]. » Les joies du retour ne peuvent cependant dissiper les peines de la perte de son autre vie dans laquelle il s'était installé avec bonheur. Aussi, au cours du voyage, la nostalgie de l'Égypte est-elle de plus en plus présente : « Je commence à ressentir les premières atteintes du froid. Les montagnes de la Corse sont couvertes de neige, les horizons sont nébuleux. Ah ! L'Égypte et tout ce que je regrette, le Nil, le peuple, les femmes, mes amis. Toi, surtout Fatmah[*] et mon excellent Mohammed Effendi[**], et tant de braves jeunes hommes qui m'aimiez si chaudement ! Pourrai-je en retrouver de pareils en France, vivez-vous de votre vie multiple » ?

Son départ d'Égypte n'a toutefois, dans son esprit, rien de définitif. Il compte bien revenir, au moment opportun. Lors de ses préparatifs de retour en France, il dresse une longue liste d'effets qui font une riche garde-robe orientale : abbayas (sorte de capes légères), caftans, caleçons, chemises brodées, ceintures, sadrias (gilets), sérouels, soieries, tarbouches, takiés

---

[*] Retournant au Caire en janvier 1836, après une visite à Enfantin, Urbain trouvait son ami Sonnerat, fraîchement arrivé de Damiette, avec « une jeune femme nommée Fatmah, une haghch, c'est-à-dire une femme qui a fait le pèlerinage à La Mecque, « jolie, joyeuse, d'un caractère avenant », URBAIN, *Voyage d'Orient*, 193. Notez que par *haghch* Urbain transcrit en trébuchant l'arabe *ḥaǧǧa,* [*hagga*] dans le dialecte égyptien.

[**] Il s'agit de Joseph Machereau.

(calottes), turbans et autres vêtements des mille et une nuits, sans oublier le khanjar (poignard courbe) : « Assez ! Assez ! Car il est probable que ma bourse ne me permettra pas d'aller jusque là. Mais absolument mon petit Coran dans une petite gibecière. Si Dieu ne me vient en aide, la plupart de ces emplettes seront renvoyées à mon prochain voyage en Égypte[811]. »

Des vents adverses forcent le navire à mouiller dans la baie de La Ciotat, le berceau interdit de sa famille paternelle : hélas, cette ville est pleine pour lui de parents dont il ne connaît rien. Qui sait même s'il pourra un jour « venir pleurer obscurément » sur le tombeau de son père ?[812] Qu'Urbain pardonne à son père les souffrances que celui-ci lui a fait subir, est en résonnance avec son être intime. Mais dans la mesure où cette blessure personnelle touche à un positionnement social, il réagit en Saint-Simonien en parvenant à l'intégrer dans une attitude politique. Il connaît en effet la pensée d'Enfantin :

> Si DIEU nous a donné mission de féconder les germes de l'avenir, c'est parce qu'il a permis en nous l'art de découvrir où il a placé sa force, car DIEU ne *détrône* plus aujourd'hui, il *convertit* [...]. Il fait aimer au maître l'affranchissement de l'esclave, à l'homme celui de la femme, aux *Rois*, celui des *Peuples*, et c'est ainsi que tous et toutes marcheront pacifiquement et avec ordre vers *l'égalité et la liberté*[813].

Il ne faut pas chercher la libération des uns par un combat contre les autres, mais par la conviction et la persuasion, pour entraîner celui qui fait souffrir, le maître par rapport à l'esclave, l'homme par rapport à la femme, et, *a fortiori*, le père par rapport à l'enfant, dans une rédemption commune.

Étrange paragraphe que celui avec lequel Urbain clôt son *Voyage d'Orient*. Au lazaret du Frioul, où il débarque le 13 avril pour une quarantaine de vingt jours, il ne couche dans ses carnets que de furtives annotations en style télégraphique, notes sèches qui tranchent avec la faconde d'il ya peu, lorsqu'il rêvait sur les rivages d'Égypte. Il arrive à Paris le 18 mai à 11 heures du soir. En poche, un petit pécule remis par sa demi-sœur Antoinette, qu'il est parvenu à rencontrer.

L'état de la Famille à la fin de l'aventure égyptienne[814]

Apprenant la démission d'Urbain et de Sonnerat de l'École de Damiette, Suzanne Voilquin avait eu cette réaction : « Ce projet, conçu sans motif apparent, me frappa comme un signe de décadence de notre crédit ici. *Allah Kérim* ![815] » Sentiment reconstruit après les faits, ou bien mémoire d'une réaction véridique ? Toujours est-il que le départ des deux amis symbolise la fin de l'aventure égyptienne collective de la Famille saint-simonienne. « Vers le commencement d'avril, note Suzanne Voilquin, nous éprouvâmes le contrecoup de la politique européenne. Par les journaux qui nous parvinrent, nous vîmes le sentiment général devenir très-hostile à l'Égypte, et par contre très-favorable à la Sublime-Porte. Alors il y eut dans les conseils du vice-roi réaction politique et religieuse contre les Français en général et contre les Saint-Simoniens en particulier[816]. » Plusieurs employés dans l'administration du Pacha, dont Granal et Gondret, reçoivent alors leur lettre de démission et ne peuvent plus invoquer la protection de Soliman Pacha : « Il n'y fallait pas songer », car non seulement le général était en Syrie auprès d'Ibrahim-Pacha, mais encore le bruit courait au Caire que sa faveur même était en cause. « Tout en ce moment rendait notre avenir sombre et obscur[817]. » Même son de cloche chez Rogé : « Les mois s'écoulent, et, loin de prendre racine dans le pays, nous nous apercevons que le terrain s'effondre chaque jour davantage sous nos pieds. Plusieurs des nôtres ont déjà quitté l'Égypte, d'autres ont été destitués des fonctions qu'ils occupaient. Une douzaine d'ingénieurs ou de professeurs allemands ont été mandés et vont arriver[818]. »

Ce disant, les deux disciples brossent à grands traits une situation qu'Enfantin décrit de façon plus précise et plus complète :

> Le retour en France de M. de Cerisy*, le retrait à Soliman Pacha de l'Inspection générale des écoles et son envoi en Syrie, d'ailleurs avec force caresses et compliments, le renvoi du général Seguerra**, la disgrâce complète d'Adham Bey, dégradé, ainsi que tous les officiers

* Urbain notait fin mars : « La marine décline sensiblement depuis le départ de M. de Cerisy », *Voyage d'Orient*, 199.

** Fait général par Mohammed Ali, le colonel portugais Seguerra commandait l'École d'artillerie de Toura, au sud du Caire.

> qu'il avait formés dans son arsenal et ses autres fabriques, la démission donnée au colonel commandant l'École d'infanterie de Damiette (Français musulman qui sert ici depuis quinze ans), et la démolition complète du personnel de cette école, dont tous les professeurs sont démissionnés, les efforts que l'on a faits pour faire renvoyer le commandant Varin qui dirige l'École de cavalerie de Gizeh, efforts qui n'ont pas réussi une première fois grâce à Soliman-Pacha mais qui se poursuivent, la réorganisation des écoles où perce visiblement le désir d'écarter les Européens, un ouvrage commandé par le Pacha, écrit sous ses yeux par ses aides de camp, où l'on affecte, à chaque page, de relever que maintenant l'Égypte peut se passer des Francs*, le renvoi de beaucoup de chefs ouvriers, anglais et français, enfin la résolution prise, assure-t-on, de ne plus envoyer de jeunes Égyptiens faire leurs études en Europe, voilà le prélude que je mets sous vos yeux avant d'entrer en matière[819].

Le revirement de la politique de Mohammed Ali répond aux palinodies de la politique orientale de Louis-Philippe. Soucieuse du rapport avec l'Angleterre à qui il faut faire admettre le fait accompli de la mainmise sur la régence d'Alger et qui voit d'un mauvais œil les efforts d'indépendance du pachalik d'Égypte par apport à la Porte, soutenue par la France.

Dans ces circonstances, Ollivier, mort le 9 mai d'une phtisie qui le travaillait depuis longtemps, est enterré par une petite troupe de fidèles craignant que ces funérailles ne soient considérées comme une manifestation saint-simonienne[820]. Le jeune chimiste Gondret est quelque temps plus tard frappé à son tour par la peste[821]. Dans les jours qui suivent, Granal, Massol et les époux Rogé, venus à Alexandrie pour quitter le pays, assistent à l'enterrement avant de s'embarquer pour Smyrne. Le 17 septembre, Colin, resté à Alexandrie, fait ses adieux à Suzanne Voilquin qui part à son tour pour Marseille. Enfantin et Duguet ferment pratiquement la marche de la caravane du retour et quittent Alexandrie le 31 octobre 1836, si l'on met à part Cognat et Prax, retenus au cours de l'été 1835 par l'expédition du Hedjaz. Le premier y participe comme médecin, le second comme pharmacien-major : il va d'ailleurs se convertir à l'Islam au cours de cette

* *Francs* est la francisation de l'arabe *Ifranğ*, terme par lequel on désigne encore communément, depuis les Croisades, les Européens au Levant et en Égypte.

campagne, « seul moyen de pénétrer dans La Mecque qu'il voulait visiter coûte que coûte », comme le rapporte Rogé*[822]. Les deux compères rentreront en France après cette expédition*. Notons qu'un autre Saint-Simonien, Victor Noël, le benjamin de la Mission d'Égypte, visitera les Lieux saints de l'Islam un peu plus tard, au printemps 1837. Proposant ses services, il écrira en octobre 1838 au premier secrétaire du Roi pour les langues orientales : « Je m'embarquai à Toura pour Djedda, d'où je me rendis à Médine, de là à La Mecque, vêtu à la turque, et remplissant tous les actes religieux d'un dévot musulman. C'est à cette conduite que je dois d'avoir visité la Kaaba[823]. » Noël s'est-il vraiment converti ou cache-t-il, dans sa demande, sa conversion par prudence administrative ? En tout cas, annonçant sa nomination comme consul à Zanzibar, d'Eichthal écrira qu'il s'est fait musulman en Égypte[824].

La Mission d'Égypte, en tant qu'action collective de la Famille, est morte. Après 1836, ne demeurent sur place, parmi les Saint-Simoniens connus, que trois personnes, Bruneau, Machereau et Lambert, lui qui doit faire contre mauvaise fortune bon cœur quand il reçoit à son service une fournée d'ingénieurs allemands[825], mais il reste directeur de l'École des mines de Boulaq qui deviendra l'École polytechnique égyptienne[826], et il ne reviendra à Paris qu'en 1851. De son côté, Bruneau, qui selon les vœux d'Enfantin devait aider à former l'armée égyptienne, enseigne finalement à l'École d'artillerie de Toura, près du Caire, qu'il dirigera de 1839 à 1850. Les deux hommes contracteront un mariage copte avec les sœurs Hanem, et feront souche en Égypte. Quant à Machereau, il enseigne toujours le dessin à l'École de cavalerie de Gizeh. Lui qui, selon Rogé, aurait dit : « Je suis né pour l'Orient, je suis un déclassé d'Europe », mourra, en 1846 dans le pays qu'il a voulu épouser en même temps qu'il s'est converti à l'Islam[827]. Demeurent aussi en Égypte Prisse d'Avennes qui y fera une belle carrière d'égyptologue[828] et Perron qui, devenu directeur de l'École d'Abou Zaabel, ne rejoindra la France qu'en 1846[829].

---

* On lui doit d'ailleurs une « Notice *sur La Mekke et les femmes musulmanes* », parue dans le *Bulletin de la Société de géographie* en 1841.

* Voir à ce propos COGNAT, Jacques, « Sensations d'un voyageur, retour en France, Lyon », 1837. Voir aussi son article « Harem », paru dans l'*Encyclopédie des gens du monde*, XII.2 (1843-1844).

La Famille rentre définitivement « dans le monde »

Urbain possédait des notes prises par son camarade de collège Charles Ferrand, que le métier de commandant de navire avait permis de rencontrer d'Eichthal à Nauplie, avant qu'elle ne cédât le titre de capitale à Athènes. « Il est d'avis, note-t-il qu'il faut rentrer entièrement dans le monde, nous mêler dans son sang pour l'amener instinctivement à notre foi », ce qui n'est pas pour nous étonner de d'Eichthal, qui a déjà accompli cette démarche trois années auparavant[830]. En faisant cette recommandation, il enfonce presque des portes ouvertes. Parmi les survivants de l'aventure égyptienne – près de la moitié des dix-huit apôtres de Ménilmontant qui ont fait le voyage, y ont perdu la vie – les membres de la Famille vont de fait « rentrer dans le monde », chacun reprenant généralement ses occupations antérieures.

Arrivé en janvier à Curson, ce village du Bas-Dauphiné où l'accueille la famille Nugues, Enfantin va constituer là son nouveau quartier général[831]. Il n'est qu'à une demi-journée de route de Lyon où est installé son fidèle ami Arlès, avec qui les rapports sont extrêmement étroits. Laurent de l'Ardèche, avocat à Privas et qui ne demeure qu'à quelques heures de route de Curson, vient de monter à Paris défendre deux ouvriers accusés d'avoir participé à l'insurrection lyonnaise d'avril 1834, fait aussi partie de la garde rapprochée d'Enfantin.

Parmi les hautes personnalités du mouvement saint-simonien, les ponts sont coupés depuis Sainte-Pélagie entre Enfantin et Chevalier. Ce dernier, revenu de sa mission aux États-Unis et au Mexique sous la houlette de Thiers, a écrit de la fin 1833 à celle de 1835 des *Lettres d'Amérique du Nord* qui, après le succès que rencontre leur publication dans le *Journal des Débats*, sont éditées en deux volumes en 1836. De quoi faire oublier aux autorités ses frasques juvéniles saint-simoniennes et lui permettre d'obtenir un poste officiel, celui de maître des requêtes au Conseil d'État en novembre de la même année. La rupture est consommée mais restent les lourds engagements financiers à régler, dans lesquels Chevalier avait, comme gérant du *Globe*, pris une place considérable, ce qui ne va pas sans attiser les querelles[832].

Parmi les anciens apôtres qui gardent contact avec Enfantin, Barrault poursuit, après son *Orient et Occident*, le discours sur la politique orientale par un nouvel ouvrage, *Guerre ou paix en Orient*, publié en 1836. D'Eichthal a pris du recul, après avoir parcouru la Suisse et l'Italie, puis séjourné en Grèce de septembre 1833 à juin 1835. Parti pour le compte de la branche bavaroise de la banque D'Eichthal, chargée de la mise sur pied des finances du nouvel État, il a d'abord contribué à cette tâche avant de faire office de consul de Grèce à Trieste[833]. Revenu en France en juin 1835, il se met à la rédaction de son ouvrage *Les Deux mondes* sur lequel nous serons amenés à revenir. Conservant des liens avec Enfantin, il va notamment influencer ses idées sur le rôle de l'Autriche dans la question d'Orient[834].

Les frères Pereire et Paulin Talabot s'affairent dans l'industrie et les chemins de fer où ils ont entraîné Flachat et Fournel. Ce dernier, qui n'a plus de contact avec Enfantin, entre en 1836 aux usines de Decazeville. L'aventure des chemins de fer attire aussi Tourneux, puis Sonnerat, recommandé à Arlès par Enfantin et Bruneau qui lui écrivent : « Il a le désir, le besoin et la *puissance d*e gagner de l'argent. Vous l'aiderez »[835]. D'autres membres de la Famille s'engouffrent dans l'industrie en suivant la pente de leur métier : Decharme comme ingénieur des Ponts et chaussées, Drouot dans les mines. Holstein retourne à la banque, où l'on trouve aussi Lemonnier, qui cumule cette activité avec celle de publiciste. Quant à Alexis Petit, qui a quitté le Barrage au début de 1835, il regagne le domaine agricole de Vauzelles, à Velles dans l'Indre, acheté en 1833 par sa mère et Bouffard, pour y fonder une communauté agricole, et Duguet l'y rejoint.

Qu'est devenu Colin ? Comme Granal, il publie des feuilletons, des nouvelles et des études sur la situation en Égypte dans les journaux et les revues, friands d'informations sur ce pays, notamment dans *Le Temps* où s'expriment aussi Urbain, puis Suzanne Voilquin. Alors qu'il a rejeté avec quelque mépris les poèmes en prose d'Urbain, il se fera connaître pour son texte sur *Le Désert*, « ode-symphonie » dont le succès sera porté par la musique de Félicien David*[836].

La Famille s'active dans la presse. Adolphe Guéroult est rédacteur au *Temps* et correspond avec les *Débats* où sont déjà bien installés Michel

* La Cité de la Musique de Paris consacra le 6 mai 2014 une soirée au *Désert* qui, comme l'a relevé la presse, sut parler au public de son temps et fit le succès de cet auteur. *Radio-Classique* diffusait à son tour sur ses ondes le 21 avril 2015 l'ode-symphonie qualifiée de « chef d'œuvre novateur ».

Chevalier et son frère Auguste. D'Allemagne note à ce propos : « Parmi les dissidents, Michel Chevalier était très en vue depuis sa mission en Amérique. Ses anciens compagnons trouvaient même que le benjamin du Père, l'ancien rédacteur en chef du *Globe*, était devenu un peu vite l'ami du gouvernement. Mais Michel se souciait peu du sentiment de ses anciens amis qu'il traitait fort cavalièrement[837]. » Paul Rochette, ancien rédacteur du *Globe*, est au *Courrier du Haut et du Bas-Rhin*, Jules Lechevalier a pris la tête de *La Revue du Progrès social*[838]. À son retour d'Égypte, Enfantin note : « La *Presse* d'Émile Girardin est pleine de Saint-Simoniens[839]. » Charton et Cazeaux tiennent, ainsi que nous l'avons déjà signalé, *Le Magasin pittoresque* et s'ils se sont écartés de la Famille avec Bazard, ils ne sont pas rancuniers et ouvrent leurs colonnes aux fidèles d'Enfantin. Dans le domaine des arts, Duveyrier est retourné à l'univers du théâtre et Félicien David n'a pas encore percé dans la musique. Quant à Vinçard, il poursuit avec succès sa carrière de chansonnier. Il exprime parfaitement, dans ses *Mémoires*, combien les temps ont changé quand il se penche sur cette époque où il est allé rendre visite à Enfantin début 1837 : « Le Père rentrant dans le monde, et la plupart de ses fils l'ayant déjà précédé dans cette voie, nos réunions de famille n'ont plus d'objet, mais cependant ce groupe de fidèles ne peut, ne doit se disperser ainsi spontanément, briser des liens de fraternité qui, bien qu'affaiblis, peuvent encore rendre des services à la cause populaire[840]. »

Loin de l'agitation sociale et politique

En rentant en France, les membres de la Mission d'Orient trouvent une situation politique encore plus morose, plus étouffante que celle qui avait compté pour beaucoup dans les motivations d'un départ qu'il est peut-être plus juste de qualifier de « fuite en Égypte »*, laquelle répond d'ailleurs en partie à une volonté politique en haut lieu de se débarrasser de ces agitateurs bien encombrants et très dangereux. En effet, comme l'écrit Suzanne Voilquin, « la bourgeoisie était toute puissante, mais avait grand-peur de tout

* *La Fuite en Égypte*, tel est le titre que Jean-Claude Vatin consacre en 1989 à un ouvrage collectif, *Supplément aux voyages européens en Orient*. Il se justifie pleinement pour les Saint-Simoniens, à l'aventure desquels Philippe Régnier consacre, dans cet ouvrage, une contribution, « Thomas-Ismayl Urbain, métis, saint-simonien et musulman : crise de personnalité et crise de civilisation (Égypte 1835) ».

mouvement populaire, l'agitation la moins politique était traitée de séditieuse et sévèrement réprimée[841]. » Cela s'est illustré par la répression féroce de l'insurrection d'avril 1834 où la classe dominante montre qu'elle a tiré les leçons de novembre 1831. C'est elle qui provoque cette fois les canuts à la révolte. Les fabricants lyonnais pratiquent une nouvelle baisse des salaires alors même que la conjoncture est favorable à l'industrie de la soie, ce qui entraîne en février grèves et mouvements de protestation. Mais les autorités sont prêtes. Elles répondent par le procès des meneurs et donnent un tour de vis supplémentaire à l'interdiction des coalitions. Le Code pénal de 1810 soumettait à autorisation du gouvernement toute association de plus de 20 personnes tout en subordonnant la constitution du délit à la périodicité des réunions (Art. 291) sous peine de sanctions, pouvant aller jusqu'à la dissolution (Art. 292). L'Église saint-simonienne avait été victime de cette législation à deux reprises en 1832[*]. Les dispositions ayant été tournées par les associations républicaines, qui avaient trouvé la parade en se partageant en sections de moins de vingt personnes, la loi du 10 avril 1834 durcit, après de vives empoignades à l'Assemblée, ces articles en considérant ces sections comme des associations, tout en prévoyant des conditions d'autorisation drastiques et des peines contre les infractions plus sévères. Le maréchal Soult, qui avait repris Lyon lors de l'insurrection précédente et qui est cette fois chef du gouvernement, le ministre de l'Intérieur fraîchement nommé, Thiers, et le préfet Gasparin, qui a remplacé Bouvier-Dumolard, écarté début décembre 1831, ont concentré préventivement autour de Lyon la troupe qui a mis l'arme au pied tandis que la radicalisation du conflit pousse les organisations républicaines à la tête de la résistance des ouvriers. Il suffit d'une étincelle pour que la ville prenne feu. Durant la « Sanglante semaine » du 9 au 15 avril, les ouvriers lyonnais paient un lourd tribut : 600 morts, dont beaucoup de citadins sans armes, et 10 000 arrestations[842]. En écho à l'insurrection lyonnaise, celle de Paris des 13 et 14 avril au cours de laquelle l'armée, en tirant au canon sur les habitants de la rue Transnonain, se livre à un massacre resté dans les mémoires grâce à la lithographie de Daumier. Les conjurés de la Société des Droits de l'Homme sont enfermés à Sainte-Pélagie.

[*] Voir plus haut, Ch. III, 91-92 et 125.

Maintenant, les Saint-Simoniens sont, en tant que groupe, pratiquement absents de la scène politique et sociale. Leur expression publique est des plus limitées. À peine remarque-t-on dans *Foi nouvelle. Livre des Actes* un article de Hoart qui ne s'appesantit pas sur ce qu'il appelle les « événements ». Reconnaissant qu'au mois de février 1834, les ouvriers « essayèrent pacifiquement, à l'aide du lien puissant de l'association, par le moyen de la coalition, de lutter contre les fabricants. » Mais poursuit-il, « que signifient donc ces baisses, ces insurrections et cette contrainte douloureuse de voir les salaires baisser sans pouvoir y remédier ? Ne sont-ce pas là tous les caractères d'une vie industrielle qui s'éteint ? » Le plus grave est que sa condamnation va non vers la classe dominante, mais vers ceux qui se sont révoltés : « Vainement, on lancera l'anathème au pouvoir et aux fabricants, vainement on accumulera sur leurs têtes les accusations d'incapacité et d'égoïsme. Il s'agit d'une question plus large qu'une question de personnes[843]. » À l'appel convenu du bréviaire saint-simonien de remplacer la concurrence par l'association, il ajoute, en se mettant à l'heure orientale du mouvement que les souffrances ne seront diminuées qu'en tournant les regards vers l'Orient : « C'est là que pourront se réaliser tous vos rêves d'avenir[844]. » C'est peu dire que de relever, comme il le fait dans une note autographe : « Le problème du prolétariat est complètement rentré dans l'ombre », ajoutant : « Sous la direction spéciale de M. Enfantin, le Saint-Simonisme a cessé d'être exclusivement la cause du peuple travailleur, pour entrer peu à peu dans une voie nouvelle[845]. »

L'ancien prêtre Terson, qui ne s'est pas embarqué pour l'Égypte, parle sur un tout autre ton. Il exprime de façon touchante, dans une adresse au peuple de Lyon, sa compassion pour les victimes :

> Vous souffrez, et vos maux sont cuisants, je le sais. Il faut bien que votre douleur soit grande, puisque quelques-uns d'entre vous n'ont pas craint d'exposer leur vie dans un duel par trop inégal et que beaucoup, malgré une défaite sanglante, malgré la prison et l'échafaud qu'attendent ceux de vos frères qui sont tombés vivants au pouvoir de vos ennemis, songent à en venir encore aux mains[846].

Il les invite à renoncer à la vengeance qui conduit inexorablement à une nouvelle catastrophe, et réaffirme que la solution se trouve dans la conciliation des classes. Une telle issue est, selon lui, possible avec les

Saint-Simoniens parce que ces derniers parlent à tous, Légitimistes, Juste-milieux et Républicains, riches et pauvres, et ne sont adversaires de personne. Ils parviendront à convaincre les classes possédantes et les pouvoirs en place d'améliorer le sort des pauvres et de les respecter car c'est leur propre intérêt. Mais quand il dit : « Nous sommes dans la science, dans l'industrie et les beaux-arts. Nous écrivons dans les journaux, nous travaillons dans les ateliers, nous allons dans les salons »[847], il se trompe quelque peu d'époque. Certes, les Saint-Simoniens sont dans l'industrie, ils ont essaimé dans la presse et les beaux-arts, mais il n'y a plus de presse saint-simonienne dans la lignée d'Enfantin. Toutes les publications nées depuis l'été 1832 ont mis la clé sous la porte dès le printemps 1834. La confluence des troupes vers l'Égypte leur a porté un coup fatal comme elle a porté un coup fatal au travail dans les ateliers.

Poussés par un impérieux besoin de s'organiser pour résister à une répression cruelle, les ouvriers lyonnais se tournent alors vers les mutuellistes, qui s'efforcent d'assurer la solidarité au jour le jour, et les Républicains qui combattent l'oppression politique. Passant à Lyon au cours de l'été 1834 en partance pour l'Égypte, Suzanne Voilquin donne son impression de la cité industrielle meurtrie : « Me voici donc dans ce grand centre du travail, suivant au hasard divers quartiers d'ouvriers afin d'en constater la vie, le mouvement. Mais, à mesure que j'avance, une impression de tristesse me saisit en voyant tous les travailleurs que je rencontre petits et chétifs, à la physionomie triste et étiolée. La pâleur de ces prolétaires s'explique par le grand nombre de rues étroites et malsaines pourvues de maisons d'un aspect sale et misérable. Cependant c'est de ces demeures sombres que sortent ces merveilles du luxe qui enrichissent les gros fabricants et font la réputation de la France à l'étranger. On me l'avait bien dit en route, que je rencontrerais les traces de l'émeute. Voici tout un quartier dépavé, plus loin, des vestiges de barricades qui barrent encore le chemin, bien que renversées en tous sens[848]. » Lors d'un banquet organisé en son honneur, elle est interpellée par une libraire saint-simonienne :

> Ce n'est qu'en France que les actes acquièrent toute leur valeur. Si vous en convenez, pourquoi s'expatrier ?

Celle-ci l'en conjure : « Couvrez le pays de petits centres et restez-nous tous pour les vivifier ! » Elle reçoit de Voilquin cette réponse : « Il serait peu logique de se heurter derechef à l'article 291 », pour conclure : « Il faut faire fructifier sur un autre terrain[849]. » On imagine quelle réception peut être faite dans ces conditions aux paroles de Hoart : « Travailleurs, près de vous, sur la terre que foule vos pieds, aucun acte n'est digne de votre courage, de votre dévouement. Patience ! L'Orient ne tardera pas à vous appeler à de nouveaux dangers, cette nature si riche si éclatante, va vous ouvrir une carrière immense de gloire, de bonheur, de fêtes et de plaisir[850]. »

Toutefois, sur le terrain lyonnais, quelques fidèles se sont accrochés. Le fabricant Derrion par exemple, ne se contente pas de prêcher l'association des « industriels », c'est-à-dire des fabricants et des ouvriers, maîtres d'atelier et compagnons, pour demain, il propose au courant mutuelliste, avant même l'insurrection d'avril, l'idée de coopératives de production*. Tenant compte du rapport de force défavorable, il se rabat finalement sur le lancement en février 1835 d'une coopérative d'achat et de vente appelée *Au Commerce véridique et social*, vite étranglée par le préfet Gasparin[851], fidèle à sa conduite anti-ouvrière. Déjà en décembre 1832, il avait fait fermer, deux mois après son ouverture, le local où deux apôtres lyonnais, le professeur de mathématiques Jean-Paul Germain et le comptable Louis Romano**, donnaient des cours du soir de mathématiques et de comptabilité[852], il avait un peu plus tard interdit les bals organisés par la Famille saint-simonienne... Le *Commerce véridique* est la première coopérative de consommation en France[853].

La perte d'influence – ou, pour utiliser des mots d'aujourd'hui, de visibilité – des Saint-Simoniens dans la vie politique et sociale est révélée par un épisode significatif, celui du procès monstre des accusés d'avril 1834, ceux de Lyon comme ceux de la capitale confondus, qui se tient à Paris en mai 1835[854]. On y note bien la participation de Laurent de l'Ardèche à la défense d'ouvriers lyonnais. Mais son nom est noyé dans une liste impressionnante d'une centaine de personnes parmi lesquelles de grandes figures

---

* Elle est exprimée dans son livre intitulé *Constitution de l'industrie et organisation pacifique du commerce et du travail*, 1834.

** Jean-Paul Germain a fait le voyage d'Égypte avec Cayol, puis est retourné en France avec lui. Quant à Louis Romano, il a adhéré au Saint-Simonisme à Paris. On le retrouve comme souscripteur du *Commerce véridique*, et il est en 1837 l'un des fondateurs du Groupe phalanstérien des travailleurs de Lyon, d'obédience fouriériste.

publiques mêlées à l'histoire du Saint-Simonisme comme Hippolyte Carnot, Armand Carrel, Auguste Comte, Jean Reynaud ou Pierre Leroux qui ont proposé d'inviter Lamennais à rejoindre la protestation, lequel a accepté, des Républicains comme Étienne Arago (le frère de François, l'astronome), Barbès, Blanqui, Buonarroti, Godefroi Cavaignac, Ledru-Rollin, Armand Marrast ou Raspail[855]. La présence des fidèles d'Enfantin, réduite à la figure de Laurent, est bien faible, voire quasi-nulle si l'on compare au temps où ils tenaient, ne serait-ce que trois années auparavant, le devant de la scène politique et médiatique. Ce sont les Républicains qui ont désormais le vent en poupe, et notamment les Républicains sociaux, dans tout l'éventail de leurs positions, jusqu'à l'aile révolutionnaire où Blanqui se sent désormais justifié pour accuser les Saint-Simoniens de vouloir « greffer le germe d'une nouvelle société sur un trône vermoulu tombé en poussière[856] ».

La grande aventure d'Orient s'est accompagnée d'un abandon massif du terrain de la lutte politique et sociale en France. L'incompréhension vis-à-vis ce que qui est considéré comme désertion est bien exprimée par l'invective que leur adresse George Sand dans une lettre à Guéroult d'octobre 1835[857] :

> Vous avez été forcés de chercher à l'étranger des moyens d'existence. Il vaudrait mieux se brûler la cervelle que de les tenir d'un gouvernement infâme, d'un homme qui est le principe d'oppression et de démoralisation incarné. L'expatriation est déjà une faiblesse. [...] Vous avez eu tort, si faible que fût la rédaction de votre morale, comme votre morale était la seule, la vraie, elle eût fini par attirer sur vous la considération que vous méritiez et si la grande affaire ne se fût pas opérée un jour au nom de Saint-Simon et d'Enfantin, du moins Enfantin et Saint-Simon eussent eu une grande place dans l'histoire de la morale à côté peut-être de celle que Lafayette occupe dans l'histoire politique. Mais tout cela est fichu.

Loin de capter en Égypte, comme l'espérait Enfantin, tel le prophète Mohammed dans son exil à Médine, des énergies positives pour revenir en force et les insuffler alors à une Europe fatiguée, c'est l'échec des projets saint-simoniens en Égypte qui a essoufflé les disciples d'Enfantin. Ils reviennent en France abattus, le Père en tête. Pour filer la métaphore astronomique de la supernova, après avoir explosé en atteignant son maximum de luminosité avec la Retraite de Ménilmontant et les Compagnons de la

Femme, le mouvement saint-simonien est entré en Égypte dans une phase où il ne génère plus d'énergie propre. La dispersion de ses membres s'opère sous la forme d'une nébuleuse rappelant la brillance passée, mais dont les liens sont désormais détendus, relâchés. Le mode d'action ne peut plus être le même : « Lorsque notre brave Hoart mourait dans nos bras, écrit Enfantin à d'Eichthal, Bruneau me dit à l'instant : l'*apostolat est fini*, et il avait à moitié raison, il l'aurait eu tout à fait s'il avait dit : notre apostolat *populaire*, notre appel au peuple est fini, mais le jour même j'écrivais ma lettre à Heine. Ce même jour, je le sentais, l'*apostolat royal, l'appel aux grands, aux princes du monde, commençait* »[858].

Sur cette époque, les rédacteurs des *Notices* écrivent : « L'attente se prolongeait donc pour Enfantin, en ce sens qu'il ne voyait pas encore sous quelle forme et dans quelles conditions il devait continuer sa mission religieuse, morale, politique et industrielle, il en était à méditer, à étudier, à discuter avec ses amis, avec Arlès surtout, cette grave question de son prochain avenir, de l'œuvre nouvelle qui lui était réservée dans le développement providentiel des principes saint-simoniens[859]. » En mars, Enfantin reçoit de Barrault une lettre où le disciple cherche à sortir le maître de sa torpeur : « PÈRE, La question la plus grave qui, aujourd'hui, s'agite parmi vos enfants, est celle de votre caractère. Êtes-vous toujours, avez-vous jamais été, serez-vous éternellement LE PÈRE ?... Du cercle étroit où s'agite la question de votre personne, elle doit passer prochainement dans un cercle plus vaste. Quoique depuis longtemps vous vous soyez détaché de vos enfants par la triple auréole du nom des femmes, de la prison et de l'Orient, le monde ne vous avait pas encore vu seul, face à face de lui : aujourd'hui vous êtes seul. » Il l'interpelle sur le rôle qu'il entend jouer, un rôle d'organisateur ou un rôle moral, disons un rôle de sage en restant libre de ses mouvements ? Attitude qu'il conçoit conforme à sa nature : « C'est pourquoi je vous désire libre à l'égard du monde ! Libre, afin que votre personne puisse être appréciée par lui dans son impartialité divine ! Libre, ai-je dit, et non plus isolé : Ménilmontant et Thèbes sont finis. Je vous ai exprimé mon sentiment : jugez, Père, ce qu'il peut avoir de juste et ce qu'il a d'incomplet. Quoi que vous jugiez, quoi que vous fassiez, vous êtes le Père, et je suis toujours votre fils. À vous et à Dieu ![860] »

C'est à la même époque que Vinçard, flanqué de son ami Gallé et de quelques autres compagnons se rendent à Curson, porteurs d'une adresse au Père Enfantin contresignée par la plupart des condisciples où l'on peut lire : « Père, pendant que l'Orient est encore sourd à vos paroles resplendissantes, l'Occident se dépouille peu à peu de son linceul usé. Il connaîtra la clarté que vous avez répandu sur sa face. » Certes, est-il ajouté, « Les travaux sont lents, ils s'élaborent difficilement. Les racines de la routine sont profondes ! N'importe, nous devons nous apercevoir que même à l'insu de ce Vieux monde, le progrès annoncé par Saint-Simon et développé théoriquement par vous, germe partout et marche vers une rénovation sociale[861]. » La déception sera immense : « Je suis bien triste. [...] Je suis sans cœur et voix. Je ne chante plus », écrira Vinçard à Enfantin deux ans plus tard. « Ah ! je suis bien triste ! Et pourtant, chaque soirée du lundi, une quarantaine d'hommes et de femmes viennent à moi chercher la joie, la parole de vie et je n'ai rien à donner, je suis sans énergie, sans force, sans puissance[862]. » Mais, homme de ressources, il va fonder en décembre de la même année *La Ruche populaire. Journal des ouvriers rédigé et publié par eux mêmes*, publication qui durera dix ans. En fait, Enfantin voit bien qu'il ne peut jouer désormais d'autre rôle que celui que lui assigne Barrault, ce qui ne règle pas la question de ce qu'il va faire en tant que personne privée. Et pour cela, il va lui falloir du temps.

Fausse entrée dans la carrière théâtrale, joies et misère de l'écriture

Alors, artiste, Urbain ? « Dès mon arrivée à Marseille, Duveyrier s'était occupé avec chaleur de ma nouvelle carrière », écrit-il avec enthousiasme à Lambert. Bien introduit dans le milieu du théâtre et de l'opéra où il jouit d'un grand succès comme auteur de pièces et de livrets en vogue mais aussi comme critique, le compagnon de la Retraite avait obtenu de Mlle Dorval la promesse de le faire débuter avec elle dans une tournée en province. Marie Dorval est l'actrice la plus célèbre de son époque. Ses rôles dans le *Chatterton* d'Alfred de Vigny et dans *Angelo, tyran de Padoue* de Victor Hugo au Théâtre français viennent de la porter en 1835 au faîte de la gloire. Sur la recommandation de Duveyrier qui l'introduit auprès de ce personnage, Urbain apprend quelques rôles pour la rencontre[863], mais celle-ci n'a rien d'un succès. Ainsi qu'il le notera dans sa biographie : « Cette espérance a duré jusqu'aux derniers jours de juin. Là Mlle Dorval a retraité ses promesses et m'a engagé à renoncer au théâtre. J'y ai donc renoncé pour un temps indéterminé, jusqu'au jour où il plaira à Dieu de m'y rappeler religieusement »[864]. Un coup pour rien, donc. « Cette tentative avorta, autant par mes appréhensions que par la tiédeur avec laquelle je me voyais accueilli[865]. » Mais en est-il vraiment affecté ? Si Duveyrier le tire vers le théâtre, ce n'était pas la seule voie qui s'offre à lui. Voici ce qu'il confie alors à Ollivier :

> Je n'irai pas sur les théâtres de France me soumettre à un apprentissage sous la direction des acteurs du jour, je n'irai pas réciter la parole d'un autre, et plier la jeunesse et la vigueur de ce qu'il y a en moi de poétique, à courtiser la pensée d'un public inconstant et ramassé au hasard. Je suis persuadé que je sortirais vieux de cette lutte et peut-être y mourrais-je si après les études du conservatoire je n'étais accueilli que par des sifflets.

Bref, il ne se sent pas la fibre d'acteur, mais plutôt celle d'apôtre, et sous la forme de l'écriture : « Il y a je crois (et j'y réfléchirai encore) une différence grande entre un artiste et un apôtre, entre l'art et la religion[866]. » En tout cas, les circonstances décident. Il devient secrétaire de d'Eichthal qui, relevant de la maladie et que l'écriture fatigue, lui dicte son livre sur les *Deux mondes*[867]. Vu par d'Eichthal cela donne, en conversation avec Enfantin : « Ismaÿl écrit sous ma dictée dans les bois de Fontainebleau, […] les *Deux Mondes* inspirés par vos leçons. J'ai donné à Ismaÿl à boire et à manger »[868]. Mais Urbain ne fait pas que cela avec d'Eichthal. Il s'occupe aussi pour lui de la diffusion de l'ouvrage et répond pour lui à ses contacts lorsque celui-ci voyage en Allemagne, en août 1836, puis après un passage à Prague en septembre, séjourne à Vienne d'octobre à mars 1837. L'homme qui, à Ménilmontant, avait reconnu en lui le Noir et l'avait libéré de la culpabilité de cette origine, le fait venir à Fontainebleau pour l'aider à rédiger cet ouvrage, bilan de son séjour en Grèce. Dans cette riche relation entre les deux hommes, s'échangent idées et expériences :

> Cette œuvre m'a mis à même de lui montrer à côté de la ténacité du Juif, la foi vive et passionnée du Musulman. Je lui ai montré comment les Arabes aiment le prophète Mohammed, je crois que ma présence lui a été utile[869].

Réciproquement, vont s'ajouter chez Urbain aux idées d'Émile Barrault sur l'Orient, celles de d'Eichthal pour forger sa vision première de l'Algérie. Une discussion entre les deux hommes mérite d'être notée car elle infléchit légèrement, dans l'atmosphère parisienne où l'Islam est absent, l'attitude d'Urbain dans son rapport aux religions, lui qui est devenu Musulman, mais sans opposer Islam et Christianisme. « Il m'est venu hier une pensée qui a sa portée, lui confie d'Eichthal un beau jour de septembre : c'est qu'Agar a reçu comme femme une bénédiction, à peu près équivalente à celle donnée à Abraham, en sorte que le Judaïsme, depuis l'époque des patriarches, s'est partagé en deux branches, l'une ismaélite, l'autre israélite, l'une Musulmane, l'autre Chrétienne, l'une féminine, l'autre masculine, qui se sont constituées par Mahomet et Jésus. C'est l'esclave qui a reçu la bénédiction[870]. »

« Votre pensée sur le Judaïsme se partageant en deux branches l'une ismaélite l'autre israélite me paraît grande. Mais comme dans tout ce qui produit le Judaïsme, je la considère plutôt comme un symbole et une prophétie que comme un fait acquis à l'histoire de l'humanité. Abraham a chassé Agar par l'influence de Sarah l'épouse légitime. Certes, je crois avec vous qu'il y a là un beau mythe religieux une promesse divine mais elle n'est pas réalisée. » Approche très moderne d'Urbain, approche anthropologique pourrait-on dire, qui prend la Bible dans sa dimension symbolique, et non comme histoire*. Il poursuit :

> La maternité affranchit l'esclave en Orient : serait-ce un souvenir de l'histoire de notre vieille mère Agar ? D'Amérique c.-à-d. de sang comme d'Orient c.-à-d. par la foi je suis issu d'une esclave. Ces deux types se réuniront-ils un jour ? Cette pensée réveille en moi mille émotions confuses.

C'est dire combien Urbain se sent parfaitement à l'aise dans cette « réunion » qui conforte sa tentative d'unir sa révolte contre l'oppression des Noirs et sa revendication de la religion islamique. « Je vous rends grâce, reconnaît-il, de m'avoir à Fontainebleau rappelé les Noirs alors que j'étais exclusivement préoccupé des Musulmans. C'est sous votre inspiration que

---

* On trouvera une confirmation de cette proposition dans le fait qu'Agar est en hébreu *Hagar* et en arabe *Hāğar*, mots formés sur la racine sémitique √HGR, contenant le sens de « rompre avec, s'éloigner de, s'exiler », un nom en quelque sorte « étudié pour »…

j'ai senti nettement les deux faces de ma vie et de ma mission. Votre rôle n'est pas peut-être fini : peut-être m'inspirerez-vous encore l'acte dont vous m'avez révélé la théorie, la pensée. » Il n'est pas sûr qu'il ait vraiment compris la démarche de son maître spirituel. D'Eichthal cherche à la ramener à la figure du Noir à laquelle il subordonne le Musulman, comme nous le verrons plus clairement par la suite, tandis qu'Urbain est arrivé au point où il a intégré son caractère noir dans son islamité[871].

Reste un dernier point dans la réponse d'Urbain : « Ma vie depuis votre départ a fait une évolution vers le Christianisme. J'ai senti en moi la vie du Christ se mariant à celle de Mahomet. C'est que votre parole est peut-être plus vraie que je ne le croyais. Mahomet est chrétien. » Et d'ajouter : « Duveyrier m'a entraîné loin dans cette voie et j'y fais le reste par réaction au monde. Aujourd'hui je suis un homme d'ordre, de famille, de décence d'honneur, de loyauté, de devoir »[872]. La discussion a dû aller assez loin avec Duveyrier pour que, lors de son départ pour l'Afrique, celui-ci l'accompagne de ces mots :

> Adieu brave Ismaÿl, sois toujours ce que tu es, bon musulman et bon chrétien. Car tu ne peux être heureux et vertueux sans l'un et l'autre. C'est le privilège de peu de personnes. Sans les promesses du Coran tu souffrirais et sans les vertus de l'Évangile tu aurais des remords[873].

Urbain avait bien pensé un moment publier ses poèmes exaltant la religion nouvelle, mais on se souvient que l'accueil accordé par Colin à sa prose rythmée lui avait fait l'effet d'une douche froide. Et malgré les encouragements d'Enfantin, il ne poursuit pas dans cette voie. Il lui faudra des années avant qu'il ne se remette à quelques poèmes, d'ailleurs purement privés. En revanche, « faire aimer l'Orient en Occident » dans la presse, dans des « feuilletons » prisés par le public, c'est à sa portée. Sa moisson d'histoires orientales va l'y aider et le sauver quelque peu. Il collabore à plusieurs journaux et revues : *Le Temps, La Charte de 1830, Le Monde,* la *Revue du XIXe siècle, Le Magasin pittoresque* de Cazeaux et Charton, auxquels il envoyait des correspondances depuis l'été 1835[874]. Nous avons déjà fait allusion au fait que, dans une presse alors avide de nouvelles d'Égypte, le « voyage d'Orient » est un thème à la mode : Urbain est naturellement sollicité, comme les autres rescapés du naufrage égyptien des Saint-Simoniens et plus généralement, tous les pèlerins en Orient.

Outre la description de scènes exotiques dans la tradition des voyageurs européens, il y dresse notamment le parcours de Mohammed Ali, décrit par le menu le système administratif que celui-ci a mis en place ainsi que l'organisation de l'armée dont il rappelle que les règlements sont traduits de ceux de l'armée française. Ces récits apportent, par rapport à ceux de Savary, Volney ou Chateaubriand, une présentation nouvelle de la société égyptienne. C'est pour parfaire sa connaissance de cet Orient qu'il a fait sien, qu'il décide de compléter son expérience de la langue arabe par l'étude académique, et s'inscrit en décembre 1836 aux cours d'arabe « vulgaire » – on dirait aujourd'hui « dialectal » – qu'Armand Caussin de Perceval donne à la Bibliothèque royale, rue de Richelieu, dans le cadre de l'École spéciale des langues orientales. Rien chez lui de l'arrière-pensée de s'emparer du pays que l'on trouve chez Volney ou Lamartine. Rien de l'Islam « ennemi » qui est celui de Chateaubriand ou du dénigrement de l'Orient islamique oppresseur des Chrétiens que l'on trouve chez un Jean-François Pouqueville, dont le succès du *Voyage en Grèce* participe pleinement de la vague philhellène. On y rencontre cet intérêt et cette curiosité bienveillante qui seront ceux, quelques années plus tard, de Gérard de Nerval, mais sans le regard un peu méprisant pour la société égyptienne que l'on trouve chez bien des Saint-Simoniens. C'est le cas de Suzanne Voilquin qui, bien que manifestant une réelle sympathie pour des personnes en chair et en os, avant tout des femmes égyptiennes, et montrant une réelle compassion pour la misère du peuple[875], ne peut cacher une certaine aversion pour la société égyptienne et ses mœurs, en résonnance avec des préjugés courants des Européens sur l'Orient et des Chrétiens sur l'Islam[876]. C'est ce qu'elle fait lorsque, s'insurgeant contre la claustration des femmes dans le harem, elle fait remonter son dépit au prophète Mohammed : « Que ce législateur, qui a osé se servir du grand nom de *Dieu* pour nous avilir et nous abaisser à l'égal de la brute, soit honni ! Puisse cet apôtre du *sabre* et du *Livre* inspirer un jour à mon sexe entier, contre cette iniquité, une puissante répulsion qui le poursuive jusqu'au fond de son paradis[877] ! » Il en est de même de Cognat qui écrit à son retour en France : « Que l'Orient nous apparut barbare, comme ces côtes de France, où l'homme a su féconder des rochers, contrastent avec les plages africaines, où cependant il faudrait si peu d'efforts pour enfanter des miracles. Ici que de travail et de savoir, là-bas que d'ignorance et de paresse : et si nous nous fussions échoués au port d'Alexandrie, pas un bras ne se serait offert, à peine nous aurait-on regardés en murmurant *Allah Kérim !*[878]* »

Urbain acquiert un vrai rôle dans la presse. Il écrit de l'été 1836 au printemps 1837 une petite trentaine d'articles pour *Le Temps* où l'a introduit Édouard Charton. Il dira plus tard à Enfantin, en évoquant cette période : « Je n'ai cherché, moi, qu'à rendre agréable et légère la pensée de l'Orient aux lecteurs » de ce journal[879]. Ces articles font pendant à ceux parus pendant la même période dans *Le Magasin pittoresque*, publication où il est difficile de distinguer les siens, parce qu'ils ne sont pas signés, de ceux de Cayol ou de Granal[880]. Ces textes vont dans deux directions : d'un côté, une peinture quasi-ethnographique fouillée mais sans complaisance de la société égyptienne, et, de l'autre côté, quelques anecdotes piquantes, bien choisies, et quelques contes arabes. Une série tout à fait intéressante est celle sur les femmes d'Égypte**. On y trouve notamment un article consacré aux « esclaves noires », dont Urbain généralise d'ailleurs la situation à celle de tous les esclaves noirs. Ce qu'il écrira dans sa *Notice chronologique* : « J'ai été frappé de la situation des esclaves noirs plus douce dans les familles musulmanes que dans les chantiers de travail des colons américains »[881], est illustré dans cet article par des exemples détaillés. Cela ne l'empêche pas de décrire de façon touchante les battues de la chasse aux esclaves au Sennar par les armées de Mohammed Ali, les mauvais traitements que les djellabs***, les marchands d'esclaves, font subir, tout particulièrement aux enfants, dans les caravanes de captifs acheminés en Égypte, les scènes attristantes des marchés d'esclaves du Caire. La balance établie entre les préjugés populaires des Arabes sur les Noirs et leur promesse d'affranchissement est toute résumée

---

* Ceci n'est rien à côté de l'opinion que donne Cognat des Arabes en général après son séjour au Hedjaz, voir plus loin, Liv II, Ch. XI, 131.

** Voici les titres de cette série : « Les harems d'Égypte », paru dans la rubrique *Variétés* du *Temps*, le 5/07/1836 ; « Des femmes cophtes et arméniennes d'Égypte », « Des femmes juives d'Égypte », parus en *Feuilleton* les 07 et 28/08/1836, « Des esclaves blanches d'Égypte », « La femme pardonnée », en *Feuilleton* le 04/01/1837, « Une femme du Caire », en *Feuilleton* le 12/02, et enfin « Nesleh la fiancée », en *Feuilleton* le 25/02/18373.

*** L'arabe *ǧallāb* est, au sens propre, « marchand, importateur ».

d'entrée dans le rappel de l'épopée antique de *Antar**. « Le poème si renommé, consacré à la louange d'Antar, héros arabe, tire son intérêt et sa puissance poétique de ce qu'Antar, fils d'esclave d'une physionomie repoussante, est condamné, à cause de sa naissance, à garder toute sa vie les troupeaux, sans pouvoir ambitionner de combattre à côté des princes, de porter les armes des guerriers arabes, et d'épouser une fille née libre. La moralité de ce poème repose tout entière sur la violence unanime du préjugé qui réprouve Antar, car ce n'est que par la force de son âme, la puissance de son esprit et son indomptable courage qu'il parvient au premier rang parmi les hommes, et qu'il peut épouser sa cousine Abla, née libre[882]. » Quelle belle histoire pour ce petit fils d'esclave !

Urbain n'oublie pas sa Guyane natale. Il peint avec une grande sensibilité, à partir d'épisodes vécus, le sort des esclaves et des libres de couleur : dans l'article « Une sépulture », déjà évoqué lors de son retour à Cayenne, dans « L'Habitation L'Éléonore » où il décrit le rapport des maîtres et des esclaves dans une plantation coloniale, et souligne la dignité d'une jeune femme noire refusant les avances de son maître blanc, ou dans « Cacambo » qui donne le récit du spectacle de l'exécution publique à la hache d'un esclave[883].

Ces articles, le plus souvent publiés dans les rubriques « Feuilleton » ou « Variétés », ne sont pas de banals articles de journaux. Il s'agit de petites histoires bien construites racontées avec une réelle progression dramatique. Amené au fil de descriptions de paysages, d'usages ou d'échos presque anodins flattant le besoin d'exotisme du lecteur, le sujet est introduit sans rupture de ton, à sa place dans le contexte. Il en est ainsi de « Cacambo » qui décrit l'accueil d'un voyageur à la descente du brick arrivant à Cayenne. Échange bonhomme de familiarités, de nouvelles des uns et des autres. Puis vient, presque subrepticement, l'annonce d'une curiosité locale, celle de l'exécution « d'un cabre (on parle ainsi du fils d'une Noire et d'un Mulâtre, et vice versa), soit dit pour rafraîchir vos souvenirs coloniaux », non pas à la

* Le lecteur français peut alors avoir accès au *Roman d'Antar*, épopée chevaleresque dont la mise en forme est peut-être due à Muhammad Ibn al-Mujalli (XIIe siècle), par sa traduction de l'italien par Étienne-Jean Delécluze en 1819, ouvrage réédité en 1830. Notez que des *Extraits du roman d'Antar* en langue arabe seront ensuite édités à l'usage des élèves de l'École royale et spéciale des langues orientales vivantes, 1841.

guillotine, comme en France, mais « sur un billot avec une hache, une vraie exécution antique ! » Le lecteur est ainsi conduit sans défense devant le récit d'un drame dont, en d'autres circonstances, le préjugé lui ferait spontanément détourner le regard. En l'occurrence, c'est celui d'un esclave, doux et connu pour son habileté, du nom de Cacambo, auquel son propriétaire, M. Delanglade, « s'attacha en lui prodiguant chaque jour, ces mille petites douceurs auxquelles les esclaves sont si sensibles : le verre de tafia avant et après l'ouvrage, la pipe de tabac pour fumer aux instants de repos, et puis le chapeau en cuir vernissé comme celui des marins », tout cela pour signifier, en entrant ici dans l'état d'esprit des maîtres blancs, qu'il « ne se montra pas assez sévère avec lui ». Et un jour, c'est le drame. Il suffit d'un geste malencontreux de l'esclave portant son maître sur son dos pour franchir un gué. Cacambo trébuche, M. Delanglade rit. L'esclave, blessé, le reverse en arrière. Il le saisit aussitôt à la gorge et le plonge dans la vase pour l'étouffer. Après moult péripéties, l'homme est retrouvé, jugé et condamné. Vient donc le jour de l'exécution. La foule accourt sur la place, toutes classes mêlées, costumes bariolés, ici groupes d'esclaves noirs, assis à terre, là « une réunion de femmes mulâtres avec leurs camisas (espèce de jupes) en mousseline rayée et bigarrée », là encore « les colons nonchalants avec leurs habits blancs et leurs bâillements ». Foule bruyante, traversée de cris, sillonnée par « de petits Négrillons lutins qui courent en sautant et en agitant les bras ». Et, à midi, un roulement de tambour qui annonce « la fatale charrette ». On se signe en la voyant passer. Cacambo, la figure impassible, contemple les spectateurs « avec indifférence ». Il monte lentement les marches. Lorsque le prêtre lui présente « le crucifix, en le conjurant de le baiser », le condamné lui demande, « avec une froide impudence », un verre de tafia. Nouveau roulement de tambour. Lorsque le moment suprême est arrivé, s'installe « un affreux silence ». Toutes les respirations sont suspendues. « Ah !!! s'écrie la foule tout entière avec un soupir douloureux ». Et c'est fini. Évitant un pathos appuyé, le tableau a troublé le lecteur par la touche légère et discrète de son propos, compensée par cet accent d'authenticité que permet la narration en première personne qui engage l'auteur, et sa forte sensibilité qui l'accentue encore. Les badaux se dispersent donc. L'exécution a été pour « toute la population un enseignement terrible et non un spectacle ». Les esclaves doivent savoir ce qui les attend à la moindre révolte. Quant à la

Marie-Marthe, la belle Créole qui a amené le narrateur au spectacle, le soir même « elle avait déjà oublié Cacambo ». Il n'est peut-être pas indifférent de noter que Cacambo soit le nom que porte le valet puis ami du héros du *Candide* de Voltaire. Pour l'auteur du conte philosophique lui-même, le mot porte les sonorités croisées de *cacao* – n'est-ce pas à son époque qu'est fondée l'habitation Sainte-Marie des cacaos en Guyane française, pas loin du Surinam, patrie de Cacambo ? – et de *Mocambo*, nom des organisations de résistance des Noirs à l'esclavage à Sao Tomé au XVIe siècle avant d'être étendu aux peuplements d'esclaves noirs fugitifs brésiliens au début du siècle suivant.

Urbain a mis de façon toute innocente le lecteur devant un aspect terrible de la vie coloniale qu'il a sorti de son huis-clos. La dénonciation ainsi faite est probablement plus efficace qu'un pamphlet. C'est ainsi qu'Urbain entend son rôle d'apôtre. Il le joue dans une forme qui s'émancipe des canons du journalisme. Et c'est avec un talent certain qu'il emprunte au mode littéraire alors en pleine vogue, celui de la nouvelle. Sur le plan personnel, cet article joue aussi un rôle libérateur pour lui : en donnant à l'esclave qui s'affranchit de son état par la mort donnée et reçue, le nom de Cacambo, celui de l'esclave de son oncle dont la vente lui a permis de financer son voyage en Égypte[*], Urbain se libère lui-même d'une dette familiale et personnelle envers l'esclavage. Il y a ici chez Urbain quelque chose qui annonce, sur le mode affable, cette formule brutale de Jean-Paul Sartre dans sa préface aux *Damnés de la terre* de Franz Fanon : « Abattre un Européen, c'est faire d'une pierre deux coups, supprimer en même temps un oppresseur et un opprimé[884]. »

Les projets de la conquête de Paris nourris par Urbain trouvent vite leur limite. Dans cette ville qui ne se donne qu'aux puissants, son quotidien devient un art de la survie. En butte à l'adversité, il éprouve un paradoxe déchirant : l'aspiration à occuper un rang honorable dans la société alors qu'il est sans le sou. Pour atteindre ce but, il faut des relations, ce dont il n'est pas dépourvu, mais aussi une rente familiale. Les exigences du train de vie auquel il aspire et que les subsides de Brue lui permettaient naguère de combler, ne sont plus satisfaites par les maigres ressources que lui procure

---

[*] Voir plus haut, Ch. IV, 169.

la collaboration aux journaux. Le journalisme exige beaucoup de travail mais est bien plus profitable pour la gloire que pour le porte-monnaie. Il attendait beaucoup de ses publications, mais ses contributions sont loin d'être grassement payées. Il se plaint à Lambert qu'il doit vivre de la solidarité des amis. Arlès, Barrault ou d'Eichthal l'aident de petites sommes, Duveyrier lui envoie des habits. Il se sent humilié quand il compare ses revenus aux salaires que reçoivent nombre de disciples passés par Ménilmontant[885]. Cela ne lui ôte pourtant pas l'humour, bien qu'un peu amer, comme en témoigne cette lettre à Lambert : « Quant à votre fils Ismaÿl, il n'a pas le sou, mais en revanche il est adoré de toutes les femmes », poursuivant qu'il est à la recherche d'une « tribune musulmane dans un journal[886] » où il puisse faire connaître l'Orient en étant fidèle à lui-même et aux promesses qu'il s'était faites en rentrant en France, mais l'heure n'est pas à la découverte de l'Islam dans la presse.

N'en pouvant plus de cette situation, il confie, début août, les tourments de sa mal-vie à d'Eichthal. Très ému, celui-ci, en voyage en Allemagne, lui répond : « Le cœur me saigne quand je vous entends parler de votre misère, votre difficulté que vous avez à renouveler votre chaussure et votre chapeau[887]. » Un échange épistolaire régulier avec son père, avant son départ à Cayenne à l'automne 1830 tout comme à son retour l'été suivant, portait sur les habits que Brue faisait tailler pour son fils : chaussons, chemises blanches et de couleur, gilets et pantalons. On se rend compte à la mention des gilets de bazin, de mousseline et de percale qu'Urbain possède des habitudes de jeune élégant que le bourgeois marseillais Brue n'a pas découragées[888]. On imagine la honte d'Urbain, habitué à un train de vie honorable, à se trouver dans une situation aussi démunie.

D'Eichthal fait part à Urbain de son scepticisme sur les perspectives qu'il esquisse pour son avenir immédiat, à savoir de ses « travaux de secrétaire auprès de Duveyrier », de ses « projets de roman », et même de ses « projets de travail aux Affaires étrangères ». Il lui a déjà suggéré à l'automne 1836 de s'engager dans l'aventure « Afrique ». Urbain n'avait alors montré aucun empressement pour une telle perspective, sauf peut-être, à la grande rigueur, dans un emploi civil. Aujourd'hui, devant la détresse du jeune homme, son aîné revient à la charge, empruntant en même temps le ton intime du frère et celui, quasi-religieux, du guide spirituel. Il donne à sa réponse une solennité particulière qui souligne l'importance qu'il confère à ses conseils : « Votre dernière lettre que j'ai lue et relue a encore augmenté mes craintes [...]. Je vais vous parler sans précaution, sans détours : vous êtes le seul homme qui ayez toujours compris jusqu'ici l'expression naturelle de ma pensée, puisque vous êtes d'Orient, puisque vous êtes *mon* frère. » Il développe alors de façon systématique l'argumentation impeccable du mentor qui trace un destin pour son disciple[889].

D'Eichthal pousse Urbain vers un destin algérien

Dans cette réponse qui restera entre les deux hommes la *Lettre d'Ems*, d'Eichthal n'a pas besoin de s'appesantir sur la situation précaire d'Urbain pour l'appeler à en sortir, et à trouver chez lui une oreille attentive à ses propositions. Est-il vraiment utile d'insister sur le fait qu'Urbain ne peut rien attendre de sa vie à Paris, que l'aide de ses amis, Duveyrier ou Rodrigues, n'est pas de nature à résoudre ses problèmes ? Il n'obtiendra rien non plus aux Affaires étrangères, excepté peut être une place obscure dans de poudreuses archives : « Ce n'est pas la *tente* qu'il vous faut. » Urbain végète, gaspille sa jeunesse alors que sa nature de Mulâtre et sa conversion à l'Islam devraient l'appeler à jouer un rôle à part, lui conférer une mission. « Il y a trop de distance entre votre nature et votre race, et le monde au milieu duquel vous vivez actuellement, trop de distance entre la position où vous êtes et le rang où vous aspirez. » Le moment est venu :

> Il faut que vous changiez de monde et de position. Il m'en coûte de venir troubler les rêves de bonheur de votre jeunesse, mais Dieu et vous me pardonnerez, je veux dire me justifierez, puisque je ne trouble vos rêves que pour ne pas les voir s'évanouir stérilement, pour donner à votre avenir la direction qui peut seule je crois la satisfaire.

Il est aisé pour d'Eichthal de convaincre son cadet, qui « n'a ni famille ni fortune », de renoncer à une existence parisienne maussade et d'aller planter sa « tente » ailleurs. Il connaît la psychologie d'Urbain. Il sait qu'il n'a pas encore le tempérament d'un découvreur, d'un chef charismatique qui entraîne dans une aventure intellectuelle, mais plutôt celui d'un second, d'un « disciple », devant lequel il se pose sans prononcer le mot « maître ». Le terme *mamelouk* est ici parfaitement choisi, puisqu'au sens propre il signifie

« propriété » d'un maître, et s'applique aux esclaves qui ont formé les administrateurs d'Égypte avant d'y constituer une véritable dynastie. La fonction de mamelouk est donc vue pour lui comme une voie d'émancipation pour un esclave. Il joue sur la fierté d'Urbain qui le pousse à l'exigence d'un rôle digne de lui, non sans décocher une curieuse flèche pour les maîtres qu'il a adulé et dont il se réclame encore : Urbain ne peut « pas se faire copiste comme Saint-Simon, commis-voyageur comme Enfantin », comme si ces hommes avaient limité leurs ambitions à cette activité passagère, forcée par l'adversité. Notons qu'en parlant de Saint-Simon « copiste », d'Eichthal fait allusion au fait que ruiné, il avait obtenu en 1808 un poste de copiste au Mont-de-Piété, travaillant 9 heures par jour avec un salaire de 1 000 frs par an, situation dont il fut délivré par son secrétaire, Diard, qui le prit en charge quand par ailleurs Lazare Carnot, alors ministre de l'Intérieur lui trouva pendant les Cent jours, un emploi de sous-bibliothécaire à la bibliothèque de l'Arsenal. Quant à l'allusion, également quelque peu dépréciative d'Enfantin « commis-voyageur », c'est une référence au fait que ce dernier parcourait, entre 1815 et 1821, l'Europe comme représentant de commerce pour la Maison de ses cousins Nugues, négociants en vin à Romans. Quelques jours après la lettre dont il est question, d'Eichthal cite, dans une seconde lettre d'Ems, un petit papier écrit de la main de Saint-Simon que lui avait donné Rodrigues six ans auparavant et dont voici le contenu : « Depuis 15 jours, je mange du pain, et je bois de l'eau. Je travaille sans feu, et j'ai vendu jusqu'à mes habits pour fournir aux frais des copies de mon travail. C'est la passion de la science et du bien public, c'est le désir de trouver un moyen de terminer d'une manière douce l'effroyable crise dans laquelle toute la Société Européenne se trouve engagée, qui m'ont fait tomber dans cet état de détresse. Ainsi c'est sans rougir que je peux faire l'aveu de ma position, en demandant les secours m'assurant pour me mettre en état de continuer mon travail[890]. »

D'Eichthal joue sur l'ego d'Urbain en lui rappelant la portée messianique dont il a chargé sa conversion :

> Quand on a débuté par prendre le nom d'Ismaÿl, on serait renégat, on ferait une triste figure si tous les actes de la vie n'étaient pas empreints du caractère qu'on s'est donné. [Il lui rappelle sa promesse, N.D.A.] : Je vous dis donc de n'oublier jamais votre profession de foi

du jour de votre circoncision, vous êtes un enfant délaissé par vos parents et par la société d'Occident, vous êtes un Mulâtre. N'accusez pas Dieu d'injustice, s'il fait peser sur vous l'anathème de votre origine, toute proscription a une cause morale, vous devez non pas vous en plaindre mais l'effacer. En Orient, vous répareriez les torts de la naissance en vous faisant mameluck d'un homme, en Occident, il faut vous faire mamelouk de l'État[891].

« Urbain est le prophète du *monde*, comme je suis le prophète des *hommes*, ainsi le vois-je. Connaissez-vous les prophéties sur l'âme nègre ? Je vous l'envoie. Faites-le-parler », écrivait d'Eichthal à Enfantin à la sortie de Ménilmontant. « Le Juif et le *Nègre*, les deux proscrits ! », ajoutait-il[892]. Il hissait son tête-à-tête avec Urbain à celui des représentants de deux peuples, le Juif et le Noir, et il mesure les sacrifices que doit faire un proscrit pour entrer dans la norme et se faire accepter du monde : le mériter par un acte symbolique. Même s'il a passé de façon heureuse et enrichissante l'épreuve du Christianisme, d'Eichthal portera toujours les stigmates de la conversion de sa famille au Catholicisme en 1817 pour des raisons d'acceptation sociale. Il avait treize ans, l'âge où Urbain s'est vu refusé comme fils par son père, Brue. Et voici l'argument décisif, quelque peu christique : « Souvenez-vous que c'est par le sang que les esclaves se rachètent ! » Mais il y a quelque chose de déconcertant dans l'attitude de d'Eichthal, quand il lui lance : « Salut, Ismaÿl, mon frère né d'esclave, il y a encore les traces de votre servitude à effacer. » Il lui fait sentir cette origine comme souillure dont il faudrait se laver. Il ne fait pas ici d'Urbain son égal. Et il insiste : « Vos talents littéraires ne sont rien à côté de cela. Mais en eussiez vous dix fois davantage, seriez-vous plus grand que Racine et que Talma, tous vos mérites ne vaudraient pas une goutte de votre sang versé pour la cause que vous avez fait la vôtre[893]. »

Urbain a déjà affirmé ce qu'il faut bien appeler, avant la lettre, sa « négritude ». Il l'a fait dans ses poèmes de Ménilmontant et d'Égypte. Mais lorsque d'Eichthal soulève l'anathème de son origine qui lui imposerait un destin particulier, ne contribue-t-il pas à l'enfermer dans son statut d'infériorité ? On ne se délivre pas aisément du péché originel. D'Eichthal se conduit d'ailleurs en l'occurrence de façon opposée à Enfantin quand celui-ci réagissait à l'automne 1834, à ses poèmes « noirs » : il lui rappelait qu'il a aussi du sang blanc, et le consacrait « apôtre de la foi *universelle* et non de la religion des Noirs seulement », l'invitant à être « l'acteur [du Père] et non pas l'acteur des Noirs seulement[894]. » Urbain mettra longtemps à exprimer nettement sur ce point ce qui le distingue de d'Eichthal. Mais ce qu'il entend par sa « tache originelle », ce n'est pas tant son origine mulâtre que l'absence de sa reconnaissance par son père qui le maintenait dans un statut discriminatoire, qu'il conservera comme flétrissure et le poussera à éviter tant qu'il le pourra le nom officiel de son état-civil, Thomas Urbain Apolline, pour arborer ses deux prénoms comme nom d'usage, Thomas Urbain, avant même sa conversion à l'Islam. Il ne se sent à vrai dire aucune « faute », car il n'existe pas de « torts de la naissance » qui seraient de son fait. Si d'Eichthal contribue dans un premier temps, à Ménilmontant, à le faire admettre dans la société en le valorisant, il n'est pas sûr qu'en le figeant dans cette facette de son identité, il n'ait pas une responsabilité dans la permanence de cette sorte de complexe d'infériorité qui ne le quittera jamais.

D'Eichthal sait qu'en saint-simonien, Urbain ne peut se contenter d'arguments sur sa situation individuelle et qu'il a besoin de fondre sa trajectoire personnelle dans le projet collectif de la famille à laquelle ils appartiennent. Aussi encadre-t-il sa proposition dans la vision des rapports entre Orient et Occident. Dans son esprit comme dans celui d'Enfantin et de Barrault, et à leur suite celui d'Urbain, Alger n'est pas simplement partie d'Orient, ce qui fera dire à Urbain quand se dessine un horizon algérien : « J'attendais avec anxiété l'occasion de retourner vers mon peuple[895]. » Alger est l'antichambre de l'Afrique. Il ne fait en cela que reprendre un thème déjà abordé par Michel Chevalier dans son poème exhortant aux colonies[896] :

> Portiers de l'Occident, ouvrez !
> Pendant que les peuples iront,
> Sem s'avancera vers Cham.
> et les deux frères s'aimeront.
> Sem a été grand, Sem est grand,
> ce que l'Européen n'a pu faire,
> pénétrer l'Afrique, la policer
> et l'enthousiasmer,
> c'est le lot de Sem, c'est sa gloire.
> Le Noir que Japhet avait fait esclave,
> Sem l'a fait homme et femme.

L'influence sur l'Afrique est conçue en deux mouvements. L'Europe « régénère » l'Égypte et Alger et, par le canal de l'Islam, s'ouvre la perspective de la « civilisation » de l'Afrique subsaharienne. D'Eichthal est pour sa part fortement convaincu que : UN, c'est bien l'Islam, davantage que le Christianisme, qui peut rapprocher les Noirs d'Afrique des Blancs, et que : DEUX, l'Algérie est, par le Sahara, le portail d'influence française sur le continent africain profond. Or qui mieux qu'Urbain, le Mulâtre et le Musulman, peut, dans ce dessein, servir de trait d'union humain avec les profondeurs du continent africain et des peuples noirs ? Ces thèmes, qui ont dû être discutés pendant les longs débats au cours de la mise en forme des *Deux Orients*, et sur lesquels les deux hommes vont revenir largement lors d'un échange de lettres « sur la race noire et la race blanche » au printemps 1838[*], et lors de leur publication l'année suivante[*]. En tout cas, pour d'Eichthal, Urbain est l'homme de la situation. Le rôle qu'il lui assigne est ainsi tout indiqué : « Je vous crois un homme hors de ligne, c'est pourquoi je vous sens une mission d'émancipation[897]. »

C'est donc vers l'Algérie que d'Eichthal guide son poulain, le seul théâtre dont il est sûr qu'il lui convient, ce nouvel Orient où pourra s'exercer sa « mission entre Musulmans et Chrétiens ». Mais pour cela, il faut encore vaincre les préventions d'Urbain contre le métier militaire. Usant d'un préjugé commun, il lui assène : « Vous savez bien que jamais, en Orient, un employé civil n'aura l'influence d'un employé militaire, que jamais la plume n'y vaudra l'épée. » Pour conclure :

> L'avenir d'Alger est aux jeunes officiers qui se sont formés dans notre armée, il est à un Lamoricière, et c'est là aussi, dans les rangs des zouaves, que vous devez accomplir votre mission[898].

D'Eichthal connaît en effet Christophe Louis Léon Juchault de Lamoricière, que la tradition légitimiste de sa famille de vieille noblesse bretonne disposait peu à éprouver des sympathies pour les idées saint-simoniennes. En fait les deux hommes s'étaient rencontrés au temps de leurs études. Tous deux inscrits à la pension Lecomte, rue de l'Ancienne Estrapade, à proximité du Collège Henri IV, avec comme répétiteur de mathématiques, Auguste

---

[*] Voir plus loin, Liv. II, Ch. XII, 176-187.

[*] Voir plus loin, Liv. II, Ch. XIII, 223-233.

Comte[899] qui, alors secrétaire de Saint-Simon avec lequel il n'a pas encore rompu, les initie à la doctrine du maître. Tandis que d'Eichthal, porté vers la philosophie et les sciences sociales, va devenir le secrétaire de Comte, son collègue prépare l'École polytechnique qu'il intègre en 1824 dans la même promotion que Jean Reynaud. Parti en Algérie comme lieutenant en 1830, il est très tôt chargé, avec ses galons de capitaine, de mettre sur pied l'un des deux bataillons de zouaves créé par le général Bertrand Clauzel* le 1er octobre 1830 avec des soldats indigènes dont le cœur est fourni par 500 supplétifs du Dey appartenant à la tribu berbère des Zouaoua, d'où le nom de ce corps.

Urbain hésite encore, mais nécessité prime. Son aîné a su entrer dans sa psychologie et exalter son sens du sacrifice, son besoin de se fondre dans une tâche missionnaire. L'occasion se présente six mois plus tard lorsqu'en février 1837 Bugeaud est envoyé à Oran pour chercher un accord avec Abd el-Kader. Le réseau des relations est activé. Michel Chevallier met en rapport Urbain avec Lamoricière qui le présente à Bugeaud, lequel recommande sa nomination au ministre de la Guerre en mettant en avant sa connaissance de l'arabe, certifiée par Caussin de Perceval, et sa qualité de Musulman, qui peuvent être des atouts diplomatiques. Le jeune Charles Plichon** lui permet d'avoir le soutien de deux députés du Nord. Le 18 mars, Urbain est nommé interprète de 3e classe à l'armée d'Afrique, avec

* Bertrand Clauzel remplace le 12 août 1830, Bourmont qui, ayant à peine reçu son bâton de maréchal, s'exile en Espagne. Ancien officier rallié à la Révolution, général en 1799, il s'est familiarisé à Saint-Domingue, sous les ordres de Rochambeau, aux méthodes de la répression coloniale, puis initié, comme commandant en chef de l'armée du Nord pendant la guerre d'indépendance des Espagnols, à la lutte anti-guérilla. Exilé aux États-Unis en 1815, il a été saisi d'enthousiasme pour la colonisation européenne où il a pu voir de ses yeux le refoulement des Amérindiens et les exactions contre eux, avant de se rallier à la Restauration puis à la Monarchie de Juillet. Il fut autorisé par Louis-Philippe à transformer l'expédition punitive en véritable occupation, mais il lui était toutefois conseillé, tant par le Roi que par Jacques Laffitte, nommé Premier ministre le 2 novembre, la plus extrême prudence. Il n'en fera toutefois qu'à sa tête.

** Cadet d'Urbain de deux ans, Charles Ignace Plichon vient tout juste d'arriver au Saint-Simonisme. Il achève alors ses études de droit. Passionné d'Orient, il obtiendra en 1841 de Guizot une mission dans les régences de Tunisie et de Tripoli, puis en Perse.

rang de capitaine et affecté à l'état-major de la division d'Oran, auprès de Bugeaud. Il écrira à l'heure des bilans :

> C'était la continuation de ma mission en Orient, je repris le costume arabe d'Égypte et je remis en relief le prénom d'Ismaÿl que j'avais adopté en me faisant circoncire. J'allais travailler sous une forme pratique et directe à l'union de l'Orient et de l'Occident, des Musulmans et des Chrétiens, de la société musulmane du Nord de l'Afrique avec la civilisation française[900].

Urbain informe Enfantin que son choix d'une carrière militaire lui permet de retourner « vers son peuple avec l'espoir de travailler à la pacification de la province d'Oran où domine la race arabe, où commande Abd el-Kader, le saint et le guerrier. »

Il prend bien soin de préciser qu'il n'y va pas « pour tuer » mais « pour aider à ce que les combattants se comprennent plus vite pour se réconcilier[901]. » Il prend ainsi, par un biais, celui de la carrière d'interprète, la voie de la politique qui était une parmi celles de son éventail des possibles, mais ne conçoit pas cet engagement comme un choix qui lui ferait abandonner un champ fertile de ses talents, celui de la culture de l'imaginaire par la littérature.

Grandeur et limites du refus des conquêtes chez Saint-Simon

On ne peut faire injure à Urbain de ne pas savoir qu'il se mène en Algérie une guerre, mais nous ne trouvons que peu d'allusions à cette situation dans ses écrits. Il y a tout lieu de supposer qu'il est largement ignorant de la gravité de la situation. Ce n'est pas sur cet aspect que la Famille l'a préparé mentalement. Pour l'instant, placé entre deux Orients, il importe de saisir quel est le bagage que lui livrent ses amis saint-simoniens quant à la vision des rapports entre Orient et Occident, désormais nourrie de l'expérience égyptienne et du bilan qui a pu en être tiré.

La Mission d'Égypte a été clairement menée avec l'idée du refus de la conquête qu'Enfantin et Barrault ont pu à bon droit trouver chez Saint-Simon, qui a dénoncé cette pratique comme le lot des peuples barbares. Retournons donc un moment à Saint-Simon. Stigmatisant « l'esprit féodal », « tout à fait guerrier », il lui oppose « l'esprit industriel », « nécessairement pacifique[902] ». Pour lui, l'Ancien Régime, celui que connaissait l'Europe avant que « la marche de la civilisation » ne l'eût aboli grâce à la Révolution européenne lancée par la France, étant caractérisé par une « *industrie* peu éclairée sur ses intérêts », se laissait dominer « par l'esprit féodal qui est essentiellement un esprit de conquête[903] ». Benjamin Constant a repris cette expression dans son livre intitulé *De l'esprit de conquête et d'usurpation*[904], qualifié par Saint-Simon d'« excellent » dans le *Catéchisme des industriels*[905].

Vantant en ce dernier le continuateur de la Révolution quand il créait des institutions nouvelles, il condamnait ouvertement « la direction fausse et rétrograde que ce général a donné à la Révolution française, en inspirant à la nation l'esprit militaire et la passion des conquêtes, en la rendant oppressive des autres peuples avec lesquels elle s'était engagée solennellement à faire cause commune[906]. » L'attitude était d'autant plus courageuse qu'avec la Révolution et l'Empire, l'Europe, et tout particulièrement la France, s'étaient habituées aux guerres et aux conquêtes. « Malheureusement, comme l'avait bien diagnostiqué Saint-Simon, les succès militaires obtenus par nos armées dans cette lutte défensive leur ont donné la passion de la guerre, et leur ont inspiré le désir de faire des conquêtes[907]. » Le principal tournant avait été marqué par la chute de Robespierre et l'avènement du Directoire. La vieille opposition des Lumières apparaissait désormais comme un vœu pieux, sympathique mais bien peu réaliste. Il n'en affirmait pas moins : « Vouloir nous agrandir par des conquêtes, ce serait, d'un côté, abjurer nos principes politiques, en violant l'indépendance des nations, de l'autre, mettre en péril notre propre liberté[908]. » Si la lutte contre la barbarie peut justifier la guerre, pensait-il en visant ici la Russie qui menaçait les avancées de la civilisation européenne, celle-ci ne légitimait nullement la conquête. Aussi proposait-il d'adopter par acte constitutionnel le texte suivant :

> *Le Peuple français déclare que dans la délégation qu'il fait de ses* pouvoirs au gouvernement qu'il constitue, il n'entend pas lui donner le droit d'agrandir le territoire par des conquêtes ni même par des traités ou des conventions de quelque nature que ce soit.

Et si, d'aventure, se présentait l'hypothèse d'une union nouvelle, il poursuivait :

> Le Peuple qu'il s'agira d'incorporer à la France, de son côté, et le Peuple français du sien, devront au préalable manifester leur vœu à cet égard par des signatures individuelles[909].

Le refus des conquêtes hérité des Lumières, qu'il s'agisse de Rousseau et des encyclopédistes, ainsi que de Kant, ne va pourtant pas sans susciter une question. Née sur le théâtre des conflits européens, la pensée sur le droit de la guerre et le droit des gens est-elle valable hors d'Europe ? Le principe de réciprocité vaut-il toujours pour « les hommes de tous les climats » qui, selon les termes de Condorcet, sont « égaux et frères par le vœu de la nature[910] », mais qui, n'ayant pas encore atteint le niveau de développement de l'Europe « n'attendent, pour se civiliser, que d'en recevoir de nous les moyens ?[911] » L'encyclopédiste admiré de Saint-Simon reste à vrai dire plutôt vague sur le sujet lorsqu'il vise « des nations asservies sous des despotes sacrés ou des conquérants stupides, et qui, depuis tant de siècles, appellent des libérateurs[912]. » En fait, si la Révolution française a proclamé la renonciation « à tout avantage injuste, à tout esprit de conquête d'ambition »[913], rares furent, comme Robespierre, ceux qui étendirent son champ d'application au monde extra-européen, comme cela ressort de sa saillie rhétorique contre Anacharsis Cloots :

> « Eût-il voulu que nous tentassions la conquête de l'Univers ?... Eût-il voulu que nous fissions un département français du Monomotapa ?[914] »

Il faut lire l'orientaliste Anquetil-Duperron, qui se situe pourtant, au point de vue politique, dans le camp opposé à celui de Robespierre, pour trouver à cette question grave une réponse explicite. Il est vrai qu'il n'est pas le seul à penser qu'en se livrant aux indicibles cruautés dont les Européens ont fait preuve vis-à-vis des Amérindiens, les conquérants européens « détruisaient l'espèce humaine, emportés par les passions qui maîtrisent le plus souverainement, le fanatisme et la cupidité. Ce sont des *philosophes* de sang froid, qui ôtent en quelque sorte aux Américains la qualité d'hommes », et de conclure : « Cette destruction est plus odieuse que la première[915]. » Seulement, connaisseur de l'Inde où il a vécu huit ans, et qu'il a dû quitter, chassé par les Anglais en 1762, il a eu le temps d'entrer dans une profonde sympathie pour sa culture, et présente l'intérêt de relier aux aventures coloniales anciennes, celle des Amériques, une aventure coloniale plus moderne qui apparaît, dans sa forme, avec le recul du temps, comme une anticipation de la grande vague impériale européenne du XIXe siècle. Il estime que « les droits les plus sacrés disparaissent aux yeux d'un vil intérêt. Ne nous faisons pas d'illusion, Français, Anglais ! Je plaide ici la cause de l'homme. Jamais procès plus important ne fut porté au tribunal de l'univers »[916]. Exigeant sur la nature du rapport entre peuples d'Europe et les autres, il questionne : « Les Orientaux seraient une espèce d'hommes différente des Européens ?[917] » Il dénonce explicitement le messianisme qui couvre du drapeau de la civilisation des buts triviaux de rapine et de puissance :

> L'intérêt et l'ambition, voilà le mobile de toutes les conquêtes : ensuite viennent les manifestes. On fait coupable celui qu'on veut dépouiller : et de quel droit ?[918]

Il stigmatise l'idée qui consiste à transformer en « Barbares » les peuples que l'on veut asservir : seraient-ils « des peuples inhumains, chez qui le pauvre succombe au poids de l'injustice, chez qui le riche criminel soit en honneur ? Alors que de Barbares sur terre ! Voilà pourtant les vrais Barbares, et non ceux qui parlent, s'habillent, en un mot qui vivent autrement que nous. » Et il lance cet appel : « Défaisons-nous donc de ces mots de parti. Croyons que tout peuple peut, même en différent de nous, avoir une valeur réelle, des Lois, des Usages, des opinions raisonnables ![919] » Aussi condamne-t-il la prétention des Européens à débarquer sur les autres continents comme sur un terrain social vierge, sauvage, et l'utilisation par les peuples européens des méthodes de conquête et de contrainte :

> Où est la mission qui les charge de rendre heureux à leur manière les hommes libres qui ne s'adressent pas à eux, qui ne les font pas confidents de leurs prétendus malheurs ?[920]

Cette magnifique colère est hélas passée inaperçue. Quand éclate la Révolution, Anquetil-Duperron sympathise avec les idées nouvelles. Tiré par la manche par son disciple et ami, le juriste Jean-Denis Lanjuinais, membre des États généraux puis de la Convention nationale de 1792, il reste fidèle à la monarchie et emploie son temps à la publication de la traduction latine des *Upanishads* à partir du persan, et à écrire de précieuses *Considérations philosophiques* qui resteront jusqu'à une date récente à l'état de manuscrit[921]. En dehors des courants dominants de la société, l'homme est de la sorte resté dans un angle mort de la pensée européenne.

Rien n'indique chez Saint-Simon qu'il ait lu Anquetil-Duperron et connu la place qu'il consacre aux rapports avec les aires civilisationnelles extra-européennes. La raison probable de cette attitude est qu'il ne dépasse pas, dans ses préoccupations politiques immédiates, l'espace planétaire limité où il prône l'union des « trois grandes nations », la France, l'Angleterre et l'Allemagne, dont le cœur est alors l'Autriche[922]. Augustin Thierry, qui se présente comme son « fils adoptif », n'en donne pas moins une position de principe à portée générale : « La barbarie seule est conquérante. C'est contre la barbarie que la force est encore utile, comme une barrière qui lui coupe le chemin. Où finit la civilisation, où commence la grossièreté inculte, là doivent être les seuls remparts en Europe[923]. » Saint-Simon ne désavoue pas Benjamin Constant lorsque celui-ci dénonce avec force ce « prétexte de guerre inconnu jusqu'alors » que « l'on a inventé durant la Révolution française », savoir « celui de délivrer les peuples du joug de leurs gouvernements, qu'on supposait illégitimes et tyranniques[924]. » Comme ces attributs sont ceux que l'on accole généralement à la barbarie, il est patent que l'impératif de libération des peuples de l'oppression barbare est la première œuvre de civilisation. L'opinion de Benjamin Constant ne peut trouver dans le public qui vient de subir les conséquences désastreuses des guerres napoléoniennes une grande écoute : « Avec ce prétexte, l'on a porté la mort et la dévastation chez des hommes dont les uns vivaient depuis plusieurs siècles de tous les bienfaits de la liberté. Époque à jamais honteuse où l'on vit un gouvernement perfide graver des mots sacrés sur des étendards coupables, troubler la paix, violer l'indépendance, détruire la prospérité de ses voisins innocents, en ajoutant au scandale de l'Europe par des protestations mensongères de respect pour les droits des hommes et de zèle pour l'humanité. La pire des conquêtes, c'est l'hypocrite, dit Machiavel[*], comme s'il avait prédit notre histoire[925]. »

Il y a cependant une limite au refus de la conquête chez Saint-Simon. Il ne fait certes qu'une allusion furtive à l'expédition de Bonaparte en Égypte

[*] L'éditeur du texte de Benjamin Constant signale que l'on ne trouve pas trace de cette remarque chez Machiavel, voir HOFMANN, Étienne, *Les "Principes de politique" de Benjamin Constant*, 1980, II, 338, n. 18.

au moment où elle vient de se terminer par un fiasco astucieusement transformé par les soins de sa propagande en glorieuse odyssée. Mais elle ne comporte aucune appréciation de cette aventure. Le propos ne vient que pour se féliciter de l'action de celui qui, ayant « gouverné derrière le rideau depuis l'exécution de Robespierre », c'est-à-dire l'abbé Sieyès, « a eu un mérite qu'on n'a pas fait assez valoir », celui « d'avoir usé de son ascendant pour faire revenir Bonaparte d'Égypte[926] », même s'il n'est pas sûr du tout que le jeune et prometteur général, qui n'en faisait déjà qu'à sa tête, avait eu besoin d'être sollicité pour rentrer en France. Sauf que, mettant en scène un rêve où Dieu parle en personne dans un texte contemporain, *Lettre d'un habitant de Genève*[*], il trace sans équivoque l'avenir des peuples non-Européens : « Les Européens réuniront leurs forces, ils délivreront leurs frères grecs de la domination des Turcs. Le fondateur de la religion sera le directeur en chef des armées des fidèles. Ces armées soumettront les enfants de Caïn à la religion, et feront sur toute la terre les établissements nécessaires à la sûreté des membres des conseils de Newton, dans tous les voyages qu'ils jugeront utiles de faire pour les progrès de l'esprit humain »[927]. Le fond de la pensée ne diffère pas de celle, explicite celle-là, de Charles Fourier qui vante la campagne d'Égypte. Tous deux dénoncent avec vigueur la politique coloniale mercantile et l'esclavage ainsi qu'en parle Augustin Thierry : « Le monopole, les colonies, les prohibitions ont ensanglanté les terres et les mers, dévoré les fruits et les aliments de l'industrie, et quels profits jamais en a-t-on tirés ? »[928]. Nous avons là le langage vernaculaire des économistes libéraux qui, en employant le terme *colonie*, songent avant tout aux colonies classiques comme celles d'Amérique. Ce n'est pas pour rien que Saint-Simon fut un des héros de l'Indépendance des États-Unis où il a guerroyé de 1779 à 1783. Mais c'est Fourier qui formule expressément l'idée nouvelle, qui rompt avec l'économie politique libérale et avec le vieil impérialisme colonial-mercantile qui visait à peupler les terres extra-européennes de colons européens aux dépends des populations autochtones. Fourier présente clairement l'expédition de Bonaparte comme « la seule circonstance où les Européens aient sagement conçu une fondation » dans le but d'« organiser les peuples indigènes en sociétés industrielles. [...] Quand on a comme les grands États d'Europe à disposer

[*] Nous avons déjà évoqué ce rêve, voir plus haut, Ch. IV, 149.

de forces majeures, poursuit-il, il faut envahir une région barbare et voisine, y conduire des savants pour organiser le service social, et soumettre les peuples aux cultures qui nous sont nécessaires et dont ils ont déjà quelques habitudes. Au lieu de les désespérer par les horreurs de la traite, on peut encore améliorer leur sort et mériter leurs bénédictions tout en les faisant servir nos intérêts[929]. » Concernant l'Orient, il reproche clairement aux puissances européennes de ne pas avoir, à la Conférence de Vienne de 1815, entrepris dans cette perspective le démembrement de l'Empire ottoman au lieu de se cantonner au partage de la vieille Europe.

Saint-Simon n'exprime pas ouvertement cette idée qui reste chez lui en filigrane. Il reste donc bien de son époque : la frontière entre la civilisation et la barbarie passe en Europe. Russie et Empire ottoman sont poussés du côté de la barbarie, c'est-à-dire de l'autre côté de la frontière où finit le refus de la conquête. Il n'accepte pourtant pas, comme Fourier le fera pour l'Algérie, n'importe quelles méthodes : il félicite ceux qui, en Angleterre, n'ont pas « consenti au despotisme, aux injustices, aux atrocités du gouvernement anglais dans l'Inde[930] ».

Avec Enfantin : « Sans conquêtes, sans colonies… »

Même si l'on admet que Saint-Simon reste pour l'essentiel silencieux, voire ambigu sur l'attitude à adopter vis-à-vis des conquêtes extra-européennes, une chose est claire : en donnant au refus de la conquête prônée par Saint-Simon, une portée générale, Enfantin et Barrault l'appliquent dans les rapports avec les peuples de l'Orient.

Le cadre politique est défini par Barrault dans sa *Prédication* de janvier 1832, qui donne une vision géopolitique de l'Orient dans la perspective du démantèlement de l'Empire ottoman. En parfaite continuité avec les motivations de Talleyrand et Bonaparte mais dans des conditions politiques différentes, il y situe la coopération avec l'Égypte dans un jeu où la France peut gagner en force en étendant son influence en Méditerranée méridionale et orientale. En jouant la « carte arabe » qui affaiblit la Porte, elle permet de mettre un coin entre l'Angleterre et son Empire des Indes. La politique orientale qu'il prône est cependant affirmée « sans prétentions matérielles sur aucune portion du territoire » de l'Empire ottoman, une politique qui ne suscite des autres puissances « ni alarmes ni défiance ». C'est ainsi que

« d'un consentement unanime, elle prendra une influence que salueront avec gratitude les populations, parce qu'elle sera pure à leurs yeux d'un intérêt égoïste ». Cela ressemble assez à ce que Bonaparte promettait aux Égyptiens, sauf que, dans ces propos, Barrault s'adresse aux Français, ce qui lui ôte le soupçon de mauvaise foi. « N'est-ce pas, questionne-t-il, dans le prosélytisme de tout ce qui lui semble bon, idée ou fait, que la France [...] trouve la plénitude de sa gloire et de sa vie ?[931] » Précisons : la France n'a point, comme l'Angleterre, « un monde de colonies placées sous toutes les latitudes », comme les États-Unis, « autour d'elle, un continent pour s'y propager », non plus, comme la Russie, « un empire qui occupe la moitié de l'Europe, la zone septentrionale de l'Asie », etc. « Ni région compacte et vaste, ni monde colonial, ni chances d'extension ne sont le lot de la France : ses limites, ou peu s'en faut, sont arrêtées, son encadrement géographique défini, et satisfaite dedans, grâce à la diversité de ses provinces, bien gardée au-dehors, elle est sans ambition expansionniste. En revanche, « la France a une impérissable mission au dehors[932] », et c'est là qu'intervient l'Orient :

> Ouvrez sans crainte, ouvrez l'Orient à la France. La France a besoin de l'Orient et l'Orient a besoin de la France, l'Orient si beau, si digne d'être aimé, si triste maintenant dans sa terre et ses populations, mais qui [...] n'a besoin que d'entendre et de voir pour remonter du sein de ses épreuves à un degré imprévu de prospérité et de magnificence. C'est dans le champ de l'Orient que la France retrouvera la gloire des grandes choses [...] ! À l'œuvre donc ![933]

Et précise-t-il, « si l'Orient appelle la France, il faudrait bien se garder de voir en lui « le monde colonial de l'Europe », avant de décrire un mode de développement de l'Orient qui ressemble beaucoup à l'expérience en train de se déployer dans l'Égypte de Mohammed Ali.

Barrault ne tire pas du déséquilibre dans le rapport de force militaire et politique et dans le besoin de modernisation des pays placés dans l'orbite de la Sublime Porte, prétexte à domination, comme le préconise parmi d'autres, à la même époque, un Lamartine. Bien qu'évoquant de la sympathie pour la religion islamique, comme le prouve sa *Vie de Mahomet*, le poète-député appelle à participer explicitement au dépeçage de l'Empire ottoman, ainsi qu'il le fait dans le *Résumé politique du voyage en Orient* en 1837. En réduisant les Turcs à l'Anatolie, les puissances européennes vont, selon lui, se répartir les territoires laissés vides des Balkans, d'Égypte et de Syrie à la Tunisie et l'Algérie en fondant des cités européennes et occupant telle ou telle partie de ces territoires, tout en mettant, dans chaque région, l'arrière-pays sous « protectorat », et cela grâce à un « congrès des principales puissances qui ont des limites sur l'Empire ottoman, ou des intérêts sur la Méditerranée[934]* ».

À peine arrivé en Égypte, Enfantin envoie une lettre à quatre de ses disciples où il fixe la mission de la Famille, et notamment ceux de l'École polytechnique : « À sa naissance, l'*école* a visité et *décrit* l'Égypte, avec NAPOLÉON. Aujourd'hui, il faut féconder l'Égypte de MOHAMMED. Nous ne déchiffrerons pas les vieux hiéroglyphes de sa grandeur passée, mais nous graverons sur son sol les signes de sa prospérité future[935]. » Mais il faut le faire de façon pacifique et user de la force de conviction, de la pédagogie. Le refus de la conquête coloniale, tel qu'il est à l'époque pratiqué en Inde et qui commence à l'être en Algérie, est clairement affirmé dans une lettre à Arlès de janvier 1836 :

> Gouverner un peuple comme propriétaire, ou influer sur son développement comme ami, telle est la différence que je pose entre les deux méthodes et je soutiens que la seconde est même plus productive, économiquement parlant. Je le sais bien, on prétend qu'un propriétaire aime sa propriété plus qu'il n'aime ses amis. C'est possible pour plusieurs, et ceux-là ne sont pas mes amis, toujours est-il qu'il y a une différence entre des choses et des personnes, et que les peuples conquis ont toujours été traités jusqu'ici comme des choses, quand on a voulu en faire des colonies. La fureur d'imposer à ses nouveaux sujets sa langue, ses mœurs, sa religion, de prétendre savoir mieux qu'eux quels goûts et quels travaux, quels plaisirs et quelles peines peut supporter leur nature, en un mot, la fureur de les gouverner, ou au moins de les administrer, a toujours caractérisé, dans les temps modernes, les peuples colonisateurs. Or, je serais curieux de voir faire un essai qui

* Il est tentant de se référer ici à plusieurs événements ultérieurs : la Conférence de Berlin qui accordera à la France, en juin-juillet 1878, le protectorat sur la Tunisie dont elle s'emparera en 1881, puis celle d'Algésiras où France et Angleterre se répartiront en avril 1906 les proies : « À moi le Maroc, à toi l'Égypte ! », ensuite les accords Sykes-Picot où Français et Anglais se partageront en mai 1916 la Grande Syrie, et enfin la conférence de Paris de 1918-1919, avec, à sa suite, les traités de Versailles, de Sèvres et de Lausanne.

> consisterait uniquement à policer le pays, conquis, c'est-à-dire à faire la police, et à donner l'exemple d'une civilisation plus avancée, plus polie. Cette dernière partie de la tâche n'est pas la moins délicate.

Enfantin écrit ces lignes dans une réflexion sur la question d'Orient qu'il apporte comme un bilan de son expérience égyptienne. Il envisage notamment l'éventualité d'une guerre avec la Russie, qu'à l'instar de Saint-Simon, il estime légitime pour les États européens et où l'Égypte, entraînée par la Porte du côté de l'adversaire, deviendrait théâtre de la bataille. Si pour lui, la maîtrise du pays serait une simple « promenade militaire », les Européens ne devraient nullement en profiter pour s'emparer du pays. Il faut selon lui, se garder de « toute tentative d'organisation coloniale selon la vieille méthode des Indes ou même de l'Algérie ». Si en l'occurrence « l'occupation était anglo-française », les autorités militaires des deux pays, qui seraient « pour ainsi dire, deux *ambassadeurs* ARMÉS », se neutraliseraient. Ce serait la meilleure garantie pour que même si, « dans les premiers moments, et avant l'installation d'un gouvernement national, ils auraient bien à exercer une fonction gouvernementale et administrative, [...] elle se bornerait à l'installation la plus prompte de l'autorité nationale. » L'optimisme d'Enfantin est à toute épreuve : il va même jusqu'à imaginer que les occupants pourraient réprimer leurs désirs de prendre sur le corps du pays à leur merci la fameuse livre de chair de Shylock : « En France, comme en Angleterre, aucun privilège spécial ne serait nouvellement accordé au commerce de l'Égypte, à moins qu'il ne le fût également des deux côtés*[936]. »

L'expérience égyptienne a conforté Enfantin dans son refus de la conquête et de la colonisation, ce qu'il exprime de façon explicite dans sa *Lettre à Louis-Philippe* datée de mars 1837 :

> Le passé ne fournissait qu'un mode d'expansion, la guerre, nous sommes plus heureux, et sans conquêtes, sans colonies, nous pouvons mêler le sang des peuples[937].

---

* Cette *Lettre à Arlès* écrite du Vieux Caire le 13/01/1836 était d'une importance suffisante aux yeux d'Enfantin pour qu'avant d'être publiée assez largement dans les « Notices historiques » en 1866, *OSSE* X, 140-148, elle appartînt, éditée en deux parties comme deux lettres successives, au lot des sept lettres sur la politique étrangère figurant dans ENFANTIN, *Correspondance politique (1835-1840)*, 1849, 151-168.

Enfantin s'inscrit ce faisant dans la même vision géopolitique que celle de Barrault :

> Sire,
>
> La base de la politique européenne doit être aujourd'hui :
>
> Tourner les yeux de la Russie vers l'Orient afin que toutes les autres nations puissent tourner les leurs vers le Midi et l'Ouest.
>
> Vouloir empêcher la Russie d'avoir une influence prédominante sur la mer Noire, l'Asie-Mineure, la Perse, ce serait lutter contre la volonté de Dieu, contre la nature des choses, contre soi-même. Et je parle en messie pour l'Angleterre, qui périrait dans cette lutte niaise, mille fois plus absurde que le système continental de Napoléon.
>
> Et ne nous reste-t-il pas l'Amérique tout entière, la Syrie et l'Égypte, ces deux routes de l'Inde, de l'Océanie, et l'Afrique, où nous avons déjà le Sud ?[938]

Rien n'est dit cependant sur le rapport avec l'Angleterre à l'intérieur même de l'espace ainsi délimité.

Nostalgies napoléoniennes et idéalisation de la campagne d'Égypte

Curieusement, tout en refusant la voie de la civilisation des peuples des rives orientale et méridionale de la Méditerranée par la conquête militaire, la domination politique et l'établissement de colonies de peuplement, Enfantin et Barrault restent d'ardents défenseurs de Napoléon et poussent fréquemment la comparaison entre la campagne d'Égypte de Bonaparte et celle des Saint-Simoniens. Urbain n'échappe pas à cet imaginaire. Témoin, un de ses articles intitulé « Souvenirs des Français en Égypte », publié par *Le Temps* en octobre 1836[939]. Cela est d'autant plus significatif que l'expédition d'Égypte de Bonaparte se présente historiquement comme prémisse de la conquête de l'Algérie[940].

Pour ceux qui croient, dans les années 1820-1830, à la capacité de réforme des sociétés de l'Orient en général et de l'Égypte en particulier, c'est un lieu commun de comparer Mohammed Ali à Napoléon. Urbain n'y manque d'ailleurs pas :

> Les Européens effrayés par le silence sépulcral qui pèse sur leurs régions depuis que leur Napoléon est mort, demeureront stupéfaits à

la vue de cet astre nouveau qui s'élève à l'Orient pour leur indiquer des routes nouvelles. Non ! s'écrieront-ils, notre Napoléon qui alla commencer sa gloire en Égypte n'est pas mort. Il vit encore, il est retourné en Égypte, il s'est assis à l'ombre des pyramides pour accomplir des choses dont la renommée durera plus que ces vieux monuments ! C'est lui, c'est lui ! C'est Mohammed Ali[941].

En s'exprimant ainsi, Urbain épouse l'humeur des Français qui, fuyant leur pays, sont venus chercher sur les rives du Nil une respiration nouvelle et qui, comme Enfantin et Barrault, évoquent l'Empereur avec une nostalgie qu'eût probablement désavoué Saint-Simon. Enfantin ne conserve en effet que le souvenir du volet révolutionnaire de son action lorsqu'il écrit en 1828 : « Si, plus âgé de quelques années, j'avais contribué à répandre dans l'Europe entière, à la suite de Napoléon, les idées destructrices, émancipatrices de notre révolution, loin d'en rougir, je m'en glorifierais comme je m'applaudis d'avoir senti mon cœur battre aux succès de nos armées, comme je me félicite de n'avoir été un des moins chauds défenseurs de Paris en 1814 » ![942] Napoléon présenté par Enfantin comme « le génie que Rome oublia de produire et qui vint, après deux mille ans, étonner l'Europe, incrédule au Dieu des armées », vient et « range ses soldats en leur disant qu'ils vont conquérir la paix et *la liberté du commerce* »[943] ? Nous sommes à cent lieues du jugement exprimé par Saint-Simon neuf ans plus tôt : « Un homme se présente à nos frontières, qui pendant dix années a désolé la France par tous les excès du despotisme militaire. Cet homme a été renversé du trône par nos volontés unanimes, et il ose prétendre de régner encore sur nous ! »[944]. Certes les circonstances sont alors celles de son procès fait par la Restauration, mais, si nous faisons abstraction des circonstances qui dictent quelque peu le ton du discours, Saint-Simon n'a cessé de stigmatiser autrement les dérives de Bonaparte lorsqu'il devint Napoléon*.

Urbain participe lui aussi à l'idéalisation du rôle de Bonaparte : « Les Arabes d'Égypte aiment aujourd'hui à grouper autour de la grande figure de Napoléon, tous les souvenirs d'admiration et de sympathie qu'a laissés après elle cette brave armée française qui les délivra de la tyrannie des

* « Prêcher aux Français de 1815 l'alliance avec les vainqueurs de Waterloo exigeait certes autant de courage que de sens de la perspective historique », notera Friedrich Engels dans *Socialisme utopique et socialisme scientifique*, 1880, 56.

Mamelouks. Le nom de Bonaparte est resté parmi eux comme le nom d'un héros ou d'un génie dans lequel ils ont personnifié la France. » Il est vrai qu'il s'adresse par ces mots à un public français : « Les malheureuses tentatives que Mohammed Ali a faites pour naturaliser en Égypte la civilisation européenne, n'ont servi qu'à ranimer le souvenir de l'occupation française. » Mais il oublie qu'il y a, chez ses interlocuteurs égyptiens, une bonne part de dissimulation motivée par la courtoisie orientale pour le visiteur, ce qui les pousse à chanter les louanges de son illustre compatriote pour mieux critiquer leurs misères présentes, et il se laisse aller à l'apologie sans nuances.

Le conquérant de l'Égypte, qui était parti pour l'Orient avec la pensée de prendre l'Europe à revers, avait compris qu'il fallait d'abord exciter l'admiration du peuple qui devait servir de base à son gigantesque projet. La sévérité unie à la justice, à la magnificence et à la générosité, le courage à la clémence, lui eurent bientôt concilié le cœur des Égyptiens[945].

C'est là un tableau bien rose qui couvre d'un voile épais les côtés noirs de la conquête et de la tentative échouée de domination française[946]. « Les politiques qui avaient le mieux observé le génie des peuples d'Égypte, écrivait l'Empereur déchu à Sainte-Hélène, regardaient la religion comme le principal obstacle à l'établissement de l'autorité française. Pour s'établir en Égypte, disait Volney en 1788, il faudra soutenir trois guerres, la première contre l'Angleterre, la seconde contre la Porte, mais la troisième, la plus difficile de toutes, contre les Musulmans qui forment la population du pays »[947]. Partant de cette constatation, Bonaparte pensait toutefois obtenir la neutralité des Égyptiens. Sauf que, fort des promesses de l'Angleterre, le Sultan mena campagne conjointe avec celle-ci, ce qui fit subir au corps expéditionnaire français défaite sur défaite. En détruisant à Aboukir la flotte française un mois après le débarquement d'Alexandrie, il coupait à l'Armée d'Orient toute retraite possible et privait de toute aide logistique maritime l'expédition de Syrie menée contre les troupes ottomanes de Jezzar Pacha. On arriva ainsi à la capitulation finale du général Menou le 30 août 1801. L'hostilité du Sultan n'a pas été non plus sans effet grave sur l'attitude des Égyptiens, attentistes dans un premier temps quand ils pensaient que l'élimination des Mamelouks se faisait avec l'assentiment d'Istanbul. Bonaparte n'avait donc pas tort d'affirmer que « la troisième guerre », celle contre les

Musulmans, « occasionnera tant de pertes que peut-être doit-elle être considérée comme un obstacle insurmontable[948] ». Si dans les années 1830, on ne connaît pas encore ces lignes écrites par l'exilé de Sainte-Hélène, ce ne sont pas à l'époque les récits qui manquent sur l'expédition : ils sont très nombreux et loin de présenter l'aventure sous un jour idyllique.

Il est impossible qu'Urbain ne voie pas que l'occupant français sème lui-même les motifs de la révolte. C'est bien lui en effet qui s'exclamait en octobre 1834 avec des accents prophétiques :

> Quelle nation oserait entreprendre seule de rompre cette barrière que Dieu a mise entre l'Orient et l'Occident ? Les eaux de la mer rouge ouvriraient de nouveaux leurs abymes pour engloutir les phalanges imprudentes qui s'avanceraient armées du glaive, sans la protection de la Femme, sans l'amour des peuples d'Orient. Tous les dieux et prophètes de l'Arabie et des Indes crieraient vengeance et se dresseraient pour arrêter les aveugles conquérants qui viendraient souiller la sainteté de leurs temples. Il faut que le travail soit poussé et arrimé par la religion, par la paix, par le plaisir[949].

Urbain sait bien que les protestations de respect des mœurs et de la religion de Bonaparte ni ses simagrées islamisantes n'ont pu convaincre. Excédés par les méthodes de soudards de l'armée qui retrace les rues en éventrant des quartiers entiers, profanent l'intimité de la vie privée chère aux Musulmans, et, contraints qu'ils y sont par le blocus anglais, augmentent la pression fiscale sur le pays d'une manière qu'ils y voient comme un rabaissement général de leur statut social*, les habitants du Caire se soulèvent le 21 octobre 1798. La mort du général Dupuy, commandant de la place, sous les coups des émeutiers aux premières heures de la révolte, met le feu aux poudres des deux côtés : l'insurrection s'étend et l'armée d'occupation, qui perd quelques centaines d'hommes, s'adonne, pendant le soulèvement, à des exactions féroces et, ivre de vengeance, poursuit les bombardements massifs du centre de la ville après que l'insurrection a été matée. Le scandale

* L'impôt institué sur les maisons du Caire par les autorités qui ont arraché l'assentiment des notables est assimilé par le peuple à une djizya (*ǧizya*), savoir l'impôt de capitation, théoriquement réservé au dhimmis (*ḏimmiyyun*), c'est à dire aux non-Musulmans, en contrepartie de leur exemption de service militaire et de la protection de leurs coutumes et de leurs droits personnels.

provoqué par l'entrée du général Dumas, le père d'Alexandre, l'écrivain, et de sa troupe à cheval dans la mosquée d'Al-Azhar reste également douloureux et révoltant dans les mémoires. Nous sommes à cent lieues de l'enthousiasme littéraire de son fils, qui transforme en geste épique[950] la conduite des troupes d'occupation qui a scandalisé les habitants du Caire, et décrite par le Cheikh Abd al-Rahman al-Jabarti [951]. Jacques Miot, commissaire à l'armée d'Égypte, note à propos des révoltés du Caire dans ses *Mémoires* de l'expédition de Bonaparte dès 1802 : « On en fit un massacre horrible[952]. »

Privée des subsides suffisants et habituée qu'elle était à se payer sur le pays, comme ce fut le cas pendant la campagne d'Italie dont elle sort à peine, la soldatesque pille allègrement sur son passage. Dès lors ses exactions comme celles des autorités se multiplient. Vivant Denon est chargé par Bonaparte d'inventorier et de réquisitionner les objets d'art pour le Musée du Louvre. En suivant la campagne en Haute-Égypte du général Desaix, dont il devient l'ami et dont il accepte les méthodes draconiennes, il se lamente pourtant : « Nous, qui nous vantions d'être plus justes que les Mamelouks, nous commettions journellement et presque nécessairement nombre d'iniquités » dont il établit une liste : la troupe fusille sans discrimination, confondant « ennemis » et « innocents paysans », laissant les villages où elle passe et qui ont accepté son autorité dans un état à peine préférable à ceux qui ont montré de l'hostilité, avec les biens pillés, les propriétés sens dessus dessous, les femmes et les filles violées[953]. Ce qui le mène à cette question amère : « Nous avions à la vérité chassé les Mamelouks, mais en les chassant, ne les avions-nous pas remplacés ?[954] »

La cruauté de l'occupant français n'est pas moins grande lors de la campagne de Syrie. La tuerie délibérée de 2 500 à 4 000 prisonniers turcs exécutés à la baïonnette pendant trois jours après la bataille de Jaffa, le 5 mars 1799, cyniquement justifiée pour n'avoir pas à les nourrir, est en fait destinée à semer la terreur. Jacques Miot dresse à cette occasion le tableau d'une « pyramide effroyable de morts et de mourants dégouttant de sang », exécutés à la baïonnette lorsque les soldats eurent épuisé leurs cartouches, les corps que l'on retire de cet amas de cadavres et qui, « à l'abri de ce rempart affreux, épouvantable, n'avaient point encore été frappés », tableau terrible dont « le souvenir, confie-t-il, fait trembler ma main qui n'en rend point toute l'horreur[955] ». Bonaparte montre ainsi qu'en fait de boucherie, il est largement à la hauteur de son adversaire Ahmed Pacha que la renommée poursuit sous le surnom de Jezzar, littéralement « Le Boucher ». Sur le chemin de retour de Saint-Jean d'Acre, dont le siège de près de deux mois est un échec, grâce notamment à l'appui de l'escadre de l'amiral Smith, Bonaparte ordonne à Kléber de pratiquer la politique de la terre brûlée qui fait peser sur les populations paysannes palestiniennes le poids du conflit avec l'armée turque[956].

Déçus par les Égyptiens par qui ils s'imaginaient être reçus comme des libérateurs et peu sensibles à la « civilisation » qu'ils apportent, l'attitude des militaires tourne vite à la morgue vis-à-vis d'un peuple qu'ils jugent ignorant, barbare et arriéré, dont la seule explication au rejet qu'ils manifestent, ne saurait être que leur fanatisme atavique... C'est le cas du général Kléber, commandant en chef après le départ de Bonaparte en août 1799 et partisan de l'abandon de l'Égypte. Sabreur impénitent, il est sans aucune pitié pour les Égyptiens pour lesquels il montre le plus grand mépris, et ces derniers le lui rendent bien. Il est assassiné deux mois après la seconde révolte du Caire qu'il a réprimée avec la plus féroce énergie en mars-avril 1800. La leçon qu'en tire la grande masse des officiers du corps d'occupation et que reprend Urbain est déjà contenue dans le jugement soufflé par Volney : c'est « le fanatisme religieux qui avait été le seul obstacle que Bonaparte avait eu à surmonter[957]. »

Quand Urbain écrit : « Le mahmour* de Zagasik était un ancien Mamelouk, il nous parla beaucoup de l'armée française, de Menou, de Kléber, de Bonaparte[958] », il n'établit aucune différence explicite entre l'attitude de ces trois hommes. Pourtant, le général Menou, qui succède à Kléber en tant qu'officier le plus gradé de l'armée d'Orient, a une position sur l'avenir de l'Égypte assez différente de celle de son prédécesseur. Il est, à l'opposé du premier, un « coloniste » – c'est alors que le mot apparaît –, partisan de faire de l'Égypte un territoire riche qui remplace avantageusement pour la France Saint-Domingue et les Antilles, mais une colonie sans esclaves et où le peuple conquis doit être considéré avec égards et non pas en inférieur. Il a lui-même donné l'exemple de sa vision « fusionniste » en se

---

* Le *ma'mūr*, litt. « celui qui reçoit des ordres », est en l'occurrence le chef de la subdivision de la *wilāya* ou « gouvernorat ».

convertissant à l'Islam sous le nom d'Abdallah*, épousant la fille d'un riche propriétaire de hammam de Rosette du nom de Zobeida el-Bawab, qui rentrera avec lui en France. Cela lui vaut le surnom de « renégat Abdallah », donné par la troupe dont il est l'objet de sarcasmes permanents. Les exactions commises par les soldats sont telles qu'il se sent obligé de les dénoncer dans un ordre du jour de septembre 1 800 appelant ses troupes à respecter les Égyptiens et à les « traiter en frères » : « Je suis mécontent de beaucoup d'entre vous. Des plaintes graves s'élèvent, des délits se commettent, des soldats se permettent de traiter indignement les habitants. » Et après avoir rappelé qu'Alexandre lui-même a fini par perdre, « la plus grande partie de sa réputation, par les excès auxquels il se livra dans la fureur de l'ivresse », il les exhorte ainsi :

> Soldats, sachez donc être généreux envers les Égyptiens : mais que dis-je ? Les Égyptiens aujourd'hui sont français, ils sont vos frères. Sachez respecter la vieillesse, sachez respecter les femmes, lorsque vous maltraitez un homme qui tremble à votre seul aspect, lorsque vous laissez [sic] une femme. Traitez-le donc comme vous voudriez qu'il vous traitât si vous étiez à sa place et qu'il fût à la vôtre[959].

Ce qui ne l'empêche pas de se montrer impitoyable dans les représailles vis-à-vis des Égyptiens dès que l'autorité française était contestée. Si Urbain ne mentionne pas Menou, c'est pourtant probablement à lui qu'il fait allusion quand, ressentant profondément l'exigence du respect de la vie privée exprimée dans l'ordre du jour précité, il écrit : « Le général en chef remarqua bien vite que toutes les fois que le peuple se révoltait, ce n'était pas lorsqu'il imposait une contribution nouvelle. Les Égyptiens souffraient, payaient et se soumettaient cependant. Mais si Dupuy, gouverneur du Caire, voulait contraindre, dans l'intérêt de la justice, une femme musulmane à passer la nuit hors du harem, on murmurait, s'il allait fouiller la maison de la femme d'un Mamelouk pour y découvrir des trésors ou des

---

* Abdallah, en arabe *ᶜAbd Allāh* est litt. « le Serviteur de Dieu », correspond exactement au grec Théodule, et n'est pas spécifiquement islamique. C'est d'abord un nom préislamique, porté par le père du prophète Mohammed. Il n'est pas seulement courant chez les Chrétiens d'Orient, il est aussi fêté comme nom d'un saint d'Espagne le 13 janvier, plus connu, si l'on peut dire, sous ses formes latinisée et francisée, à savoir *Servus-Dei* et *Serdieu*.

armes cachées, on criait à la tyrannie, s'il ordonnait une visite domiciliaire chez tous les habitants, la sédition éclatait. Tout Le Caire se levait en armes. » Pour conclure : « Le Musulman assiste avec indifférence à toutes les révolutions politiques. Il subit longtemps sans se plaindre l'oppression du souverain qui, selon lui, tient son autorité de Dieu. Mais si on veut lui disputer le pouvoir que Dieu lui a donné sur sa famille, dans son intérieur, il retrouve activité, courage, énergie, il combat. La femme en est le caravansérail, et n'est-elle pas sur la terre le gage de la promesse divine ? »

Urbain n'aborde, dans cet article des *Débats*, que sur le mode mineur le côté sombre de l'expédition de Bonaparte. C'est peut-être pour mieux convaincre le lecteur fier de cette campagne de ne pas se désintéresser de l'Orient. Il projette sur cette réalité passée bien moins glorieuse qu'on ne la retient, le voile de son désir de coopération véritable dénué d'oppression lorsqu'il conclut :

> Les populations musulmanes ont besoin d'apprendre de nous le travail, l'industrie, la science administrative, la vie politique et sociale en un mot, mais leur caractère privé, les mœurs de la famille, doit être émondé mais non déraciné. C'est seulement avec des sentiments de tolérance et de modération que nous pourrons conquérir une puissante influence en Orient et faire adopter par les Musulmans les utiles réformes que doivent subir leurs vieilles et immuables institutions pour que la société puisse être sauvée de l'abrutissement et de la barbarie[960].

Plus généralement, l'effacement ou du moins l'atténuation du côté sombre de l'expédition de Bonaparte chez les membres de la Mission d'Égypte trouve peut-être une explication dans cette remarque que fera Enfantin en janvier 1840 lorsqu'il arrivera en Algérie : « Tout ceci, je le sais [à savoir une politique d'influence pacifique], ne s'obtiendra que si nous paraissons forts, car c'est le souvenir du fort des forts, du Géant des Pyramides et de Sainte-Hélène, qui nous a mis en Orient sur le pied où nous y sommes, c'est lui qui vit au cœur du vieux Mohammed Ali, né la même année que Napoléon, c'est lui qui, pour les vieux diplomates de la Porte, est encore le maître de l'Europe. » Un tel commentaire jette la lumière sur la manière dont Enfantin allie l'exemple non de « Napoléon le despote », mais du « Géant des Pyramides », le conquérant de l'Égypte, avec l'idée d'« association sans conquêtes[961] ». Nous savons que dans l'esprit de Bonaparte, la campagne d'Égypte ne cherchait pas seulement, en accord avec Talleyrand, à couper la route de l'Inde pour l'Angleterre. Elle visait aussi, en y détruisant le pouvoir des mamelouks et la suzeraineté de la Porte ottomane, à réaliser cette sorte de césarienne préconisée par Volney dans le corps de l'« Orient endormi ». Tout se passe comme si, dans l'esprit d'Enfantin, l'expédition ayant réalisé cet acte salutaire, la guerre et le despotisme militaire-féodal pouvait désormais céder la place aux rapports industriels, pacifiques, et que pouvait donc se réaliser ainsi le rêve de Saint-Simon.

Urbain dans la trinité du néo-saint-simonisme eichthalien

C'est avec ce bagage mental fait d'analyses géopolitiques et historiques sur les rapports entre Orient et Occident, de réminiscences de la campagne d'Égypte de Bonaparte et d'expérience vécue de l'aventure saint-simonienne dans ce pays qu'Urbain s'apprête à partir pour une seconde aventure en Orient. Il avait pensé retourner un jour en Égypte. C'est toutefois en Algérie que le sort le conduit. Ce n'est plus comme membre mineur de la Famille saint-simonienne, mais avec un statut bien plus élevé, à côté de ses maîtres spirituels, Enfantin et d'Eichthal.

Tout juste arrivé en France en octobre 1836, Enfantin avait écrit à d'Eichthal une lettre qu'il ne lira qu'à son retour de Vienne, en mars 1837. Le départ d'Urbain pour Alger coïncide avec le refaçonnage du Saint-Simonisme enfantinien exprimé dans cet échange épistolaire qui rompt le silence entre les deux hommes depuis qu'en novembre 1832, d'Eichthal avait quitté la Retraite de Ménilmontant. Après sa publication des *Deux mondes*, celui-ci, utilisant les réseaux familiaux en Autriche, a espéré pouvoir présenter à Metternich ses plans pour l'Europe : l'Autriche y est appelée à jouer un rôle fondamental pour lier l'Occident et l'Orient, œuvre dans laquelle selon lui, les Juifs peuvent à leur tour, jouer un rôle pivot, pourvu, naturellement, que l'Empire s'attèle à leur émancipation. Ce faisant, Enfantin agit dans la même voie que celle qu'a empruntée d'Eichthal. Il s'intéresse également à la situation en Autriche et entretient à cet effet une correspondance avec Heine[962].

Les temps ont changé depuis que, sans cesser de croire à Enfantin, d'Eichthal lui avait signifié son émancipation assez durement dans une réunion de la Famille qui eut lieu le 3 novembre 1832 au lendemain de laquelle il avait repris l'habit bourgeois[963]. Les deux hommes sont désormais dans le monde, mais Enfantin a cru bon utiliser, par une sorte de clin d'œil quelque peu nostalgique, le langage mystique de naguère, ce qui entraîne cette réponse de d'Eichthal : « Cette lettre est adressée au *prophète*, mais ce n'est pas au *prophète* qu'elle est parvenue. Ce n'est point le prophète qui y répond. »

Pourtant, c'est bien dans une envolée tout à fait mystico-religieuse qu'il explique qu'il est devenu Homme. D'Eichthal est tout à son effort de prosélytisme pour l'émancipation des Juifs d'Allemagne et vient par ailleurs de rencontrer Joseph Salvador[*] qu'il présente comme un « prophète méconnu jusqu'ici, mais prophète immense », qui lui aurait affirmé : « Le Saint-Simonisme a été un mouvement *juif*[964]. » L'homme n'est pas un inconnu pour les Saint-Simoniens. En publiant en 1822 sa *Loi de Moïse, ou Système religieux et politique des Hébreux* où, concluant notamment à la légalité de la peine rendue par le Séhandrin selon le droit hébraïque de la Palestine du Ier siècle, il a déjà fait parler de lui. Nous savons que l'ouvrage circulait dès sa sortie parmi les disciples de Saint-Simon[965], et il semble bien que les écrits de d'Eichthal sur le dogme en ont déjà reçu l'influence. La revalorisation qu'il opère du rôle de Juifs n'avait pu que donner élan aux Saint-Simoniens d'ascendance juive dans leur quête religieuse. C'est ainsi que, dans la 5e de ses *Lettres sur la politique et la religion*, Eugène Rodrigues fait, dans le but de combattre l'idée en vogue de la supériorité du Christianisme sur le Judaïsme, appel explicite à Salvador quand il écrit : « La religion de Moïse a, sur celle du Christ, l'avantage de présenter en même temps le caractère de *loi*. Donc, elle lui est supérieure comme *institution politique*, donc la religion chrétienne est inférieure à la religion juive sous le rapport de l'*unité* », l'unité entre le politique et le religieux, s'entend[966].

---

[*] Jacob Salvador est né à Montpellier en 1779 de mère catholique dans un milieu de tradition juive sépharade. Pour cet auteur original, voir l'étude de Joël Sebban « Une controverse judéo-chrétienne dans la France du XIXe siècle : l'œuvre scandaleuse de Joseph Salvador » parue en 2011, ainsi que celle de Valérie Assan, « Gustave d'Eichthal en Algérie. Entre utopie saint-simonienne et quête des origines », 2015. D'Eichthal donne à Enfantin des extraits d'un livre qui va paraître l'année suivante dans lequel l'érudit critique vigoureusement le Catholicisme et où il valorise et actualise une nouvelle fois, après son livre de 1823, *La loi de Moïse*, le prophétisme juif, voir plus loin, Liv. II, Ch. XIII, 203-205.

Cela étant, d'Eichthal replace son cheminement intellectuel dans l'enchaînement historique des différentes expressions religieuses de l'humanité, du moins celles qui se sont épanouies à l'ouest de l'Indus. Il y cale son propre rôle dans le monde. Et là, nous devons admettre une novation doctrinale par rapport à ce qu'il a lui-même nommé sa « Prophétie du 2 mars 1832 », lorsqu'il déclarait à Enfantin :

> Ma vie en soi n'a rien d'ordinaire. Je crois être aujourd'hui le seul homme dans lequel vivent la tradition et les sympathies des grandes religions du passé, jointes à un vif désir de progrès.

Il poursuivait cette affirmation en énumérant ce qu'il a appris de son immersion dans les croyances successives qu'il a traversées : Judaïsme, Christianisme, Athéisme comtiste et religion saint-simonienne[967]. Il réaffirme bien le rôle messianique qu'il se confère, mais celui-ci a changé de nature, passant de celle de Prophète à celle d'Homme comme incarnation du prophète rentré dans le monde : « Il est l'HOMME parce qu'en lui le double caractère de *fils* et de *Père*, Isaac entre Abraham et Jacob, Esprit saint entre Jéhovah et Jésus, Monde méditerranéen entre l'Orient et l'Occident. » Mais il le fait cette fois en attribuant l'impulsion décisive, existentielle, pour ce destin exceptionnel à sa qualité de Juif : « Celui qui auprès de vous a été le *Prophète*, loin de vous est devenu ce qu'il voulait que vous devinssiez, ce que vous n'avez pas pu devenir, ce que l'*Hébreu* seul peut-être, l'HOMME ». Reprenant alors le fil des manifestations humaines de la prophétie, il ajoute : « Et comme dans l'ordre des temps les premiers sont les derniers, son Père est d'Occident et s'appelle Enfantin, son fils est d'Orient et s'appelle Ismaÿl. Lui-même s'appelle GUSTAVE [...]. Il ne connaît pas la douleur que vous avez décrite de celui qui n'a pas de Père, et il ne connaît pas non plus la douleur de la stérilité. Il est aussi l'Homme, parce que vous n'avez vous-même pris que le nom de PRÉCURSEUR[968]. »

Le Saint-Simonisme sans Saint-Simon, le Saint-Simonisme premier, avait été formalisé par Rodrigues comme une dualité, celle des deux Pères, Bazard et Enfantin. Le Néo-Saint-Simonisme à présent dévoilé s'avance comme une trinité, en restant toujours dans l'architecture de la pensée de d'Eichthal : Enfantin, d'Eichthal et Urbain. Rappelons-nous la *Note sur le dogme* de 1832 : « Toutes les religions ont été basées sur un Dualisme ou une Trinité »[969]. L'important n'est pas tant d'apprécier la consistance de cette figure que de souligner la part qu'y joue le personnage que nous suivons à travers le siècle, Urbain, qui va maintenir avec d'Eichthal une relation étroite jusqu'aux derniers instants de sa vie.

Ismaÿl va se rendre en Afrique sous peu de jours, annonce ensuite d'Eichthal dans sa lettre à Enfantin, et si rien ne s'y oppose je l'accompagnerai jusqu'auprès de vous. Car le Monde a besoin de la vie nouvelle qui doit naître de notre triple contact.

De fait, d'Eichthal est tout juste rentré de Vienne pour accompagner Urbain à Curson sur le chemin du départ, visite qu'Enfantin décrit à Lambert : « J'ai eu ici la visite d'Urbain, partant pour Alger comme secrétaire interprète de Bugeaud, accompagné de d'Eichthal qui allait à Montpellier prendre le soleil [...]. Urbain n'a fait que passer. Gustave est resté trois jours, nous avons un peu recommencé ensemble nos vieilles habitudes, tu sais que chaque contact avec lui est toujours accompagné de décharges électriques qui engourdissent les membres, tu sais aussi que j'ai pu toujours trouver et m'approprier ce qui était enveloppé sous la forme mystérieuse du prophète. Cette fois-ci, je cherche encore quel doit être le résultat de cette visite, je ne le connais pas encore. Il est très-préoccupé des Juifs et par conséquent de lui, de moi comme père ou plutôt comme grand-père, de lui comme fils viril, d'Urbain comme petit-fils. Il ne veut plus que je fasse de théorie, de métaphysique, ce qui me va du reste assez bien, mais malgré cela il en a fait en masse pendant son séjour... Nous avons beaucoup causé de son voyage d'Allemagne, mais là je ne sens pas non plus encore ce que doit être le résultat de ce voyage et de notre entretien à ce sujet[970]. »

La distribution nouvelle des rôles politiques qui se dessine dans le tableau écrit dans le vieux style du mysticisme doctrinal des années 1828-1832 de la lettre de d'Eichthal à Enfantin, et dans le récit de la visite à Curson par ce dernier, apparaît d'évidence : d'Eichthal pour la doctrine, Enfantin pour l'action politique industrielle en Europe, Urbain pour l'action vers l'Afrique, ainsi que nous l'avons vu, celle de fourrier du Monde blanc vers le Monde noir, dans sa double qualité de Noir et de Musulman. Le moins que l'on puisse dire, c'est qu'Enfantin a écouté poliment, mais sans grande conviction. Voilà qui augure mal des chances de vie à cette nouvelle trinité...

Remarques à mi-parcours

Après avoir suivi les premières années d'Urbain, écoulées entre Cayenne et Marseille, nous l'avons saisi, aux tout débuts de sa vie politique, dans ses élans républicains au cours de l'été et de l'automne 1831, puis à sa conversion au Saint-Simonisme en janvier 1832. Nous avons ensuite partagé avec lui les émotions de la Retraite saint-simonienne de Ménilmontant, puis celle de l'aventure des missions prolétaires avant son départ pour l'Orient en mars 1833.

C'est avec Urbain que nous avons effectué le voyage oriental de la Famille saint-simonienne. Fertile en péripéties pittoresques et en sensations nouvelles, le séjour en Égypte est aussi riche de leçons politiques, qui dépassent l'effritement du rêve religieux de quête de la Mère, et l'échec pratique des projets de percement de l'isthme de Suez et de construction du barrage du Nil. Ce séjour fut le moment d'une expérience inédite de coopération volontaire en Orient, qui se place à l'opposé exact des politiques de conquête et de colonisation en cours à l'époque.

Il est aussi pour Urbain, marqué par sa conversion à l'Islam, un élément original dans la Famille saint-simonienne et fondamental de sa vie d'adulte.

C'est avec ce riche bagage que lui et ses amis, en premier lieu d'Eichthal et Enfantin, vont s'engager dans une nouvelle aventure, celle de l'Algérie.

NOTE DU PROLOGUE

[1] BOURMONT, général (de), « Proclamation adressée aux Coulouglas », 1830, voir l'*Aperçu historique et statistique de la Régence d'Alger*, de Sidi Hamdan-ben-Othman Khoja, 1833, Pièce n° 8, 417-419, reprise dans LAFFITTE, Roland, *La Ronde des libérateurs*, 2012, 32-34.

NOTES DU CHAPITRE I

[2] *Code civil avec modifications*, signé Victor Hugues, 1822, 5-6.

[3] BRUE, *Lettre à Urbain* du 22/02/1828, ms. Ars. 13740/10.

[4] BRUE, *Lettre à Urbain* du 03/02/1830, ms. Ars. 13740/19.

[5] LAURAS, Louise, *Lettre à d'Eichthal* du 23/10/1884, ms. Ars. 13744/66.

[6] LAURAS, Louise, *Lettre à d'Eichthal* du 10/12/1884, ms. Ars. 13740/1.

[7] BRUE, *Lettre à Urbain* du 04/01/1830, ms. Ars. 13740/43.

[8] URBAIN, « À la Une », Alexandrie, Quarantaine *Fortunata de Malte*, 16/08/1833, dans *Poèmes*, ms. Ars. 13735, éd. par Philippe Régnier ; 1993, 225.

[9] BRUE, *Lettre à Urbain* du 04/02/1826, ms. Ars. 13740/8.

[10] URBAIN, *Notice chronologique*, éd. par Anne Lavallois, 2005, 99.

[11] URBAIN, *Notice chronologique*, 100.

[12] BRUE, *Lettre à Urbain* du 04/10/1828, ms. Ars. 13740/13.

[13] LEVALLOIS, Anne, « Homme de couleur, saint-simonien, musulman : une identité française », dans *Les Écrits autobiographiques d'Ismaÿl Urbain…*, 139.

[14] BRUE, *Lettre à Urbain* du 22/10/1831, ms. Ars. 13740/33.

[15] BRUE, *Lettre à Urbain* du 25/10/1828, ms. Ars. 13740/14.

[16] BRUE, *Lettre à Urbain* du 28/01/1829, ms. Ars. 13740/40.

[17] BRUE, *Lettre à Urbain* du 03/02/1830, ms. Ars. 13740/19.

[18] *Idem.*

[19] BRUE, *Lettre à Urbain* du 25/10/1828, Ars., ms. 13740/14.

[20] URBAIN, « Mystère », dans *Poèmes*, 252.

[21] BRUE, *Lettre à Urbain* du 05/07/1830, ms. Ars. 13740/21.

[22] BRUE, *Lettre à Urbain* du 25/02/1830, ms. Ars. 13740/20.

[23] BRUE, *Lettre à Urbain* du 05/07/1830, ms. Ars. 13740/21.

[24] BRUE, *Lettre à Urbain* du 04/01/1830, ms. Ars. 13740/43.

[25] BRUE, *Lettre à Urbain* du 05/07/1830, ms. Ars. 13740/21.

[26] *Idem.*

[27] BRUE, *Lettre à Urbain* du 05/07/1830, ms. Ars. 13740/21.

[28] BRUE, *Lettre à Ovide* du 06/01/1826, ms. Ars. 13740/4.

[29] BRUE, *Lettre à Ovide* du 28/09/1830, ms. Ars. 13740/7.

[30] BRUE, *Lettre à Urbain* du 25/02/1830, ms. Ars. 13740/20.

[31] Dory, Alphonse, *Retour au christianisme de la part d'un saint-simonien*, 1834, 33-34.

[32] Brue, *Lettre à Urbain* du 02/08/1830, ms. Ars. 13740/22.

[33] Urbain, *Notes autobiographiques*, 28-29.

[34] Urbain, *Notice chronologique*, 101.

[35] Brue, *Lettre à Urbain* du 05/07/1830, ms. Ars. 13740/21.

[36] Brue, *Lettre à Urbain* du 02/08/1830, Ars., ms. 13740/22.

[37] Urbain, « Mystère », dans *Poèmes*, 251.

[38] Brue, *Lettre à Urbain* du 18/10/1830, ms. Ars. 13740/25.

[39] Brue, *Lettre à Urbain* du 22/10/1830, ms. Ars. 13740/26.

[40] Urbain, *Notice chronologique*, 101.

[41] [Urbain] T. U., « *Feuilleton*. Une sépulture », *Le Temps* du 27/11/1836.

[42] [Urbain] T. U., « *Feuilleton*. Cacambo », *Le Temps* du 05/12/1836.

[43] Urbain, *Notice chronologique*, 99-130, notamment 101.

[44] Brue, *Lettre à Urbain* du 29/10/1830, ms. Ars. 13740/27.

[45] Brue, *Lettre à Urbain* du 02/03/1831, ms. Ars. 13740/51.

[46] Brue, *Lettre à Urbain* du 27/09/1832, ms. Ars. 13740/65.

[47] Urbain, « Mystère », dans *Poèmes*, 252.

[48] *Bulletin des Lois du Royaume de France*, août 1831, 218-219.

[49] Le Blond, Fabien-Flavin, *Observations sur l'état politique des hommes de couleur*, 1832, 9.

[50] Brue, *Lettre à Urbain* du 02/04/1831, ms. Ars. 13740/28.

[51] Brue, « Post-scriptum » du 02/05/1831 à la *Lettre à Urbain* du 02/04/1831, ms. Ars. 13740/28.

[52] Brue, *Lettre à Urbain* du 02/04/1831, ms. Ars. 13740/28.

[53] Urbain, *Notes autobiographiques*, 29, et *Notice chronologique*, 101.

[54] *Code civil avec modifications*, 1805, 6-7.

[55] Urbain, *Notes autobiographiques*, 29.

[56] Urbain, *Notice chronologique*, 101.

[57] Urbain, « Mystère », dans *Poèmes*, 251-252.

[58] [Urbain] T. U., « *Feuilleton*. L'Habitation L'Éléonore », *Le Temps* du 15/01/1837.

[59] *Idem.*

[60] Bruleaux, Anne-Marie & autres, *Deux siècles d'esclavage en Guyane française*, 1987, 207.

[61] *Idem.*

[62] Brue, *Lettre à Urbain* du 02/04/1831, ms. Ars. 13740/28.

[63] Le Blond, *Observations sur l'état politique des hommes de couleur*, 9.

[64] *Ibid.*, 12.

[65] Urbain, « Mystère », dans *Poèmes*, 252-253.

[66] *Ibid.*, 253.

[67] Urbain, « Première parole du fils de l'esclave, apôtre et prophète, à la terre d'Amérique », Paris, Ménilmontant, 29/09/1832, dans *Poèmes*, 207.

[68] Brue, *Lettre à Urbain* du 02/04/1831, ms. Ars. 13740/28.

[69] BRUE, *Lettre à Urbain* du 02/05/1831, Supplément à celle du 02/04/1831, ms. Ars. 13740/28.

[70] BRUE, *Lettre à Urbain* du 15/07/1831, ms. Ars. 13740/52.

[71] *Idem.*

[72] URBAIN, *Notice chronologique*, 102.

[73] BRUE, *Lettre à Urbain* du 15/07/1831, ms. Ars. 13740/52.

[74] URBAIN, *Notes autobiographiques*, 27.

[75] *Ibid.*, 35.

NOTES DU CHAPITRE II

[76] HEINE, Heinrich, « Du Saint-Simonisme », voir extrait traduit dans *Le Globe* du 16/01/1832.

[77] Voir GOUZEVITCH, Irina & Dimitri, « Note de l'ingénieur-colonel Raucourt de Charleville concernant les voies de communication en Russie », 1996.

[78] ENFANTIN, « NOUVEAUX PRINCIPES D'ÉCONOMIE POLITIQUE… », dans *Le Producteur*, V, 1826, 94-98.

[79] BLANQUI, Adolphe, *Histoire de l'économie politique*, 1837. Le passage cité est extrait de la 4e éd. revue et annotée, Paris : Guillaumin, 1860, II, 219-220.

[80] RÉGNIER, Philippe, « Pratique et théorie saint-simoniennes de la presse périodique », 2004.

[81] SAINT-SIMON, *L'Organisateur*, 1819-1820, 1ère livraison, *OSSE*, XX [Éd. Slatkine, II], 17-26, *OC*, 2245-2246.

[82] ENFANTIN, *Lettre à Thérèse Nugues* de septembre 1828, citée dans *OSSE*, XXV, 70.

[83] *Idem.*

[84] RODRIGUES, Olinde, *Notes, mémoires, souvenirs*, ms. Ars. 7626, d'après D'ALLEMAGNE, Henry-René, *Les Saint-Simoniens*, 64.

[85] CHARTON, Édouard, *Mémoires d'un prédicateur saint-simonien*, 1832, 8-10.

[86] ENFANTIN, « Extrait d'une note écrite par Enfantin, à Sainte-Pélagie, le 05/01/1833 », *OSSE*, II, 57, n. 2.

[87] RÉGNIER, Philippe, « Pratique et théorie saint-simoniennes de la presse périodique », 226-227.

[88] Voir MUSSO, Pierre, *Saint-Simon et le saint-simonisme*, 1999, 102.

[89] Voir l'*Exposition de la doctrine de Saint-Simon* : « 3e : Conception – Méthode – Classification historique », et « 4e séance : Antagonisme. Association universelle. Décroissance de l'un, progrès successifs de l'autre », dans ENFANTIN & autres, *Doctrine de Saint-Simon : Première année. Exposition*, 1829, 58-90. Pour les études sur cette question, voir notamment JANET, Paul, « Le Socialisme moderne – L'école saint-simonienne – Bazard et Enfantin, etc. », 1876, 591-592, ainsi que MUSSO, Pierre, *Saint-Simon et le saint-simonisme*, 102.

[90] BAZARD & ENFANTIN, *Lettre à Monsieur le Président de la Chambre des députés* du 1er octobre 1830, *OSSE*, IV, 122.

[91] TAJAN-ROGÉ, Dominique, *Mémoires d'un piano*, 1876, 6.

[92] LAMENNAIS, Hugues-Félicité Robert de, *Paroles d'un croyant*, 1834.

[93] BAZARD, Saint-Amand, « Résumé de l'exposition de la première année », première séance de la IIe année, 18 novembre 1829, dans ENFANTIN & autres, *Doctrine de Saint-Simon : Exposition. Deuxième année*, 1830, 15.

[94] ENFANTIN, « Lettre à Bailly », avril 1830, *OSSE* XXVII, 85-86.

[95] Sur cette question du panthéisme, voir JOURDAN, Louis, « La Doctrine saint-simonienne » dans *La Revue philosophique et religieuse*, I, 1855, 181-194 ; et MACHEREY, Pierre, « Un chapitre de l'histoire du panthéisme : la religion saint-simonienne et la réhabilitation de la matière », 1994.

[96] ENFANTIN, *Lettre à Bailly* de mars 1830, *OSSE*, II, 161-162.

[97] URBAIN, *Profession de foi de Thomas Urbain (de Cayenne)*, ms. Bnf, Fonds Pereire, N.a.fr. 24614, f° 8. Voir aussi *Lettre à Hoart*, 07/02/1832, ms. Ars. 7789/8.

[98] ENFANTIN, « Lettre aux Saint-Simoniens éloignés de Paris », *OSSE*, II, 214.

[99] ENFANTIN, « Sixième séance. Transformation de l'exploitation de l'homme par l'homme et du droit de propriété », début 1829, dans *Doctrine saint-simonienne. Exposition*, 3e éd. 1831, 178.

[100] BAZARD & ENFANTIN, « Lettre aux Saint-Simoniens éloignés de Paris », 28/07/1830, *OSSE*, II, 186-190.

[101] Voir *L'Organisateur* du 07/09/1830 (IIe année – n° 1).

[102] URBAIN, *Profession de foi*, N.a.fr. 24614, f° 7.

[103] BAZARD, Saint-Amand, « Lettre à Rességuier » d'août 1830, citée dans *OSSE*, III, 5.

[104] *Ibid.*, 9, n. 1.

[105] ENFANTIN, « Troisième enseignement (2 décembre 1831) : L'autorité et la liberté – La loi vivante », paru dans *Religion saint-simonienne. Morale…*, avril 1832, 102-103. Ce texte, déjà paru *Le Globe* du 21/02/1832, est repris dans *OSSE*, XIV. Pour la citation, voir 103-104.

[106] *Ibid.*, 9, n. 1.

[107] *Ibid.*, II, 185.

[108] BAZARD & ENFANTIN, *Lettre aux Saint-Simoniens éloignés de Paris*, *OSSE*, II, 189.

[109] BLANQUI, Adolphe, *Histoire de l'économie politique en Europe…*, II, 252.

[110] *Ibid.*, II, 249.

[111] VOILQUIN, Suzanne, *Souvenirs d'une fille du peuple*, 77-78.

[112] URBAIN, *Notes autobiographiques*, 30.

[113] URBAIN, *Profession de foi*, f° 6-7.

[114] URBAIN, *Notes autobiographiques*, 30.

[115] URBAIN, *Profession de foi*, f° 6-7.

[116] BROTHIER, Léon, *Revue de Toulouse*, 1837, 317.

[117] Voir BLANC, Louis, *Organisation du travail* (1839), 5e éd., 1847, 14 ; CABET, Étienne, *Voyage en Icarie*, 1845, 557 et 591 ; MARX, Karl, « Kritik des Gothaer Programms » (1875), en français *Critique des programmes de Gotha et d'Erfurt*, Paris : Éd. sociales, 1972, 32.

[118] DORY, Alphonse, *Retour au christianisme*, 39.

[119] *Idem.*

[120] RÉGNIER, Philippe, « Pratique et théorie saint-simoniennes de la presse périodique », 227-228.

[121] ENFANTIN, *Lettre à Edmond Talabot* du 5/11/1830, citée dans *OSSE*, III, 54.

[122] PEREIRE, Isaac, « Rapport sur l'état de la correspondance depuis le 5 septembre jusqu'au 31 octobre dernier », *Religion saint-simonienne. Correspondance – Articles extraits du Globe*, 1831, 12.

[123] BLANC, Louis, *Révolution française – Histoire de dix ans (1830-1840)*, III, 114.

[124] *Idem*, 115-116.

[125] BRUE, *Lettre à Urbain* du 24/07/1831, ms. Ars. 13740/29.

[126] Voir ENFANTIN & autres, *Doctrine de Saint-Simon. Exposition*, 2 vol., 1829 et 1830.

[127] URBAIN, *Profession de foi*, f° 7.

[128] D'ALLEMAGNE, Henry-René, *Les Saint-Simoniens*, 327.

[129] URBAIN, *Notice chronologique*, 102.

[130] BRUE, *Lettre à Urbain* du 22/10/1831, ms. Ars. 13740/33.

[131] *Idem.*

[132] SHAKESPEARE, « Timon of Athens », Acte IV, Scène III, éd. 1982, 743. Traduction des auteurs.

[133] BRUE, *Lettre à Urbain* du 22/10/1831, ms. Ars. 13740/33.

[134] BRUE, *Lettre à Urbain* du 10/10/1831, ms. Ars. 13740/32.

[135] URBAIN, *Notice chronologique*, 100.

[136] BRUE, *Lettre à Urbain* du 10/09/1831, ms. Ars. 13740/31.

[137] BRUE, *Lettre à Urbain* du 12/05/1832, ms. Ars. 13740/54.

[138] *Idem.*

[139] BRUE, *Lettre à Urbain* du 22/10/1831, ms. Ars. 13740/33.

[140] BRUE, *Lettre à Urbain* du 02/03/1831, ms. Ars. 13740/51.

[141] BARRAULT, Émile, « Prédication à la rue Taitbout » du 10 juillet 1831, *OSSE*, III, 50.

[142] BLANQUI, Adolphe, *Histoire de l'économie politique en Europe…*, II, 250.

[143] ENFANTIN, *Lettre aux Saint-Simoniens éloignés de Paris*, *OSSE*, II, 210-211.

[144] FLACHAT, Stéphane, « Rapport des travaux de la famille saint-simonienne », dans *Religion saint-simonienne. Rapports adressés aux Pères suprêmes*, septembre 1831, 23 ; repris dans *OSSE*, IV, 72.

[145] REYNAUD, Jean, « Mission du Midi – Discours de Jean Reynaud », publié dans *L'Organisateur belge* n° 3 du 6/06/1831, 22-24, et n° 4 du 12/06/1831, 29-32. On retrouve ce texte en tiré à part sous le titre *Prédication sur la constitution de la propriété : religion saint-simonienne*, 1831. La citation figurant dans le n°4 du journal, 32, et dans le tiré à part, 22.

[146] ENFANTIN, « Lettre à François et Peiffer, chefs de l'Église de Lyon », dans *Religion saint-simonienne. Lettre du Père Enfantin à Charles Duveyrier, etc.*, 1831, 8.

[147] SAINT-SIMON, *Le Nouveau christianisme*, 1825, *OSSE*, XXIII [Éd. Slatkine, III], 179 ; *OC*, IV, 3219.

[148] SAINT-SIMON, *De l'organisation sociale*, 1817 (?), *OSSE*, XXXIX [Éd. Slatkine, V], 124 ; *OC*, IV, 3075.

[149] FLACHAT, Stéphane, « Rapport des travaux de la famille saint-simonienne », 22 ; repris dans *OSSE*, IV, 71.

[150] On peut se reporter aux pages consacrées à l'organisation des ouvriers et notamment aux maisons d'association dans D'ALLEMAGNE, Henry-René, *Les Saint-Simoniens*, 120-128.

[151] D'ALLEMAGNE, Henry-René, *ibid.*, 109.

[152] FRANÇOIS & PEIFFER, *Lettre au Globe* du 27/12/1831, repris dans *Religion saint-simonienne. Événemens de Lyon*, 9.

[153] CHEVALIER, Michel, *Le Globe* du 31/10/1831, repris dans *Religion saint-simonienne. Événemens de Lyon*, s.d., 3-4. L'Église présente dans la brochure suscitée des extraits d'articles du *Globe* généralement écrits pendant cette période par son directeur. On trouve par ailleurs un résumé de l'attitude des Saint-Simoniens lors de l'insurrection dans WALCH, Jean, *Michel Chevalier, économiste saint-simonien*, 1975, not. 102-105.

[154] Voir le *Code pénal de L'Empire français*, 1810, 414.

155 ARLÈS-DUFOUR, François-Barthélemy, *Lettre à Gabriel Prunelle* du 03/11/1831, Lyon, Arch. Mun., Dossier I 2 37, pièce 26, d'après CANTON-DEBAT, Jacques, *Un homme d'affaires lyonnais : Arlès-Dufour (1797-1872)*, 2000, au chapitre XI. « Le "tarif et les canuts" ».

156 RUDE, Fernand, *L'insurrection ouvrière de Lyon de novembre 1831*, 337.

157 ARLÈS-DUFOUR, François-Barthélemy, *Lettre à Gabriel Prunelle* du 10/11/1831, Lyon, Arch. Mun., Dossier I 2 37, pièce 23.

158 CHEVALIER, Michel, *Le Globe* du 25/11/1831, repris dans *Religion saint-simonienne. Événemens de Lyon*, 7.

159 *Idem.*, 8.

160 VOILQUIN, Suzanne, *Souvenirs d'une fille du peuple*, 162.

161 PEIFFER & FRANÇOIS, *Lettre au Globe* du 27/12/1831, extrait repris dans *Religion saint-simonienne. Événemens de Lyon*, 8.

162 *Ibid.*, 9.

163 CHEVALIER, Michel, *Instructions à Peiffer* du 27/12/1831, *Le Globe* du 27/12/1831, toujours dans *Religion saint-simonienne. Événemens de Lyon*, 10-12.

164 GIRARDIN, Marc [dit Saint-Marc], « Paris. 7 décembre [Les Barbares] », *JDD* du 08/12/1831.

165 Chapeau de présentation de l'article paru la veille dans le *JDD* sous la rubrique « France », *Le Globe* du 09/12/1831.

166 Article sans titre et non signé sous la rubrique « France » : « Aux Saint-Simoniens. Parti politique des travailleurs », *Le Globe* du 06/10/1831.

167 Commentaire suivant l'article du *JDD*, dans *Le Globe* du 09/12/1831.

168 RIBES & MASSOL, Chefs de la religion Saint-Simonienne à Lyon, « Religion saint-simonienne. Église de Lyon », *Le Globe du 17/02/1832.*

169 ANONYME, « Sur les coalitions d'ouvriers », dans *L'Organisateur* du 25/09/1830 (n° 6, IIe année), 47-48.

170 ARLÈS-DUFOUR, François-Barthélémy, « Sur les coalitions d'ouvriers », dans *L'Écho de la Fabrique* n° 31 du 27/05/1832.

171 REYBAUD, Louis, *Études sur les réformateurs contemporains ou socialistes modernes*, 1843, 117.

172 *Ibid.*, 116.

173 ENFANTIN, « Réunion générale de la Famille. Séance du 19 novembre », dans *Religion saint-simonienne. Morale…*, avril 1832, 2-3.

174 ENFANTIN, « Note sur l'extrait de la séance du 31 décembre 1829 », *OSSE*, XXVI, 209.

175 ENFANTIN, « Deuxième Enseignement (28/11/1831). L'Histoire », dans *Religion saint-simonienne. Morale…*, avril 1832, 95, repris dans *OSSE*, XIV, 45.

176 FOURIER, Charles, *Théorie des quatre mouvements et des destinées générales*, 1808, 180.

177 Voir *OSSE*, II, 20.

178 BARRAULT, Émile, dans *Religion saint-simonienne. À tous*, Paris : Librairie saint-simonienne, avril 1832.

179 Voir BAZARD & ENFANTIN, *Jugement de la doctrine de Saint-Simon sur les derniers événements*, *OSSE*, II, 229.

180 ENFANTIN, *Lettre à Duveyrier* du 08/08/1829, dans *OSSE*, XVI, 18.

181 BAZARD & ENFANTIN, *Lettre à monsieur le Président de la Chambre des députés* du 1er octobre 1830, dans *OSSE*, IV, 123-124.

182 *Ibid.*, 123.

183 Voir *OSSE*, IV, 35.

184 ENFANTIN, « Cinquième enseignement. 7 décembre 1831. Morale », dans *Religion saint-simonienne. Morale…*, avril 1832, 155-173, repris dans *OSSE*, XIV, 136-165.

185 JANET, Paul, « Le Socialisme moderne – L'école saint-simonienne – Bazard et Enfantin… », 614.

186 BAZARD, Saint-Amand, « Relation des hommes et des femmes. Mariage. – Divorce », dans *Religion saint-simonienne. Discussions morales, politiques et religieuses…*, janvier 1832, 10, n. 1.

187 RODRIGUES, Olinde, *Le Globe* du 28/11/1831, *cf. OSSE*, IV, 210.

188 RODRIGUES, Olinde, *Note sur le mariage et le divorce lue au Collège de la Religion saint-simonienne le 17 octobre*, 1831.

189 ENFANTIN, « Deuxième enseignement. 20 novembre 1831 », *OSSE*, XIV, 95.

190 ENFANTIN, « Neuvième enseignement. 14 décembre 1831 », *OSSE*, XVI, 55.

191 ENFANTIN, « Cinquième enseignement. 7 décembre 1831 », *OSSE*, XIV, 155 et 157.

192 ENFANTIN, « Quinzième Enseignement. Mardi soir 24 janvier 1832, rue Monsigny », *Enseignements*, *OSSE*, XVII, 17.

193 ENFANTIN, intervention lors de la séance du 21 novembre 1831, *Religion saint-simonienne. Réunion générale de la Famille. Séances des 19 et 21 novembre*, 55.

194 ENFANTIN, allocution lors de la séance du 09/03/1831, *OSSE*, III, 110.

195 *Ibid.*, 111.

196 Voir ARNAUD, Angélique & SIMON, Caroline, *Une correspondance saint-simonienne : 1833-1838*, 1990.

197 VOILQUIN, Suzanne, *Souvenirs d'une fille du peuple*, 88-89.

198 ENFANTIN, « Réunion générale de la Famille. Séance du 19 novembre », 4.

199 CHEVALIER, Michel, « Nouvelle politique. – Les ingénieurs. Les banquiers. – Visite aux banquiers », *Le Globe* du 16/12/1831, *cf.* ENFANTIN, « Dixième enseignement. Vendredi 16 décembre 1831. Salle Taitbout », *OSSE*, XVI, 80.

200 ENFANTIN, « Note sur l'extrait de la séance du 31 décembre 1829 », *OSSE*, XXVI, 209.

201 CHEVALIER, Michel, « Nouvelle politique… », *Le Globe* du 16/12/1831, *cf. OSSE*, XVI, 80.

202 D'EICHTHAL, « Politique démocratique : Les propriétaires et les prolétaires… Les bourgeois et les industriels », *Le Globe* du 26/12/1831.

203 MACHEREAU, Joseph, *Religion saint-simonienne. Qu'est-ce qu'un travailleur ?*, 1832, 2.

204 ENFANTIN, « Neuvième enseignement. Mercredi 14 décembre 1831 », *OSSE*, XVI, 55.

205 PONTMARTIN, Armand de, *Mes mémoires. Enfance et jeunesse*, 1882, 57-58.

206 *Ibid.*, 81-85.

207 RETOURET, Moïse, « Aux Railleurs », allocution du 08/01/1832, dans *Religion saint-simonienne. Recueil de prédications*, 1832, II, 345-348, repris partiellement dans *OSSE*, V, 165-168.

208 RETOURET, Moïse, « Le prolétaire et la femme », allocution du 26/12/1831 dans *Religion saint-simonienne. Recueil de prédications*, 1832, II, 325-328.

209 D'EICHTHAL, *Lettre à Guéroult* du 27/02/1857, ms. Ars. 14394/8.

210 Leroux, Pierre, « Bentham », dans *Encyclopédie nouvelle*, II (1836), 595.

211 Musso, Pierre, « Saint-Simon, socialisme et industrialisme », dans Grange, Juliette & Musso, Pierre (dir.), *Les socialismes*, 2012, 17-20.

212 Ferraz, Marin, *Étude sur la philosophie en France au* XIX*e siècle. Le socialisme, le naturalisme et le positivisme*, Paris : Didier, 1877, 153 et ss.

213 Dory, Alphonse, *Retour au christianisme*, 91-92.

214 *Idem*, 103-106.

215 Voir Armogathe, Daniel, « Pour un cent cinquantenaire : 1833 : L'Appel de l'Orient, les Saint-Simoniens à Marseille, 1984, 199.

216 Urbain, *Lettre au* Globe du 22/01/1832, ms. Ars. 7607/129.

217 Urbain, *Profession de foi*, f° 10.

218 *Ibid.*, f° 8.

NOTES DU CHAPITRE III

219 *Archives nationales*, F1a 356.361, d'après D'Allemagne, Henry-René, *Les Saint-Simoniens*, 256, n. 1.

220 Ces lignes sont extraites d'un *Rapport du Préfet de Police* du 01/11/1831, d'après D'Allemagne, Henry-René, *ibid.*, 256-257.

221 Cette lettre du maréchal Soult, alias Duc de Dalmatie, est publiée dans *Religion saint-simonienne. Enseignements des ouvriers*, 1831, 18-19.

222 Enfantin, « Lettre à Pichard » du 02/02/1826, citée dans *OSSE*, I, 165.

223 Ranson, Abel, « Cinquième Discours. Prononcé le 11 juillet 1830 », 69.

224 Bonnias, Henri, « Défense du citoyen Henri Bonnias », 1832, 116.

225 Raspail, François-Vincent (pseud. M. Lutrin), « Défense du citoyen Raspail », 1832, 66 ; ainsi que *Défense et allocutions du citoyen Raspail*, [1832], 7.

226 Respectivement, dans les deux ouvrages cités, 68-69, et 9.

227 Blanqui, Auguste, « Défense du citoyen Blanqui », 86. Voir aussi *Défense du citoyen Auguste Blanqui devant la cour d'assises*, 1832, 14.

228 *Idem*.

229 Chevalier, Michel, « Persécutions », *Le Globe* du 23/01/1832, repris sous le titre « Poursuites dirigées contre *Notre Père suprême* Enfantin et contre Notre Père Olinde *Rodrigues* », *OSSE*, V, 170-179.

230 Extrait du *Morning Chronicle* paru dans *Le Globe* du 13/02/1832.

231 Voir « Poursuites », *Le Globe* du 04/03/1832.

232 Rochette, Paul, « Procès au sujet du testament du prince de Bourbon », *Le Globe* du 13/01/1832.

233 Cette phrase, prononcée à la fin de l'insurrection des canuts, figure dans la prédication de Barrault du 4 décembre 1831, parue dans *Le Globe* du 05/12/1831 et reprise sous le titre « Improvisation » dans *Religion saint-simonienne. Recueil de prédications*, 1832, II, 264.

234 Terson, Jean, « Au Père suprême enfantin », correspondance datée du 9 mars parue dans *Le Globe* du 15/03/1832.

235 Bazard, Saint-Amand, *Lettre à Rességuier* du 16/02/1832, ms. Ars. 7645, f° 450.

236 Rodrigues, Olinde, *Aux Saint-Simoniens* (13 février 1832.), [s.d.], 4 ; repris dans *OSSE*, V, 241.

[237] RODRIGUES, Olinde, « Troisième lettre, datée du 13 mars », *Le Globe* du 18/03/1832.

[238] FOURNEL, Henri, membre du Collège, etc., « Lettre au Père Suprême », *Le Globe* du 09/03/1832.

[239] WARNKÖNIG, Leopold August, « *Kritische Zeitshcrift für Rechtswissenschaft und Gesetzgebung des Auslandes*, etc., 1831, extraits publiés en traduction dans *Le Globe* du 16/01/1832.

[240] ENFANTIN, d'après D'ALLEMAGNE, Henry-René, *Les Saint-Simoniens*, 258.

[241] *Idem.*

[242] ENFANTIN, « Quinzième enseignement », dans *OSSE*, XVII, 9.

[243] CHEVALIER, Michel, « Rapport sur la situation politique et financière », Paris le 21 mars, dans *Le Globe* du 23/03/1832.

[244] D'EICHTHAL, « *À mon frère* Edmond Talabot, *en mission à Brest* », dans *Le Globe* du 10/04/1832.

[245] ENFANTIN, « Lettre à Michel Chevalier », non datée, publiée dans CHEVALIER, « Rapport au Père suprême Enfantin », *Le Globe* des 03-04/04/1832.

[246] CHEVALIER, Michel, *idem.*

[247] ROCHETTE, Paul, « Procès des Quinze », dans *Le Globe* du 14/01/1832.

[248] ENFANTIN, « Réunion générale de la Famille. Séance du 19 novembre », 2-3.

[249] URBAIN, *Profession de foi*, f° 8.

[250] BRUE, *Lettre à Urbain* du 12/05/1832, ms. 13740/54.

[251] *Idem.*

[252] BRUE, *Lettre à Urbain* du 14/05/1832, ms. Ars. 13740/55.

[253] Nous le savons indirectement par une lettre ultérieure, voir BRUE, *Lettre à Urbain* du 15/12/1832, ms. Ars. 13740/56.

[254] BRUE, *Lettre à Urbain* du 20/05/1832, ms. Ars. 13740/63.

[255] ENFANTIN, *Lettre à Duveyrier* du 28/04/1830, ms. Ars. 7644, f° 124.

[256] D'ALLEMAGNE, Henry-René, *Les Saint-Simoniens*, 120.

[257] CAPELLA, Émile, *Lettre à Bouffard* 17/04/1832, ms. Ars. 7466, f° 28-29.

[258] ENFANTIN, *Lettre à Capella* du 30/04/1832 citée par *OSSE*, VII, 16-17.

[259] *Ibid*, 22.

[260] HUGO, Victor, « L'idylle de la rue Plumet et l'épopée de la rue Saint-Denis » (Ch. IV), dans *Les Misérables*, 1862, 46 ss.

[261] LEMONNIER, Charles, *Les Saint-Simoniens !!!*, 1832, repris dans « Les Saint-Simoniens ! », Paris, le 07/06/1832, *OSSE*, VII, 115-123.

[262] URBAIN, *Notice chronologique*, 102.

[263] COLIN, Auguste, *Lettre à Urbain* du 17/06/1832, ms. Ars. 13739/199.

[264] STENDHAL, *Lucien Leuwen* (1834), I, 9.

[265] URBAIN, *Notes autobiographiques*, 31.

[266] BRUE, *Lettre à Urbain* du 15/12/1832, ms. Ars. 13740/56.

[267] Voir *Retraite de Ménilmontant. Cérémonie du dimanche 1er juillet…*, 1832, 13.

[268] URBAIN, *Notes autobiographiques*, 31.

[269] Détails donnés dans RÉGNIER, « Postface » à URBAIN, *Voyage d'Orient*, 366-367, n. 39.

[270] CAYOL, Casimir, *Lettre à Chevalier* du 15/12/1832, ms. Ars. 7795/20.

271 Voir la description du costume par D'ALLEMAGNE, Henry-René, *Les Saint-Simoniens*, 183-185.

272 DAVID, Félicien, *La Ruche harmonieuse*, 1884.

273 BARRAULT, Émile, « Avant le repas », et « Après le repas », *Retraite de Ménilmontant, 6 juin 1832*, 9.

274 D'ALLEMAGNE, Henry-René, *Les Saint-Simoniens*, 276, qui se réfère à cette occasion aux Archives Alfred Pereire.

275 Voir *OSSE*, VII, 1.

276 Cette idée est exposée chez D'EICHTHAL, « Lettres à un vieil ami sur les domestiques », *L'Organisateur* des 10/10 et 22/11/1832.

277 URBAIN, *Notes autobiographiques*, 31-32.

278 Voir « La Montagne au travail », dans LURIEU, Gabriel de & L'ANGLE, Ferdinand, *La Fée aux miettes, ou les Camarades de classe*, 1832, 21-22.

279 Voir *OSSE*, VIII, 96 et 145.

280 HALÉVY, Léon, « *Les martyrs de Souli ou l'Épire moderne* », 1825, 83.

281 ARENDT, Hannah, *The Origins of Totalitarism*, 1951, 337.

282 ENFANTIN, Prosper, « Troisième enseignement (2 décembre 1831) : L'autorité et la liberté – La loi vivante », *cf. OSSE* 103-104.

283 Voir « Séance du 19 novembre [1831] », dans *Religion saint-simonienne. La prophétie*, 1832, 31.

284 CAPELLA, Émile, *Lettre à Bouffard* 17/04/1832, ms. Ars. 7466, f° 28-29.

285 ENFANTIN, *Lettre à Capella* du 30/04/1832, *OSSE*, VII, 24-25.

286 NUGUES, Thérèse, *Lettre à Enfantin* du 06/08/1832, ms Ars 7646, f°207.

287 ENFANTIN, *Lettre à Thérèse Nugues* datée de septembre 1828, *OSSE*, XXV, 167.

288 LEVALLOIS, Anne, « Point de vue psychanalytique sur la "Famille saint-simonienne" », 2002, 28.

289 URBAIN, *Notes autobiographiques*, 31.

290 D'EICHTHAL, *Lettre à Urbain* du 08/09/1838, ms. Ars. 13741/26.

291 D'ALLEMAGNE, Henry-René, *Les Saint-Simoniens*, 95.

292 *Idem.*

293 VOILQUIN, Suzanne, *Souvenir d'une fille du peuple*, 80.

294 CHEVALIER, Michel, « Rapport sur la situation politique et financière », Paris le 21 mars, dans *Le Globe* du 23/03/1832.

295 TAJAN-ROGÉ, Dominique, *Mémoires d'un piano*, 206.

296 *Ibid.*, 103.

297 URBAIN, « Au miroir du Père », Ouady, le 27/01/1834, dans *Poèmes*, 247-248.

298 URBAIN, *Notice chronologique*, 103.

299 Voir LE BRET, Hervé, *Les Frères d'Eichthal*, 2012.

300 On trouve un chapitre intitulé « Gustave, interlocuteur privilégié d'Auguste Comte » dans LE BRET, *ibid.*, 97-111.

301 Pour davantage de détails sur ces rencontres, voir LE BRET, *ibid.*, 163-166.

302 Voir « D'Auguste Comte à Saint-Simon : une transition difficile », dans LE BRET, *Les Frères d'Eichthal*, 112-127.

303 D'EICHTHAL, *Lettre à Lamoricière* du 05/01/1830, ms. Ars. 14379/76.

[304] D'EICHTHAL, *Lettre à Enfantin* du 02/03/1832, ms. Ars. 14390/1.

[305] D'EICHTHAL, Intervention à la « Communication générale de la Famille saint-simonienne, Paris, 8 juillet 1831 », *L'Organisateur* n° 47-48 des 02 et 09/07/1831.

[306] D'EICHTHAL, « À un ami catholique sur la vie et le caractère de Saint-Simon », *L'Organisateur* du 19/05/1830 ; repris dans ENFANTIN & autres, *Doctrine de Saint-Simon : Exposition. Première année. 1828-1829*, 3e éd. (1831), 59-73.

[307] ENFANTIN, *Lettre à Thérèse Nugues* de septembre 1828, *OSSE*, XXV, 53.

[308] D'EICHTHAL, *Lettre au Père* du 01/01/1831, ms. Ars. 7645, f° 108.

[309] D'EICHTHAL, *Note* du 02/03/1832, ms. Ars. 7646, 215-227.

[310] ENFANTIN, *Remarque* faite à Sainte-Pélagie le 14/01/1833, en marge de la *Note* de D'Eichthal du 02/03/1832, *ibid.*, 215.

[311] *Ibid.*

[312] ENFANTIN, *Lettre à Bailly sur le sentiment religieux*, avril 1830, ms. BnF, Fonds Pereire, NAF 24608/r 114368, d'après LE BRET, Hervé, *Les frères d'Eichthal*, 176-177.

[313] Voir LE BRET, *ibid.*, 21-42.

[314] SAINT-SIMON, *Du système industriel*, 1821, *OSSE*, XXIII [Éd. Slatkine, III], 53 ; *OC*, III, 2603.

[315] SAINT-SIMON, *Du système industriel*, 1821,*OSSE*, XXI [Éd. Slatkine, III], 106-107 ; *OC*, III, 2362.

[316] D'EICHTHAL, « Lettre à un banquier », *L'Organisateur* du 23/10/1830 (IIe année, n° 10). On lui doit aussi « Les Fictions de l'amortissement », *Le Globe* du 12/12/1830.

[317] ENFANTIN, « Dixième Enseignement. Vendredi 16 décembre 1831, rue Taitbout », dans *Enseignements*, *OSSE*, XVI, 78.

[318] D'EICHTHAL, « Lettres à un vieil ami sur les domestiques », *L'Organisateur* des 10/10 et 22/11/1832.

[319] *L'Organisateur* du 22/11/1829 (Année I, n° 15).

[320] ENFANTIN, *Lettre à Buchez* du 02/10/1829, *OSSE*, XXVI, 104.

[321] *Idem.*, 103.

[322] Voir par exemple La Bible, traduction œcuménique, 1975.

[323] Voir HARL, Marguerite, *La Bible d'Alexandrie*, 1986, 96, en note. Voir aussi TOV, Emmanuel, « The Rabbinic Tradition… », 1984.

[324] D'EICHTHAL, *Note sur le dogme*, ms. Ars. 14393/1, ou encore Ars. 7646, f° 232-235.

[325] D'EICHTHAL, « Mon rôle dans le Saint-Simonisme », d'après LE BRET, *Les Frères d'Eichthal*, 182-183.

[326] D'EICHTHAL, « Note sur la part que j'ai prise aux travaux du Saint-Simonisme », Bibl. Thiers, carton IV, d'après LE BRET, *Les Frères d'Eichthal*, 183.

[327] D'EICHTHAL, « Lettre ouverte à Rodrigues », *Le Globe* du 26/03/1832.

[328] Le tout existe en plusieurs versions dont l'une sera rassemblée en 1855 par E. Charpin, un des médecins de l'aventure saint-simonienne (1812 - ?), avec l'aide de Lambert pour le compte d'Enfantin et sous son autorité, mais la publication avorta, du moins à l'époque. Son édition est toute récente : elle n'a vu le jour que récemment, voir RÉGNIER, Philippe (éd.), *Le Livre Nouveau des Saint-Simoniens*, 1994.

[329] Voir plus loin, n. 331.

330 RÉGNIER, Philippe, « Postface » à URBAIN, *Voyage d'Orient*, 367.

331 URBAIN, « Première parole du fils de l'esclave à la terre d'Amérique », Ménilmontant, 03/10/1832, dans RÉGNIER, Philippe, (éd.), *Le Livre Nouveau*, 265-271.

332 D'EICHTHAL, *Lettre à Urbain* du 15/08/1836, ms. Ars. 13741/8.

333 HUGONNET, Léon, « Ismail Urbain », *Bulletin de la Société française pour la protection des indigènes des colonies*, n° 7-8 (décembre 1883–mars 1184), 335.

334 D'EICHTHAL, « Introduction » à l'ouvrage de D'EICHTHAL, Gustave & URBAIN, Ismaÿl, *Lettres sur la race noire et la race blanche*, 1839, 12-13.

335 URBAIN, « Au miroir du Père », *Poèmes*, 245-246.

336 GRANAL, *Lettre à Urbain* du 07/09/1837, ms. Ars. 13739/23.

337 SARTRE, Jean-Paul, *Réflexions sur la question juive* (1946), Paris : Paul Morihien : 1947, 88-89.

338 FANON, Franz, *Peau noire, masques blancs*, 1952, voir Collection « Essais », 1971, 6-7.

339 URBAIN, *Voyage d'Orient*, *ibid.*, 60-61.

340 D'EICHTHAL, *Lettre à son frère Adolphe* du 07/10/1836, ms. Ars. 13393/19.

341 D'EICHTHAL, « Introduction » aux *Lettres sur la race noire et la race blanche*, 1839, 13. Ceci est en fait une reformulation de l'expression « le Juif et le Nègre » utilisée par d'Eichthal dans sa *Lettre à Enfantin* du 08/11/1832, copie le 18/09/1836, ms. Ars. 13741/2.

342 URBAIN, *Notes autobiographiques*, 28.

343 *Ibid.*, 31.

344 *Procès en la Cour d'assises de la Seine, les 27 et 28 août 1832*, Paris : Librairie saint-simonienne, 1832, 31-33 ; *cf. OSSE*, XLVII, 198-200.

345 *Ibid.*, 29 ; *cf. OSSE*, XLVII, 45.

346 Voir *OSSE*, XLVII, 300.

347 *Ibid.*, 388.

348 *Ibid.*, 508.

349 *Idem.*

350 URBAIN, « La Noire », Ménilmontant, 15/10/1832, dans *Poèmes*, 205-206. Voir également le poème écrit un peu plus tard lors du voyage en Corse : « Le Noir », Île Rousse (Corse), 04/03/1833, *ibid.*, 214-216.

351 URBAIN, « Première parole du fils de l'esclave à la terre d'Amérique ». Le manuscrit ici utilisé est le ms. Ars. 7816/178. Nous avons mentionné une autre version, publiée dans *Le Livre nouveau*, voir plus haut, n. 331. Une autre encore, intitulée « Première parole du fils de l'esclave, apôtre et prophète, à la terre d'Amérique », datée de Ménilmontant le 29/09/1832, est éditée dans URBAIN, *Poèmes*, 206-209.

NOTES DU CHAPITRE IV

352 Voir *OSSE*, XI, 170.

353 ENFANTIN, *Lettre à l'adresse des missionnaires* du 23/10/1832, *OSSE*, VIII, 125-134.

354 *Ibid.*, 127.

355 TAJAN-ROGÉ, Dominique, *Mémoires d'un piano*, 8.

356 Voir plus haut, n. 205 et 206.

[357] ENFANTIN, *Lettre à l'adresse des missionnaires* du 23/10/1832, *OSSE*, VIII, 127.

[358] CHEVALIER, Michel, *Lettre à Arlès* du 08/10/1832, OSSE, VIII, 99.

[359] D'EICHTHAL, *Lettre à Laurent* du 10/10/1832, OSSE, VIII, 44.

[360] On se reportera tout particulièrement, pour ce paragraphe, à celui intitulé « Dispersion de la famille » chez D'ALLEMAGNE, Henry-René, *Les Saint-Simoniens*, 319-322.

[361] ENFANTIN, intervention lors de la séance du 21 novembre 1831, dans *Religion saint-simonienne. Réunion générale de la Famille. Séances des 19 et 21 novembre*, 56.

[362] Voir ces publications dans les « Sources bibliographiques », II, 434.

[363] DÉMAR, Claire, *Appel aux femmes pour l'affranchissement*, 1833.

[364] DÉMAR, Claire, *Ma loi d'avenir, 1833.*

[365] Voir GROULT, Benoîte, *Pauline Roland ou comment la liberté vient aux femmes*, 1991.

[366] D'EICHTHAL, « Mon rôle dans le Saint-Simonisme, d'après LE BRET, *Les Frères d'Eichthal*, 182.

[367] SAND, George, « Lettre à René Vallet de Villeneuve, Paris, 29 janvier 1846 », dans GREILSAMER, Claire & GREILSAMER, Laurent, *Dictionnaire George Sand*, 2014, *s.v.* « Saint-Simon ».

[368] RODRIGUES, Olinde, *Aux Saint-Simoniens* (13 février 1832), 5, texte repris dans *OSSE*, V, 242.

[369] SAND, George, « Lettre à René Vallet de Villeneuve… », voir n. 367 .

[370] Pour un avis sur la force et les limites de ce mouvement, voir notamment PLANTÉ, Christine, « Les Féministes saint-simoniennes », 1986.

[371] D'EICHTHAL, « Adresse au Père Enfantin » lors de la réunion de la Famille du 03/11/1832, *OSSE*, VIII, 147.

[372] D'ALLEMAGNE, Henry-René, *Les Saint-Simoniens*, 319.

[373] *OSSE*, VIII, 196-197.

[374] CHEVALIER, Michel, *Lettre à Hoart* du 08/11/1832, ms. Ars. 7705, d'après D'ALLEMAGNE, Henry-René, *Les Saint-Simoniens*, 320.

[375] D'ALLEMAGNE, Henry-René, *ibid.*, 321.

[376] CHEVALIER, Michel, *Lettre à Enfantin* du 18/11/1832, *OSSE*, VIII, 191.

[377] CHEVALIER, Michel, *Lettre à Arlès* du 08/10/1831, *OSSE*, VIII, 98.

[378] CHEVALIER, Michel, *Lettre à Arlès* du 08/10/1831, *OSSE*, VIII, 98.

[379] CHEVALIER, Michel, *Lettre à Hoart* du 05/11/1832, ms. Ars. 7646, f° 548v, d'après D'ALLEMAGNE, Henry-René, *Les Saint-Simoniens*, 325.

[380] Les cinq départs de la Mission des prolétaires sont narrés par Cécile Fournel dans *Foi nouvelle. Livre des actes*, 1833, 9-16 ; voir aussi D'ALLEMAGNE, Henry-René, *Les Saint-Simoniens*, 324-328.

[381] CHEVALIER, Michel, *À Lyon ! 23 novembre 1832*, Paris : Impr. Duverger, 1832.

[382] URBAIN, *Notes autobiographiques*, 31-32, et *Notice chronologique*, 102.

[383] Voir les notes marginales de d'Eichthal, d'abord au manuscrit autobiographique d'Urbain de 1883, ms. Ars. 13737, f° 8, *cf. Notice chronologique*, 102, n. 3, ensuite à sa *Lettre à Aglaé Saint-Hilaire* du 08/11/1932, ms. Ars. 13741/2.

[384] URBAIN, *Notes autobiographiques*, 32.

[385] Voir notamment CHEVALIER, Michel, *Lettre à Arlès* du 25/10/1831, *OSSE*, VIII, 144.

[386] C'est ainsi que d'Allemagne nomme la mission qui s'effectue en plusieurs départs, voir « Ch. XVI. Mission des prolétaires », D'ALLEMAGNE, Henry-René, *Les Saint-Simoniens*, 324-328.

387 ENFANTIN, « Discours prononcé à la barrière du Trône » le 07/11/1832, *OSSE*, VIII, 153-154.

388 « Banquet St-Simonien », dans *L'Écho de la fabrique* n° 58 du 02/12/1832.

389 URBAIN, *Notes autobiographiques*, 32. Voir aussi *Notice chronologique*, 102.

390 URBAIN, *Lettre à Ollivier* du 10/09/1834, ms. Ars. 7789/29.

391 DUVEYRIER, Charles, *Lettre à Urbain* du 18/12/1832, ms. Ars. 13739/102.

392 CAYOL, Casimir, *Lettre à Urbain* du 17/12/1832, ms. Ars. 13739/196.

393 CAYOL, Casimir, *Lettre à Urbain*, probablement datée du 17/12/1832, ms. Ars. 7624/24.

394 URBAIN, *Lettre à Cayol*, 20/12/1832, ms Ars. 7624/25.

395 Voir « Mission de Cayol » dans D'ALLEMAGNE, Henry-René, *Les Saint-Simoniens*, 329-332.

396 CAYOL, Casimir, *Lettre à Enfantin* du 15/12/1832, ms. Ars. 7724/20.

397 CHEVALIER, Michel, *Lettre à Hoart et Bruneau* du 07/11/1832, ms. Ars. 7646, f° 550.

398 ENFANTIN, *Lettre à Barrault* du 20/12/1832, *OSSE*, VIII, 206-208.

399 Voir la « Mission de Cayol » dans D'ALLEMAGNE, Henry-René, *Les Saint-Simoniens*, 329-331.

400 CAYOL, Casimir, *Lettre à Urbain du* 30/12/1832, ms. Ars. 13739/197.

401 CAYOL, Casimir, *Lettre à Arlès* du 04/01/1833, ms. Ars. 7623/27.

402 D'ALLEMAGNE, Henry-René, *Les Saint-Simoniens*, 330.

403 CAYOL, Casimir, *Lettre à Michel Chevalier* du 16/01/1833, ms. Ars. 7624/31.

404 URBAIN, *Notes autobiographiques*, 32.

405 TAJAN-ROGÉ, Dominique, *Mémoires d'un piano*, 7.

406 D'ALLEMAGNE, Henry-René, *Les Saint-Simoniens*, 328-329.

407 FOURNEL, Cécile, *Foi nouvelle. Livre des actes*, 12-14.

408 Voir « Les Compagnons de la Femme » chez D'ALLEMAGNE, Henry-René, *Les Saint-Simoniens*, 368-380.

409 D'après RUDE, Fernand, *Les Révoltes des canuts*, 80.

410 Voir D'ALLEMAGNE, *Les Saint-Simoniens*, 341-343.

411 ENFANTIN, *Lettre à Blaise Enfantin* du 18/12/1832, ms. Ars. 7647, f° 452.

412 ENFANTIN, *Lettre à Pauline Chevalier* du 22/12/1832, déjà citée.

413 D'ALLEMAGNE, Henry-René, *Les Saint-Simoniens*, 342.

414 ENFANTIN, *Lettre à Aglaé Sainte-Hilaire* du 24/12/1832, ms. Ars. 7647, f° 384.

415 D'ALLEMAGNE, *Les Saint-Simoniens*, 342.

416 ENFANTIN, *Lettre à Aglaé Sainte-Hilaire* du 24/01/1833, ms. Ars, 7647, f° 421.

417 On en trouve une description utile, avec les références actuelles de la bibliothèque de l'Arsenal dans D'ALLEMAGNE, Henry-René, *Les Saint-Simoniens*, 345-346.

418 FOURNEL, Cécile, *Foi nouvelle. Livre des actes*, 14.

419 BARRAULT, Émile, *Lettre à Enfantin* du 12/04/1832, ms. Ars. 7646, f° 12-13.

420 *Ibid.*, f°.14-15.

421 ENFANTIN, *Note en marge de la lettre de Barrault* du 12/04/1832, *ibid.*, f° 14.

422 DUVEYRIER, Charles, *Poème* sans titre écrit à Ménilmontant le 08/08/1832, voir *Le Livre Nouveau*, 210-211.

423 Voir *OSSE*, VIII, 174-175.

424 BARRAULT, Émile, « L'Attente », texte daté du 09/11/1832, publié dans COMPAGNONS DE LA FEMME, *1833 ou l'Année de la mère*, n° 1 – janvier, paru le 02/02/1833, 7.

425 ENFANTIN, *Lettre à Barrault* du 20/12/1832, *OSSE*, VIII, 208.

426 BARRAULT, Émile, « Acte. Fondation de l'association des Compagnons de la FEMME », 22/01/1833, publié dans COMPAGNONS DE LA FEMME, *1833 ou l'Année de la mère*, n° 1 – janvier, paru le 02/02/1833, 18.

427 *Ibid.*, 30-31.

428 *Ibid.*, 20.

429 ENFANTIN, *Lettre à Barrault* du 26/01/1832, dans COMPAGNONS DE LA FEMME, *1833 ou l'Année de la mère*, n° 2 – février, paru le 16/02/1833, 5.

430 Voir par exemple ENFANTIN, *Lettre à Cécile Fournel*, *OSSE*, XXVIII, 144.

431 BARRAULT, Émile, *Lettre à Enfantin* du 30/01/1832, éditée dans *1833 ou l'Année de la mère*, n° 2 – février, paru le 16/02/1833, 12.

432 BARRAULT, Émile, *Lettre à Enfantin* du 13/04/1832, ms. Ars. 7646, f° 14-15.

433 BARRAULT, Émile, *Lettre à Enfantin* du 13/04/1832, ms. Ars. 7646, f° 14-15.

434 BARRAULT, Émile, « Mission d'Orient. 8 février 1833. : Anniversaire de la naissance du PÈRE. Aux croyans de l'égalité de l'homme et de la Femme », dans COMPAGNONS DE LA FEMME, *1833 ou l'Année de la Mère*, février, 42-43. Le second passage cité de cette annonce est repris dans *Amour à tous !* n° 1 – 04/08/1833, 3.

435 TAJAN-ROGÉ, Dominique, *Mémoires d'un piano*, 60.

436 ENFANTIN, *Lettre à Barrault* du 04/02/1833, *OSSE*, VIII, 215-219.

437 BARRAULT, Émile, « Ordre », daté du 07/02/1833, dans *1833 ou l'Année de la mère*, n° 2, 45. Voir aussi CAYOL, Casimir, *Lettre à Urbain* du 13/02/1833, ms. Ars. 13739/198.

438 BARRAULT, Émile, « Acte. Fondation de l'association des Compagnons de la FEMME », 22/01/1833, 32.

439 BARRAULT, Émile, « Ordre », daté du 07/02/1833, 45.

440 D'après RUDE, Fernand, *Les révoltes des canuts*, 82.

441 TAJAN-ROGÉ, Dominique, *Mémoires d'un piano*, 13.

442 SAINT-SIMON, *Lettre d'un habitant de Genève*, 1802, dans *OSSE*, VI [Éd. Slatkine, I], 56-57 ; *OC*, II, 126.

443 RIQUETTI DE MIRABEAU, Victor, *L'Ami des hommes ou traité de la population*, éd. 1759, 34.

444 CONDORCET, *Esquisse d'un Tableau historique des progrès de l'esprit humain*, 1794, 328.

445 *Ibid.*, 335.

446 VOISIN, Georges [*i.e.* URBAIN], *L'Algérie pour les Algériens*, 1861, 12.

447 URBAIN, *Voyage d'Orient*, 130.

448 SAINT-SIMON, *Lettres d'un habitant de Genève*, 1802, *OSSE*, XVIII [Éd. Slatkine, I], 56 ; *OC*, I, 126.

449 BARRAULT, Émile, « L'Orient et l'Occident », prédication du 15/01/1832 parue dans *Le Globe* du 16/01/1832, et reprise dans *Religion saint-simonienne. Recueil de prédications*, II, 357-373.

450 BARRAULT, Émile, « Extrait de la prédication sur l'Orient et l'Occident », du 15/01/1832, mais portant par erreur la date du 15 décembre 1832, dans *1833 ou l'Année de la mère* n° 2, 17-28.

451 BARRAULT, Émile, « L'Orient et l'Occident », 371.

452 FOURIER, Charles, *Le Nouveau Monde amoureux* (1816), dans *Œuvres complètes*, VII, Paris : Éditions Anthropos, 1972, essentiellement 351-384.

453 CONSTANT, Benjamin, *Appel aux nations chrétiennes en faveur des Grecs*, 1825, 11-12.

454 Sur les points qui suivent, Philippe Régnier donne un éclairage précieux lorsqu'il traite du chemin qui mène « de l'exclusion à l'intégration de l'Orient chez Saint-Simon et ses disciples », voir « Le mythe oriental des Saint-Simoniens », 1989, 31-49.

455 SAINT-SIMON, *Mémoire sur la science de l'homme*, 1813, *OSSE*, XI [Éd. Slatkine, V], 67-68 ; *OC*, IV, 1101.

456 SAINT-SIMON, *Introduction aux travaux scientifiques du* XIXe *siècle*, 1807-1808, dans *Œuvres*, Éd. Slatkine, VI, 152-153 ; *OC*, II, 391. Le large extrait fait par Saint-Simon se rapporte à VOLNEY, *Voyage en Syrie et en Égypte*, 1787, II, 407.

457 CONDORCET, Nicolas de, *Esquisse d'un Tableau historique*, 165.

458 *Ibid.*, 335.

459 SAINT-SIMON, *Mémoire sur la science de l'homme*, 1813, *OSSE*, XI [Éd. Slatkine, V], 84 ; ; *OC*, IV, 1108.

460 *Ibid.*, 248-249.

461 ENFANTIN, « Note, datée de Sainte-Pélagie, le 30 décembre 1832 », qui vient à la suite de la « Note du Père Enfantin sur la civilisation de l'Asie », contenue dans la « XXe Lettre – Lettre à Rességuier » du 19/08/1827, *OSSE*, XXIV, 169.

462 ENFANTIN, « Note du Père Enfantin sur la civilisation de l'Asie », *ibid.*, 167.

463 [LECHEVALIER, Jules], « Préparation au dogme : 1ère partie : Rapport de la religion à la philosophie, de la théologie à la métaphysique », dans *L'Organisateur* n°20 du 1er janvier 1831, 160. L'article n'est pas signé, mais pour Philippe Régnier, consulté en la circonstance, son auteur ne saurait être que Jules Lechevalier, bon connaisseur de la philosophie allemande à laquelle il est largement fait appel dans ce texte.

464 REYNAUD, Jean, « Prédication à Lyon, au Cirque », dans « Mission du Midi », *L'Organisateur*, n° 42 du samedi 4/06/1831.

465 CHATEAUBRIAND, François-René, *Études ou discours historiques*, 1831, III, 39.

466 VOLNEY, *Les Ruines ou Méditations sur les révolutions et les empire*s, 1826, 84.

467 BLANQUI, Adolphe, « Considérations sur l'état actuel de l'industrie et de l'Égypte », *Le Producteur*, I, 1825, 316.

468 RODRIGUES, Olinde, Intervention qui suit le 15 janvier la prédication de Barrault sur « L'Orient et l'Occident », *Le Globe* du 16/01/1832.

469 RODRIGUES, Olinde, « Appel », dans *Religion Saint-Simonienne. Cérémonie du 27 novembre*, 1831, 6.

470 D'EICHTHAL, Gustave, *Lettre à Edmond Talabot*, avril 1832, citée dans *OSSE*, VI, 164-165.

471 Cité par ROUFF, Jules, au Ch. V : « Les Saint-Simoniens », dans JAURÈS, Jean (dir.) *Histoire socialiste*, VIII, 198-199.

472 ENFANTIN, *Lettre à Aglaé Saint-Hilaire* du 13/03/1833, ms. Ars. 7647, f° 534.

473 ENFANTIN, « Deuxième enseignement », 20 novembre 1831, dans *Religion saint-simonienne. Morale…* avril 1832, 106 ; repris dans *OSSE*, XIV, 63.

474 COUSIN, Victor, « *Notes additionnelles à l'éloge de M. Fourier* », 1841, 261-262.

475 BARRAULT, Émile, « L'Orient et l'Occident », 361 à 371.

476 ENFANTIN, *Lettre à Barrault* du 26/01/1833, dans *1833, ou l'Année de la mère* n° 2, parue le 16/02/1833, 9.

477 CHEVALIER, Michel, *Politique industrielle et système de la Méditerranée*, 1832, 126.

478 COLIN, Auguste, « Religion saint-simonienne. ÉGLISE DE MARSEILLE. Allocution prononcée le 28 février », dans *Le Globe* du 06/03/1832.

479 BRUE, *Lettre à Urbain* du 15/12/1832, ms. Ars. 13740/56.

480 BRUE, *Lettre à Urbain* du 29/12/1832, ms. Ars. 13740/64.

481 BRUE, *Lettre à Urbain* du 24/01/1833, ms. Ars. 13740/57.

482 BRUE, *Lettre à Urbain* du 12/02/1832, ms. Ars. 13740/66.

483 *Idem.*

484 CAYOL, Casimir, *Lettre à Urbain*, 13/02/1832, ms. Ars. 13739/198.

485 CAYOL, Casimir, *À la Corse*, Toulon : Impr. de Baune, 1833, 3.

486 URBAIN, « [Assis…], Île Rousse, mars 1832, *Poèmes…*, 260.

487 URBAIN, *Notes autobiographiques*, 32, et *Notice chronologique*, 103.

488 TAJAN-ROGÉ, Dominique, *Mémoires d'un piano*, 16.

489 CAYOL, Casimir, *À la Corse*, 9.

490 CAYOL, Casimir, *Lettre à Petit* du 20/03/1833, ms. Ars. 7624/33.

491 URBAIN, *Voyage d'Orient*, 11.

492 URBAIN, *Notice chronologique*, 103.

NOTES DU CHAPITRE V

493 On trouve cette anecdote dans CHASTAING, Marius, « Abrégé du St-Simonisme », dans *L'Écho de la fabrique* du 02/06/1833.

494 URBAIN, *Voyage d'Orient*, 11-12.

495 *Idem.*

496 TAJAN-ROGÉ, Dominique, *Mémoires d'un piano*, 60.

497 URBAIN, *Voyage d'Orient*, 12.

498 HOART, Pierre-Denis, « Rapport au Père » du 30/04/1833, dans *Foi nouvelle. Livre des actes*, 25.

499 *Ibid.*, 12.

500 TAJAN-ROGÉ, Dominique, *Mémoires d'un piano*, 54.

501 URBAIN, *Voyage d'Orient*, 13. Les lettres de son père sont conservées à la bibliothèque de l'Arsenal, fonds d'Eichthal, ms. Ars. 13740/8 à 66.

502 GARIBALDI, Giuseppe, *Mémoires*, 1860, I, 46.

503 « Je ne peux entreprendre le récit de ce voyage sur lesquel des notes étendues existent dans mes papiers », lit-on dans URBAIN, *Notes autobiographiques*, 33.

504 « J'ai noté dans des cahiers spéciaux avec quelques développements les incidents de cette mission », peut-on lire dans URBAIN, *Notice chronologique*, 103.

505 L'édition du ms. Ars. 13736 est récente. Nous la devons à Philippe Régnier dans l'ouvrage intitulé URBAIN, *Voyage d'Orient*, suivi de *Poèmes de Ménilmontant et d'Égypte*, 1993, 1-202.

506 Voir sur ce point RÉGNIER, Philippe, « Postface » au *Voyage d'Orient*, 376-378.

507 On se reportera tout particulièrement, pour ce paragraphe, à celui intitulé « Dispersion de la famille » chez D'ALLEMAGNE, Henry-René, *Les Saint-Simoniens*, 319-323.

508 TAJAN-ROGÉ, Dominique, *Mémoires d'un piano*, 224.

509 Pour le séjour des Compagnons à Constantinople, voir URBAIN, *Voyage d'Orient*, 15-23.

510 TAJAN-ROGÉ, Dominique, *Mémoires d'un piano*, 226-230.

511 Voir Les lettres du baron Roussin à Barrault des 20 et 24 /04 et du 01/05/1833, ms. Ars. 14697/2,3 et 4, selon Philippe Régnier dans URBAIN, *Voyage d'Orient*, 23, n. 12.

512 Pour le séjour des Compagnons à Smyrne, voir URBAIN, *Voyage d'Orient*, 23-28.

513 BARRAULT, Émile, *Lettre à Enfantin* du 09/05/1833, ms. Ars. 7646, f° 128, d'après *OSSE*, IX, 78-79.

514 COGNAT, Jacques, *Lettre à Enfantin* du 09/05/1833, ms. Ars.7708 d'après D'ALLEMAGNE, Henry-René, *Les Saint-Simoniens*, 376.

515 LAMARTINE, Alphonse de, *Souvenirs, Impressions*, II [*Œuvres*, VII], 126.

516 COGNAT, Jacques, « À Monsieur de Lamartine », Smyrne le 28 mai (jour de Rodrigues) 1833 (année de la MÈRE), *Amour à tous!*, n° 2 du 11/08/1833, 6.

517 LAMARTINE, Alphonse de, « À Monsieur Cognat, Compagnon de la Femme », Smyrne, 29/05/1833, *ibid.*, 6.

518 *Ibid.*, 332.

519 Voir D'ALLEMAGNE, Henry-René, *Les Saint-Simoniens*, 377.

520 OLLIVIER, Antoine, *Lettre à Enfantin*, non datée, citée dans *OSSE*, IX, 11, n. 1.

521 URBAIN, « À J. T. de Smyrne », signé Thomas Urbain, de Cayenne, Méditerranée – 1833, dans *Amour à tous !* n° 6 du 08/09/1833, 22-23. Le poème est réédité par Philippe Régnier dans URBAIN, *Poèmes*, 217-220. Nous apprenons que J. T. sont les initiales de Jules Tricou, voir URBAIN, *Voyage d'Orient*, 28. Le texte d'Urbain est une réponse à celui qui, intitulé « À LA MÈRE », est publié dans le numéro précédent de ce journal et présenté comme envoyé par « un jeune homme de Smyrne » et signé J.T., *Amour à tous !*, n° 5 du 01/09/1833, 19.

522 « Mission d'Égypte ; 1833 », dans *Amour à tous !* n° 8, 22/09/1833, 1, et n° 9 du 09/09/1833, 1.

523 URBAIN, *Voyage d'Orient*, 48-49.

524 D'ALLEMAGNE, Henry-René, *Les Saint-Simoniens*, 331.

525 URBAIN, *Voyage d'Orient*, 32.

526 *Ibid.*, 32.

527 Pour le mois passé à Alexandrie, du 29 mai au 30 juin, voir URBAIN, *Voyage d'Orient*, 28-33.

528 Pour la « Mission de Syrie », *ibid.*, 35-47.

529 LAMARTINE, Alphonse de, *Souvenirs, Impressions, Pensées et Paysages pendant un Voyage en Orient (1832-1833)*, ou *Notes d'un Voyageur*, 3 vol., dans *Œuvres complètes*, VI à VIII, Paris : chez l'auteur, éd. 1861, VI, 213-238.

530 URBAIN, *Voyage d'Orient*, 41.

531 COGNAT & URBAIN, *Mission de Syrie*, 2e partie, s.d., 14697/11.

532 URBAIN, *Voyage d'Orient*, 46.

533 VOILQUIN, Suzanne, *Souvenirs d'une fille du peuple*, 114.

534 CHEVALIER, Michel, « Géographie – Psychologie », dans *Le Livre Nouveau*, 250.

535 CHEVALIER, Michel, *Lettre à Arlès* du 28/08/1833, ms. Ars. 7704.

536 ENFANTIN, *Lettre à Holstein* d'avril 1833, *OSSE*, IX, 6 et 12.

537 TAJAN-ROGÉ, Dominique, *Mémoires d'un piano*, 58.

538 ENFANTIN, *Lettre à Petit* d'avril 1833, *OSSE*, IX, 39.

[539] ENFANTIN, *Lettre à Alexis Petit* du mercredi 19 (Baz. Jules). Juin, ms. Ars. 7647, f° 657.

[540] PETIT, Alexis, *Lettre à Lemonnier* du 08/08/1833, ms. Ars. 7771 d'après D'ALLEMAGNE, Henry-René, *Les Saint-Simoniens*, 357.

[541] ENFANTIN, *Lettre à Fleury* du 28/08/1833, ms. Ars.7619, f° 7.

[542] BAILLY, *Lettre à Fournel* d'août 1833, ms. Ars. 7647, f° 186-187.

[543] ENFANTIN, « Lettre-poème à Barrault » du 08/08/1833, *Le Livre Nouveau*, 283.

[544] SAND, George, « Lettre à Guéroult » datée du 20/10/1835, dans *Correspondance*, 25 vol., éd. Georges Lubin, Paris : Garnier, 1964-1991, III, 70-74. Nous remercions vivement Guillaume Milet de nous l'avoir signalée.

[545] HOART, Pierre-Denis, *Lettre à Picard*, septembre 1833, Arch. Nat., AB XIX, 332, d'après D'ALLEMAGNE, Henry-René, *Les Saint-Simoniens*, 361.

[546] ENFANTIN, *Lettre à Nugues* du 24/08/1833, ms. Ars. 7647, f° 443.

[547] NUGUES, Saint-Cyr, *Lettre à Enfantin* du 27/08/1833, ms. Ars. 7765.

[548] CHASTAING, Marius, « Abrégé du St-Simonisme », dans *L'Écho de la fabrique* du 02/06/1833.

[549] Cité par VOILQUIN, Suzanne, « Considérations sur les idées religieuses du siècle », dans *La Femme nouvelle – Tribune des femmes*, I, 194. Le discours entier, *Paroles du Père à la Cour d'assises, 8 avril 1833*, est publié la même année.

[550] HOART, Pierre-Denis, « Rapport au Père » du 30/04/1833, dans *Foi nouvelle. Livre des actes*, 21-33 ; ainsi que « Occident : Midi de la France 1833, année de la MÈRE », dans *Amour à tous !* n° 3 (13 août 1833), 9-11.

[551] Le voyage est raconté, sans souci chronologique, en deux parties, voir TAJAN-ROGÉ, Dominique, *Mémoires d'un piano*, 17-23 et 28-31.

[552] HOART, Pierre-Denis, « Rapport au Père » du 30/04/1833, dans *Foi nouvelle. Livre des actes*, 32-33.

[553] Cité par RUDE, Fernand, *Les révoltes des canuts*, 82.

[554] « Note du Rédacteur » en remarque d'une lettre de Barrault au colonel du 1er régiment de ligne, dans *L'Écho de la fabrique* du 06/01/1833.

[555] C'est la constatation que fait Rude dans *Les révoltes des canuts*, 84.

[556] Voir « Mission de l'Est », texte rédigé par Colin, Rogé, Maréchal, Charpin et Lamy, paru dans COMPAGNONS DE LA FEMME, *1833 ou l'Année de la mère*, 1-53.

[557] TAJAN-ROGÉ, Dominique, *Mémoires d'un piano*, 23-24.

[558] Voir D'ALLEMAGNE, Henry-René, *Les Saint-Simoniens*, 328-329.

[559] *Ibid.*, 332.

[560] TAJAN-ROGÉ, Dominique, *Mémoires d'un piano*, 80-82.

[561] ROUSSEAU & MASSOL, « Lettre au Rédacteur de la Gazette universelle d'Ausbourg » et « Lettre au Roi de Bavière », extraits publiés sous le titre « Voyage de Rousseau et Massol en Allemagne », dans *L'Homme noveau ou le Messager du bonheur*, 2e, 3e et 4e livraisons, août 1833, 30-37.

[562] RUDE, Fernand, *Les révoltes des canuts*, 83.

[563] « Départ du Père », dans *Amour à tous !* n° 9 – 19/09/1833.

[564] ENFANTIN, « Lettre à Petit », Sainte Pélagie, citée sans date précice dans *OSSE*, IX, 40.

565 Enfantin, *Lettres aux capitaines Hoart et Bruneau, à Rogé et Massol*, 21 ou 22/09/1833, immédiatement publiée en brochure sous le titre *Le Père aux capitaines Hoart et Bruneau, à Rogé et Massol*, 1833, reprise dans *Foi nouvelle. Livre des actes*, 101-015, puis dans *OSSE*, IX, 99-107.

566 Tajan-Rogé, Dominique, *Mémoires d'un piano*, 85.

567 *Idem.*, 14-15.

568 *Idem.*, 14.

569 Enfantin, *Lettre à Barrault* du 19/09/1833, *OSSE*, IX, 96-99.

570 Enfantin, *Lettre à Petit*, Sainte Pélagie, citée sans date précise dans *OSSE*, IX, 40.

571 Urbain, *Voyage d'Orient*, 51-52.

572 Voir Coston, François-Gilbert Le Bon de, *Biographie des premières années de Napoléon Bonaparte*, 1840, I, 398 et 400.

573 Savary, Claude-Étienne, « Lettre XVI : Histoire d'Ali Bey », dans *Lettres sur l'Égypte*, II, 177-218, et tout particulièrement 196.

574 Voir Gaultier-Kurhan, Caroline, *Méhémet Ali et la France*, 2005, 44.

575 Barrault, Émile, *Orient et Occident*, 1835, 237-255. Les idées de cet ouvrage seront reprises un peu plus tard dans L'*Histoire de la guerre de Méhémed-Ali contre la Porte ottomane*, écrite avec Edmond Calvadène et parue en 1837.

576 Urbain, *Voyage d'Orient*, 101.

577 *Ibid.*, 199.

578 Urbain, *Lettre à Lambert* du 23/10/1834, ms. Ars. 7789/15.

579 Tajan-Rogé, Dominique, *Mémoires d'un piano*, 149.

580 C'est ce que relève Henry Laurens dans *Le Royaume impossible*, 44.

581 Enfantin, *Lettre à Barrault* du 08/08/1833, dans *OSSE*, IX, Paris : Johanneau, 57.

582 Voir Prax, Jean, « Récit de voyage », ms. Ars. 14697/14.

583 Urbain, *Voyage d'Orient*, 50.

584 Enfantin, *Lettre à Barrault* du 08/08/1833, *OSSE*, IX, 57-58.

585 *Ibid.*, 51.

586 Delacroix, Eugène, « Lettre à Pierret, Tanger, le 29 février 1832 », dans *Lettres (1815 à 1863)*, 2e éd. 1878, 123.

587 Urbain, V*oyage d'Orient*, 51.

588 Volney, *Voyage en Syrie et en Égypte*, I, 18. Ce passage est relevé de façon tout à fait pertinente par Philippe Régnier dans Urbain, *Voyage d'Orient*, 51, n. 38.

589 Urbain, *Voyage d'Orient*, 54.

590 *Ibid.*, 60.

591 *Ibid.*, 54.

592 Pour davantage de détails sur les dissenssions de Rigaud et des ses camarades avec Barrault leur ralliement aux *Chevaliers de la Femme*, voir l'échange entre Rigaud d'une part, Cécile Fournel, Clorinde Rogé et Marie Talon de l'autre, en octobre et novembre 1833, édité dans *Foi nouvelle. Livre des actes*, 141-161, et repris en partie dans *OSSE*, IX, 151-170.

593 Voir *Amour à tous !* n° 16 – 17 novembre 1833, 62, et *Foi nouvelle. Livre des actes*, 116-121.

594 Urbain, *Voyage d'Orient*, 54.

595 BARRAULT, Émile, *Lettre à Urbain* du lundi 4 (Saint-Simon-Bazard)/11/1833, ms. Ars. 7619, f° 16-17.

596 URBAIN, *Lettre à Barrault*, vendredi 28 (Michel-Flachat)/11/1833, ms. Ars.7619, f° 19-20.

597 BARRAULT, Émile, *Lettre à Urbain* du 04/11/1833, ms. Ars.7619, f° 16-17.

598 URBAIN, *Lettre à Barrault*, vendredi 28/11/1833, ms. Ars. 7619, f° 19-20.

599 *Idem.*

600 URBAIN, *Voyage d'Orient*, 74.

601 *Idem*, ainsi que VOILQUIN, Suzanne, *Souvenirs d'une fille du peuple*, 246-252.

602 URBAIN, *Voyage d'Orient*, 55-59.

603 *Ibid.*, 59-61.

604 URBAIN, « Au miroir du Père », écrit à Ras el-Wadi, le 27/01/1834, dans *Poèmes*, 245-248.

605 URBAIN, « Mystère », écrit au lac Timsah le 01/01/1834, dans *Poèmes*, 249-254 ; « Mon dromadaire », écrit au même endroit le 02/02/1834, *ibid.*, 260-264.

606 Voir *OSSE*, IX, 197-198.

607 ENFANTIN, *Lettre à Hoart et Bruneau* du 18/11/1833, ms. Ars. 7618, f° 12v-13r, reprise dans *OSSE*, IX, 183-184, et citée par LAURENS, Henry, *Le royaume impossible*, 182-183, n. 36.

608 FOURNEL, Henri, *Lettre à Enfantin* non datée, ms. Ars. 7614, f° 7.

609 ROGÉ, Clorinde, *Lettre à Urbain* du 15/02/1834, ms. Ars. 13739/227.

610 URBAIN, « À mon écharpe jaune », écrit à Suez le 18/02/1834, 267-270. Le passage cité est à la suite du poème.

611 ENFANTIN, *Lettre à Ollivier, Holstein, Petit et Urbain* du 13/02/1834, ms. Ars. 7618, f° 19v-20r, repris dans *OSSE*, IX, 200.

612 URBAIN, *Voyage d'Orient*, 65.

613 ENFANTIN, *Lettre à Ollivier, Holstein, Petit et Urbain* du 13/02/1834, ms. Ars. 7618, 20r, repris dans *OSSE*, IX, 201.

614 URBAIN, *Voyage d'Orient*, 66-67.

615 *Notices historiques*, *OSSE*, IX, 197-198.

616 ENFANTIN, *Lettre à Soliman Pacha* du 17/05/1834, dans *OSSE*, IX, 227.

617 RÉGNIER, Philippe, *Les Saint-Simoniens en Égypte*, 82. L'auteur reproduit à cette occcasion une gravure signée Chambellan, intitulée « La ville nouvelle de Saint-simon », parue dans le *Charivari*, II, n° 190 du 08/06/1833.

618 URBAIN, *Voyage d'Orient*, 67.

619 ENFANTIN, *Lettre à Hoart et Bruneau* du 16/03/1834, ms. Ars. 7618, 21r et ss, cité dans *OSSE*, IX, 204-205.

620 URBAIN, *Voyage d'Orient*, 68-69.

621 NOËL, Victor, *Lettre à* Joseph-Marie Jouannin du 26/10/1838, dans FÉRAUD, Laurent-Charles, *Les interprètes de l'armée d'Afrique*, 202.

622 *Ibid.*, 70.

623 Voir à ce propos « La famille saint-simonienne de Paris (1834-1837), dans D'ALLEMAGNE, Henry-René, *Prosper Enfantin et les grandes entreprises du XIXᵉ siècle*, 1935, 13-21, ainsi que VINÇARD, Jules, *Mémoires épisodiques d'un vieux chansonnier saint-simonien*, 1878, 113-114.

624 ENFANTIN, *Lettre à Hoart et Bruneau* du 16/03/1834, ms. Ars. 7618, 21r ss, citée dans *OSSE*, IX, 208.

625 TAJAN-ROGÉ, *Mémoires d'un piano*, 85.

626 *Ibid.*, 91.

627 *Ibid.*, 98-99.

628 ENFANTIN, *Lettre à Aglaé Saint-Hilaire* du 22/02/1835, ms. Ars. 7618, f° 116.

629 D'ALLEMAGNE, Henry-René, *Les Saint-Simoniens*, 415.

630 *Ibid.*, 75.

631 Voir à ce sujet GAULTIER-KURHAN, Caroline, *Méhémet Ali et la France*, en divers endroits, ainsi que TÉMIME, Émile, « Rêves méditerranéens et présence française en Orient au milieu du XIXe siècle », 2006.

632 TAJAN-ROGÉ, Dominique, *Mémoires d'un piano*, 101.

633 Cité par Paulin Malapert, dans la préface à D'ALLEMAGNE, Henry-René, *Prosper Enfantin et les grandes entreprises du XIXe siècle*, 1935, 3-4. La seconde partie de cette citation figure dans les *Notices historiques*, *OSSE*, XII, 247-248.

634 TAJAN-ROGÉ, Dominique, *Mémoires d'un piano*, 111.

NOTES DU CHAPITRE VI

635 URBAIN, *Voyage d'Orient*, 67.

636 *Ibid.*, 76.

637 VOILQUIN, Suzanne,« Variétés : Lettres sur l'Égypte », fin de la VIIe lettre, *Le Siècle* du 30/08/1837.

638 VOILQUIN, Suzanne, *Souvenirs d'une fille du peuple*, 305-306.

639 *Idem.*

640 URBAIN, *Voyage d'Orient*, 68.

641 Voir D'ALLEMAGNE, Henry-René, *Les Saint-Simoniens*, 418.

642 RÉGNIER, Philippe, *Les Saint-Simoniens en Égypte*, 89.

643 Sur les projets et les déboires de Clorinde Rogé, voir toujours RÉGNIER, Philippe, *ibid.*, 89-90.

644 *Ibid.*, 379.

645 KHALIL Effendi, *Lettre à Urbain* du 16 safar 1250 [*i.e.* 22 juin 1834], ms. Ars. 13739/209.

646 KHALIL Effendi, *Lettre à Urbain* du 27 safar 1250 [*i.e.* 5 juillet 1834], ms. Ars. 13739/210.

647 Voir DUVEYRIER, Charles, *Lettre à Urbain* datée de 1834 (sans autre précision, mais probablement début juillet), ms. Ars. 13739/106. Voir aussi URBAIN, *Voyage d'Orient*, 69.

648 URBAIN, *Lettre à Enfantin* du 28 rabi al-akhar 1250 [*i.e.* 3 septembre 1234], ms. Ars. 7614, 75r, ainsi que *Voyage d'Orient*, 69.

649 *Idem.*

650 DUVEYRIER, Charles, *Lettre à Urbain* datée 1834, ms. Ars. 13739/106. Voir aussi URBAIN, *Voyage d'Orient*, 69-70.

651 VOILQUIN, Suzanne,« Variétés : Lettres sur l'Égypte », fin de la VIIe lettre, *Le Siècle* du 30/08/1837.

652 *Idem.*

653 URBAIN, *Voyage d'Orient*, 68.

654 ROGÉ, Clorinde, *Lettre à Urbain* du 02/07/1834, ms. Ars. 13739/228.

655 URBAIN, *Lettre à Lambert* du 17/08/1834, ms. Ars. 7789/14.

656 URBAIN, « Mystère », *Poèmes*, 253.

657 URBAIN, « Exaltation », Le Caire, *Poèmes*, 283-290.

658 URBAIN, *Voyage d'Orient*, 71. Voir à ce sujet RÉGNIER, Philippe,« Postface » au *Voyage d'Orient*,. 376-387, et, pour davantage de détails sur la littérature saint-simonienne, voir RÉGNIER, Philippe, *Les idées et les opinions littéraires chez les Saint-Simoniens*, 1983.

659 RÉGNIER, Philippe, « Postface » au *Voyage d'Orient*, 383.

660 ENFANTIN, *Lettre à Urbain* du 14/09/1834, ms. Ars. 13740/68.

661 *Idem.*

662 URBAIN, *Voyage d'Orient*, 71.

663 URBAIN, *Lettre à Ollivier* du 03/10/1834, ms. Ars.7789/30.

664 *Idem.*

665 URBAIN, *Lettre à Ollivier* du 10/08/1835, ms. Ars.7789/40.

666 URBAIN, « Prière à une Blanche ! », Damiette, le 04/12/1834, dans *Poèmes*, 281.

667 URBAIN, *Lettre à Ollivier* du 01/08/1834, ms. Ars. 7789/28.

668 URBAIN, *Lettre à Enfantin* du 03/09/1834 (28 Rabi[c] el-akhir 1250), reprise dans *OSSE*, X, 36-37.

669 URBAIN, *Voyage d'Orient*, 71.

670 ENFANTIN, *Lettre à Urbain* du 05/11/1834, ms. Ars. 13740/69, reprise dans *OSSE*, XXX, 16-18. Voir la réponse d'Urbain dans la *Lettre à Lambert* du 06/12/1834, ms. Ars. 7789/16.

671 URBAIN, *Lettre à Ollivier* du 22/11/1834, ms. Ars.7789/37.

672 URBAIN, *Voyage d'Orient*, 74.

673 URBAIN, *Voyage d'Orient*, 75.

674 VOILQUIN, Suzanne, *Souvenirs d'une fille du peuple*, 308-310.

675 *Ibid.*, 310.

676 URBAIN, *Voyage d'Orient*, 77-78.

677 *Ibid.*, 97.

678 *Ibid.*, 78.

679 *Ibid.*, 193-194.

680 VOILQUIN, Suzanne, *Souvenirs d'une fille du peuple*, 193-194.

681 TAJAN-ROGÉ, Dominique, *Mémoires d'un piano*, 125.

682 URBAIN, *Voyage d'Orient*, 78-79.

683 VOILQUIN, Suzanne,« Variétés : Lettres sur l'Égypte », fin de la VIIe lettre, *Le Siècle* du 30/08/1837.

684 URBAIN, *Voyage d'Orient*, 79.

685 URBAIN, *Lettre à Ollivier* du 17/04/1835, ms. Ars. 7789/37.

686 ENFANTIN, *Lettre à Urbain* du 11/03/1835, ms. Ars. 13740/71.

687 URBAIN, *Lettre à Ollivier* du 17/04/1835, ms. Ars. 7789/37.

688 VOILQUIN, Suzanne, *Lettre à Urbain* du 18/04/1835, ms. Ars. 13739/233.

689 TAJAN-ROGÉ, Dominique, *Mémoires d'un piano*, 134-135.

690 URBAIN, *Voyage d'Orient*, 111.

691 VOILQUIN, Suzanne,« Variétés : Lettres sur l'Égypte », fin de la VIIe lettre, *Le Siècle* du 30/08/1837.

692 URBAIN, *Voyage d'Orient*, 81-82.

693 URBAIN, « Fantaisie », Damiette, mars 1835, *Poèmes*, 302-305.

694 Urbain, *Voyage d'Orient*, 82-84.

695 *Ibid.*, 85.

696 *Idem.*

697 *Ibid.*, 87.

698 *Ibid.*, 91.

699 Urbain, *Lettre à Enfantin* de Damiette le 18/06/1835, ms. Ars.7789/52.

700 Urbain, *Lettre à Ollivier* de Damiette le 10/07/1835, ms. Ars.7789/39.

701 Vitray-Meyerovitch, Eva de, *L'Islam, l'autre visage*, 1991.

702 Duveyrier, Charles, *Lettre à Urbain* du 02/03/1833, ms. Ars. 13739/104.

703 Duveyrier, Charles, *Lettre à Urbain* du 16/08/1835, ms. Ars. 13739/108.

704 Urbain, *Lettre à Enfantin* du 28 Rabi[c] al-Akbar, soit le 03/09/1834, ms. Ars. 7789/49.

705 Voilquin, Suzanne, *Lettre à Urbain* du 23/06/1835, ms. Ars. 13739/235.

706 Lambert, *Lettre à Urbain* du 14 gamad awel [pour Joumada al-awwal] 1251 [*i.e.* 07/09/1835], ms. Ars. 13739/213.

707 Enfantin, *Lettre à Urbain à Damiette* du 04/08/1835, ms. Ars.13740/72.

708 Tajan-Rogé, Dominique, *Mémoires d'un piano*, 149-151.

709 Urbain, *Voyage d'Orient*, 91-92.

710 Urbain, *Lettre à Ollivier* envoyée de Damiette le 10/07/1835, ms. Ars.7789/39.

711 Urbain, *Voyage d'Orient*, 169.

712 *Ibid.*, 116.

713 Voltaire, *Dictionnaire philosophique*, dans *Œuvres complètes*, Paris : Garnier, éd. 1878, XVII, 105.

714 Urbain, *Voyage d'Orient*, 116.

715 *Ibid.*, 121.

716 *Ibid.*, 93.

717 *Idem.*

718 *Idem.*

719 *Ibid.*, 97.

720 Coran, XXXIII, 40.

721 *Ibid.*, 91.

722 *Idem.*

723 Urbain, *Notes autobiographiques*, 34.

724 Urbain, *Lettre à d'Eichthal* du 06/04/1838, ms. Ars. 13745/5, et copie ms. Ars. 7789/44.

725 Urbain, *Voyage d'Orient*, 95.

726 *Ibid.*, 96.

727 *Idem.*

728 *Ibid.*, 99.

729 *Ibid.*, 90.

730 *Ibid.*, 104.

731 *Idem.*

[732] MIMAUT, Jean-François, *Lettre à M. Ismayl Urbain, à Damiette* du 08/12/1835, ms. Ars.13739/217.

[733] URBAIN, *Voyage d'Orient*, 145.

[734] *Ibid.*, 119.

[735] URBAIN, *Lettre à Enfantin* du 18/06/1835, ms. Ars. 7789/52.

[736] URBAIN, *Voyage d'Orient*, 117.

[737] URBAIN, « Pensée. Hanem », Damiette, le 10 safer 125 = 06/06/1835, *Poèmes*, 306.

[738] URBAIN,« Aaroussah », Damiette, le 10 safer 125 = 06/06/1835, *Poèmes*, 313.

[739] *Ibid.* 116-117.

[740] URBAIN, *Voyage d'Orient*, 05/06/1835, 141.

[741] URBAIN, *Voyage d'Orient*, 112.

[742] *Ibid.*, respectivement 134-140, 148-154, et 162-167.

[743] *Ibid.*, 107.

[744] *Ibid.*, 132.

[745] *Ibid.*, 179.

[746] *Ibid.*, 144.

[747] URBAIN, *Lettre à Ollivier* du 01/08/1835, ms. Ars. 7789/17.

[748] RÉGNIER, Philippe, « Postface » au *Voyage d'Orient*, 374.

[749] URBAIN, *Lettre à Ollivier* du 03/07/1835, ms. Ars. 7789/39.

[750] ÉMERIT, Marcel, *Les Saint-Simoniens en Algérie*, Paris : Les Belles Lettres, 1941, 75.

[751] URBAIN, *Lettre à Ollivier* du 23/02/1835, ms. Ars. 7789/34.

[752] URBAIN, *Lettre à Ollivier* du 03/10/1834, ms. Ars. 7789/30.

[753] AURENCHE, Marie-Laure, « L'Égypte contemporaine dans *Le Magasin pittoresque* – Les silences d'Édouard Charton, saint-simonien républicain », dans RÉGNIER, Philippe, *Études saint-simoniennes*, 2002, 281-282.

[754] ANONYME [peut-être Tom. URBAIN, nom sous lequel Urbain apparaît comme collaborateur de cette publication], « Les Écoles primaires en Égypte », *Le Magasin pittoresque*, V : 1837, 7- 8.

[755] OLLIVIER, Antoine, *Lettre à Urbain* du 07/04/1835, ms. Ars. 7768/58.

[756] URBAIN, *Lettre à Ollivier* du 22/02/1835, ms. Ars. 7789/34.

[757] SHALER, William, *Esquisse de l'État d'Alger*, 62.

[758] PERROT, Aristide Michel, *Esquisse topographique et historique du royaume et de la ville d'Alger*, 1830, 52.

[759] RANCIÈRE, Jacques, *Le Maître ignorant*, 1987, 32-33.

[760] Voir PLÖTNER-LE LAY, Bärbel, « Charles *Émile* Souvestre » sur le site de la Société des Études saint-simoniennes.

[761] URBAIN, *Lettre à Ollivier* du 22/02/1835, ms. Ars. 7789/34.

[762] *Idem.*

[763] URBAIN, *Voyage d'Orient*, 178.

[764] *Ibid.*, 179.

[765] *Ibid.*, 177.

[766] URBAIN, *Voyage d'Orient*, 181.

767 URBAIN, *Rapport au Lieutenant Colonel Khalyl Effdy, commandant de l'École d'Infanterie de Damiette sur une nouvelle méthode pour enseigner la Langue Française*, Damiette le 13/10/1835, ms. Ars. 7789/43.

768 Sur les éléments caractéristiques de la « méthode directe », voir PUREN, Christian, *Histoire des méthodologies de l'enseignement des langues*, 1988, 121-167.

769 URBAIN, *Voyage d'Orient*, 183.

770 JANIN-PERLET, Jules, *Lettre à Urbain* d'octobre 1835, selon Philippe Régnier, dans URBAIN, *Voyage d'Orient*, 179, n. 140.

771 URBAIN, *Voyage d'Orient*, 177.

772 *Ibid.*, 109.

773 *Ibid.*, 126.

774 Voir URBAIN, *Lettre à Lambert* du 11 redjeb 1281 = 02/11/1835, ms. Ars. 7789/18, et *Lettre à Enfantin* du 18 redjeb 1281 = 08.11/1835, ms. Ars. 7789/53 ; ainsi que le commentaire de Philippe Régnier dans sa « Postface » à URBAIN, *Voyage d'Égypte*, 314, n. 201.

775 URBAIN, « Bismillâh allrahman allrahim », Damiette, Gemmaz el-ahar [pour Joumada el-akhar] (*i.e.* 24 septembre 1835), *Poèmes*, 315-320.

776 URBAIN, *Voyage d'Orient*, 188.

777 *Ibid.*, 193.

778 URBAIN, Th., « *Feuilleton – Des Arabes*, Oran, le 15 novembre 1837 », *JDD*, 19/12/1837.

779 ANONYME, « Égypte », *L'Algérie* n° 112 du 02/08/1845.

780 [URBAIN], « On nous écrit d'Alger, le 11 septembre », *JDD* du 07/09/1883.

781 URBAIN, *Voyage d'Orient*, 130.

782 URBAIN, « Bismillâh allrahman allrahim », Damiette, 2 gemmaz el-ahar [pour Joumada el-akhar] (*i.e.* 24 septembre 1835), *Poèmes*, 319.

783 *Ibid.*, 95.

784 URBAIN, *Voyage d'Orient*, 174.

785 URBAIN, « Les morts vivent dans les vivants », [Le] Caire, 8 février 1836, *Poèmes*, 332-333.

786 URBAIN, *Voyage d'Orient*, 176.

787 *Ibid.*, 188-191.

788 *Ibid.*, 191-192.

789 URBAIN, « Vingt-Trois ans », nuit du 11 au 12 ramadhan/du 31 décembre au 1er janvier 1836, maison du Père, [Le] Vieux Caire, dans *Poèmes*, 327-328.

790 URBAIN, *Voyage d'Orient*, 192.

791 VOILQUIN, Suzanne, *Souvenirs d'une fille du peuple*, 271.

792 *Ibid.*, 409-411.

793 URBAIN, *Voyage d'Orient*, 196-197.

794 URBAIN, « Hhachish », [Le] Caire, mars 1834, *Poèmes*, 273-279.

795 URBAIN, *Voyage d'Orient*, 195.

796 *Ibid.*, 196.

797 *Idem.*

798 ÉMERIT, *Les Saint-Simoniens en Algérie*, 68-70.

799 URBAIN, *Voyage d'Orient*, 199.

800 VOILQUIN, Suzanne, *Souvenirs d'une fille du peuple*, 419.

NOTES DU CHAPITRE VII

801 ENFANTIN, *Lettre à Urbain* du 14/09/1834, ms. Ars. 13740/68.

802 URBAIN, *Lettre à Ollivier* du 03/10/1834, ms. Ars. 7789/30.

803 URBAIN, *Voyage d'Orient*, 171.

804 URBAIN, « Vingt-Trois ans », nuit du 11 au 12 ramadhan/du 31 décembre au 1er janvier 1836, maison du Père, [Le] Vieux Caire, dans *Poèmes*, 324.

805 DUVEYRIER, Charles, *Lettre à Urbain* datée de 1834 (sans autre précision, prob. début juillet), ms. Ars. 13739/106.

806 ENFANTIN, *Lettre à Urbain* du 14/09/1834, ms. Ars. 13740/68.

807 ENFANTIN, « Ajout du 18 janvier » à la *Lettre à Arlès* des 13/01-21/02/1836, ms. 7615, 409-410, reprise dans *OSSE*, XXX, 175-222.

808 URBAIN, *Voyage d'Orient*, 198.

809 *Ibid.*, 200.

810 *Ibid.*, 172.

811 URBAIN, *Voyage d'Orient*, 134.

812 *Ibid.*, 201.

813 ENFANTIN, « Lettre aux capitaines Hoart et Bruneau, à Rogé et Massol », 22/09/1833, *Foi nouvelle. Livre des actes*, 100-105, reprise dans *OSSE*, IX, 105.

814 On se référera tout particulièrement, pour ce paragraphe, à « Du Caire à Paris, les effets en retour », dans RÉGNIER, Philippe, *Les Saint-Simoniens en Égypte (1833-1851)*, 121-144.

815 VOILQUIN, Suzanne, *Souvenirs d'une fille du peuple*, 417.

816 *Ibid.*, 438.

817 *Ibid.*, 438-439.

818 TAJAN-ROGÉ, Dominique, *Mémoires d'un piano*, 168.

819 ENFANTIN, *Lettre à Arlès* en plusieurs épisodes sur la période du 13/01 au 21/02/1836, ms. Ars. 7135/379-410 : 13/01, 379-403 ; 18/01, 403-406 ; 21/01, 406-407 ; 28/01, 407-408 et 21/02, 408-410. Ce document fut publié sous le forme de deux lettres successives datées de janvier 1836 dans le chapitre « Politique étrangère (Question d'Orient) » de la *Correspondance politique d'Enfantin (1835-1841)*, Paris : Bureau du Journal *Le Crédit*, 1849, la Ière Lettre reprenant la première partie du manuscrit daté du 13/01, soit les pages 379-391, ainsi que la seconde partie reprenant le reste du manuscrit, soit les pages 391 à 410. De larges extraits de cette lettre parurent ensuite dans *OSSE*, X (1866), 141-149, avant que l'intégralité du document ne fût publiée dans sa forme originelle dans la *Correspondance inédite, OSSE*, XXX (1872), 175-222.

820 ROGÉ, Clorinde, *Lettre à Suzanne Voilquin*, dans VOILQUIN, Suzanne, *Souvenirs d'une fille du peuple*, 440-441, et, partiellement, dans *OSSE*, X, 153-155.

821 TAJAN-ROGÉ, Dominique, *Mémoires d'un piano*, 126.

822 *Idem.*, 143.

823 NOËL, Victor, *Lettre à Joseph-Marie Jouannin* du 26/10/1838, dans FÉRAUD, Laurent-Charles, *Les interprètes de l'armée d'Afrique*, 202.

824 D'EICHTHAL, *Lettre à Urbain* du 23/10/1839, ms. Ars. 13741/663.

825 VOILQUIN, Suzanne, *Souvenirs d'une fille du peuple*, 438.

826 PELLISSIER, Augustin, *Rapport … sur l'état de l'Instruction publique en Égypte*, 1849, 7-8.

827 TAJAN-ROGÉ, Dominique, *Mémoires d'un piano*,151.

828 Voir M***, E, *Notice bibliographique sur Émile Prisse d'Avennes*, 1896 ; ainsi que GRAN-AYMERICH, Ève, « Prisse d'Avennes », dans POUILLON, François (dir.) *Dictionnaire des orientalistes*, 2012, 783-784.

829 Voir MESSAOUDI, Alain, « Perron », dans POUILLON, François (dir.) *Dictionnaire des orientalistes*, 2012, 796-797.

830 URBAIN, *Voyage d'Orient*, 198.

831 Voir les *Notices historiques*, *OSSE*, X, 163.

832 Voir à ce sujet WALCH, Jean, *Michel Chevalier, économiste saint-simonien*, 1975, 43-50.

833 Voir LE BRET, *Les Frères d'Eichthal*, 215-225.

834 *Ibid.*, 225-250.

835 ENFANTIN, « Ajout du 18 janvier » à la *Lettre à Arlès* du 13/01/1836, *OSSE*, XXX, 215.

836 COLIN, Auguste, *Le Désert*, ode-symphonie en 3 parties..., poésie d'Auguste Colin, musique de Félicien David, Paris : Heugel père et fils, 1845.

837 Voir D'ALLEMAGNE, Henry-René, *Prosper Enfantin et les grandes entreprises du XIXe siècle*, 1835, 14-15.

838 *Idem.*

839 ENFANTIN, *Lettre à Lambert* du 11/02/1837, *OSSE*, X, 171.

840 VINÇARD, Jules, *Mémoires épisodiques d'un vieux chansonnier*, 178.

841 VOILQUIN, Suzanne, *Souvenirs d'une fille du peuple*, 486.

842 Voir RUDE, Fernand, « La Sanglante semaine », dans *Les révoltes des canuts*, 130-169.

843 HOART, « Lettre sur la nécessité d'un mouvement industriel extérieur », *Foi nouvelle. Livre des actes*, 261.

844 *Ibid.*, 270.

845 HOART, Pierre-Denis, *Papiers Hoart*, ms. Ars. 7795/16, f° 5-6, d'après MUSSO, Pierre, *Saint-Simon et le saint-simonisme*, 111. Pierre Musso reprend la deuxième partie de cette citation dans son édition de textes saint-simoniens dans MUSSO, Pierre (éd.), *Le Saint-Simonisme, l'Europe et la Méditerranée*, 2008, 79. Hélas, le document a été déclassé et n'a pu être consulté à la Bibliothèque de l'Arsenal.

846 TERSON, Jean, *Un saint-simonien au peuple de Lyon*, 1834, 12.

847 HOART, Pierre-Denis, « Lettre sur la nécessité d'un mouvement industriel extérieur », *Foi nouvelle. Livre des actes*, 270.

848 VOILQUIN, Suzanne, *Souvenirs d'une fille du peuple*, 148.

849 *Ibid.*, 150-151.

850 *Ibid.*, 270.

851 BAYON, Denis, « Michel-Marie Derrion, pionnier coopératif », *Économie & Humanisme* n° 354 (octobre 2000), 32-37 ; *Lettre trimestrielle* de la Société des amis d'Ismaÿl Urbain et des études saint-simoniennes, n° 10, juillet 2002, 7.

852 Voir les « Avis au public » lancés dans *L'Écho de la fabrique* du 30/09/1832 et du 02/12/1832. Notons également que Cognat annonce dans le même journal, à côté de l'enseignement de la religion saint-simonienne, des leçons de lecture, le 16/09/1832.

853 Voir « Revue mensuelle/Lyon », dans *L'Écho de la fabrique* du 27/01/1833.

854 Voir RUDE, Fernand, « La Sanglante semaine », dans *Les révoltes des canuts*, 171-182.

855 Voir *L'Histoire impartiale du procès des accusés d'avril*, 1ère livraison, 1835, 28-29.

856 Cité par DOMMANGET, Maurice, *Les idées politiques et sociales d'Auguste Blanqui*, 1957, 140.

857 SAND, George, « Lettre à Guéroult » du 20/10/1835, déjà citée.

858 *Notices historiques, OSSE*, X, 139-140.

859 *Notices historiques, OSSE*, X, 172-174.

860 BARRAULT, Émile, *Lettre à Enfantin* du 17/03/1837, dans *OSSE*, X, 172-174.

861 CAZAUBON, Égérie, *Adresse au Père Enfantin*, ms. Ars. 7726/46. Voir à ce sujet D'ALLEMAGNE, Henry-René, *Prosper Enfantin et les grandes entreprises du XIXe siècle*, 21.

862 VINÇARD, Jules, *Lettre à Enfantin* du 07/08(?)/1839, ms. Ars. 7627, f° 80.

863 DUVEYRIER, Charles, *Lettre à Urbain* du 03/04/1837, ms. Ars. 13739/109.

864 URBAIN, *Lettre à Lambert* du 27/08/1836, ms. Ars. 7789/20.

865 URBAIN, *Notes autobiographiques*, 35.

866 URBAIN, *Lettre à Ollivier* du 03/10/1834, ms. Ars. 7789/30.

867 URBAIN, *Notes autobiographiques*, 35.

868 D'EICHTHAL, *Lettre à Enfantin* du 31/03/1837, ms. Ars. 7721/33.

869 URBAIN, *Lettre à Lambert* du 27/08/1836, *ibid*.

870 D'EICHTHAL, *Lettre à Urbain* du 22/09/1836, ms. Ars. 13741/11.

871 *Idem*.

872 URBAIN, *Lettre à d'Eichthal* 02/10/1836, ms. Ars. 13745/2.

873 DUVEYRIER, Charles, *Lettre à Urbain* du 20/04/1837, ms. Ars. 13739/114.

874 URBAIN, *Notes autobiographiques*, 35.

875 Voir à ce sujet RACHID, Amina, « Regards croisés sur la France et l'Égypte… », dans *Le Miroir égyptien*, 1984, 230-231.

876 Voir notamment « Lettres sur l'Égypte », numérotées I à XII, parues en « Feuilleton » dans *Le Siècle* du 16/02 au 30/11/1837.

877 VOILQUIN, Suzanne, *Souvenirs d'une fille du peuple*, 268.

878 COGNAT, Jacques,« Sensations d'un voyageur, retour en France »1837, 65.

879 URBAIN, *Lettre à Enfantin* du 28/03/1837, ms. Ars. 7789/56.

880 Voir AURENCHE, Marie-Laure, « L'Égypte contemporaine dans le *Magasin pittoresque…* », dans RÉGNIER, Philippe, *Études saint-simoniennes*, 280-281.

881 URBAIN, *Notice chronologique*, 103.

882 URBAIN, *Lettre à Enfantin* du 28/03/1837, ms. Ars. 7789/56.

883 URBAIN, « Cacambo », *Le Temps* du 12/05/1836, et « L'Habitation L'Éléonore », *Le Temps* du 15/01/1837.

884 SARTRE, Jean-Paul, « Préface » au livre de FANON, Franz, *Les Damnés de la terre* (1961), éd. 2002, 18 ; repris dans SARTRE, Jean-Paul, *Situations* V, Paris: Gallimard, 1964, 183.

885 URBAIN, *Lettre à Lambert* du 27/08/1836, ms. Ars. 7789/20.

886 URBAIN, *Lettre à Lambert* du 01/10/1836, ms. Ars. 7789/22.

887 D'EICHTHAL, *Lettre à Urbain* du 15/08/1836, ms. Ars. 13741/8.

888 Voir en particulier BRUE, *Lettre à Urbain* du 02/08/1830, ms. Ars. 13740/22 ; du 18/10/1830, ms. Ars. 13740/25 ; du 18/10/1830, ms. Ars. 13740/25 ; et du 10/09/1831, ms. Ars. 13740/31.

889 D'EICHTHAL, *Lettre à Urbain* du 15/08/1836, ms. Ars. 13741/8.

890 D'EICHTHAL, *Lettre à Urbain* du 24/08/1836, ms. Ars. 13741/10.

891 D'EICHTHAL, *Lettre à Urbain* du 15/08/1836, ms. Ars. 13741/8

892 D'EICHTHAL, *Lettre à Urbain* du 08/11/1832, copie effectuée le 18/09/1836, ms. Ars. 13741/2.

893 D'EICHTHAL, *Lettre à Urbain* du 15/08/1836, ms. Ars. 13741/8.

894 ENFANTIN, *Lettre à Urbain* du 14/09/1834, ms. Ars. 7688.

895 URBAIN, *Lettre à Enfantin* du 28/03/1837, ms. Ars. 7789/56.

896 CHEVALIER, Michel, « Les colonies, en avant ! », *Le Livre nouveau des Saint-Simoniens*, 251-263.

897 D'EICHTHAL, *Lettre à Urbain* du 15/08/1836, ms. Ars. 13741/8.

898 D'EICHTHAL, *Lettre à Urbain* du 15/08/1836, ms. Ars. 13741/8.

899 KELLER, Émile, *Le Général de La Moricière*1874, 14-15 et 27.

900 URBAIN, *Notice chronologique*, 105.

901 URBAIN, *Lettre à Enfantin* du 01/04/1837, ms. Ars. 7789/56.

902 SAINT-SIMON, *L'Industrie*, 1816-1817, dans *OSSE*, XIX [Éd. Slatkine, II], 50 ; *OC*, II, 1593-1594.

903 *Ibid.*, 147 ; *OC*, II, 1562.

904 CONSTANT, Benjamin, *De l'esprit de conquête et d'usurpation, dans leurs rapports avec la civilisation européenne*, Paris : Le Normant, 1814.

905 SAINT SIMON, *Catéchisme des industriels*, 1823-1824, *OSSE*, XXXVII [Éd. Slatkine, IV], 190 ; *OC*, IV, 2968.

906 SAINT-SIMON, *Du système industriel*, 1822, *OSSE*, V [Éd. Slatkine, III], 23 ; *OC*, IV, 2590, n. a.

907 SAINT-SIMON, *L'Organisateur*, « Treizième lettre », 1919-1920, dans *OSSE*, XX [Éd. Slatkine, II], 228 ; *OC*, III, 2228.

908 SAINT-SIMON & THIERRY, Augustin, *Opinion sur les mesures à prendre contre la coalition de 1815*, 1815, 45, éd. [Slatkine, VI], 366 ; *OC*, II, 1384-1375.

909 *Ibid.*, *OSSE*, 45 [Éd. Slatkine, VI], 366 ; *OC*, II, 1374-1375.

910 CONDORCET, Nicolas de, *Esquisse d'un tableau historique…*, 196-197.

911 *Ibid.*, 335.

912 *Idem.*

913 ROBESPIERRE, Maximilien de, « Discours à l'Assemblée nationale » du 15 mai 1790, dans *Œuvres*, IV (1950), 358.

914 ROBESPIERRE, Maximilien de, « 2e intervention contre Anarcharsis Cloots » à la séance du 22 frimaire an II, *Œuvres*, X. Discours (5e partie : 27 juillet 1793 - 27 juillet 1794), Paris : PUF, X (1967), 248.

915 ANQUETIL-DUPERRON, Abraham-Hyacinthe, *Considérations philosophiques…* éd. 1993, lvii.

916 ANQUETIL-DUPERRON, Abraham-Hyacinthe, *Législation orientale*, 1778, 178.

917 *Ibid.*, 87.

918 *Ibid.*, 178.

919 *Ibid*, « Préface », v.

920 *Ibid.*, 176.

921 Voir à ce sujet FILLIOSAT, Pierre-Sylvain, « Anquetil-Duperron, un pionnier du voyage scientifique en Inde », 2005, 1261-1280 ; ainsi que GALLEGOS GABILONDO, Simón, « Philosophie et colonialisme chez Anquetil-Duperron », 2010, 1-15.

922 Voir le texte écrit en 1814 au moment où commencent les travaux de la Conférence de Vienne : SAINT-SIMON, *De la réorganisation de la société européenne*, 1814, *OSSE*, XVIII [Éd. Slatkine, I], 155-248 ; *OC*, II, 1245-1297.

923 THIERRY, Augustin, *L'industrie*, 2e partie : *Politique*, 1817, 78 ; *OSSE*, XVIII [Éd. Slatkine, I], 61.

924 CONSTANT, Benjamin, *Principes de politique*, éd. 1980, II, 338.

925 *Idem.*

926 SAINT-SIMON, *Projet d'encyclopédie (fragments)*, 1809, dans *Œuvres*, Éd. Slatkine, VI, 313 ; *Sur l'encyclopédie*, 1810, *OC*, 625.

927 SAINT-SIMON, *Lettre d'un habitant de Genève*, dans *OSSE*, VI [Éd. Slatkine, I], 56-57 ; *OC*, I, 126.

928 THIERRY, Augustin, *L'industrie*, 2e partie : *Politique*, 1817 ; *OSSE*, XVIII [Éd. Slatkine, I], 61.

929 FOURIER, Charles, « Procédés de colonisation », dans *Publication des manuscrits de Charles Fourier*, Paris : Libraire Phalanstérienne, 1851, 293.

930 SAINT-SIMON, *De la réorganisation de la société européenne*, 1814, *OSSE*, XV [Éd. Slatkine, I], 213 ; *OC*, II, 1273.

931 BARRAULT, Émile, *Orient et Occident*, 241.

932 *Ibid*, 242-243.

933 *Ibid*, 249-250.

934 LAMARTINE, Alphonse de, « Résumé politique du Voyage en Orient », 1837, 459-479.

935 ENFANTIN, « Aux capitaines Hoart et Bruneau, à Rogé et Massol », Marseille, septembre 1833, dans *Foi nouvelle. Livre des actes*, 100-105, repris dans *OSSE*, IX, 99-107.

936 ENFANTIN, *Lettre à Arlès* écrite du Vieux Caire le 13/01/1836, *OSSE* XXX, 199..

937 ENFANTIN, « Au roi », Courson, 26 mars 1837, *OSSE*, X, 178-195.

938 *Idem.*

939 URBAIN, Tom U, « *Variétés*. Souvenirs des Français en Égypte », *Le Temps* du 19/10/1836.

940 Un bilan de la campagne d'Égypte de Bonaparte considérée dans cet esprit est donné au chapitre intitulé « 4. L'Expédition d'Égypte », de l'ouvrage de Jean-Louis Marçot, *Comment est née l'Algérie française (1830-1850)*, 2012, 63-84.

941 URBAIN, *Voyage d'Égypte*, 318-319.

942 ENFANTIN, « Lettre à Saint-Cyr Nuguès », 1829 sans date précise, dans *OSSE*, II, 52.

943 ENFANTIN, *Exposition de la doctrine de Saint-Simon* (1829), 2e séance : « Loi de développement de l'humanité – vérification par l'histoire », 47, repris dans *OSSE*, ILI, 132.

944 SAINT-SIMON,« Profession de foi au sujet de l'invasion du territoire français par Napoléon Bonaparte », 15 mars 1815, dans *Œuvres*, Éd. Slatkine, VI, 350 ; *OC*, II, 1348.

945 Urbain, [Tom U], « *Variétés*. Souvenirs des Français en Égypte », *Le Temps* du 19/10/1836.

946 Signalons à ce propos les extraits des *Merveilles biographiques et historiques* du Cheikh Abd al-Rahman al-Djabarti, dans Denon, Vivant/El-Gabarti, Abdel Rahman, *Sur l'expédition de Bonaparte en Égypte*, témoignages croisés et commentés par Mahmoud Hussein, Paris : Actes Sud – Babel, 2008. Et n'oublions pas Laurens, Henry et autres, *L'Expédition d'Égypte*, 1989.

947 Bonaparte, Napoléon, *Guerre d'Orient. Campagne d'Égypte et de Syrie. 1798-1799*, 1847, I, 211.

948 *Idem.*

949 Urbain, *Lettre à Ollivier* du 03/10/1834, ms. Ars. 7789/30.

950 Dumas, Alexandre, *Mémoires*, 1884, I, 105, et 164-165.

951 Al-Ğabarti, ᶜAbd al-Raḫmān, *Journal d'Abdurahman Gabarti*, 1838, 48.

952 Miot, Jacques, *Mémoires pour servir à l'histoire des expéditions en Égypte et en Syrie*, éd. 1804, 84, et éd. 1814, 89.

953 Denon, Dominique Vivant, *Voyages dans la Basse et Haute Égypte…*, éd. 1817, I, 252.

954 *Ibid.*, I, 48.

955 Miot, Jacques, *Mémoires*, éd. 1814, 148. La description du carnage est faite pages 146-148 de cette 2e édition, revue, corrigée et augmentée, alors qu'elle est absente de la 1ère édition, Paris : Demonville, 1804. Pour davantage de détails sur la prise de Jaffa, voir aussi Laurens, Henry & *al*, *L'Expédition d'Égypte*, 1989., 187-189.

956 Bonaparte, Napoléon, « Au général Kléber. Quartier général, Jaffa, 9 prairial an VII (28 mai 1799) », dans Napoléon Ier, *Correspondance de Napoléon Ier*, 1858-1870, V, 568-569.

957 Urbain, Tom U, « Variétés : Souvenirs des Français en Égypte », *Le Temps* du 19/10/1836.

958 Urbain, *Voyage d'Orient*, 61.

959 « Menou à l'armée d'Orient, 18 fructidor an VIII (5 sept. 1800) », Rousseau, François (éd.), *Kléber et Menou en Égypte*, 1900, 343-344.

960 Urbain, Tom U, « Variétés : Souvenirs des Français en Égypte », *Le Temps* du 19/10/1836.

961 Enfantin, *Lettre à Arlès* du 25/01/1840, ms. Ars. 7663/84, reprise dans *OSSE*, XXXII, 4-5.

962 Voir not. Enfantin, *Lettre à Heine* du 11/08/1835, ms. Ars. 7669/10, copie dans ms. Ars. 7618, f° 133v-138r.

963 D'Allemagne, Henry-René, *Les Saint-Simoniens*, 319.

964 D'Eichthal, *Lettre à Enfantin* du 02/03/1832, ms. Ars. 14390/1.

965 Voir Graetz, Michael, *Les Juifs en France au* xixe *siècle*, 1982, 182-183 et surtout 453, n. 55.

966 Rodrigues, Eugène, « Cinquième lettre : identité de la politique et de la religion », voir *Lettres sur la politique et la religion* (1929), Paris : Bureau de *L'Organisateur*, 1931, 40-41.

967 *Idem.*

968 D'Eichthal, *Lettre à Enfantin* du 31/03/1837, ms. Ars. 7721/33.

969 D'Eichthal, *Note sur le dogme*, septembre 1832, ms. Ars. 14393/1.

970 Enfantin, *Lettre à Lambert* d'avril 1837, *OSSE*, X, 200-201.

Achevé d'imprimer en octobre 2019 par

ISIPRINT

15 rue Francis de Pressensé
93210 La Plaine Saint-Denis

Numéro d'impression : 147078

Imprimé en France